国家出版基金项目
NATIONAL PUBLICATION FOUNDATION

知识产权经典译丛（第6辑）

国家知识产权局专利局复审和无效审理部◎组织编译

商标估值：品牌管理工具（原书第2版）

［美］戈登·V. 史密斯（Gordon V. Smith）
［美］苏珊·M. 里奇（Susan M. Richey）◎著

王 星 于仁涛◎译

知识产权出版社
全国百佳图书出版单位
—北京—

WILEY

图书在版编目（CIP）数据

商标估值：品牌管理工具：原书第 2 版/(美) 戈登·V. 史密斯（Gordon V. Smith），(美) 苏珊·M. 里奇（Susan M. Richey）著；王星，于仁涛译. —北京：知识产权出版社，2023. 1

书名原文：Trademark Valuation: A Tool for Brand Management（Second Edition）

ISBN 978 -7 -5130 -8159 -7

Ⅰ. ①商… Ⅱ. ①戈… ②苏… ③王… ④于… Ⅲ. ①商标—研究 Ⅳ. ①F760. 5

中国版本图书馆 CIP 数据核字（2022）第 085953 号

内容提要

本书系统阐述了商标估值的基本原则，以及世界范围内与商标相关的法律条件和诉讼境况。用通俗易懂的语言和数十个案例阐述了复杂的法律和财务概念、术语、原则和实践，以说明确定商标真正价值并充分挖掘其潜力的方法。

选题策划： 黄清明　　**责任校对：** 潘凤越

责任编辑： 张利萍　　**责任印制：** 刘译文

知识产权经典译丛

国家知识产权局专利局复审和无效审理部组织编译

商标估值：品牌管理工具（原书第 2 版）

[美] 戈登·V. 史密斯（Gordon V. Smith）著

[美] 苏珊·M. 里奇（Susan M. Richey）

王　星　于仁涛　译

出版发行：	知识产权出版社有限责任公司	网　址：	http://www. ipph. cn
社　址：	北京市海淀区气象路 50 号院	邮　编：	100081
责编电话：	010 -82000860 转 8387	责编邮箱：	65109211@ qq. com
发行电话：	010 -82000860 转 8101/8102	发行传真：	010 -82000893/82005070/82000270
印　刷：	三河市国英印务有限公司	经　销：	新华书店、各大网上书店及相关专业书店
开　本：	720mm ×1000mm　1/16	印　张：	23
版　次：	2023 年 1 月第 1 版	印　次：	2023 年 1 月第 1 次印刷
字　数：	442 千字	定　价：	156. 00 元

ISBN 978 -7 -5130 -8159 -7

京权图字：01 -2022 -3821

《知识产权经典译丛》
编审委员会

总　序

当今世界，经济全球化不断深入，知识经济方兴未艾，创新已然成为引领经济发展和推动社会进步的重要力量，发挥着越来越关键的作用。知识产权作为激励创新的基本保障、发展的重要资源和竞争力的核心要素，受到各方越来越多的重视。

现代知识产权制度发端于西方，迄今已有几百年的历史。在这几百年的发展历程中，西方不仅构筑了坚实的理论基础，也积累了丰富的实践经验。与国外相比，知识产权制度在我国则起步较晚，直到改革开放以后才得以正式建立。尽管过去三十多年，我国知识产权事业取得了举世公认的巨大成就，已成为一个名副其实的知识产权大国。但必须清醒地看到，无论是在知识产权理论构建上，还是在实践探索上，我们与发达国家相比都存在不小的差距，需要我们为之继续付出不懈的努力和探索。

长期以来，党中央、国务院高度重视知识产权工作，特别是十八大以来，更是将知识产权工作提到了前所未有的高度，作出了一系列重大部署，确立了全新的发展目标。强调要让知识产权制度成为激励创新的基本保障，要深入实施知识产权战略，加强知识产权运用和保护，加快建设知识产权强国。结合近年来的实践和探索，我们也凝练提出了“中国特色、世界水平”的知识产权强国建设目标定位，明确了“点线面结合、局省市联动、国内外统筹”的知识产权强国建设总体思路，奋力开启了知识产权强国建设的新征程。当然，我们也深刻地认识到，建设知识产权强国对我们而言不是一件简单的事情，它既是一个理论创新，也是一个实践创新，需要秉持开放态度，积极借鉴国外成功经验和做法，实现自身更好更快的发展。

自 2011 年起，国家知识产权局专利复审委员会*携手知识产权出版社，每年有计划地从国外遴选一批知识产权经典著作，组织翻译出版了《知识产权经典译丛》。这些译著中既有涉及知识产权工作者所关注和研究的法律和理论问题，也有各个国家知识产权方面的实践经验总结，包括知识产权案

---

* 编者说明：根据 2018 年 11 月国家知识产权局机构改革方案，专利复审委员会更名为专利局复审和无效审理部。

件的经典判例等，具有很高的参考价值。这项工作的开展，为我们学习借鉴各国知识产权的经验做法以及了解知识产权的发展历程提供了有力支撑，受到了业界的广泛好评。如今，我们进入了建设知识产权强国新的发展阶段，这一工作的现实意义更加凸显。衷心希望专利复审委员会和知识产权出版社强强合作，各展所长，继续把这项工作做下去，并争取做得越来越好，使知识产权经典著作的翻译更加全面、更加深入、更加系统，也更有针对性、时效性和可借鉴性，促进我国的知识产权理论研究与实践探索，为知识产权强国建设作出新的更大的贡献。

当然，在翻译介绍国外知识产权经典著作的同时，也希望能够将我们国家在知识产权领域的理论研究成果和实践探索经验及时翻译推介出去，促进双向交流，努力为世界知识产权制度的发展与进步作出我们的贡献，让世界知识产权领域有越来越多的中国声音，这也是我们建设知识产权强国一个题中应有之义。

申长雨

2015年11月

译者介绍

王　星　作者简介、第 1 ~ 10 章

于仁涛　第 11 章、附录 A ~ E

王　星　国家知识产权局专利检索咨询中心副处长，理学博士，副研究员

于仁涛　远大生命科学集团有限公司项目管理部总监，专利总监，理学博士，副研究员

作者简介

戈登·V. 史密斯（Gordon V. Smith）是 AUS Inc. 公司的名誉主席，该公司是一家多学科咨询与市场研究公司，他还是新罕布什尔大学法学院的董事会成员，也是法学院富兰克林皮尔斯知识产权中心的知识产权管理著名教授。在他漫长的咨询职业生涯中，曾就知识产权和封闭型股票（closely held stock）的价值向客户提供咨询，并为交易、诉讼和税务相关事宜提供咨询。他是数本关于知识产权估值和运用策略的书籍的作者或联合作者。作为一名活跃的国际授课师，史密斯是《许可经济学评论》（*Licensing Economics Review*）顾问委员会的主席，同时也是新加坡国立大学（工程与技术管理系）的兼职教授。史密斯先生在 1959 年获得哈佛大学学士学位。

苏珊·M. 里奇（Susan M. Richey）是新罕布什尔大学法学院（前富兰克林皮尔斯法律中心）的法学教授，曾任法学院副院长。她最近结束了作为爱尔兰利默里克大学（University of Limerick）国际商业和经济法研究组（International Commercial and Economic Law Research Group，ICEL）杰出访问学者的任期。里奇参与了许多向非律师传授知识产权概念的项目，包括由世界知识产权组织和联合国培训机构 UNITRAD 主办的研讨会。她活跃于国际商标协会（INTA），曾担任 INTA 的学术刊物《商标通讯》（*the Trademark Reporter*）的编辑三年，担任 INTA 中立小组（Panel of Neutrals）的主席两年，目前在 INTA 的学术委员会任职。

目　　录

第 1 章 商标的性质

2012 年 9 月 21 日，成千上万的人在旧金山、纽约、香港、新加坡等地的苹果专卖店外排队，等待购买一部“iPhone 5”智能手机。三天后，500 万台该型号手机在全球售出。

就在排队之前的两周，iPhone 5 刚刚发布。苹果公司高级副总裁菲利普·席勒（Philip Schiller）评论道：“iPhone 5 是我们创造的最漂亮的消费设备。”❶

2007 年推出革命性的智能手机 iPhone，iPhone 5 是一系列升级款中的最新一款。苹果公司前首席执行官、已故的史蒂夫·乔布斯在其发布 74 天后评论道：“在 74 天内售出了 100 万部 iPhone，iPod® 实现这一里程碑用了近两年的时间。”

“三天”“两年”“74 天”，是什么推动了这个非凡的成功神话？

移动电话市场在过去的 10 年里急剧扩张，目前全球有超过 60 亿的用户。然而，在手机市场上，苹果公司的市场份额无论如何都算不上占主导地位。而且，iPhone 是市场上最贵的手机之一。尽管如此，我们还是观察到市场对 iPhone 5 的浓厚兴趣，而 iPhone 5 本质上只是对现有产品的升级。

那么，是什么促使购买者 9 月份在商店外排队呢？是 iPhone 5 的新显示屏、新的高性能芯片、更长的电池寿命，还是更快的无线技术？或者是重新设计了一个更薄、更轻的铝制机身？或者因为它像珠宝一样精致？也许，因为苹果商店地理位置方便，或者因为店员乐于助人、知识渊博？还是说，基于苹果公司在 i－开头的商标和服务标志系列下所提供的产品和服务的过往表现，潜在的购买者对其高质量表现充满信心？

还是以上都是？

---

❶ 这段引述以及（下面）史蒂夫·乔布斯的 iPhone 的销售数据来自 Apple Corporation，http：//www. apple. com 提供的各种新闻稿。

我们建议这个问题的答案是“是的，以上都是”。这些人排队是因为他们在不同程度上受到我们刚刚提到的所有因素的影响，还可能受到我们没有列出的其他因素的影响。

这是一本关于商标估值的书。毫无疑问，三天内售出500万部 iPhone 5 智能手机（加上之前售出的数百万部）在经济上对苹果公司产生了显著的积极影响。如果我们的任务是对 iPhone 商标的价值发表意见，那么任务之一将是评估该商标可能带来的经济影响。显然，iPhone 5 的销售也受到了产品设计特点和内置技术等诸多因素的推动，这些因素为智能手机购买者提供了他们所追求的性能。

商标估值不是一项简单的任务。但是有一些我们可以使用的工具和分析方法，这就是本书的内容。我们的第一步是研究商标是什么，不仅是在法律意义上，而且是在经济和商业的背景下。

商标是具有多层含义的形象。它们可能是对过去的时代和产品的怀旧提示，可能是优秀的平面设计样例，也可能是能影响我们生活的强大机构的符号。然而，尽管考虑商标的怀旧或艺术可能令人愉快，但我们必须关注商标在商业中的作用。商标是商业资产，必须主要从商业企业的角度来考虑。它们的任务是为所属公司的盈利做出贡献。商业是由投资回报（ROI）原则驱动的，商标也不例外。即使与非营利组织、政府组织或某些机构相关的商标也是有目的而使用的，并为某种目标进行宣传。它们的价值必须根据它们能否很好地实现这些目标来判断。

商标的定义

商标通常标识产品或服务的来源，并将该产品或服务与来自其他来源的产品或服务区分开来[1]。根据 1946 年美国商标法（《兰汉姆法》，*Lanham Act*）的定义，商标是“［某人用来标识其商品（包括独特产品）以与他人制造或销售的商品相区别并且标示其商品来源的］文字、名称、符号、图案或其任意组合”。[2] 商标也可作为质量保证——消费者会将某种质量水平与带有特定商标的产品或服务联系起来。商标也被描述为商誉的化身。

---

[1] 一些特殊商标——集体商标和证明商标——与产品和服务一起使用，但前者表示商业来源于集团成员，而后者证明已达到某种标准或质量水平。商号是指整个商业机构或企业，不单独指示该实体的特定产品或服务。

[2] 15 U. S. C. §1127.

在美国，联邦法律和法院以多种方式阐释了商标的这些方面：

商标有助于消费者选择商品。通过标示商品来源，它们用较低的成本向消费者传递有价值的信息。容易识别的商标降低了消费者在搜索他们想要的东西时所花费的成本，并且搜索的成本越低，该商品的市场竞争力就越激烈。……[1]

商标还可以促使商品供应商生产更高质量的产品，并坚持一贯的质量水平。商标是一项宝贵的资产，是企业“商誉”的一部分。如果卖方提供的质量水平不一致，或者质量低于消费者源于早期体验的期望，则会降低商标的价值。从某种意义上说，商标的价值一定程度上可以说是消费者“掌握在手可要挟的东西”；如果卖方让消费者失望，消费者会通过贬低商标的价值来回应。

——*Scandia Down Corp.* 诉 *Euroquilt*，*Inc.* 案[2]

商标保护体现出法律认识到符号可以产生心理功能。如果符号可以影响我们的生活，那它对我们购买商品也会有同样的影响。商标是一种商品销售的捷径，它诱使购买者选择他想要的东西，或者他被引导相信他想要的东西。商标所有人利用人类的这种倾向，尽一切努力使市场气氛充满合意符号的魔力，……通过商标，向潜在顾客传递商品的可取性。一旦实现这一点，商标所有人就获得了价值。

——*Mishawaka Mfg. Co.* 诉 *Kresge Co.* 案[3]

欧洲法院给出如下概括：

除了标示来源和视情况而定的广告功能外，商标还可以被其所有人用来获得或保持声誉，从而吸引消费者并保持其对品牌的忠诚度。

虽然商标的这种功能被称为投资功能，可能与其广告功能有所重叠，但它与后者仍有区别。实际上，在利用商标获得或保持声誉时，不仅会运用广告这种技术，还会采用其他多种商业技术。

当第三方，例如商标所有人的竞争对手，使用相同的标志，并且其相关的产品或服务与该商标注册于相同的产品或服务，这种使用实质上对商标所有人利用商标获得或保持声誉从而吸引消费者并保持其忠诚度产生了

---

[1] *Scandia Down Corp. v. Euroquilt*, *Inc.*, 772 F2d 1423, 1429 (7th Cir. 1985), cert. denied, 475 U. S. 1147 (1986).

[2] 同上。

[3] *Mishawaka Mfg. Co. v. Kresge Co.*, 316 U. S. 203, 205 (1942).

干扰，这种第三方的使用必须被视为侵犯了商标的投资功能。[1]

商标的类型

在接下来的讨论中，“商标”一词在整体意义上用于指代一系列特定类型的标志。相对地，在个体意义上，“商标”也可以用来表示物理粘贴或印附在商品上的标志，以及在宣传特定服务的广告中使用的服务标志。商标持有人通过不同的符号来宣示其商标所有权，符号“®”用于表示已通过联邦注册的商标，符号“TM”表示尚未注册的商标，“sm”表示服务标志。

虽然一些“代言人”或“代言角色”可能会也可能不会作为商标受到保护，但他们对于产品或服务可以具有某种形式的第二含义。查理·布朗（Charlie Brown）的狗“Snoopy”（史努比）具有强烈的身份辨识度，就连这条狗也与大都会人寿（MetLife）的金融服务联系在一起了[2]。事实上，有些商标持有人更愿意创作自己的代言角色来提升品牌，在这个过程中，这些创作具有自己的商标意义。玛氏公司（Mars，Inc.）充分利用这一营销策略创造了“spokescandies”（代言糖果）（该公司称之为“M&M's Characters”）[3]，拟人化的活灵活现的M&M巧克力豆，根据其糖果外壳颜色和馅料表现出特有的个性特征，如诱人的绿女士（黑巧克力），无所不知的红人（牛奶巧克力），易受骗但可爱的黄人（花生），自信时尚的蓝人（杏仁），略带偏执的橙人（脆皮），等等。

商标

许多常见的商标用某种形式来标明商标持有实体的名称，通常以独特的字

---

[1] *Interflora, Inc. and Interflora British Unit v. Marks & Spencer plc and Flowers Direct Online Ltd.*，C－323/09，ECJ 2011（Sept. 22，2011）.

[2] 查理·布朗（Charlie Brown）和史努比（Snoopy）是查尔斯·舒尔茨（Charles M. Schulz）的著名连环漫画《花生》（Peanuts）中的角色。

[3] 见 http：//www. mmsworld. com/charactercategorygroupdisplay. aspx？id＝1326.

体风格显示，或与徽标结合使用。举例如下：

来源见脚注。[1]

来源见脚注。[2]

来源见脚注。[3]

来源见脚注。[4]

来源见脚注。[5]

---

[1] USPTO Registration No. 238, 146 (Owned by The Coca - Cola Co.).

[2] USPTO Registration No. 3, 002, 164 (Owned by International Business Machines Corp.).

[3] USPTO Registration No. 912, 210 (Owned by Goodyear Tire & Rubber Co.).

[4] USPTO Registration No. 878, 049 (Owned by General Electric Co. Corp.).

[5] USPTO Registration No. 3, 858, 395 (Owned by AT&T Intellectual Property II, L. P.).

消费者最熟悉的商标是其日用消费品商标，例如“L'eggs”袜子、“Birds Eye”冷冻食品和“Tide”洗涤剂。

服务标志

就所有实际用途而言，服务标志的功能与商标相同，只是它们标识的是服务而不是产品。例如，金融服务提供商“MetLife”（大都会）和“American Express”（美国运通），以及提供商业航空服务的“United”（联合航空）。

商号

商号是用于标识企业、协会或其他组织的名称。商号没有与之相关的符号标志，不能在美国联邦统一注册，其所有权由普通法或州法管辖。商号通常不是具有实际价值的资产，除非它还具有商标的功能，因为购买商品的公众通过商标来识别产品和服务，而且在许多情况下，可能不知道生产公司的实际名称。例如，很多人并不知道“Grey Poupon”芥末、“A. 1.”牛排酱、“Baker's”巧克力和“Planters”花生等著名品牌都是卡夫食品公司（Kraft Foods）的产品。可口可乐公司销售的饮料和果汁品牌分别为“Sprite”（雪碧）、“Fanta”（芬达）、“Lift”和“Nestea”[根据与该商标所有人雀巢公司（Nestlé S. A.）的再许可协议]。而其他一些公司，如三星电子（Samsung Electronics），则选择在几乎所有的产品上都加上自己的商号。

商号经常被错误地当作商标或服务标志。当显示标志实际使用情况的样本包含术语“Corp.”（公司）或“Inc.”（有限公司）时，美国专利商标局（USPTO）往往会驳回这样的标志的注册申请。例如，只是在信头的底部使用了短语“Weight Watchers”，其后紧接着“International, Inc.”（国际有限公司）字样，可能还跟着公司地址，这样的信头会被视为商号的使用证据，而不是服务标志或商标的使用证据；例如“Weight Watchers”减肥计划是服务标志的使用证据，而“Weight Watchers”冷冻食品是商标的使用证据。

证明商标

证明商标用来标识具有特定特征的产品，例如标有国家棉花协会（National Cotton Council）的“Cotton”标志或羊毛局（The Wool Bureau）注册的“Woolmark”标志的产品。一些证明商标表明特定的产品或服务符合某个现有标准，如美国保险商试验所（Underwriter's Laboratories）的“UL”标志。标准普尔公司（Standard & Poor's Corporation）对其部分证券质量评级进行了注册，美国电影协会（Motion Picture Association of America）也注册了这样一句话：

“Restricted under 17 Requires Accompanying Parent or Guardian”（限制级，17 岁以下的未成年人必须有父母或监护人陪同）。

证明商标也可用于不是由该证明商标持有人提供的产品或服务。但证明商标所有人必须对第三方使用其证明商标加以控制，以便公众不会被其证明功能所欺骗。

集体商标

集体商标归某个组织、协会或集体所有，通常用于表明带有该商标的产品或服务是由该特定团体的成员制造或提供的。专业组织或行业协会允许其成员在提供特定产品或服务时使用该组织的标志：例如，注册会计师协会（Society of Certified Public Accountants，CPA）❶，电气和电子工程师协会（Institute of Electrical and Electronics Engineers，IEEE），美国评估师协会（American Society of Appraisers，ASA），美国演员工会－美国电视和广播艺人联合会（Screen Actors Guild－American Federation of Television and Radio Artists，SAG－AFTRA），以及金融分析师协会（Financial Analysts Society，CFA）。❷ 同样，这些组织有责任监督其集体商标的使用，以防止不合格的成员或非成员使用它。如果集体本身也提供服务或商品，它就可以使用该集体商标。

集体商标的一种变体——集体成员商标——是唯一一种既不用于产品或服务的销售或营销，也不用于整个企业经营的商标。集体成员仅使用该商标来表示该团体的成员资格。因此，集体成员商标的所有权不仅限于专业组织和行业协会，而且还扩展到社会团体和有法人地位的兄弟会。例如 Royal Order of Jesters❸ 和遍布全美大学校园的众多希腊兄弟会和姐妹会。同样地，集体必须监督其成员对商标的使用情况。

商业外观

商业外观被定义为“产品的总体形象，可能包括尺寸、形状、颜色或颜色组合、纹理……或图形等特征”❹。

W. Mack Webner 提供以下全面的描述：

引起消费者眼球的注意，他或她可能会以“包装”为焦点来识别

---

❶❷　原书英文缩写和全称不完全对应，此处保留原书内容。——译者注

❸　据维基百科，Royal Order of Jesters 是美国圣地兄弟会的一个分支机构，仅吸纳男性圣地兄弟会的成员。——译者注

❹　*John H. Harland Co. v. Clarke Checks，Inc.*，711 F. 2d 966，980（11th Cir. 1983）.

> “产品”……消费品包装的要素：商标、配色方案、不透明或透明容器的使用、几何设计特征、要素的排列——在零售场所、服务区和其他公共空间的排列——都可以汇集在一起，以提供公众认可的独特形象，即商业外观[1]。

产品外观的某些方面，例如独特的产品外形或独特的产品颜色，在美国被认为是可以得到保护的商业外观，而在世界其他国家，其并不受商标法保护。特别是，对于三维标志（例如产品的形状）构成合法商标这一点，国际上还没有达成共识。例如，许多国家颁布了工业品外观设计法以保护产品形状，或者将产品外观方面的保护限制在外观设计专利或版权法的保护中。此外，与其他非传统商标一样，单一颜色可能会遭到驳回，理由是缺乏显著性或不符合某些国家对于商标必须能够以图形表示的要求[2]。因此，不同国家或地区对产品外观的对待方式可能不同。

虚拟商标

虚拟商标，无论其用于虚拟产品或服务在引入现实世界之前的测试，还是用于标示与真实货币交换的虚拟产品和服务，都代表着现实世界中的价值，尽管它们不构成传统商标。由于此类商标未贴在实物上或用于宣传现实世界中可用的服务，因此它们的使用可能不构成法律意义上可以获得商标权所必需的“使用”。

有时被称为“反向产品植入”（reverse product placement）的做法，即先在虚拟世界中推出新品牌以衡量它们的受欢迎程度然后再将它们引入现实世界中，正在得到消费品和服务公司的广泛认可。电子游戏业内人士、曾在麻省理工学院工作的学者戴维·埃德里（David Edery）解释了这一现象背后的原因：“当你能够在一个毫无干扰的虚拟世界中推出一款新产品时，为什么要在现实世界中花费数千万美元或数亿美元，与成熟的竞争对手争夺注意力占有率（mindshare）和货架空间？”[3] 一个经常被提及的例子是喜达屋酒店（Starwood Hotels）在林登实验室（Linden Labs）运营的在线虚拟世界“第二人生”（*Second Life*）（http：//secondlife. com/）中引入了“Aloft”（雅乐轩）酒店品

---

[1] W. Mack Webner，“Protecting Trade Dress or，Not All Packaging Is Political”，*Remarks：Trademark News for Business*（International Trademark Association）5，no. 3（1992）：2.

[2] 其他吸引人类感知并且可能被视为非传统商标的事项包括声音、气味、动作、味道和质地。

[3] David Edery，“Reverse Product Placement in Virtual Worlds”，*Harvard Business Review* 84，no. 12（December 2006）.

牌。拥有“Westin”（威斯汀）和“Sheraton”（喜来登）等知名品牌的喜达屋，利用虚拟世界做了一种试探性营销，让《第二人生》中的游客参观其规划空间，并在雅乐轩酒店现实世界向公众开放之前提供反馈❶。类似地，在时装、配饰和香水领域的领先设计商和营销商 Calvin Klein 以同样的方式在《第二人生》中首次展示了一个新的香水品牌，先是赠送了虚拟的香氛泡泡，随后提供了实际的香水样品❷。

有时，虚拟品牌的流行会推动真实世界中产品或服务的创造。想想标志性的“哈利·波特”系列书籍和电影，以及其中提到的“Bertie Botts' Every Flavor Beans”（比比多味豆），这是一种虚拟糖果品牌，由 Hasbro（孩之宝）旗下的凯普糖果公司（Cap Candy）转化为现实世界的糖果❸。同样，《最终幻想》（*Final Fantasy*）电子游戏发行商 Square Enix 也意识到了游戏中虚拟体力恢复药水“Potion”的商业可能性，并与饮料制造商三得利（Suntory）合作，在日本销售“Potion”能量饮料❹。

另外一些虚拟商标，虽然没有转化为现实世界的产品或服务，但却成为虚拟世界或现实世界中商业交易的标的。Eros LLC 是《第二人生》一款产品的虚拟供应商，声称拥有这些产品的商业外观权，据信，该公司在五年内以林登元（Linden Dollars）❺ 计价销售其产品，赚取了实际货币收入❻。林登元可以在《第二人生》的游戏中获得，也可以用真实世界的货币购买。

基于品牌的 gTLDs（通用顶级域名）

商标在域名中的广泛使用促进了互联网转变为全球市场。互联网营销协会（Internet Marketing Association）指出了通过域名中的使用来培育品牌的重要性：

> 品牌通常是公司网站地址的一部分。它经常被输入搜索引擎以寻找某家公司、其产品和服务……品牌对于互联网上该公司的消费者流量至关

---

❶ Reena Jana, “Starwood Hotels Explore *Second Life* First,” *Bloomberg Businessweek*, August 22, 2006.

❷ Douglas Macmillan, “Big Spenders of *Second Life*,” *Bloomberg Businessweek*, April 16, 2007; and Clement James, “Calvin Klein Launches *Second Life* Virtual Perfume,” *ITNEWS*, March 22, 2007.

❸ Edery。

❹ 同上。

❺ 林登元是《第二人生》游戏的虚拟货币，可与美元进行双向交换。——译者注

❻ Barry Werbin, “Trademarks in Virtual Worlds,” *INTA Bulletin*, December 1, 2009.

重要。[1]

最近的发展表明，对于期望增加其网络领地的商业利益来说，在域名中加入品牌更加重要。

2011年6月11日，互联网名称与数字地址分配机构（ICANN）理事会投票决定，几乎任何语言的任何单词都可以成为通用顶级域名（gTLD）。这次投票为企业申请注册所谓的“品牌”gTLD或“虚拟”gTLD铺平了道路。品牌咨询公司Interbrand表示：“这意味着，企业或协会现在可以获得一个URL地址，将品牌名称更深地嵌入其中。”[2] 日本佳能（Canon）是首批宣布有意打造品牌gTLD的公司之一。选择使用“. canon”而不是“canon. com”，或者更有可能的是，除了“canon. com”外还使用“. canon”，使佳能公司在制定其互联网营销策略时具有更大的灵活性。

企业如何通过控制品牌域名来培育其商标还有待观察，但互联网营销人员已开始思考基于品牌的gTLDs可能带来的好处。可能的好处包括：

- 通过网站的真实性的确认，增强委托人和客户的安全感。[3]
- 创建在线兴趣社区以进行有针对性的营销。[4]
- 使在线售卖网站能够在其网站平台上为每个卖家分配个性化的URL。[5]
- 允许合并或重组公司建立一个具有凝聚力的单一品牌。[6]

基于品牌的gTLDs的价值虽然目前还难以估量，但必定是不可忽视的。

商标的意义

并非每个单词、符号或其他标志都可以获准作为商标。正如商标的几个定义所示，从最基本的意义上说，商标必须具有区分功能。产品或服务的质量或特征的描述性词语，以及非表征独特商业来源的地理名称或姓氏，通常在任何司法管辖范围都不能注册为商标，描述商品或物品的常用词语，也称为通用名

---

[1] Internet Marketing Association, “Protecting Your Valuable Brand: The Importance of Trademarks,” *IMA*, February 22, 2013, http://www.imanetwork.org/protecting-your-valuable-brand-the-importance-oftrademarks/.

[2] Paola Norambuena, Jeff Mancini, and Jerome McDonnell, “What's in a Domain? Generic Top-Level Domains and the New Dotbrand Frontier,” *Interbrand*, http://www.interbrand.com/en/Interbrand-offices/Interbrand-New-York/dotbrand-whitepaper.aspx.

[3] Alexa Raad, “Why ICANN's New Domain-Name System Could Benefit Brands,” *Advertising Age*, August 16, 2011.

[4] 同上。

[5] Norambuena, Mancini 和 McDonnell。

[6] 同上。

称，也是如此，如“刀”“棉花”或“杯子”。某些可能具有误导性（与预期产品或服务相比）或低俗的商标不可注册。美国法院对文字商标的分类如下：

- 臆造商标。此类商标是由杜撰的、本身没有特定含义的词语所构成的，例如“Kodak”（柯达）、“Exxon”（埃克森）、“Lexus”（雷克萨斯）和“Cheerios”（脆乐谷）。
- 随意商标。此类商标由现有词语构成，但与其所标示的产品或服务没有关联，例如“Apple”（苹果）（计算机）或“Shell”（壳牌）（石油产品）。
- 暗示商标。此类商标所用词语提示了产品或服务的某些属性或特色，但不对商品本身进行直接描述，例如“Coppertone”（水宝宝）（本意是古铜色调）（美黑/防晒乳液），“Caterpillar”（卡特彼勒）（本意是履带）（拖拉机/推土机）或“Whirlpool”（惠而浦）（本意是漩涡）（洗衣机）。

上述类别被认为是“技术性商标”，自其首次在商业上使用之日起，即受到保护。

描述性标志

描述性标志对产品或服务的某些方面或它们的特征进行直接描述。通常它们不能受到保护，除非它们在商业活动中通过使用和广告获得了显著性，即所谓的“获得第二含义”。此类例子有，用于自动除臭剂的“Car - Freshener”（本意是汽车清新剂），用于巧克力饼干的“Rich ‘n’ Chips”（本意是富含n的薄片），或用于面粉的“Gold Medal”（本意是金牌）或用于啤酒的“Blue Ribbon”（本意是蓝丝带）。

通用名称

这类词汇指代产品或服务的类别或子类别的名称，因此构成“事物的名称”，由于公共政策原因而不能提供专有权。国家饼干公司（National Biscuit Company，Nabisco）在近一个世纪前就吸取了这一教训，当时该公司试图将“shredded wheat”（麦片）作为其全麦谷物产品的商标，但没有成功。美国最高法院宣布该词语是通用的，理由是如果其他竞争者不能告知消费者其欲出售的产品的名称，那么他们将受到不公平的伤害。[1]

通用名称可能从一开始就是通用的，如“麦片”，也有可能它一开始作为合法商标存在，但由于不当使用变成了通用名称。下列清单列举了商标持有人或公众可能损害商标显著性的行为：

---

[1] *Kellogg Co. v. National Biscuit Co.*, 305 U. S. 111, 116 (1938).

- 把商标作为名词使用［例如，“把我的Nikon（尼康）递给我”］。
- 把商标作为动词使用［例如，“请Xerox（施乐，复印机商标）那封信”］。
- 在没有描述性词语的情况下使用商标［例如，“此食谱要用Tabasco（塔巴斯科，辣椒酱商标）”］。
- 把商标直接复数化［例如，“将Buicks（别克们）搬到展厅”］。
- 把商标作为描述性名词使用［例如，“它是电钻中的Rolls-Royce（劳斯莱斯）”］。
- 直接使用商标的所有格（例如，“IBM的磁带机已关闭”）。
- 在书写时，未使用大写、引号等方式将商标突出显示。

不当使用最终将不可避免地损害商标的显著性（使商标滑向通用名称）。有经验的商标所有人能意识到这一点，管控其商标的使用，并开展宣传活动以促进正确使用。施乐公司（Xerox Corporation）面临着一场特别艰难的战斗，它在媒体上投放了非常富有想象力的广告宣传，鼓励正确使用他们的商标——“Xerox（施乐）有两个R”（一个在商标中，另一个在代表注册商标的圆圈中）。这些提醒我们，商标是形容词而不是动词或名词。商标所有人不断监控媒体并对滥用商标的违法者进行提醒。这是一项极其艰巨的任务，因为一方面商标所有人“希望”他们的商标被每个人挂在嘴边，另一方面，他们还需要推动商标被正确使用。

美国联邦法院指出，前面讨论的类别有助于判定文字商标和图形商标的显著性，但对商业外观显著性的判断没有帮助。法院将商业外观分为以下几类：①包装，通常是产品的标签、包装或容器；②产品设计，一般是产品本身的形状或构造；③前两个类别中未包括的内容。包装的显著性通常根据在其使用领域的不寻常程度来评估——比如倍儿乐公司（Playtex International Corp.）独特的婴儿裤包装看起来就像蛋筒冰淇淋。产品设计被视为描述性文字商标并且需要获得第二含义才能得到保护——比如消费者最终将箍缩形的玻璃瓶与“Pinch”（箍缩）威士忌联系起来。单一颜色——比如用于“UPS”快递服务广告中的褐色——也需要获得第二含义。未包括在前述类别中的其他类型的“外观”，例如零售店或餐馆的外观和风格，法院会根据具体情况进行处理，并且通常在面对不确定性时需要第二含义。

除了显著性之外，商业外观必须是非功能性的，那样才能获得保护。商业外观法中的功能性概念令许多人感到困惑，因为它不是指实用意义上的功能性。为了消除这种困惑，这一领域早期的判决区分了事实上或实用意义上的功能以及法律上的功能，事实上的或实用意义上的功能不一定会妨碍商业外观获得保护，而法律上的功能却会因公共政策原因阻碍商业外观获得保护。例如“Coca－Cola”（可口可乐）饮料瓶的标志性形状——它的实用功能是能保存液体并允许其倾倒以供消费。然而，这个功能并不取决于瓶子的弯曲和肋状侧面；有很多瓶子形状都能实现相同的功能。但是，如果瓶子的形状代表了容纳或倾倒液体的最有效方式，或者它促进了最便宜的制造过程，那么该形状在法律上将被认为是功能性的，因此是不可保护的。将商业外观保护赋予这样一个基本的设计特征会妨碍公平竞争。后来的法庭案例省略了对“法律上”的任何提及，仅使用“功能”一词。

当纯粹的美学设计特征有争议时，法院将试着通过商业外观法保护该特征是否会给竞争对手带来与声誉无关的重大不利因素。黑色用于舷外马达被认为是功能性的，因为相比于其他的船用颜色，它使一种相对不具吸引力的设备变得不那么引人注目，从而为船东提供了一种审美上的优势❶。

商标和品牌

“你喜欢番茄，我喜欢西红柿”❷。同样地，我们这里也可以说，“你叫它商标，我叫它品牌”。

如果问“Budweiser”（百威）这个词是什么意思，市场营销领域的人会立刻把它认定为一个著名的啤酒品牌。法律、会计或估值行业的人士很可能会将其视为安海斯－布希英博（Anheuser－Busch InBev）公司的商标。所以我们需要定义在这本书中如何使用这些术语。

商标，无论是其多种类型中的哪一种，都是由法律界定并受法律保护的一系列产权。关于这一点本章有较多的内容述及，因此，我们在此不多赘述。

定义什么是“品牌”更加困难。对于品牌是什么或不是什么，似乎没有任何普遍的共识。出于本书的目的，我们把品牌定义为使购买者将其与特定产品、服务或组织关联起来的属性的集合。营销领域的人使用品牌这个词，可能是因为，其品牌定义的属性试图描述的是产品或服务与市场相关的特征。

我们认为还有另一个概念也会造成这种混淆。在市场营销学中经常会提到“品牌资产”（brand equity）。而对法律、会计和估值领域，以及商业界从事财务的人来说，资产（equity）这个词是一个财务术语，而不是主观描述。在我

---

❶ *Brunswick Corp. v. British Seagull Ltd.*, 35 F. 3d 1527, 1531 (Fed. Cir. 1994).

❷ 这是由乔治（George）和伊拉·格什温（Ira Gershwin）演唱，由弗雷德·阿斯泰尔（Fred Astair）和姜·罗杰斯（Ginger Rogers）主演的电影“*Shall We Dance*”（1937）的主题曲“Let's Call the Whole Thing Off”中的一句名言。歌词突出了“tomato”的不同发音。

们看来，常用的“品牌资产”一词主要指的是品牌的实力。也就是说，强大的品牌（即知名度高、客户忠诚度持久的品牌）拥有更高的品牌资产。我们在下一章讨论品牌估值的财务方面时将重新探讨这一概念。

为何关于品牌的定义未能达成一致，其中原因之一是，品牌的所有者和买方对于品牌有不同认知和看法。

走向全球

中国计算机公司联想集团有限公司由中国科学院的一些工程师于20世纪80年代创立，多年来一直在中国开展业务。2005年，该公司收购了IBM公司的个人电脑业务和IBM打造的“ThinkPad”笔记本电脑商标。通过收购这一知名品牌，联想实现了从一个民族品牌向国际品牌的跨越。花费多少？17.5亿美元（包括承担的债务）。如今，总部在北卡罗来纳州的联想，其业务遍布60个国家。

联想以ThinkPad为跳板，实现了从民族品牌到全球品牌的跨越。还有很多企业正从低起点开始，试图实现从代工制造到创建自主品牌、转型创新企业的跨越。品牌化是一个重要的关键因素。

这一演进过程在发展中国家尤其明显。处于这一阶段的国家或地区往往能够提供丰富的劳动力，甚至自然资源，以便获得更快的经济发展。在这种情况下，许多企业成为总部设在其他地方的跨国企业的代工厂。我们观察到一个自然的发展过程，随着代工厂技术越来越熟练，它开始改进制造技术，甚至为其他人进行产品制造设计。通常，代工厂在其委托人的许可下运营，委托人是这些改进的主要受益者。在某些时候，代工厂或其部分管理人员或关键人员可能会决定离开，并利用他们的新知识来创建一个品牌化的创新型企业。当然，下一步是超越国界，走向全球。这种情况今天经常发生，我们相信，随着世界经济的改善，这种业务发展将继续强劲下去。

所有者的观点

对于所有者而言，在市场上普遍存在的品牌非常有价值，因为它可以提高盈利能力。这种证据随处可见。如今，品牌很容易跨越国界。但是这样的跨界费用不菲，用飞行来比喻，这种跨界飞行不是单引擎轻型飞机所能进行的。它需要的是一架“喷气式客机”。

买方的观点

买方看到和欣赏一个品牌，最重要的考量因素可能是品牌具有的一系列不同的属性，比如功能、风格、颜色或当前的流行程度。

虽然可以列出许多品牌属性，但并非所有的品牌属性都会出现，或者这些属性与每一个产品或服务都具有关联。例如，一个强大的品牌是值得信赖的——它被认为可以提供它应该提供的产品或服务。但事情发生了变化。从一开始，我们已经可以预期所有的圆珠笔都可以可靠地书写而不跳笔。因此，书写的可靠性不再是买家在圆珠笔品牌之间进行选择的考虑因素。高可靠性也不能让圆珠笔制造商开出更高的价格。这是一个变得无关紧要的品牌属性。今天，舒适的抓握表面，便宜的价格，可能更能表征一个品牌（定义的属性）。因此，随着产品开发和消费品位的发展，由品牌定义的属性会不断变化。品牌格局不断变化，视角因不同的观点而异。这使得牢固建立品牌参数变得更加困难。

在讨论品牌的作用时，David Aaker 提到：

> 品牌是一个具有显著性的名称和/或符号（如徽标、商标或包装设计），旨在标识卖方的一个或一组产品或服务，并将这些产品或服务与竞争对手的产品或服务区分开来。因此，品牌向顾客表明产品的来源，并保护顾客和生产者都免受那些试图提供看似相同产品的竞争对手的干扰。[1]

该描述与商标的法律定义非常相似，展现了商标和品牌的概念是如何交织在一起的。举一个关于品牌如何建立的例子可能有助于澄清这种区别。

假设我们开发了一些技术，使我们能够生产出比目前市场上的割草机更安静、更容易启动的割草机。我们相信自己的想法，所以决定组建一家企业来制造我们的割草机。在组建企业时，我们设计商标和徽标，研究其他现有商标，并成功注册了我们的新商标和徽标。

此时，我们的品牌由注册的商标和徽标组成，这个商标和徽标只有我们和美国专利商标局的一些人知道。我们开始生产割草机，放置在装修的家庭和花园的中心出售。我们决定把所有型号的割草机都漆成黄色。我们的业务启动了。

经过一年左右的时间，我们生产的更安静、更容易启动的割草机正在被房

---

[1] David A. Aaker, *Managing Brand Equity: Capitalizing on the Value of a Brand Name* (New York: Free Press, 1991), 7.

主们热情地购买。令人高兴的是，买家认识到这些割草机的独特性能，市场研究表明，我们的客户欣赏这些机器的可靠性和长寿命。我们的客户也开始认同用独特的黄色识别出我们的机器。

此时，我们已经开始在更全面的意义上建立了一个品牌。我们已经开始在产品营销和客户感知的交汇点上构建一个品牌属性的集合。如果客户实际所感知的品牌属性是积极的，那么我们的品牌将继续得以提升。很可能我们的品牌可以延展到其他类型的草坪护理设备，并进一步发展我们的业务。

有些人将品牌比作“承诺”。也就是说，如果客户购买带有我们商标的割草机，我们就要承诺提供符合市场预期和估值的品牌属性。如果我们做到了这一点，品牌就会增值。

此时，与我们的商标相关的法律权利没有改变。但是，这些权利对我们业务的经济影响都大大增强。由商标使用而获得的潜在经济效益提升了商标的价值。而这些价值的来源是我们所建立的积极的品牌属性。

换句话说，我们的商标确保了我们精心打造的品牌属性所带来的经济效益归我们所有。我们商标所受到的法律保护与我们品牌属性的经济效益紧密相关。这使我们得出结论，商标与品牌属性的集合密不可分。在实践中，将商标的知识产权定义与品牌属性定义区分开来几乎不可能。出于商业和经济目的，它们成为同一种商业资产。它们的未来联系在一起。举例来说，如果我们忘记支付续展费用来维持我们的注册商标，从而失去了注册所赋予的权利，我们的割草机业务肯定会受到严重损害。我们可能不得不以低价出售的方式处理业务，或者花费一定成本重塑割草机品牌，希望在市场混乱和消费者混淆中生存下来。或者，如果我们的割草机的品牌属性被证明是虚假的或不可靠的，那么我们的知识产权及商标权的经济效用就会受到侵蚀。

这种法定权利和经济效益共生关系的概念与专利权的情况并无不同，专利授予的知识产权实际上包括利用专利获得经济利益的权利。因此，专利的价值取决于其开发的经济利益。商标也是如此。商标的成功使用所赋予产品或服务的正面或负面的品牌属性是商标价值的基础。

一个不幸的商标故事

我们回顾一下福特汽车公司1958年推出的“Edsel”汽车的例子。经过福特汽车公司多年来对这一新的汽车生产线的市场研究和开发，以及数百万美元的支出，“Edsel”汽车最终以失败告终。1959年年末，在总共售出了8.4万辆汽车后，该车宣布停产。据报道，福特在这次投资中损失关的费用，以及对于已实际使用的商标，需要提供一定数量的带有该标志的产品或服务广告的样本❶。

申请人能够通过相关的程序对注册驳回决定作出答复，并可就导致驳回的原因设法进行补救。如果商标局仍然拒绝注册，申请人可通过多个途径上诉❷。

如果商标局确定没有驳回依据存在，则予以批准并发布公告，任何人如果认为该注册将会损害其利益，则可以通过行政复议的形式向商标局提出异议❸。类似地，任何人如果认为一件注册商标将会损害其利益，可通过前述相同的途径❹提出撤销请求，或依据《兰汉姆法》第37条向法院提起诉讼❺。

注册后的第五年，需要向USPTO提供该注册商标连续使用的证据，并可提出每十年续展一次的请求❻。在商标获准注册五年后，可以额外提出一份申请，证明商标已连续使用五年，通常可获得商标权的“无可争辩性”❼。但“无可争辩性”并不是绝对的，如果商标是通过欺诈而获准注册的，或者存在诸如弃用、淡化成通用名称等几种易受影响的缺陷，注册仍可能被撤销❽。

在当今经济全球化下，商标持有者经常为其知识产权寻求多国保护。除了向个别国家寻求商标注册外，还有若干机制允许商标持有人获得国际注册。国际商标协会网站提供了以下摘要和有关各机制的详细程序链接：

> 几个国际协议协调了在多个国家申请商标注册的程序。比荷卢知识产权局（BOIP）的注册覆盖国家包括比利时、卢森堡和荷兰。欧共体商标（CTM）在欧盟所有成员国保护商标。《马德里协定》和《马德里议定书》提供了一个机会，可以就涉及多个成员国的国际注册提出申请。向非洲知识产权组织（OAPI）提交的申请保护非洲所有成员国的商标。此外，还可以向非洲地区知识产权局（ARIPO）提出申请，通过该组织，商标所有人可以在南部非洲的成员国保护其商标❾。

---

❶ Lanham Act §1, 15U. S. C. §1051 (2009); 37 C. F. R. §2.61 (a) (2011).

❷ 第一次上诉是针对商标局的行政法庭商标审判和上诉委员会，并且可以向美国联邦巡回上诉法院或可能提交新证据的联邦地方法院提起进一步上诉。随后向适当的地区上诉法院提出上诉。

❸ Lanham Act § 13, 15 U. S. C. § 1063 (2009).

❹ Lanham Act § 14, 15 U. S. C. § 1064 (2009).

❺ Lanham Act § 37, 15 U. S. C. § 1119 (2009).

❻ Lanham Act § 9, 15 U. S. C. § 1059 (Supp. 2012).

❼ Lanham Act § 15, 15 U. S. C. § 1065 (Supp. 2012).

❽ Lanham Act § 33 (b), 15 U. S. C. § 1115 (b) (2006).

❾ International Trademark Association, "Fact Sheets Introduction to Trademarks," *INTA*, http://www.inta.org/TrademarkBasics/FactSheets/Pages/InternationalTrademarkRightsFactSheet.

商标、品牌及其所代表的产品和服务

我们从法律的角度介绍了商标的分类，这些内容对更好地理解特定类型商标的法律“根源”是非常有用的。与商标相关联的产品或服务的类别是通过国际产品和服务分类体系来描述的。

然而，在（商标）估值过程中，该分类并不能提供多少帮助。因此，我们需要用其他的（分类）结构来考量商标，其标准应是对商标潜在价值的影响。为了发挥作用，我们的估值方法必须适用于所有的商标。对我们大多数人来说，“商标”这个词等同于我们在日常生活中使用的一些产品或服务的标识。然而，有数以百万计的品牌则属于提供中间产品和服务（用于制造过程或企业对企业的交易）的人，政府、组织和机构。中间用户的动机与消费者的动机不同，他们的需求更具体、更明确。他们所使用的商标也必须包括在这种分类方案中，因此我们建议采用以下分类结构：

政府/机构

联邦政府

州政府

市政府

政府机构

武装部队

邮政局

国内税务机构

交通部门

医院

高校

贸易组织

慈善组织

兄弟会组织

专业组织

采掘品/大宗商品

石油天然气

煤炭

金属

电力、天然气和水利设施

木材
粮食
棉花
化学物质
半天然产品（Semicommodity）
工业/商业/住宅建筑
纸
水果/坚果
肉类/家禽
乳制品
胶合板/加工木材
特种化学品
交通/运输
中间产品/服务
工业服务
设计/工程/建筑行业
部件/组件制造商
机械工具
纺织品
皮革
管道/暖气/空调/电气/装修承包商
批发商/经销商
成品商品
汽车
家电
电脑软件（企业对企业）
电气/电子产品
服饰
零售商
大众营销人员
购物中心
小卖部/专卖店/超市
小/中型零售商店
经销商

加盟商

工业/商业服务

施工建设

广告

市场调研

管理咨询

会计

法律

金融（即投资银行、商业信贷）

消费服务

银行/金融

电信

有线电视

保险

酒店

出版商

报纸

运输

餐厅/快餐

（日用）消费品

肥皂

个人护理产品

服饰

电脑软件（收缩膜包装的，类似CD）

食品

饮料

娱乐

电影

电视

戏剧

演员/名人/体育明星

运动队

玩具/游戏

上述分类列表遵循一种模式。通常情况下，价值沿着我们阅读列表的顺序逐渐递增。此外，类别由工业产品逐步转为消费品。我们仅从直觉上也能感知到，与这些商业活动类别相关的商标，其重要性（和相对价值）是随着这个分类表的顺序递增的。

我们可以通过对该分类的进一步分析来验证我们的直觉。当然，某些商标可以被置于多个分类当中，或者对于某个给定的商标，不能明确哪个分类最适合。实际上，我们生活中任何普遍存在的事物，就像商标一样，都不可能被严格地区别与分类。而我们的目的是提高我们在具体分析中的合理性。

政府/机构

与该类别中的组织相关的商标通常会被忽略，或许因为我们觉得它们并不“需要”商标，它们拥有商标只是因为它们必须以某种方式来标识自己。在一定程度上确实如此，但我们发现，一些其他类型的商标所有人由商标而获得的好处，也同样赋予了这些组织。它们拥有自己的品牌属性，其符号标志具有象征意义，标识了庞大的组织机构。飞机上的美国国徽标志即使在世界最远的地方也能明确无误地传递出它的含义。红十字会、救世军和联合国的标志在世界各地广为人知。联合国人员在冲突地区所用设备和制服的浅蓝色可以明确识别，已获得了第二含义。

这些商标可以用作路标。任何去过伦敦的人都会喜欢上伦敦地铁和英国铁路的标志，因为它们为这个高效而复杂的公共交通系统提供指引。波士顿的“T”字标志、华盛顿的“METRO”标志和旧金山的“BART”标志发挥了同样的作用。只需要一个标志和一个箭头，我们就可以迈开步伐，找到方向。

有时这些标志被用作激励信号。邮政服务希望我们使用它的服务，医院（其正向竞争环境迈进）和公共交通系统也是如此。军方鼓励人们入伍，高校积极招生。这些标志也被用作寻求认同的手段。

您是否曾经在《纽约客》杂志上看到这样一幅漫画：一位地铁乘客对另一位乘客说，“我真的更喜欢 PECO 能源电力，它如此顺畅和不间断”？电力用户可以选择他们消费哪家电力。许多电力和天然气公司正在更新自己的标志，并以全新的方式塑造它们。电力品牌就是这个重塑过程发展的结果。传媒服务强化了品牌塑造。

采掘品/大宗商品

石油、天然气、煤炭和采矿等采掘业不像日用消费品公司那样依赖它们的商标。它们和大宗商品生产商的产品大部分都出售给其他行业，其销售取决于价格、交付或技术。即使是胶合板、木材、煤炭和燃料油等进入消费市场的大宗商品，消费者更关注的也是零售商，而不是原始供应商。因此，零售商的商标比伐木厂或煤矿场的商标更重要。但是也有例外，正可用来说明我们的分类系统。例如，氯化钠是通过矿采或蒸发法获得的。它是一种大宗化学品，可用于化学工业（例如，作为氯原料），或者冬季用于道路（除雪剂），也可用于我们的餐桌。

前一种用途是“无品牌的”，尽管化学规格、价格和位置/地点/产地非常重要。后者经过颗粒化、加工、包装、批发、分销、具有自有品牌或公司品牌，通过放置于食品市场的货架上卖给我们。在这个过程的开始阶段，商标没有显示出它的重要性，但在最后却非常重要。

原油也是一种商品。它不是由钻探方的名字来描述的，而是由它的特征来描述的（例如，“轻质低硫原油”或“得克萨斯中质原油”）。然而，当它被提炼成机油或汽油时，它的来源是非常重要的，炼油厂商花费大量的资金来确保我们作为消费者了解其商标和产品的独特属性。

半天然产品

正如我们所指出的，随着特定产品依制造业类别沿着制造链移动，在我们的分类体系中可能出现“重复或交叉”。商标可能一直存在，但其相对重要性会发生变化。陶氏化学公司（The Dow Chemical Company）生产的聚苯乙烯颗粒在其容器上标记了明显的商标，买方可以清楚地辨认出来。然而，Dow（陶氏）商标在多大程度上影响了购买这种原材料的决定？我们认为，购买决定是基于化学规格、价格、交货（时间和数量），也许还有其他合同条款，但商标中所体现的陶氏名称和声誉是次要的。毫无疑问，大宗商品和/或中间产品、服务或部件的供应商努力建立良好的声誉，并有理由为其商标在商界所代表的意义感到自豪。然而，我们认为，与日用消费品的品牌相比，这些声誉提供的“惯性”（就留住客户而言）较小。这些购买决定（应该）更基于“理性”，而不是感性。商誉是由之前已经销售的产品或服务决定的。因此，相对于面包、剃须刀或DVD播放器，当买家没有技能或信息对产品进行技术评估，并倾向于依据体现在商标上的制造商的商誉来作出购买决定时，产品性能、技术、服务支持、创新和价格所产生的影响就显得格外突出。

这并不是说商标不能在这个过程的早期变得重要。假设陶氏化学开发了一种使聚苯乙烯颗粒具有磁性的工艺，并且这种特性极大地促进了用这种材料生产产品的人对这种材料的加工。陶氏公司肯定会以其独特的商标使这一突破性产品在市场上脱颖而出。这个商标对购买它的制造商来说会变得很重要，尽管对用它制造产品的最终用户来说可能并不重要（特别是当它在加工过程中失去磁性时），因为磁性只对制造商重要，而对消费者不重要。独特的商标将作为产品的“速记”标识符，使购买者能够快速指定所需的材料。

关于聚苯乙烯，在中间产品行业还有另一个品牌化的例子。陶氏化学公司自己用聚苯乙烯制造了泡沫绝缘材料，并使用“Styrofoam”（泡沫塑料）的商标名作为其品牌。该产品与陶氏“Saran Wrap”（莎兰包装）塑料薄膜均用于包装工业和建筑工业，同时也为消费者所熟知。这种从大宗商品到品牌产品的“早期分化”将会影响价值。

中间产品/服务→成品商品

钢、金属铸件、塑料和油漆是最终成为汽车和电器等成品商品的零部件的大宗商品。消费者认识的商标要在组装成最终产品之后才会出场。汽车防冻液是化学品和染料的混合物，经独特包装后出售给我们。商标在最后登场。我们购买的许多商标产品，在申请我们认识的这个商标之前，已经在制造链中走了很长一段路。

而实际上，商标在整个产业链上都有使用。其中一些与所使用的材料、组件或制造过程本身有关。那些用来制造我们所购买的最终产品的中间产品和服务有无数与其相关的商标。作为最终产品的买家，我们可能完全不知道生产过程中使用了“Drierite”牌❶干燥剂或“Hytrol”牌❷输送系统。然而，对于有些人来说，这些名称代表着其工作中重要的产品形象。在商业或工业销售中，对新供应商要进行深入的“调查”，对其产品或服务也要进行测试和试验。通过调查和测试的候选者会进入合格供应商名单。在商标的旗帜下，这种经批准的产品或服务极大地促进了新产品或相关产品或服务的审批流程。商标为销售铺平了道路，销售工作可以直接触及最核心的内容，而不用介绍“我们是谁”“我们做这行多久了”“我们还为谁服务过”这样的序言。这样既节约了成本，也为商标所有人提供了更好的机会。商标也有助于弥补销售和采购人员工作变动而带来的问题。

这些商标在其所属的特定商业领域中有一定的作用，但不像我们讨论过的其他产品属性那样重要。例如公司被收购后，收购方就开始在自己品牌的旗帜下销售之前所有人的产品，这种情况并不罕见，这就是证明。这样做当然要很谨慎，但并不罕见。我们也可以通过另一种方式观察到这一点，假设竞争市场中的日用消费品牌由于某种原因而失去其商标，这很可能意味着品牌的消亡。但如果

❶ Trademark of W. A. Hammond Drierite Co., Xenia, Ohio.

❷ Trademark of Hytrol Conveyor Company, Inc., Jonesboro, Arkansas.

这样的事件发生在工业或贸易品牌上，发生如此严重后果的可能性要小得多。

对于工业或商业产品制造商或服务商来说，达到特定的质量或独特性要求而“被指定”是最理想的状态。例如，在编写建筑或设计规范时，某个装置被描述为“电机，功率多大……型号为 GE Model ×××××或同等规格产品”。这种类型的品牌实力是建立在性能和价格基础上的，而不是通过大规模的广告宣传。

由于其“隐含担保”属性，商标在工业或商业中很重要。我们确信，在施乐（Xerox）或理光（Ricoh）多年来销售的复印机中，至少有一些“烂橘子”，但总的来说，它们已经建立了良好的声誉，而对于一个新来者来说，与其竞争将会是一场艰苦的战斗。不管复印机的价格或质量如何，公司的采购员都不会贸然将自己的声誉置于危险之中，而是会建议购买一台“一样好”的复印机。每个人都想要一个可以插入这句话的商标：“没有人因为购买某某产品而被解雇。”

当商标所属的中间产品的属性对最终消费者很重要（或者可以变得很重要）时，这些商标就可以进入市场。有很多这样的例子，如杜邦（Dupont）的特氟龙（Teflon）润滑剂和凯夫拉（Kevlar）高强度材料，“Gore－Tex”（戈尔特斯）膜，英特尔（Intel）电脑芯片，等等。当这种情况发生时，我们在市场上就有了“双重计费”，比如 L. L. 比恩（L. L. Bean）具有“Gore－Tex”衬里的户外外套，或者索尼（Sony）带有“Intel Inside”的个人电脑。

商业或工业商标系列也非常有用，新产品或服务可以在其商标系列下推出。日用消费品市场之外的品牌扩展可能是一个重要策略。在第5章中，我们会谈到促进这类商标的扩张或其收购的策略。

零售商

即便所有的工序都标识出来，且其价值都附加在产品上成为最终的成品状态，我们看到并购买它也可能是在一家拥有自己商标的零售店。所以又增加了一个品牌层。零售商所赋予的附加价值是为我们提供一站式的商店（丰富的选择），提供展示和宣传，也许还有信贷或支付设施和送货服务，并作为我们对货品制造商的“监察员”。

零售商本身也可以成为市场上吸引顾客的磁石。商品制造商会争抢成功的零售商的展示或货架空间。我们将在后面的章节中讨论这将如何影响零售商的品牌扩展策略。

商标在零售业中是非常重要的，但零售商的商标和所售商品的商标之间在重要性上通常需要一个平衡。一些零售场所，如汽车经销商、服装商店和服务站使用制造商或服务提供商的商标。零售场所所有人的实际身份对消费者来说并不重要。其他零售场所，如梅西百货（Macy's）、布鲁明戴尔百货（Bloomingdales）、埃克尔德百货（Eckerd's）或史密斯玩具店（Smith's Toy Shop），具有与所销售的商品不同的身份标识。这种身份标识本身可能非常强大或相对无关紧要，但始终与所销售的商品或提供的服务有某种关系。也就是说，零售商的名称将与所售商品的类型、质量和价格相关联。商品的特性成为零售商"商业人格"的一部分。

工业/商业服务

这是一种商业分类，从中可直观地认识到商标的普遍重要性。服务是由人提供的，因此这类业务的运行可以有人才和商标分别如何发挥效力的多种组合。一般来说，小型服务公司的特征是由其人员构成的，而大型服务公司的特征更多的是"企业特征"。如果小公司的员工跳槽到另一家公司，他们可能会带走顾客或客户。对于较大型的服务提供者，这种情况发生的可能性要小得多。与大公司相比，小型广告、会计师或律师事务所的顾客和职员之间往往存在更密切的私人关系。

商标的相对效力在专业服务中仍然相当明显。例如，人们可以假设，无论由哪家公司提供审计服务，按照一般"公认会计原则"（GAAP）由注册会计师（CPA）执行的审计基本上是相同的服务。然而，我们注意到，小型会计师事务所与大型会计师事务所的审计服务存在价格差异。此外，如果一家小型或中型公司（它可以在转型为大型或小型审计公司之间自由选择）正在考虑公开发行股票或寻求其他重大融资，它通常会选择转型为大型公司。这样做的动机是，投资者（或许还有监管者）对一家规模更大、知名度更高的会计师事务所的审计感到更放心，因此审计过程可能会更顺畅。出于同样的原因，参与重大交易的上市公司会寻求知名投资银行经理的协助。在这种情况下，或许不能完全归因于商标的效力（因为所需服务的性质），但毫无疑问，在容易产生诉讼纠纷的金融领域，这种交易使得该公司的领导者更安心。

显然，大型专业事务所、广告代理公司、市场研究公司、咨询公司、设计师或建筑公司都可以提供"一站式"服务，并具备处理大型任务的能力。因此，它的优势不仅仅在于商标。但是，一个公司的商标确实成了其特殊实力的象征，并以其自身的魅力吸引着人们。有些人认为，收到一家知名律师事务所的来信，会比收到一位不太知名的律师或律师事务所的来信更让涉嫌犯法者感到恐惧和不安。

聘请一家世界知名的管理咨询公司可以避免受到批评，而聘请不太知名的公司可能无法回避这种风险，尽管它们的建议可能是相同的。这就是商标的力量。

消费服务

我们正在迈向服务驱动型经济，因此，看到区域性、全国性和国际性的消费服务商标的发展并不令人惊讶。这包括银行、保险、信用卡服务、经纪和投资服务，甚至法律和会计服务。还有一些国家品牌的医疗保健、税务报备和葬礼服务。

当我们开支票、购买共同基金或支付抵押贷款时，我们利用了整个基础设施。拥有该商标的“零售商”可能与整个过程没什么关系。他或她只是我们进入系统的代理商。当我们写一张支票并将它发送到全国各地的邮购公司时，我们并不了解完成这笔交易所需资金流动涉及的所有后台操作。我们的联系人是我们的“增值经销商”——当地的银行分行。这家银行必须建立品牌资产和商标，以创造和维护我们这样的客户关系。

（日用）消费品

尽管这是最大的商标分类之一，就商标的数量和重要性而言，几乎不需要谈论商标的分类，因为当我们使用这个术语时，我们想到的就是这些。这类产品包括带有“Eveready”（永备）、“Amazon”（亚马逊）、“Coca-Cola”（可口可乐）等标志的消费品，以及许多其他消费品。这些商标是我们日常生活的一部分，它们被书写，被歌颂。商标是品牌资产结构中非常重要的组成部分。McCarthy 和 Perreault 对这一类别中的差异进行了有趣的分析[1]。“常用品”是经常购买的产品，品牌对帮助购物者节省时间和找到以前满意的产品很重要。“冲动性”产品的购买是计划外的，其显示位置变得非常重要。“日常购买”产品被定义为同质化产品或异质产品。“同质化”产品被消费者视为基本相同，价格成为购买决策的主导力量。“异质产品”被认为是不同的，买方希望仔细检查质量和性能。品牌在这里可能不那么重要。“特制”产品是消费者愿意搜索的产品。这可能涉及对特定品牌的特定坚持。最后，还有一些“不受欢迎”的产品，要么在市场上是全新的，要么不是经常需要的，比如墓地。就财务上的重要性而言，在日用消费品世界，商标最具重要性。

娱乐

商品的另一端是与娱乐、游戏、体育和玩具相关的产品和服务。商标就是一切。不是所有，但肯定非常重要。商标和角色的授权在这个行业中是一个数十

---

[1] E. Jerome McCarthy and William D. Perreault, *Basic Marketing* (Homewood, IL: Richard D. Irwin, Inc., 1987).

亿美元的行业，这一事实突出了这个行业中形象在推动利润方面的重要性。

与所有（合法的）金融投资一样，风险相对较低的投资往往更可靠，但回报相对较低。人们需要汽车轮胎，所以如果我们决定投资建立一个轮胎品牌，很少需要考虑品牌的娱乐功能。带有卡通人物的娱乐设备、玩具或 T 恤，上面的卡通人物不是人们的必需品，因此销售量的多少很大程度上取决于形象的说服力。建立一个“角色”（无论活着与否）的投资是一笔巨大而有风险的投资。但如果成为少数成功者之一，回报可能是巨大的。此类“角色”的所有人可以放心，“世界会为他敞开大门”❶。

小　结

我们提出这个分类体系是为了便于对商标价值进行分析。它的目的是提供一个结构，以考虑构成商标价值的要素。正如在后面一章中所述，我们还打算提供一种结构，以便分析经验证据，以确定这些因素是否确实影响了价值。更多的章节重点包括：

- 法定的商标权与其相关产品或服务所建立的积极的市场属性相结合，创造了具有经济效益的企业资产。这种资产通常被称为“品牌”。
- 尽管商标法律权利与品牌属性是相区别的，但当它们相结合时就能达到其最高价值。
- 有许多不同类型的商标，而且随着新的大众传播手段的出现，商标名册还可能会增加。
- 商标和品牌问题是国际性的。
- 在行业范围内，商标－品牌资产的作用和价值可以有很大的差异。
- 商标估值必须从对标的财产的详细描述开始。

❶ 这种流行的错误引用最初源自拉尔夫·沃尔多·爱默生，实际上是基于两种不同的陈述。

第 2 章
估值基础

知识产权是包括“商标”“专利”“版权”“商业秘密”或“技术秘密”（know - how）在内的一类产权。知识产权是一种无形的创造，其特点是其所有人受到法律保护，防止他人未经授权使用。

当今世界，知识产权蕴藏着巨大的价值。投资者对 Facebook 公司的估值约为 1000 亿美元。毫无疑问，“Facebook”商标代表了这一价值的很大一部分[1]。但是当 Facebook 商标在 2006 年首次注册时，它的价值是多少呢？非常小。缺乏内在价值是知识产权的普遍特征。

估值格言

知识产权本身可以说几乎没有内在价值，它通过运用产生经济效益，为所有人创造价值。

商标的价值是通过与市场上受青睐的成功的产品或服务相联系而获得的。这种成功是由它对企业盈利能力的贡献来衡量的。因此，我们必须了解商标由其获得价值的企业的情况。

知识产权不同于其他类型的产权，因为只要所有人同意，许多实体就可以同时使用它。也就是说，所有人的权利可以在许多实体之间分配，每个实体都可以利用知识产权，例如，在特定的地理位置、特定的时间或以特定的用途利用。或者所有人可以选择保留所有的权利。在这两种情况下，评估知识产权的主要挑战在于确定其运用的广度。

[1] “Facebook,” Registration No. 3, 041, 791, owned by Facebook, Inc.

企 业

企业是为了获取利润而聚集的资产的集合体。每个企业，从最小到最大，都可以将其资产分为三类：货币资产、有形资产和无形资产。

这其中包括企业为了向市场提供产品或服务所需的资产组合。这三类资产的相对重要性因业务而异，但这三类资产都在一定程度上存在。因此，企业的总价值等于企业内这三种资产类别的总价值是理所当然的。这是一个重要的估值概念，我们将在本书中反复提到。这里的目的是讨论商标的估值问题。然而，我们必须在整个讨论过程中认识到，商标通过在市场上的成功运用而获得价值。成功的运用需要其他无形、有形和货币资产的存在。因此，无论我们如何对商标价值进行评估，它都必须与构成企业的许多其他资产的价值共存，而且其价值必须以合理和可支持的方式与整体价值相称。

也就是说，我们必须清楚地了解除商标之外构成企业整体的其他资产。我们将发现，随着讨论的扩展，有必要从对整个资产组合的运用中筛选出商标所产生的潜在经济效益。因此，了解非商标资产及其贡献是有意义的。

估值格言

货币资产、有形资产和无形资产的价值之和等于企业的价值（见图表2.1）。

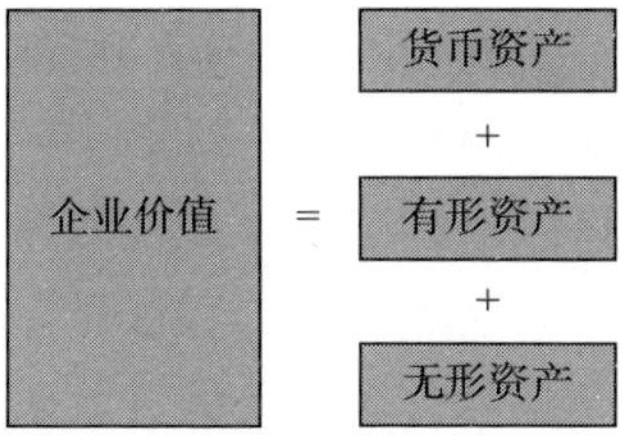

图表2.1 企业价值要素

资料来源：John Wiley & Sons，Inc.。经允许转载。

资产类型

货币资产

货币资产，也称为“净营运资金”，定义为“流动资产”减去“流动负债”，如目标公司的资产负债表所示。

流动资产包括：

- 现金
- 短期投资，如有价证券
- 应收账款，减去准备金
- 存货，包括材料、在制品和成品
- 预付款

流动负债包括：

- 应付账款
- 长期负债的当期部分
- 所得税和其他应计项目

在大多数情况下，流动资产超过流动负债，因此净营运资金是一个正值。打个简单的比方，净营运资金可以被认为是“现金抽屉里的钱”。净营运资金是为了保持企业日常运营所必需的金额。

有些企业能够在流动负债过载或净营运资金为负的情况下经营。通常，这些企业的客户需要为企业所提供的服务提前支付费用。

有形资产

有形资产，有时被称为“固定资产”，通常在会计资产负债表上显示为“厂房、地产及设备”。这一资产类别的资产通常包括：

- 土地
- 土地开发，如铺路、围栏、景观美化、庭院照明、污水处理和消防
- 建筑物，包括建筑施工和服务
- 租赁物业的开发，包括结构改变、建筑服务、电源线、管道等
- 机械设备，包括机械、电源线、工厂管道、实验室设备、工具等
- 特殊工具，如冲模、夹具、固定装置、模具
- 图纸
- 办公家具和设备
- 持牌车辆
- 在建工程

无形资产

无形资产一般不会出现在公司的资产负债表上，除非是按照下一章讨论的某些财务报表惯例的要求。会计学将无形资产定义为与企业不可分割的、不具

有实物，或赋予企业所有人权利和特权的资产。

财务会计准则委员会（FASB）在其《会计准则汇编》（*Accounting Standards Codification*）中将“无形资产”定义为“缺乏实物的资产（不包括金融资产）”❶。

FASB 将“商誉”定义成：“代表在企业合并中获得的其他资产所产生的未来经济效益的资产。”❷

国际评估准则理事会（IVSC）提供了更多有用的定义：

> 无形资产：以其经济性质表现出来的非货币性资产。它不具有实物，但是赋予其所有人一些通常能产生收益的权利和特权。
>
> 商誉：由一项或多项资产产生的、不能单独识别和单独确认的经济效益的总和。

国际财务报告准则将无形资产定义为“无形资产是非实物的、可识别的非货币性资产”❸。

> 要成为无形资产，资产必须是可识别的：
>
> 资产如有下列情况之一，便可识别：
>
> （a）可分离，即能够与实体分离或区分，并可单独或与相关合同、可识别资产或负债一起出售、转让、许可、出租或交换，不论实体是否打算这样做；或（b）由合约或其他合法权利产生，不论这些权利是否可转让或可与实体或其他权利和义务分离❹。
>
> 资产如要作为无形资产计量，亦须符合以下“确认”准则：
>
> 无形资产仅在以下情况下予以确认：
>
> （a）该资产预期可能产生的未来经济效益会归入该实体；（b）该资产的成本能够可靠地计量❺。

我们将无形资产定义为企业中货币和有形资产之外的所有要素。它们是除营运资金和固定资产外，使企业运转并对企业盈利能力做出贡献的要素。它们的存在依赖于现有或预期收益。它们通常在企业的发展过程中最后出现，却在企业消亡时最先消失。我们将无形资产分为：

---

❶ Financial Accounting Standards Board，*Accounting Standards Codification Glossary*（2009）.

❷ 同上。

❸ International Accounting Standards Board，IASB *Technical Summary*，*IAS* 38 *Intangible Assets.*

❹ 同上。

❺ 同上。

- 权利
- 关系
- 未入账的无形资产
- 知识产权

权利

每个企业都可以通过与其他企业、个人或政府机构签订合同协议来获得权利。大型企业可能拥有包含数千个要素的一组权利。这些权利通过书面合同的条款定义：合同各方；转让的权利、产品或服务内容；转让费用；合同期限。为具有实际价值，合同的条款必须能促成经济上有利可图的交易。

有些合同有价值，因为它们使企业能够以有利的价格“从”其他企业获得产品或服务。最常见的类型如下：

- 以比当前市场价更优的价格或条款签署的租赁合同。这种有利的租赁称为租赁权益
- 涉及销售、仓储和产品移动的有利的分销合同
- 有助于留住关键人员的雇佣合同
- 以更优惠的条款或利率提供资金的融资合同
- 优于市场价格（同等覆盖范围下）的保险合同
- 以优惠条件提供原材料或购买产品的合同
- 服务合同，例如设备维护、数据处理或公用事业服务
- 供不应求或获取成本高昂的许可或政府认证
- 接收有限供应的产品或服务的权利，如广播或电视网络附属机构或电影发行权
- 前所有人或雇员不参加竞争的契约
- 规定特许经营权受许人的专属区域或产品线权利的合同
- 可以降低成本或创造利润的知识产权的许可合同

有些合同有价值，因为它们提供了“向”他人提供产品或服务的机会，并从中获利。这种合同相当于“预售”业务。它们可以提供超过所提供的其他资产回报所需的正收益流。此类合同包括：

- 收费抵押服务合同，收集、处理和管理抵押贷款组合的托管和保险事宜
- 作为企业的一部分购买的贷款合同，未来将返还本金和利息
- 提供食品服务、医疗保健、数据处理、广告或咨询服务的合同
- 根据合同提供货物将来再交付的预售合同

- 预付费的学生注册或预订合同
- 授权他人使用知识产权以换取许可费的许可合同
- 规定专属区域或产品线并产生费用收益的特许经营权合同

对特许经营权的受许人和特许人的无形资产权利进行估值是一个挑战性的过程，商标估值在其中不可或缺。无形资产的所有人通过与另一家实体签订合同建立许可关系，分配该资产所支持的产品或服务，向该实体提供营销协助，并对该实体的运营施加一些控制。受许人通常为特定产品或服务支付超过公平交易价格的金额，超出部分是为特许人所有并授权其使用的无形资产和知识产权所支付的使用费。

通常，在许可交易中最突出的资产是由特许人创建和开发，并由受许人“租用”的商标。在许可协议中，无形资产的权利根据合同协议的条款在特许人和受许人之间分配。因此，在评估任何一方的权利或涉及的无形资产或知识产权的整体价值时，必须谨慎考虑这一分配。也许由于商誉与商标具有很强的一致性，传统的观点使我们得出这样的结论：仅从受许人的业务来看，其无形资产很少或根本没有。然而，这不一定是真的，要取决于许可的具体特点。

在我们所谓的“强”许可中，双方指定并控制企业的每一个要素。例如快餐业务，特许人严格规定和控制建筑设计、室内陈设、标识、食品制作方法、菜单、配料、员工制服和其他程序。如果企业按照规范经营，结果好坏很大程度上应归因于特许人资产的使用。在这种情况下，虽然受许人的企业可能存在一些无形资产，但有价值的可能很少。一个技术娴熟、精力充沛的受许者，即使在严格控制的条件下，也应该享有较高的收益并创造一定的商誉。

相比之下，在“弱”许可中，特许人只提供一个连锁经营理念和商标。我们使用“弱”和“强”并非贬义，而是描述特许人所施加的控制程度。弱许可的一个例子是，提供一个专属区域给受许人来销售某一系列的化妆品或家用商品。尽管特许人可能会提供培训、会计制度和全国性广告来支持品牌，但该地区的成功更多地取决于受许人的技能、个性和独创性。这种情况允许受许人有更大的自由运用个人营销或销售技巧。在这种情况下，受许人甚至可以毫无障碍地转向另一竞争产品系列，这也证明了其确实创造出了作为企业一部分的无形资产。

因此，我们必须根据每一个许可的具体情况来审视其价值，而不能“想当然”。

关系

每个企业都与外部机构、其他公司和其他个人建立了关系。这些都是非契约性的，但同时，对企业来说却是短暂又极其重要的。它们包括：

- 人力资源
- 客户关系
- 经销商关系

人力资源

企业最明显的关系之一就是企业和员工之间的关系。留住员工、减少人员流动所花费的支出可以证明：安置、雇佣和培训劳动力的成本非常高。劳动力越专业化，其配置成本就越高，对企业的潜在价值也越大。

一般来说，会计准则和财务报告准则不把人力资源作为一种可识别的资产，而更愿意将其与“商誉”放在一起。但也可将其作为企业资产组合中潜在的有价值资产。

客户关系

每个企业都有客户，但不是每个企业都有客户关系。例如，在大城市的报摊上，可能有许多顾客习惯性地购买一份报纸。也许从公共汽车站到他们工作的地方要经过这个特殊的地点。也可能还有其他方便之处，但是不管什么原因，这些客户都选择了在这里买报纸。报摊经营者不知道顾客的身份，也不知道他们在哪里工作，没有保存顾客的任何账户记录，也不能联系他们了解他们对其他出版物或服务的兴趣。如果店主把报摊搬到另一个地方，这些顾客可能就不会去找原先的摊主，而是会光顾活动路线附近的另一个报摊。这就不是我们所说的客户关系。

企业与客户关系中有两个方面是主要的价值驱动因素：一个是关系中的“惯性”大小，另一个是关于客户的“可用信息”量。

报摊的例子代表了低惯性的客户关系。这个术语描述了一种情况，在这种情况下，几乎没有什么可以约束客户的关系。对于客户来说，很容易转移到另一个来源去获得产品或服务。

能够在一定程度上锁定客户的企业，其业务处于高惯性规模。通常，这些企业提供的产品或服务与其竞争对手有很大的区别，不依赖“地理位置”，也不太依赖品牌商品来吸引客户。

这些企业已经形成了稳固的客户关系，这种关系将不会为所有权的变更、人员的变更甚至是搬迁而改变。这种客户关系的价值非常高。该企业的买方会认识到稳定的客户带来的稳定收益，并愿意为此支付与具有低惯性客户关系的类似企业相比更高的价格（溢价）。

在惯性尺度的最高点，是真正的垄断企业。自来水公司可能是最好的例子。这类企业拥有地区垄断权，提供对生活至关重要的服务（供水），并拥有竞争对手无法复制的分销系统。特别是在城市地区，除了成为当地自来水公司的客户，没有任何合理的替代选择。这类企业销售收入稳定，经营失败的可能性很小。或许令人惊奇的是，该案例中客户关系的价值很“低”。真正的垄断企业是凭借特许经营来获取客户的，而不是（客户）关系。

经销商关系

依赖他人分销或销售其产品的企业可能已经建立了具有相当价值的关系。有些公司的代理商在居民区的市场上销售化妆品、炊具和清洁产品。这些公司没有零售店，它们与其代理商的关系是极其重要的。

另外一些企业可能通过代工商（manufacturer's representatives）在高技术市场上销售复杂的产品。虽然公司与其代工商之间可能有合同，但通常双方均可在短时间内终止合同。因此，合同并不保证关系的延续。安置、雇用、培训和维护这样的代工商可能是一个非常昂贵的过程，而一旦完成，该关系对企业来说就是一项有价值的资产。

需要注意的是，在这种情况下，经销商和客户之间的关系可能比总公司和客户之间的关系更强。因此，公司－经销商关系可能对企业的繁荣非常重要。

未入账的无形资产

尽管近年来评估师分析、鉴定和评估了许多无形资产，但经常会有一些余下的。余下的这些无形资产通常被称为“商誉”或“持续经营价值”。有些人将这两种资产整合在一起，但我们认为它们是独立的、不同的。

商誉

商业界人士、律师、会计师和法官都曾试图定义商誉，商誉是最难以捉摸的无形资产。多年来，我们现在定义为无形资产的资产组合被简单地称为“商誉”。尽管给这一神秘资产命名似乎没有什么困难，但给它下定义却困难得多。1936年，弗兰克·S. 摩尔（Frank S. Moore）写道：

> 什么是商誉？“伟大的英国法官埃尔登勋爵（Lord Eldon）说，这只不过意味着老顾客倾向于去老地方的可能性。”
>
> *Cruttwell v. Lye*，（1810）17 Ves. Jr.，335，346.
>
> ［引用法官 Joseph Story 的话］：“商誉是企业取得的，超越其资本、股票、基金及可使用的财产价值的优势或利益，是普通大众的惠顾和鼓励带来的结果，根据其经营地点的不同，这种惠顾的鼓励可能来自那些忠诚的顾客，或者来自其在公众中的名望，或者来自其基于技能或影响或守信

所获得的信誉，或者来自自然的环境或需要，甚至是过去的偏好或者成见。”

Faust v. Rohr, 166 N. C. 187 (1914).❶

会计行业在美国注册会计师协会（American Institute of Certified Public Accountants）发表的《会计研究报告第10号》（*Accounting Research Study No.* 10）中，对商誉进行了详尽的阐述：

商誉的概念早在现代商业概念出现之前就存在了。P. D. Leake提到了一些商誉的早期提法，包括1571年出现在英格兰的（某份遗嘱中的）一句话，“我把我的采石场的全部利益和商誉……都给约翰·斯蒂芬”。

在［早期］较为简单的商业组织中，商誉往往具有相当个人化的性质，在很大程度上与企业所有人或合伙人的特殊个性、友善度和技能有关……随着工业体系的发展和业务复杂性的增加，企业所拥有的有助于其盈利的各种优势在本质上变得不那么个人化了。公司所享有的个人优势变得更加多样化，与企业的各个方面和活动相结合，因此变得不那么容易区分。制造流程、财务关系和技术优势都越来越重要。商誉被认为是相较于新成立的企业，老企业在从事经济活动中所取得的一切能使其产生收益的有利条件。❷

仔细分析商誉的概念是很重要的，因为它与商标和品牌紧密相关。作为知识产权，商标的定义相对比较狭义化，而品牌的概念似乎借用了商誉的某些方面，一直在不停地被定义。

惠顾

许多人将商誉等同于惠顾，或者将顾客重返企业并将其推荐给他人的倾向等同于惠顾。惠顾得自优质的服务、人际关系、广告计划和商业政策在市场上受到欢迎。

超额收益

商誉定义的另一个常见观点是存在所谓的“超额收益”。也就是说，拥有良好商誉的企业会获得比其资产（商誉以外的资产）所获回报的公允价值更高的收益。这种收益并不是利率或利润过高意义上的“超额”，而是表明除了货币、有形和可识别的无形资产之外，还存在盈利性资产。

---

❶ Frank S. Moore, *Legal Protection of Goodwill* (New York: The Ronald Press Company, 1936) 6, 8.

❷ George Catlett and Norman Olson, *Accounting for Goodwill*, *Accounting Research Study No.* 10 (New York: American Institute of Certified Public Accountants, 1968).

剩余价值

商誉可以用企业整体价值超过其他可确认资产价值之和的那部分剩余价值来表示。这实际上是超额收益概念的另一种表达方式，因为只有当存在超额收益时，企业的价值才会超过可识别资产的价值总和（并为剩余价值创造空间）。

剩余价值在上市公司的并购中表现得尤为突出。收购公司向目标公司股东提出的报价通常会高于目标公司股票（在交易所）的交易价格。收购公司这样做有很多原因。它们可能需要激励所有（或至少大多数）股东出售他们的股份，以获得对目标资产的控制权，或者为了利用潜在的协同效应（译者补：企业间协作产生更好的效果），或者为了阻止对收购交易的竞争。最终的结果可能是被收购公司的价值超过以往的经验市价。这种增加的企业价值可以归因于特定的基础资产，也可能是因为商誉，由商誉而增加的价值即为剩余价值。

完全依赖一种定义而不考虑其他定义是不明智的。一家亏本的企业可以有商誉吗？当然可以。花费临时增加、人财物损毁、新分支企业启动，以及新产品线的开发都可能导致收益的暂时性减少，但商誉保持不变。即使在较长时期内，持续的管理不善会导致长时间的亏损，但盈利“能力”有可能仍然存在，商誉也是如此。

可以有超额收益而没有商誉吗？当然可以。假设一个企业有一个客户，根据一份有利可图的合同锁定了几年。很可能会有超额收益，但这是合同造成的，而不是商誉。另一个例子是，一家知名公司的本地特许经营商可能拥有非常成功的业务，其收益超过了为其他资产提供公平回报所需的收益。然而，这些超额收益完全有可能归因于特许经营权（的排他条款），而商誉实际上可能是商标的价值或商标的有利权益。商誉是一个难以捉摸的概念，但价值可以在确定和分离其他资产后确定。

如果估值人员对企业资产组合中的无形资产的识别和量化足够熟练，他们就不需要使用“商誉”这个包罗一切的术语。有时，在经济上没有必要进行这样的分析，这种情况下，这个术语是有用的，估值人员要认识到它代表着无形资产的集合。

持续经营价值

所谓的“持续经营价值”被定义为“因（企业）的持续经营而存在的一部分附加于财产之上的额外的价值”[1]。这个价值的衡量标准是，对（企业的）各种繁杂资产及关系进行配置和组织，以使企业能够“持续经营”所花费的成本。企业必须获得执照，在政府和监管部门注册，建立银行账户，与供应商

---

[1] *VGS Corp. v. Commissioner*, 68 T. C. 563, 569 (1977), appeal dismissed (5th Cir.).

和广告商建立关系，购买纸张、铅笔、标牌等。这些都是“持续经营”的要素。

知识产权

无形资产的最后一个类别是知识产权。该类资产包括商标、专利、版权，以及商业秘密或技术秘密（know - how）。已在第1章对商标进行了充分的讨论。

这里我们将讨论其他形式的知识产权。我们的目的是提醒读者，企业实际上是一个复杂的资产组合。随后章节所描述的评估技术都需要认识到这一事实。尽管我们可能希望赋予商标重要的价值，但必须始终牢记企业中其他资产的存在。因此，我们必须谈及它们，能够识别它们，并了解其对企业收益和价值的贡献。

拥有知识产权的企业可以在内部利用其权益，或将财产权益转让给他人，或两者兼而有之。后面的章节详细讨论如何利用和评估知识产权。与其他类型的无形资产一样，并非所有知识产权都具有价值，其是否具有价值通常由市场直接或间接决定。

专有技术

“专有技术”是指商业秘密和技术秘密。我们对知识产权的讨论从这儿开始，根据我们的经验，它对企业的成功往往至关重要。我们还注意到，所有与技术有关的知识产权在其创建时都是商业秘密。其创作人可以采用秘密的形式，也可以选择其他形式的法定保护，比如专利，（其权利是）公开其发明内容的回报。

对企业来说，专有技术通常比专利更有价值。卡尔·F. 约尔达（Karl F. Jorda）说：

> 专利只是商业秘密海洋中的冰山一角。90%以上的新技术涉及商业秘密，80%以上的许可和技术转让协议涉及专有技术，即商业秘密，或涉及专利和商业秘密的组合。[1]

约尔达还以为，关于寻求哪种保护类型的决定不仅仅是“专利”或“秘密”问题，而是发明人必须决定“什么要申请专利，什么要作为商业秘密，以及专利与商业秘密组合保护是不是最好的选择，即将专利和商业秘密进行组

---

[1] Quoted in David Rines [Professor of Intellectual Property Law and Industrial Innovation], *Germeshausen Center Newsletter* (Spring 1999).

合，以便以最佳的方式保护创新”❶。

商业秘密已有多种定义方式，例如：

> ［商业秘密是］包括配方、图样、汇编、程序、装置、方法、技术或工序的信息。该信息（1）由于并非公知，或不会被因该秘密的披露或适用而获经济价值的他人以合理手段轻易探知，因而具有现实上或潜在的独立经济价值；(2）根据具体情况已采取合理措施以保护该信息的秘密性。❷
>
> ［商业秘密是］任何配方、模型、可专利的设计，或信息汇编，它可以使使用者在商业活动中获得相对于不知或未使用该秘密信息的竞争者更多的竞争优势。它可以是一种化学物质的配方，一种制造、加工或保存某种材料的工序，一种机器或其他装置的图样，或一份客户名单……或者它也可以……与商品销售或其他经营活动相关，如用于确定价目表中折扣、回扣或其他优惠的代码，或者账簿或其他管理文件。❸
>
> ［商业秘密是］任何可以用于商业或其他产业活动的信息，具有足够的价值和秘密性，并可产生实际的或潜在的高于其他人的经济优势。❹

随着《统一商业秘密法》（*Uniform Trade Secrets Act*）的通过，美国联邦法律禁止盗用商业秘密。大多数州已经修改了它们的法律以符合该法的规定，关于这个问题的大多数诉讼发生在州法院。

有些商业秘密是可申请专利的发明，之所以未申请专利，是为了规避公开及专利法定期限的限制。由于不申请专利，专有技术的所有人也免除了在专利申请（可能是国际性的）中的管理、法律事务和申请费相关的投入。放弃一项专利并不罕见，因为技术变化得如此之快，以至于在政府授予专利权之前就可能过时。然而，必须考虑到有价值的信息可能被无意泄露、被独立研发成功或被他人进行“逆向工程”的风险。

无论其定义如何，要使公司的专有技术在法律上获得商业秘密保护，它应该做到：

- 公司外部的人都不知悉
- 只有相对较少的员工知道
- 遵守严格的保密措施以保护其秘密性

---

❶ Quoted in David Rines［Professor of Intellectual Property Law and Industrial Innovation］, *Germeshausen Center Newsletter*（Spring 1999）.

❷ Uniform Trade Secrets Act § 1（4）（amended 1990）.

❸ Restatement of Torts,（1939）.

❹ Restatement（Third）of Unfair Competition, Sec. 39（1995）.

- 对企业具有重要的经济价值
- 公司为其开发投入了成本
- 不是他人容易获取的信息

斯特拉迪瓦里（STRADIVARIUS）

安东尼奥·斯特拉迪瓦里在17世纪末18世纪初制作的小提琴和大提琴以其无与伦比的音质闻名于世。在拍卖会上，这些乐器带来了数百万美元的收益。“斯特拉迪瓦里”这个名字甚至被用来形容最高品质（例如，“制表业的斯特拉迪瓦里”）。

假设我们正在讨论获得成功的斯特拉迪瓦里家族企业的资产构成及其市场价值。乐器是在家庭住宅一层的一个小店里制作的，所以有形资产似乎不多。这个家庭把销售小提琴的钱存起来用于生活，直到下次销售，所以有一定的货币资产。但其生意兴隆，斯特拉迪瓦里琴的价格也高于其他琴。因此我们把注意力转向无形资产。

许多科学家和工匠研究过安东尼奥·斯特拉迪瓦里的乐器，试图找出其优越性的原因。有些人猜测他的乐器的尺寸是关键，而另一些人则从理论上推测他关键是使用的木材的类型，或者他处理木材及制作的某种特殊的方式。还有一些人认为树木生长的气候是一个影响因素。但这些理论都没有被广泛认可。似乎没有人能成功地对斯特拉迪瓦里的专有技术进行逆向工程操作。当然，也可以假定他根本没有商业机密——他只是使用手头的材料，材料的大小决定了乐器的大小，而他只是在商业活动中非常幸运。然而，其漫长的职业生涯，以及大量的由他精心制作的精美乐器，却强烈地否定了这一假设。

还有一些人对斯特拉迪瓦里小提琴和其他小提琴的声音进行了大量的、基于科学的测试，但人们对斯特拉迪瓦里小提琴声音的优越性并没有达成普遍共识。

那么，是什么让斯特拉迪瓦里的乐器闻名遐迩、广受欢迎、价值连城呢？是迄今仍不为人知的安东尼奥·斯特拉迪瓦里手艺的商业秘密？是更美妙的声音？或者是因为斯特拉迪瓦里已经成为一个世界级的品牌？还是以上所有？

我们无法给出明确的答案，但是我们用这个有趣的例子提出这些问题，因为这些恰是一个估值者必须思考的问题，以便识别出嵌入企业资产组合中的特定的无形资产或知识产权所产生的经济效益。

专利

专利是一种法律程序，通过该程序，技术方案或专有方法可以转化为以与其所有权相关联的特定权利为表现形式的财产权。在美国，作为财产权的专利权由美国专利商标局代表美国政府授予发明人（或其继承人和受让人）。尽管各国政府和机构有所不同，但这种形式在世界范围内相当普遍。专利权所赋予的权利是排除他人制造、使用或者销售发明的权利。

在定义实用专利时，《美国法典》第101条规定："无论何人发明或发现了任何新的且有用的过程、机器、制造品或组合物，或者任何新且有用的改进，都可以获得其专利。"❶

"过程"一词通常为工业或技术过程，指处理材料、制造产品的方法。"机器"指的是提供某些新的操作性能的设备。"组合物"指创新的混合物或新的化学组合物。"制造品"在某种程度上是一个包罗万象的概念，以囊括不属于过程、机器或组合物的可申请专利的其他创新方案。

版权

版权保护的是思想的表达形式，而不是思想本身，就像专利保护的不是创意，而是创意以产品或过程为载体的体现形式。版权的保护始于该表达以某种有形形式固定下来之时，甚至在其出版之前，而不是联邦政府接受申请之时。事实上，无论作品是否在国会图书馆版权局（Copyright Office of the Library of Congress）注册，都受到了充分的版权保护。版权所有人可以重印、出售或以其他方式分发受版权保护的作品，筹备其衍生品，并对其进行转让、出售或许可。

1978年1月1日以后创作的作品，著作权的保护期为作者死后70年。1998年10月通过的新法律《松尼·波诺版权期限延长法》（*Sonny Bono copyright Term Extension Act*）延长了版权保护的期限，使美国法律符合欧洲标准。"职务/雇佣作品"的著作权保护期延长至自出版之日起95年，或自创作之日起120年。

《美国法典》第17编第102节对版权的定义如下：

> 版权保护……固定于任何有形的表现媒介中的作者的独创作品，这种表现媒介包括目前已知的或以后发展的，通过这种媒介，作品可以被感知、复制或以其他方式传播，不论是直接的还是借助于机器或装置。[包括：]

---

❶ 35 U. S. C. § 101.

1. 文字作品；
2. 音乐作品，包括所配任何歌词；
3. 戏剧作品，包括所配任何乐曲；
4. 哑剧及舞蹈作品；
5. 绘画、刻印和雕塑作品；
6. 电影、音像制品；
7. 录音作品。

未出版的作品可由下列方式注册：

1. 将作品转化成一种有形形式；
2. 向版权局递交申请表格；
3. 向版权局提交作品的复制品并缴纳注册费用。

拟出版的作品通过下列方式获得保护：

1. 以适当的识别标记（译者注：例如署名）出版；
2. 按照上述步骤2和3，但须向版权局提交两份副本。❶

1990年12月，国会修订了《版权法》，将“建筑作品”纳入保护范围：“体现在任何有形表达媒介中的建筑设计/作品，包括建筑、建筑平面图或图纸。作品包括整体形式以及设计中空间的布局和组成，但不包括个人标准特征。”❷

1992年10月，版权局发布了《建筑作品登记暂行条例》，其中包括一些定义和登记说明。与其他可注册作品一样，这里的知识产权所有权问题非常重要，因为建筑物的设计和所有权往往是分开的。

计算机软件

计算机软件是一种无形资产，由于它受到专利、版权或商业秘密的保护，所以它被包括在知识产权的讨论中。

版权法将计算机软件定义为“一组说明或指令，直接或间接用于计算机，以使之产生某种结果”❸。

这里的计算机软件包括项目描述和研究、源代码、目标代码、程序文档、用户说明和操作手册。这种无形资产对企业来说非常重要，我们将其分类为“产品软件”和“操作软件”。

---

❶ 17 U. S. C. § 102.

❷ 17 U. S. C. § 102（a）（8）.

❸ 17 U. S. C. § 101.

（1）产品软件

企业开发这类软件作为产品销售。产品软件的范围从单独的、独立的程序到相互连接的更复杂的模块系统，如总账管理系统。该类型软件的销售可以提供咨询支持及相关服务，也可以没有。

（2）操作软件

企业在内部运营中使用这类软件。操作软件可以根据合同通过外部公司购买、授权、开发，也可以内部开发。企业可能使用操作软件来操作计算机系统或管理特定的任务或程序。

估值格言

知识产权的价值取决于能否被成功运用（exploitation）。成功的运用需要围绕知识产权收集适当的互补资产组合。

知识产权本身不能自行运用。即使是世界上最先进、最新颖的专利技术，也必须嵌入人们想要购买的产品或服务中。为了实现这种产品或服务，必须要围绕其构建与之匹配的资产——有形的、货币性的和无形的。换句话说，企业必然是围绕技术构建起来的。

在结束与知识产权有关的企业内容的讨论时，我们给出了构成这种内容的其他资产的一些基本特征（见图表 2. 2）。

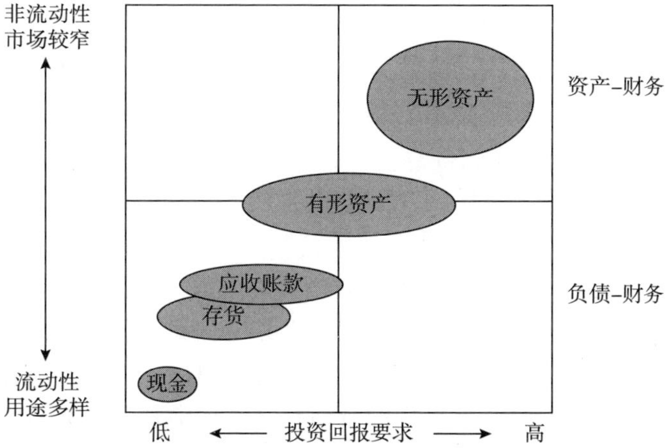

图表 2. 2　企业资产特征

资料来源：John Wiley & Sons，Inc. 。经允许转载。

图表 2. 2 说明了企业资产与几个财务特征之间的关系。右边的纵坐标表示创建这些资产通常可用的融资类型。传统的贷款来源（如商业银行）通常对

作为贷款抵押品的无形资产或知识产权不感兴趣。因此，企业必须依靠内部资金或出售股权来开发这些资产。左侧纵坐标表示资产特征。货币资产往往具有多种用途（即在各种业务中都有用），并具有流动性，或者能够很容易地兑换成现金。无形资产，包括知识产权，往往是企业特有的，因而缺乏流动性。沿着横坐标，从货币资产到无形资产，投资者要求回报率范围由低（风险小）到高（风险大）。

估值原则

到目前为止，我们一直使用“价值”这个术语，但没有对其进行定义，以便我们可以对知识产权及其在企业中发挥的作用进行更全面的讨论。我们还认识到，大多数读者对价值都有直观的理解，就像他们对雪有直观的理解一样。然而，滑雪专家或地质学家会使用许多专业术语来描述不同类型的雪，如玉米状、粗粉、粉、雪或松雪。同样，估值专家需要更加具体地考虑价值的细分。现在，就有必要更精确地定义这个术语的含义。

我们首先要定义估值是什么，不是什么。首先要说明的是，估值专业人员通常可互换使用“估值”（valuation）和“评估”（appraisal）这两个词。我们也将这样做。

交易的描述

将估值概念化的最有用的方法是将其视为虚拟交易。也就是说，我们的目标是估算出目标资产在某一特定时刻在买方和卖方之间易手的价格。我们用以下词语来描述这个虚拟交易：

“价格”。估值通常以货币来表示，但如果交易涉及物物交换或非货币交易，也可以用“总对价”来表示。

“估算”。理解这一点非常重要：我们要想知道一笔交易的“真实”价格，唯一的方法就是这笔交易真的发生在现实世界中。我们进行估值是因为，虽然实际的交易没有发生，甚至可能没有被考虑过，但出于这样或那样的目的需要这些信息。因此，我们虚拟交易中的价格是基于评估师的估算或意见。

“买方和卖方”。显然，在我们的虚拟交易中，卖方希望获得尽可能高的价格，而买方希望支付尽可能低的价格。但是，除了这种简单的出发点，还有许多其他因素可能会激励/影响买方和卖方。是否有外部因素迫使买方或卖方进行交易？做这笔交易有时间压力吗？还有其他不寻常的买或卖的动机吗？显然，我们在估算虚拟交易的价格时必须考虑这些因素。

"特定时间"。我们都知道，买汽车时我们向经销商支付协议价格。当我们把车开离经销商时，原来的新车变成了"二手车"，价格也随之发生了变化。价值评估只在特定时间有效，或者至多在相当短的时间内有效。

虽然这听起来相当不精确，但我们不能因此而却步，因为全球每天有无数的商业决策都是根据对未来事件的可能性和概率的评估做出的。

错误观念

墨菲等人（Murphy，Orcutt 和 Remus）提供了一本关于专利价值的优秀书籍[1]。其中，他们讨论了一些关于估值的错误观念，以及为什么相关的担忧是没有根据的。我们将这一讨论简要转述如下：

"估值分析只能由专家来进行"。诚然，知识产权的估值并不容易。但它也不是"造火箭"。它需要勤奋的研究、公正的判断和一些相当简单的算术。

"估值结果比估值过程更重要"。在真实的商业中，估值过程中的研究和输入最终可能比结果更有价值。然而，在诉讼中，估值结论可能是最重要的。

"方法越数学化、复杂化，估值结果越精确"。我们希望读者相信，对估值结果的质量产生影响的是关于估值过程中输入的研究和分析，而不是复杂的数学。

"不精确的估值结果是无用的"。在真实的商业中，多个价值结论或价值范围可能非常有用，而没有必要花费更多时间和资源去归结出一个单一的结论。

没有包治百病的"灵丹妙药"。在本书中，我们将介绍三种主要的估值方法以及优化这些方法的一些关于输入的技术。对于具体估值工作，可能需要依据其涉及的事实和情况，综合使用多种方法。

计算很简单，难的是输入

那些正在学习估值或者作为外行从外部观察估值过程的人，会专注于将大量信息转化为价值结论所需的计算，这是可以理解的。在数学中寻找估值的秘密是一种自然的倾向。我们这些教授和咨询知识产权和价值评估的人通常会收到案例研究的请求。案例研究在学习过程中是有用的，但这些要求往往是建立在对公式的渴望之上。希望有一个可重复的、循序渐进的数学计算模型，能直接导出估值结果。我们认为，这是一个无法实现的希望。

---

[1] William J. Murphy，John L. Orcutt，and Paul C. Remus，*Patent Valuation：Improving Decision Making Through Analysis*（Hoboken，NJ：John Wiley & Sons，Inc.，2012）.

在外行人看来，估值似乎是一个偶然的过程，但事实并非如此。在建筑领域，熟练的建筑工对建造房屋所需的具体技术和工具有充分的理解。然而，每个房子都是不同的，所以工匠必须根据特定项目的实际情况选择特定的技术和工具。换句话说，有一套充足的、与建筑相关的知识是必要的，但还要在实际应用中依据不同的情况使用。以公式的形式“一刀切”，那样的应用模式是不存在的。同样，在估值方面，也有一套原则（主要来自财务领域），如何选用取决于与特定资产和估值需求有关的具体情况。

我们使用漏斗的概念来说明估值过程，如图表2.3所示。

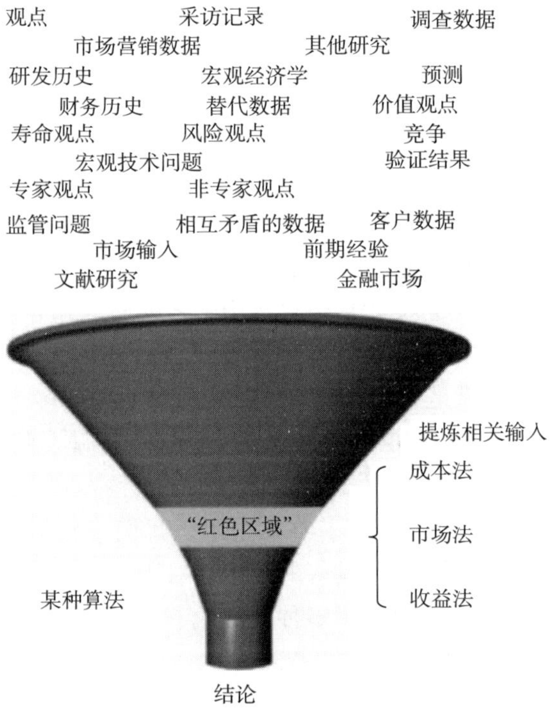

图表2.3 估值要素

正如我们在接下来的章节中所演示的，每种估值方法最后都以数学计算结束。对于每种方法，计算都需要有关键的输入。这些关键的输入是对许多种类和许多来源的信息进行提炼的结果。评估师必须在详尽的调查后，以公正的方式进行提炼。

这是我们在说明性漏斗中分析的大量信息。这些信息可能包括事实数据、历史信息、各种类型的预测、其他人的意见、可靠的数据、不可靠的数据和相互矛盾的信息。我们必须有计划地收集这些数据，而不是简单地抓住手边的任何信息。我们还必须不偏不倚。也就是说，我们不应拒绝那些似乎与我们某些先入之见相反的数据。我们的检索应该尽可能详尽。

在这个过程中，我们所需的具体信息往往没有直接来源。例如，假设我们的分析需要估算一辆丰田凯美瑞汽车三年后的价格。没有权威的数据来源，所以我们必须自己开发。我们可以考虑：

- 丰田凯美瑞目前的成本
- 凯美瑞的历史价格
- 汽车价格的一般走势
- 电动汽车的发布和销售预测
- 未来的汽油价格
- 汽车模型的历史
- 通胀的历史和预测
- 世界汽车市场预测
- 钢铁、铝和劳动力的价格趋势

我们的任务是利用现有的数据，由所需输入得出我们自己的意见，在这种情况下，即估算出丰田凯美瑞未来的价格。从某种意义上说，这是一个“小漏斗”，因为未来的价格只是一个更大估值问题的基本输入之一。

提炼必要的输入是（估值的）关键，因此我们将漏斗的一部分指定为“红色区域”。这是整个过程中最困难的一步。在这一步，我们必须深思熟虑、合乎逻辑、不偏不倚。收集到的信息和我们将要依据的基本输入之间必须有某种逻辑上的、可解释的联系。记住，在某些时候（在报告或诉讼中，或在董事会或同行面前），我们必须解释为什么我们接受或拒绝某些输入，为什么我们依据某些数据而不是其他数据，以及我们做出判断的依据是什么。这里没有迷雾、魔镜和黑匣子。

一旦评估师确定了必要的输入，数学就很简单了；复杂的数学模型并不能保证更精确或更正确的结果。价值评估的质量在算法应用之前很久就已然确定。

资产，以及与资产相关的权利

任何估值的第一步都是对资产进行仔细的描述。重要的是要明白我们从来不是对资产本身估值，而是对资产相关的权利估值。例如，我们的任务是对一英亩未开发的土地进行估值。第一步需要对其进行物理性的描述，包括边界和所覆盖的区域，以及它处在平地还是丘陵、干燥还是潮湿，等等。然而，我们的任务并不是对土地上的岩石和溪流进行估值，而是对卖方提供给土地买家的权利进行估值。我们可以设想这样一种情况：卖方可能希望保留土地的矿产权，或者在另一种情况下，政府规定限制土地的使用。在特定的情况下，我们必须考虑买方可以获得的几乎无限多的各种权利。

这些考量在所有类型的资产中都具有不同程度的重要性，特别是在知识产权方面，因为正如我们在本章开头所指出的，知识产权的独特之处在于它的权利可以以多种方式在各方之间分割。因此，我们必须准确地把握需要评价的特殊权利。

价值的前提

亨利·巴布科克（Henry Babcock）将价值描述为：

> 可表示为在某一特定时间点作为财产交换而应付或支出的一次性款项，即从该特定时间点开始获得未来收益的权利。[1]

奥利弗·温德尔·霍姆斯（Oliver Wendell Holmes）认识到价值有很多含义，他说：这个词（价值）不是水晶，透明而不变；它是一种活的思想的外壳，并且可以根据使用它的环境和时间而在颜色和内容上有很大的变化。[2]

价值并不等同于价格或成本，尽管有时它们是等价的。当我们说到“买到便宜货”或“付出昂贵的代价”时，我们会意识到价格和价值之间的区别。

价值是所有权未来所有收益的体现，这些收益被压缩成一笔费用。因此，价值是不断变化的，因为未来的收益会随着时间的推移增加或减少。所以，我们表述的估值结果与特定时间——“估值日期”——相关。同时，还必须根据权利的所有人和/或评估的主要目的来界定所有权的未来收益。

估值格言

估值总是面向未来的。价值是基于一项资产在未来可能产生的经济效益。

所有权和估值目的对评估过程至关重要。（估值不能没有前提，）如果不对价值进行前提条件的定义，估值就不能进行。例如，人们无法准确地回答“我的车值多少钱”，因为需要作为前提条件的额外信息。价值不存在于抽象

---

❶ Henry A. Babcock, FASA, *Appraisal Principles and Procedures* (Washington, DC: American Society of Appraisers, 1980).

❷ Quoted in American Institute of Real Estate Appraisers of the National Association of Realtors, *The Appraisal of Real Estate* (Chicago: 1978).

中，必须在时间、地点、潜在所有人和潜在用途的背景信息下进行处理。如果价值与美一样，取决于观者，我们需要知道“观者”是谁。它是：

- 保险公司？
- 二手车经销商？
- 隔壁邻居？
- 税务评估员？
- 会计师？
- 遗产执行人？
- 废金属经销商？

有些时候，评估的委托人本身就定义了价值的前提，因为根据惯例，某些用户本身已经定义了需求。除此以外，还需要了解用户估值的用途是什么。以下是一些例子：

- 估算更换房产的费用
- 确定要携带多少保险
- 协助设定售价
- 设定慈善捐款的金额
- 计算遗产税、赠与税或所得税的金额
- 确定损害赔偿的金额
- 估算房地产作为贷款交易抵押品的价值
- 估算物业在拍卖会上的价格

评估用途和目的的每一种组合都有一个特定的价值前提与之对应。

同样的问题和答案可以应用到知识产权上。由于它的多功能性，我们必须对它最有前途的运用方式形成意见。“最贵且最好的运用”（不动产评估师经常使用的一个短语）提供最高的净回报。知识产权如何被运用、何时被运用以及与谁一起被运用，有可能会导致价值的巨大差异。

一项资产越是被精心设计、构建，或越是契合某特定的用途，其评估的价值在不同前提下的差别就越大。一个极端的例子是耗资巨大的核电站。作为一种电力资源，它可能具有巨大的市场价值和合理的成本。但是如果工厂关闭，这个庞大的设施还有什么其他用途呢？在这种情况下，其市值可能为零（或负值）。显然，当商标作为所属企业的一部分，并与为其创建的产品或服务相关联时，其具有最高的价值。如果脱离这种环境，商标的价值可能会显著下降。在不同程度上，大多数无形资产和知识产权都是如此。

在接下来的几节中，我们将介绍价值的几种定义以及成本的几种类型，以及它们在评估过程中最常见的用法。我们也将提供估值概念在实物资产上应用的例子，以更好地说明基础理论。

市场价值

这种价值是测算中最常用的，不幸的是，也是最容易被误解的。评估文献、财务报告准则、法律和法院案例也包含了公平市场价值、公允价值、真实价值和交换价值等术语。围绕这一价值概念的普遍误解和困惑，在很大程度上与律师在合同中和立法者在法律上对它的不准确使用有关。这两种情况都会导致诉讼，而诉讼反过来又涉及更多的律师和专家证人，最终，法官试图对其错误理解进行司法解释。现将这些放在一边，我们也来尝试对这一概念进行澄清。

市场价值有两种公认的定义：一种是用资产交易发生的条件来描述；另一种是用经济术语来描述。

交易条件

市场价值体现了产权交易的概念。此外，它还定义了交易的条件。因此，随着交易条件的变化，市场价值也存在不同的类型。然而，所有类型的市场价值都有以下基本要件：

1. 资产交易的金额。举例说明，因为评估是用金钱来进行衡量的，因此交易双方的目的是用资产交换金钱。

2. 交易产生在买卖双方自愿的基础上。双方均有交易的意愿。

3. 交易不是被强迫的。交易双方的任一方都不因另一方或情势所迫而被迫进行交易。

4. 交易各方都充分了解所有相关事实。买卖双方都清楚买卖的内容、资产的状况、历史及其可能的用途，以及该资产的债务情况。

5. 公平交易。交易对双方都是公平的，双方都不会在谈判或销售条款上获得特别的优待。

这是对市场价值最纯粹形式的定义。有些人可能会做一些小的修改，比如用“might exchange”代替“would exchange”，因为没有人知道确切的金额。评估的目的就是找到它。另一个常见的修改是用“合理了解”替换“充分了解”，大概是因为没有人对任何事物有绝对充分的了解。伴随着这些微小差别，这就是市场价值的本质。

其他交易条件

某些时候，估值必须面对非自愿的买方或卖方、某种强迫交易的因素或买方打算将该资产用于不同于当前用途的目的。这些条件的变化对上述定义产生了进一步的衍生。最常见的例子出现在破产案中，资产所有人必须对资产进行处理以满足债权人。资产必须清算（变成现金）。"清算"一词也意味着对资产所有人（卖方）某种形式的强迫，也许因为资产的财务回报没有达到预期，或者因为有其他更好的投资机会。卖方希望实现流动性的速度是一个关键的价值因素。

"有序清算"是指在"合理"时间内完成交易的情况。什么是合理的时间，根据财产的类型可以有很大的不同。只有狭窄用途的特殊房产，只会吸引非常小的市场。广告，聘请中介机构，并最终完成这样的交易可能需要 6 个月到 1 年的时间。钢铁厂或石化厂是更极端的例子，可能需要历经数年的全球营销和大量的转换成本才能实现相同的目标。如果我们将知识产权投放市场，一般需要 1 年或更长时间才能找到买家，而合理的交易价格取决于买家的特定业务环境。

"强制清算"意味着同样的交易进行得更快，甚至牺牲了一些售价。通常这意味着卖给中介机构，如房地产开发商或其他经销商，他们购买的目的是"重新包装"房产，然后再以盈利的方式转售。由于中间商必须预先考虑持有成本和投资回报要求，交易价格会被压低。

"拍卖"很可能会导致最低的交易价格，因为没有特别努力地去寻求最好的买家，也因为有一个"马上"就对资产进行处置的要求。机器和设备、库存固定资产等的拍卖通常是在"现状如何、何处交割"的基础上进行的。因此，买方还考虑了搬迁和运输该资产的成本。无形资产和知识产权通常不与其所属企业分割交易，并且通常不是在强制出售的条件下进行的。这是因为，作为独立的资产，它们与创建企业分离后，其价值往往会大幅降低。专利可能是个例外，Nortel（北电）和 Kodak（柯达）专利组合的公开拍卖就说明了这一点。我们将在后面的章节中讨论商标权的拍卖出售。

经济标准

市场价值的第二个定义非常重要，它为估值过程本身提供了最有用的指导。按照这个标准，"公平市场价值"等于所有人未来经济效益的现值。

后面的章节将解释，我们可以通过估算这个现值来直接反映市场价值。

公允价值

为了解释这一价值前提的由来，有必要稍微介绍一下当前财务报告准则的发展。

长期以来，会计行业一直不愿在公司财务报表（即资产负债表）上显示无形资产。这反映了这样一种观点：无形资产难以准确识别，难以与企业分离，财务效益不明确，经济寿命不明确❶。如果一家报社购买了一台印刷机（一种有形资产），想必这些缺点都不明显，所以毫无疑问，这笔投资会出现在资产负债表上。

与此同时，一些投资者和贷款人，以及学术界的一些人，都主张财务报表中应包含无形资产，因为这提供了一个企业的"全貌"。长期以来，这两种观点互不相让。

2001 年，财务会计准则委员会（FASB）发布了两份准则，大幅改变了美国对企业合并及合并后获得的无形资产和知识产权的会计核算：

- 《财务会计准则第 141 号——企业合并》（SFAS 141）
- 《财务会计准则第 142 号——商誉和其他无形资产》（SFAS 142）

自 2009 年 7 月 1 日起，这些准则被指定为《会计准则汇编》（ASC）第 805 号和第 350 号。

我们在美国以外也看到了类似的发展。国际会计准则理事会（IASB）于 2000 年从国际会计准则委员会（IASC）改组而来，自 1973 年以来一直致力于制订近 200 个参与国可接受的会计准则，其规定被称为《国际财务报告准则》（IFRS）。跨国收购和合并的显著增加为采用标准化会计做法提供了相当大的动力。全球股票市场正在成长和成熟，同时需要向全球投资者提供一致的财务信息。

在国际财务报告准则中，处理无形资产的部分是《国际会计准则》（IAS）第 38 号。它在本质上类似于刚才提到的 ASC 第 805 号和第 350 号。

在此讨论的关键，是这些会计准则引入了"公允价值"的概念，一般定义如下：在计量日，市场参与者之间就某项资产或负债进行公平交易所应付的交易价格。

市场参与者是资产或负债主市场（或最有利市场）中的买家和卖家：

- 独立于主体，也就是说，他们不是关联方；
- 熟悉市场情况，了解所有可用信息并对资产、负债和交易有合理的理解，包括通过常规尽职调查获得的信息；
- 有能力处置资产或负债；

❶ 有关这些问题的详细讨论，请参见 Gordon V. Smith and Russell L. Parr, Chapter 5 in *Intellectual Property: Valuation, Exploitation and Infringement Damages*, 4th ed.（Hoboken, NJ: John Wiley & Sons, Inc., 2005).

- 自愿进行资产或负债交易，即双方有交易的动力，但没有被强迫或为形势所迫。

读者可能注意到公允价值的定义与之前讨论的市场价值有相似之处，其差异很微妙。我们把这种差异描述为观点的改变。也就是说，市场价值平等地考虑买卖双方的立场。公允价值更多地从卖方的角度来看待交易，可能是因为，会计人员关注的是在不良资产出售中可以实现什么。

对市场参与者和主市场或最有利市场的强调反映了公司及其审计人员在评估一些复杂的金融工具时遇到的困难，这些工具是最近几次金融危机的核心。

为企业合并进行估值时，公允价值是必要的标准。A 公司以 1 亿美元的价格收购 B 公司，收购价格只有在分配给所收购的全部货币性、有形和无形资产后，才会反映在 A 的资产负债表上。这些资产的公允价值是收购价格分配的基础。

再生产成本

再生产成本是指评估日期时用以构建目标资产复制品而发生的成本表征的价值。它通常是保险单的基础，因为某些意外险的目的就是使资产恢复原状。再生产成本也可以作为开展其他价值计量的起点。

对于无形资产，该价值可以基于，比如重建一个软件系统所需的工作量。对商标而言，为产生商标并使其发展到评估日期时的状态而进行的规划、设计、研究、法律手续、广告和推广的花费就是再生产成本。

重置成本

这是指评估日期时为获得与目标资产具有同等效用的资产而支付的费用。对于计算机软件，它将是一个针对当前的硬件配置，用最新、最有效的语言编写的，用于执行当前所需任务的系统。它具有与旧系统相同的功能，但可能以完全不同的方式完成所需任务。

再生产/重置成本减去折旧

这些术语指的是一种价值类型，其计算方法是将再生产成本或重置成本减少一个数额，以反映由于物理磨损和某些情况下因过时而造成的价值损失。

原始成本

原始成本是指在之前的某个时间，为购买、置办或创造一项资产而花费的成本。它通常是企业账面上记录的金额，可能是材料费、人工费、管理费、税费、利息和其他花费的组合。它表征了特定方在特定时间按照特定条件所发生的费用。它与价值的关系仅是随机性的，因为这些花费，即使在它们发生的时候，也可能较正常值更高或更低。在评估无形资产和知识产权时，使用会计价值或税基价值必须谨慎。在估值时，原始成本可以用作：

- 粗略地指代早期再生产成本
- 企业资产负债表的一部分
- 利用价格走势估计再生产成本的出发点

账面成本

“账面成本”（book cost）又称“账面价值”（book value）或“账面净值”（net book value），是指企业账面上因会计折旧而减少的原始成本。为了区分“会计折旧”和“评估折旧”，我们使用“资本回收额”（capital recovery）这个术语来表示会计学上的折旧。

资本回收额是一种成本分配。当企业购买了一项预计在几年内有用的资产时，用它来校正财务报表，以完全反映购买时的支出。因此，企业将成本分摊到资产的使用寿命上：

$$\frac{\text{原始成本}}{\text{使用寿命}}=\frac{1000000\text{ 美元}}{40\text{ 年}}=25000\text{ 美元/年}$$

以此为例，企业每年将资产的原始成本降低 25000 美元，直到第 40 年为零为止。在此期间，我们将这种逐渐减少的数额称为账面成本或账面净值。在企业合并中获得的无形资产和知识产权通常要在财务报表中体现资本回收额（即摊销）。我们在第 3 章中将再次讨论这一点。

尽管许多人认为账面成本等同于某种形式的价值，但事实并非如此。财务会计实务的差异很大。在某些情况下，已处置的资产会继续在会计账簿上显示，而在另一些情况下，企业会注销并从会计记录中删除折旧的资产。实践中资本回收额的计算也有很大的差异，不同公司间的算法和使用寿命也各不相同。因此，会计折旧（资本回收额）不太可能与价值随时间的下降相匹配。因此，即使原始成本在起点那一刻反映了价值，掺入折旧后的原始成本也不太可能等于当前价值。除了受（有效）监管的情形，账面成本仅可作为粗略基准进行“数量级”的比较。

税基

其与以上所讨论的账面价值相类似，只是资本回收额的计算要符合税务要求。通常采用某种形式的加速法来计算资本回收额，而且使用寿命是法定的，而不是基于实际的。

政府如此频繁地改变折旧方法和折旧年限，以至于税基无法作为任何形式价值的衡量标准。

估值方法

在本节中，我们将简要介绍估值方法。之后的章节将更全面地描述这些方法，并检查它们是否适合评估商标。

许多人试图发明评估无形资产（尤其是品牌和商标）价值的方法。广告、市场营销和相关咨询领域的专业公司都渴望推出自己专有的估值方案，并为其赋予自己的商标。

许多人还设计了不同属性的品牌“评分”系统，比如通用性、国际性、领导力、保护性等。这些可能是有用的清单，并可能有助于比较一个品牌与另一个品牌，但得分和市场价值之间没有支持性的联系。

实际上，有三种公认的估值方法：市场法、成本法和收益法❶。当观察一长串的估值方法时，分析发现，这些方法实际上不过是市场法、成本法和收益法的变化而已，而有些方法甚至实际上只是市场法、成本法和收益法所需的输入技术。

市场法

市场法是最直接、最容易理解的估值技术。我们使用它构建基于市场实际交易的虚拟交易。与目标资产类似的“交易标尺”方面的信息是必需的。理想情况下，我们有来自活跃市场的多个交易信息。

房产交易市场就是一个很好的例子。这个市场在指定区域通常会有一定的活跃度，卖方售价、买方询价和成交价都是公开的。当然，并非所有的房产都是这样，但只要有足够的信息，就可以进行合理的比较。对于没有这么好的市场条件的领域，使用这种方法需要更多的判断，而且它有可能变成一种不太可靠的估值方法。正如我们将在后面的章节中讨论的，这种技术很少用于商标的估值，因为商标的独特性和与特定产品或服务的共生关系排除了这种估值方法。

---

❶ 国际估值标准理事会（The International Valuation Standards Council）在其第 4 号指导文件（Guidance Note No. 4）中将这些方法称为“市场比较法、收益量化法和成本法”。

成本法

成本法通过评估买方和卖方会为预期交易的实际替代方案所支付的成本来为我们的虚拟交易提供输入。贯穿估值方法的理论主线之一是替代原则，即人们不会支付相较同等效果的替代物更高的价格。因此，如果满足某种条件，就有一个成本价格。

成本法的一个基本假设是，新资产的价格与该资产在使用期间所能提供的服务的经济价值相称。市场就是对这个等式的检验。例如，如果一台新机器的价格远远高于拥有这台机器的未来经济效益的现值，那么就没有机器会被卖出去。如果事实正好相反，那么需求将超过供给，价格可能会上涨。因此，一台新机器的价格，在没有市场偏差的情况下，等于购买时的市场价值。

然而，要评估的资产通常并不是新的，因此使用成本法几乎总是难以量化由某种形式的折旧而导致的相较于（“全新的”）价值减少的那部分。

收益法

收益法通过评估买方和卖方拥有目标资产的未来经济效益，为我们的虚拟交易提供输入。其基本理论是，资产的价值可以用其一生中所获得的净经济效益（现金收入减去现金支出）的现值来衡量。坎贝尔（Campbell）和泰勒（Taylor）很好地描述了这个概念：

> 人们常说，但值得重申的是，资产（不管是砖头和灰泥、土地、设备还是公司股票）只有在公开市场上才能获得它们所应获得的收益，而真正衡量价值的标准是资产在商业环境中与固有风险相关联的收益[1]。

收益法的几个关键成分是：

1. 对资产未来可产生收益流的“量”的预测。
2. 关于收益流的“持续时间”和“模式”的假设。
3. 与实现预期收益相关的“风险”的假设。

赚取投资回报是企业的明确目的，因此收益法是衡量这类资产价值的有力指标。在接下来的章节中，我们将集中讨论如何使用收益法对商标进行估值。我们还就如何定义计算中所需的这几个关键成分提供更详细的讨论。

---

[1] Ian R. Campbell and John D. Taylor, “Valuation of Elusive Intangibles,” *Canadian Chartered Accountant*, May 1972, 41.

小　结

本章的重点包括：

- 商标刚进入商业世界时的价值微乎其微。它通过与成功的产品或服务相关联而获得价值。
- 在商标获得价值之前，企业必须将商标与其他货币、有形和无形资产组合在一起。
- 该资产组合构成了企业，对于商标估值来说，了解该资产组合中资产的贡献是至关重要的。
- 估值就像“虚拟交易”，是在仔细收集数据和对数据进行合理、公正的分析的基础上的前瞻性的估算。
- 每一种估值方法的基础都是成本法、市场法和收益法这三种公认方法中的一种或多种的组合。
- 在下一章中，我们将开始在宏观层面即企业整体上应用这些方法。

第3章 利用财务信息

在前一章中，我们使用了漏斗的概念（见图表2.3）来说明估值过程。合格的估值从收集数据开始，然后对这些信息进行分析，以便提炼出必要的估值输入。几乎所有的估值都需要收集和分析财务信息。包括：

- 整个经济形势的信息
- 特定行业的信息
- 特定行业内的一组公司的信息
- 特定企业的信息

估值格言

对无形资产或知识产权的估值应从财务报表的分析开始。

价值是用金钱来表达的。因此，各种不同来源的财务资料不可避免地构成了价值估值的关键。

在这一章中，我们重点研究单个公司的财务报表，并对如何分析和得出结论进行讨论。这个练习有几个好处：

- 作为了解客户、对手或交易目标的业务和运营的第一步
- 作为行业细分的财务数据汇总的一部分
- 获得竞争情报

企业的财务报告各式各样，从大量的监管报告和年报，到大型上市公司的股东报告，再到小型零售企业的两页纸的资产负债表和收益表，不一而足。在两个端点之间，复杂程度各不相同。我们从最完整的开始。我们将以可口可乐公司向美国证券交易委员会（SEC）提交的一份报告为例。这是向SEC提交的众多上市公司的报告之一。我们将会涉及所谓的10－K报表，该报表每年提交一次。截至本书撰写时，可口可乐公司的最新报告截止日为2011年12月31

日。读者可以从该公司的网站上下载该报告的副本[1]。本报告以公司管理层就下列主题所做的详尽叙述开始：

- 业务描述和一些历史
- 公司在报告年度内进行的收购
- 公司如何按地域划分其业务
- 产品和品牌的广泛描述
- 公司的分销机构
- 竞争情况
- 采购必需的原材料
- 专利、版权、商业秘密和商标情况
- 影响业务的政府法规
- 影响业务的风险因素
- 公司拥有的实物资产
- 可能影响公司运营的法律诉讼
- 公司执行官的简要传记
- 有关公司普通股市场的信息
- 管理层针对财务状况和经营业绩的广泛讨论
- 关于市场风险的讨论

总而言之，可口可乐公司 10 – K 报表的前几部分（将近 80 页）提供了关于该企业的大量信息。接下来是财务报表和补充数据，约有 60 页，其中综合财务报表附注占最大部分。这些附注是该报表非常重要的部分，提供了有关财务报表中包含的项目的更多详细信息。

如果我们要对可口可乐公司的商标进行估值，在对公司人员进行访问和实地调查之前，仔细研究这份报表会得到丰富的信息。

财务报表

接下来，我们将以虚拟公司 Smith & Richey Enterprises（S&R）不那么复杂的财务报表为例予以讨论。

---

[1] Coca – Cola Company, "Annual & Other Reports," *Coca – Cola Journey*, http://www.coca – cola-company.com/investors/annual – other – reports.

综合收益表

图表3.1和图表3.2中，我们提供了该企业的主要财务报表。图表3.1是一份综合收益表，它报告了公司在一年内的总收入；在这个例子中，截止日为2012年12月31日。从这些收入中减去企业运营中产生的各种支出就计算出本年度的净收益，即所谓的“底线”（bottom line）。

图表3.1下部显示了已发行普通股股票的数量以及每股的收益（净收益）。我们计算了收益表中各项收入的占比。该数据通常不包括在典型的收益表中，但我们将会把这种计算作为分析的一部分，并参考其结果。

图表3.1 综合收益表

Smith & Richey Enterprises 综合收益表（百万美元）		
截至2012年12月31日	2012年	%
净营业收入	30900	100.0
已售商品成本	14500	46.9
总利润	16400	53.1
销售、总务及管理费用	9000	29.1
其他运营支出	275	0.9
	9275	30.0
营业收入	7125	23.1
利息收入	340	1.1
利息支出	450	1.5
其他收入——净额	80	0.3
税前收入	7095	23.0
所得税	2838	9.2
净收益	4257	13.8
每股收益	1.70	
普通股股票（MILL）	2500	

综合资产负债表

公司的综合资产负债表见图表3.2。资产负债表显示了公司在特定时间点的财务状况，本例中截止日为 2012 年 12 月 31 日。这与收益表不同，收益表记录全年的收入和支出结果。

图表 3.2 综合资产负债表

Smith & Richey Enterprises 综合资产负债表（百万美元）		
截至 2012 年 12 月 31 日	2012 年	%
资产		
流动资产		
现金及现金等价物	7000	
有价证券	2300	
	9300	18.9
应收账款	3800	
存货	2400	
预付费用和其他资产	2250	
流动资产总额	17750	36.0
投资及其他资产		
在其他企业的投资	6500	
其他资产	2000	
	8500	17.2
地产、厂房和设备		
地产、厂房和设备的成本	17100	
减：累计折旧	(7000)	
账面净值	10100	20.5
无形资产		
无形资产成本	15750	
减：累计摊销	(2800)	
	12950	26.3❶
总资产	49300	100.0
负债和股东权益		
流动负债		
应付账款及应计费用	6600	
贷款和应付票据	6850	
当前到期的长期负债	120	
应计所得税	350	
流动负债总额	13920	28.2

❶ 原文为 31.9，译者更正为 26.3。——译者注

续表

Smith & Richey Enterprises 综合资产负债表（百万美元）		
截至2012年12月31日	2012年	%
长期负债	**5010**	**10.2**
其他负债	**3000**	**6.1**
递延所得税	**1790**	**3.6**
股东权益		
普通股股票	900	
资本盈余	9600	
再投资收益	40080	
	50580	
减：持股	(25000)	
	25580	51.9
负债和股东权益总额	49300	100.0

你会发现资产负债表被分成两部分——上部的"资产"和下部的"负债和股东权益"。这两部分可以非专业性地解释为：资产负债表的资产部分描述了公司拥有的资产，而负债部分描述了公司所欠的债务。你会又一次注意到，我们分别计算了各个项目在总资产和总负债中所占的百分比。

财务报表和价值：分解S&R（虚拟公司）的资产

现在假设我们正处于对S&R商标组合进行估值的初始阶段。我们能从S&R的财务报表中收集到哪些有用的信息？

首先，我们必须了解，企业财务报表反映的资产与估值反映的资产存在根本区别。读者会回想起上一章图表2.1中所示的企业价值等式。它说明了企业的价值等于其货币资产、有形资产和无形资产的价值总和，这三种资产之间的价值关系可能会随时发生变化，并且肯定会因企业而异。但总的来说，这个等式是成立的。

快速浏览S&R的资产负债表就会发现，货币资产（如我们在第2章中定义的那样）、有形资产（地产、厂房和设备）和无形资产都有条目。这些条目是否与图表2.1所示的条目是同一个含义？答案是否定的，我们需要理解其中的区别。

成本与价值

根本的区别在于成本与价值。举个最简单的例子，想象一下我们购买新车的经历。当我们拿到新车钥匙时，我们同意支付的价格是汽车的成本和市场价值。也就是说，我们作为一个愿意购买汽车的人，已经和汽车经销商——一个愿意出售汽车的人——就一个对我们双方似乎都公平的价格达成了协议。否则，这笔交易就不会发生。根据定义，这个交易反映了虚拟交易的结果，我们可以构造这个虚拟交易来估计市场价值。

然而，我们都知道，一旦我们把那辆车驶离汽车经销商的营业场所，它就变成了一辆“二手车”，它的价值瞬间就降低了一些。在我们保有这辆车的过程中，车辆磨损，新的车型问世，以及我们购车时受吸引的特征被改进，这些诸多的外部因素使车辆的市场价值不断变化。但它的成本始终如一——我们购买它所付的价格。

同样的基本原则也适用于企业的资产。当我们看公司的资产负债表时，我们看到的是成本记录，而不是价值。然而，正如在关于汽车的示例中，我们知道这些记录的成本仅是在某一时刻的价值。例如，我们可以在 S&R 的资产负债表上看到“地产、厂房和设备的成本”，该项目的金额为 171 亿美元。这大概包括 S&R 目前在其业务中使用的所有土地、建筑物和机器等。因此，如果总部大楼下面的土地最初是在 1952 年以 10 万美元的价格购买的，那么这笔钱就包括在 171 亿美元中。然而，理性告诉我们，如今这块土地的价值可能要高得多。所以问题是，S&R 的资产负债表上的信息是否可以帮助我们评估该公司所拥有的商标？

通过对成本与价值问题的理解以及对图表 3. 2 的讨论，我们可以推断出以下内容：

- 无论 S&R 商标的市场价值如何，它都归入 S&R 企业的整体价值之中。
- 我们知道 S&R 企业的价值等于其货币资产的价值、有形资产的价值和无形资产的价值之和。
- 我们知道，其商标的价值与其他无形资产和知识产权的价值一样，隐藏在无形资产类别的某个地方。

因此，很明显，如果我们能够区分 S&R 无形资产的价值，就实现了对其商标组合进行估值这个目标的其中一步。

货币资产

在第 2 章中提到，分类中所述的货币资产也可以称为净营运资金。净营运资金是指流动资产超过流动负债的部分。回到 S&R 的资产负债表，读者可以看到其中包含了流动资产和流动负债的金额。然而，正如之前所指出的，S&R 的资产负债表反映的是成本，而不是价值。

流动资产

读者还会注意到，流动资产项目下有一项是“现金和现金等价物”。此处所显示的金额真的等于市场价值。现金就是现金。但是，构成流动资产的其他类目，如有价证券、应收账款、存货和预付费用，其金额可能反映了价值，也可能没有。

为了深入了解这种情况，我们可以参考美国财务会计准则委员会（FASB）的会计准则汇编（ASC）。根据 ASC 的（部分）描述，S&R 等公司有义务根据这些项目是否代表可实现的金额来校验显示在资产负债表上的金额[1]。也就是说，审核表上显示的有价证券金额是否可以在当前市场价格下实际变现，是否可以合理预期应收账款金额可以实现，等等。公司管理层负责对这些金额进行调整以反映这些因素，公司外部会计师会对其进行审计。

在商业世界中，管理层确实会审查他们的流动资产，并做出调整或设立准备金，以减少流动资产余额。所以对于这些金额，存在保守的倾向。因此，我们假设流动资产的资产负债表金额等于价值，这是合理和安全的，尤其是在经过审计的财务报表中。

流动负债

S&R 资产负债表上的这一部分反映了在当前商业周期（目前为一年）内预期将要履行的义务。同样，公司管理层需要对这些预测支出是否确实会发生的合理性进行分析。同样地，资产负债表上显示的金额要接受公司外部会计师的审计。因此，有理由接受这些数额作为价值指标。

货币资产

基于以上原因，我们有理由相信，经审计的财务报表中显示的流动资产和流动负债金额可以作为计算 S&R 货币资产的基础，见图表 3.3。

---

[1] FASB ASC 605 - 10 - 25.

图表 3.3　货币资产价值的计算　　单位：百万美元

流动资产	
现金及现金等价物	7000
有价证券	2300
	9300
应收账款	3800
存货	2400
预付费用和其他资产	2250
流动资产总额	17750
减去	
流动负债	
应付账款及应计费用	6600
贷款和应付票据	6850
当前到期的长期负债	120
应计所得税	350
流动负债总额	13920
= 货币资产	3830

有形资产

S&R 的资产负债表上显示了“地产、厂房和设备”这个项目。说明有形资产的原始成本为 171 亿美元，公司累计折旧额为 70 亿美元。这两者的差额是资产负债表上显示的 101 亿美元的账面净值。尽管这些数据为我们提供了一些信息，但并没有给出 S&R 究竟拥有哪种有形资产。关于这方面的信息，我们可以参考图表 3.4 中的 S&R 财务报表附注。

图表 3.4　财务报表附注　　单位：百万美元

财务报表附注	
1. 销售、总务及管理费用	
分销和推广费用	9750
广告费用	1260
其他费用	540
	11550
2. 地产、厂房和设备	
土地	800

续表

财务报表附注	
建筑物及改造	4050
机械设备	10450
其他设备	1800
	17100
3. 无形资产	
无限期使用的商标	6500
商誉	5000
其他无形资产	4250
	15750
减：累计摊销	2800
	12950

图表3.4中的第2项告诉我们，S&R拥有土地、建筑物及改造、机械设备，以及所谓的“其他设备”。这是一种相当典型的有形资产组合。

上一章中，我们讨论了资产负债表中的账面净值的性质，同时也解释了会计折旧，或者更好的说法是资本回收额。这是一种将资产本身运营所耗费的成本按时间进行分摊的体系，其分摊的时间段是该资产在企业的有效使用期。通常，这种成本分配是线性的，也就是说，它按预计使用年限平均分摊。也许有人试图用账面净值来衡量市场价值，但以我们的经验来看，有形资产以一种均匀、线性的方式逐渐丧失市场价值的情况并不多见。因此，资产负债表上的账面净值并不适宜作为估算市场价值的指标。

评估这类有形资产的市场价值的正确方法是对其进行盘点及核查，并应用我们在上一章中介绍的成本法、市场法和收益法对其进行评估。这可能是一个工作量很大的任务，就此例来说，这样做不切实际。因此，我们引入了一个粗略的经验法则，就S&R所拥有的典型资产组成来说，这个法则是合理的。首先，我们将附注中包含的细节与资产负债表上的账面净值合并在一个表中，见图表3.5。

图表3.5　有形资产　　单位：百万美元

地产、厂房和设备	
土地	800
建筑物及改造	4050
机械设备	10450

续表

地产、厂房和设备	
其他设备	1800
	17100
减：累计折旧	(7000)
账面净值	**10100**
经验法则的估值公式	
原始成本	17100
加：账面净值	10100
	27200
除以：2	**13600**

我们利用经验法则的估值公式计算原始成本和账面净值的平均值，见图表 3.6。这只是源于多年以来对众多有形资产评估的观察，发现存在一种非常普遍的关系。按照这个公式，对有形资产的市场估值为 136 亿美元。

图表 3.6　有形资产价值　　单位：百万美元

经验法则的估值公式	
原始成本	17100
加：账面净值	10100
	27200
除以：2	13600

对于那些在土地开发、森林保护或石油、天然气和矿产等自然资源方面有大量投资的公司，需要谨慎使用这一经验法则。这些资产的原始成本以及折旧方法都可能产生错误，因为与其折旧方法密切相关的通常是资源的耗竭程度，而不是其剩余的市场价值。在这种情况下，必须使用适当的方法对这些资产进行单独的评估。

无形资产

第三类资产，即无形资产。由资产负债表中无形资产成本 157.5 亿美元，减去 28 亿美元的累计摊销额即可得到（见图表 3.7）。

图表3.7　资产负债表的无形资产　　单位：百万美元

无形资产	
无形资产成本	15750
减：累计摊销	2800
	12950

我们再来看财务报表附注，以了解更多S&R资产负债表上这一项目的构成。财务附注的这一部分显示在图表3.8中，它告诉我们无形资产由具有无限期使用的商标、商誉和所谓的其他无形资产组成。

图表3.8　无形资产——价值？　　单位：百万美元

3. 无形资产	
无限期使用的商标	6500
商誉	5000
其他无形资产	4250
	15750
减：累计摊销	2800
	12950

现在我们必须要解决的问题是，无论是157.5亿美元的成本还是减去累计摊销后的129.5亿美元的成本，是否代表了S&R无形资产的市场价值。

为了解决这个问题，我们将带领读者回到前一章“公允价值”标题下的讨论。在那里，我们曾指出，在合并或收购中，收购公司必须将总收购价格分配给所收购的所有资产。这种分配基于这些资产的公允价值，几乎在所有情况下，都将包括一些无形资产。美国的会计准则以及采用国际财务报告准则（IFRs）的其他地区不允许将自行创建的无形资产纳入资产负债表[1]。

基于这一信息，我们得出这样的结论：S&R资产负债表上显示的无形资产金额仅代表其合并和收购其他公司时所支出的用于购买无形资产的那一部分，并不以任何方式反映S&R在其存在期间所创造的无形资产。

为了解决这一问题，我们可以对企业价值等式进行扩展，如图表3.9所示。我们增加了第三种方式来表达整个企业的价值。即，企业的价值等于其投资资本的价值，投资资本分为长期负债价值和股权价值两类。这种对企业价值

[1] 参见IASB，无形资产，国际会计准则第38号（1999）：“内部产生的商誉不应被确认为资产。研究（或内部项目的研究阶段）产生的无形资产不得予以确认……。自创品牌、报头、出版物、客户名单等类似内容，不得确认为无形资产。”

的看法在投资界被广泛接受。

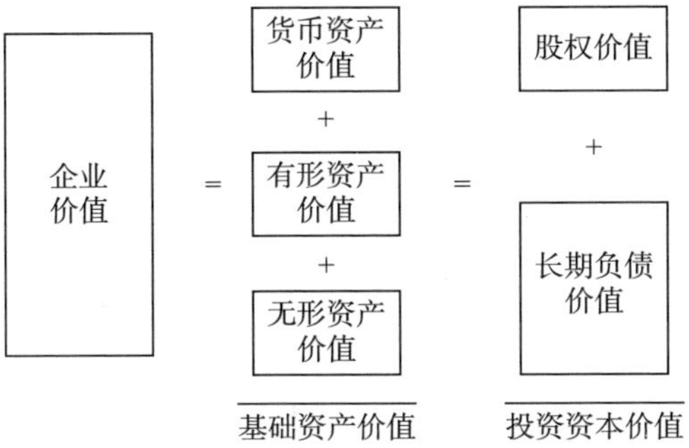

图表 3.9　企业价值等式的扩展

我们评估了 S&R[1] 的货币资产和有形资产的价值。我们在有关 S&R[2] 的财务报表中一直未能发现任何有助于其无形资产价值的信息。但是，如果我们可以通过长期负债价值和股权价值的加和来评估整个 S&R 企业的价值，那就可以通过减法来计算其无形资产价值。

因此，我们对 S&R 企业价值的评估可以转由对其投资资本的估值来进行。此时，资产负债表再一次发挥了作用。我们在 S&R 资产负债表上长期负债项目下发现了 50.1 亿美元的负债项。我们关注长期负债，因为这是 S&R 从贷款机构借入的资金，用于支付其长期资产（通常是有形资产）所需。我们可以假设长期负债的账面价值等于它的市场价值。随着市场利率的变化，长期负债价值与账面价值有可能不同，但通常可以认为利率在短期内不会发生剧烈变化。然而，这确实应当是一个考虑因素。

股东权益的估值有点复杂。我们可以看到，S&R 资产负债表上显示的股东权益金额为 255.8 亿美元。然而，这代表着 S&R 在其股票公开发售中从投资者那里获得的金额，再加上其随着时间推移所积累的股息，尽管这些收益属于股东，但 S&R 已将其再投资于它的业务。很明显，这并不一定是买方为其股本支付给股民的金额（见图表 3.10）。

因为 S&R 是一家上市公司，也就是说，它的股票是在公开市场上交易的，我们可以通过这个二级市场来了解买卖双方所认知的 S&R 股票的价值。

S&R 的收益表显示，截至 2012 年年底，该公司已发行普通股 21 亿美元。研究发现 S&R 的普通股在 2012 年 12 月 29 日的价格是每股 20.40 美元。通过

[1] 原文为 Concord，译者更正为 S&R。——译者注

[2] 同上。

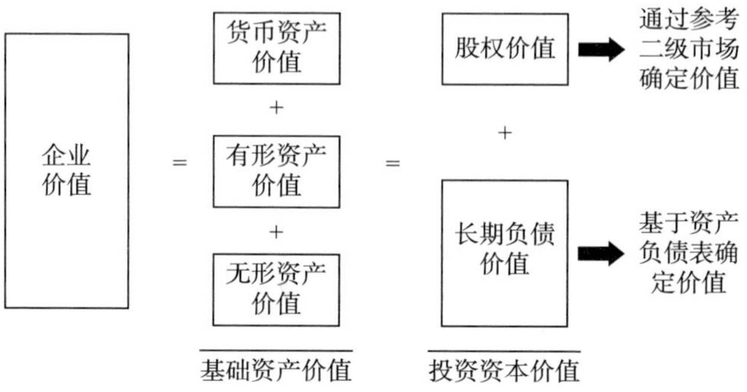

图表 3. 10　企业价值等式——企业价值

相乘，我们发现 S&R❶的普通股市值为 428. 4 亿美元。加上长期负债的价值，我们估计 S&R 企业的价值为 478. 5 亿美元（见图表 3. 11）。

图表 3. 11　S&R 的企业价值

企业价值	
普通股发行量（百万）	2100
价格（12 月 29 日）（美元）	20. 40
普通股价值（百万美元）	42840
长期负债价值（百万美元）	5010
	47850

通过这最后一块拼图，我们现在可以利用这些数据，由投资资本价值所反映的 S&R 的企业价值中减去货币资产和有形资产的价值，就可以对其无形资产的价值进行量化（见图表 3. 12）。

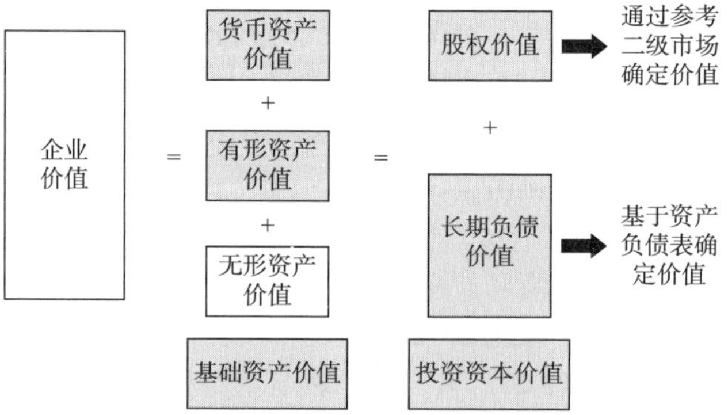

图表 3. 12　企业价值等式——无形资产价值

❶ 原文为 Concord，译者更正为 S&R。——译者注

剩下要做的就是计算 S&R 无形资产的市场价值，从企业总价值中减去其他资产的已知价值。该计算结果见图表 3.13，表明 S&R 的无形资产市值为 304.2 亿美元。

图表 3.13　S&R 无形资产价值

S&R 企业基础资产估值（2012 年 12 月）（百万美元）		
流动资产	17750	
流动负债	13920	
货币资产价值	3830	10.2%
地产、厂房及设备，净额		
土地	800	
建筑物和改造	4050	
机械设备	10450	
其他设备	1800	
	17100	
减：累计折旧	（7000）	
账面净值	10100	
有形资产价值	**13600**	**36.3%**
企业价值		
普通股发行量（百万）	2100❶	
价格（12 月 29 日）	20.40❷	
普通股价值（百万）	42840❸	
长期负债（百万）	5010	
	47850❹	100.0%
减：		
货币资产价值	3830	
有形资产价值	13600	
等于：		
无形资产价值	30420❺	63.6%❻

❶ 原文为 2500，根据图表 3.11，译者更正为 2100。——译者注
❷ 原文为 13.00，根据图表 3.11，译者更正为 20.40。——译者注
❸ 原文为 32500，根据图表 3.11，译者更正为 42840。——译者注
❹ 原文为 37510，根据图表 3.11，译者更正为 47850。——译者注
❺ 原文为 20080，根据图表 3.11，译者更正为 30420。——译者注
❻ 原文为 53.5%，根据图表 3.11，译者更正为 63.6%。——译者注

这个例子的情况实际上有个优势，即S&R是一家上市公司，其股票在交易所上市。因此，我们计算S&R股票价值所需的信息是现成的。如果S&R是一家封闭式持股的公司，也就是说，其股份是私人持有的，没有上市交易，我们就必须进行更深入的分析，以便得出关于其股份的市场价值。虽然这是一项更为复杂的工作，但我们也很好地建立了估算公司股票价值的方法，并遵循我们为无形资产和知识产权提出的原则。这项技术的描述超出了本书的范围，但是读者可以参考许多文献来完成这部分任务。

分解

当我们专注于确定知识产权的具体经济贡献时，我们经常面临的问题是，数据被隐藏在综合财务报表中。可以用来确定和量化归属于知识产权的特定收入流的基本技术之一是分解。至少，它可以作为工具来量化可以进一步分析的范围。换句话说，为了分析相关资产，必须对整个企业进行财务分解。

品牌的例子

无论何种规模的企业，很少只生产单一品牌的单一产品。因此通常需要将业务模块与产品线分离出来，以确定目标品牌所涉及的财务信息。这就是分解的过程，如图表3.14所示。

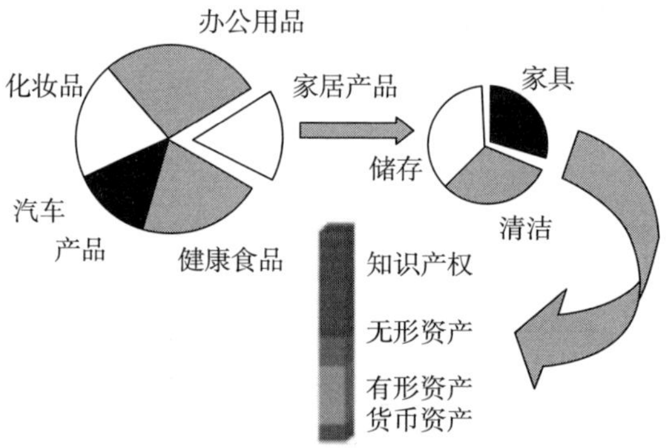

图表3.14 企业分解

举例来说，假设S&R是拥有多个产品的企业。我们刚刚计算出的304.2亿美元无形资产属于整个企业。如果我们的任务是评估专用于家具业务的商标，首先就需要提取家居产品组的财务数据，然后进一步寻找其中家具部门的财务数据。没有客户S&R的帮助，我们无法做到这一点。显然，这个过程使我们的任务更加困难。虽然我们可能可以访问部门的财务数据，但这个部门不是一家上市公司，因此企业某一部门的估值需要付出更多的努力。

在这一过程中，我们必须认真仔细，牢记“各部分之和要等于整体”。不难想象，S&R 的化妆品类产品可能是利润高、非常注重消费者并高度依赖品牌的。因此，我们不能简单地按比例分割 S&R 的无形资产。在 S&R 的品牌组合中，化妆品品牌的市场价值很可能占据的份额不成比例。

跟随钱款

“跟随钱款”表达了财务分析的一个方面——观察企业资产负债表和收益表中钱款的流入和流出。当然，这背后的逻辑是，现金的流动与商业活动的数量成正比。公司把钱花在它们认为重要的事情上，而分析销售收入会获得一些有关业务风险的信息。举个例子，如果我们观察到在研发或广告方面有巨额支出，这暗示了企业的许多特征。在资产负债表上，我们可以看到有形资产投资额占总资产的比例。这也给我们一个关于公司特征的提示。半导体公司有很大一部分资产在厂房和设备上，因为它的制造设施要求高科技，建造成本非常高。服装行业的公司规模可能相当大，但往往没有多少有形资产，因为它们将产品制造业务分包了出去。我们之前注意到对 S&R 财务报表的计算，这些百分比的计算就是为了辅助这类分析。这些百分比可以用两种方式使用。首先，它们可以提供一些对 S&R 本身的关注，其次，与可获得财务数据的其他可比公司的财务业绩和活力方面比较时，这个数据可能非常有用。

举一个例子，我们观察到销售、总务及管理费用占销售收入的 37.4%。可能会得出结论，这是一个相当可观的数额，然后在 S&R 财务报表的附注中观察到，这些费用大多与分销和推广费用有关。这意味着 S&R 可能主要向零售商而不是向公众销售产品。广告费用相对适中。为了证实这一假设，我们需要从与 S&R 相似的其他公司收集数据，并比较销售、总务及管理费用。

通过对 S&R 的分析，我们可以观察到更多。当我们计算无形资产价值时，在企业价值总额 4790 万美元中，无形资产的价值为 3040 万美元。如图表 3.13 所示，无形资产的价值占 S&R 企业总价值的 63.6%。我们从对全球大量上市公司的研究中得知，无形资产平均约占企业总价值的 70%[1]。因此 S&R 接近典型的资产组合。

如果我们回顾一下图表 3.13 中所做的计算，我们会发现，我们计算的 479 亿美元的企业价值在很大程度上是基于 S&R 在二级市场的普通股价格。根据

---

[1] S. Blair and S. M. H. Wallman, *Unseen Wealth: The Value of Corporate Intangible Assets* (Washington, DC: Brookings Institution Press).

传统的投资理念，每股20.40美元的股价与S&R每股0.90美元的收益密切相关。也就是说，每股收益的强劲增长可能会推高该股的市场价格。实际上，我们有一个循环的情况，收益的提高导致普通股在二级市场的价值增加，这反过来又增加了S&R企业的价值，在其他条件相同的情况下，增加了该价值中可归为无形资产的部分。

投资者认识到S&R企业无形资产的重要性，以及这些资产对企业盈利能力和增长的贡献，因此他们愿意为股票支付更高的价格。这与我们在第2章中提出的观点相一致，即无形资产和知识产权的融资主要来自股票投资，而非债务投资。

海王星

海王星是太阳的第八颗行星。它不是通过观察发现的，尽管在19世纪有很多人观察天空。1846年，柏林天文学家约翰·加勒（Johann Galle）首次发现了它，几乎与法国数学家乌尔班·勒维里尔（Urbain Le Verrier）预测的位置完全一致。

勒维里尔和其他人曾观察到天王星，一颗可见的行星，有一个不规则的轨道。他计算出这种“扰动”是由某种未知物体的存在引起的，并预测了那颗看不见的行星的位置和质量。

1846年9月，加勒把望远镜对准了预期的地方，看到了海王星。无形资产和知识产权也是如此。它们对大多数观察者来说是看不见的。然而，投资者能“感觉”到它们在那里——否则他们为什么要把S&R的普通股定价高于账面价值呢？他们看到了它们的效果，并愿意押注于它们的存在。风险投资家冒着巨大的风险，向初创企业投入巨资，因为他们对新公司的基本原则有着积极的“直觉”。他们没有投资于“实体店”。如果他们想这么做，他们会在街角开一家银行。他们赌的是委托人可以创造无形资产和知识产权——这才是赚钱的地方！

所以我们知道无形资产是存在的。我们的工作是找到它们，识别它们，并估算它们的市场价值。像天文学家一样，我们寻找“扰动”。首先，我们看财务报表，然后成为侦探，问问题，分析，问更多的问题，如果我们成功了，无形的东西就会出现。就像勒维里尔先生一样。

如果S&R是我们的客户，或者是我们的竞争对手，或者我们将其财务数据作为行业的一部分，计算这些内部占比可以让我们了解S&R。在我们着手确定和量化无形资产和知识产权的市场价值时，所有这些都是有用的信息。

税务问题

虽然我们讨论的是财务信息，但了解一些税务问题，主要是国际税务问题，对我们来说很有用。对国际税收问题的扩展远远超出了本书的范围。但是我们认为，对企业管理者、员工以及专业人士来说，全面了解商标与税收在国际舞台上的交叉是非常重要的。

估值格言

一个粗略的经验法则：最重要的概念是，无论何时，产权、产品、服务或资金跨越国界，都可能存在这种或那种税收后果。

随着“跨国企业”（MNEs）的不断发展壮大，跨国企业的跨境交易也越来越多，受到了世界各国税务机关的重视。在这个衰退的时代，各级政府都在寻求收入最大化。在过去，海外交易往往仅限于建立一个制造工厂。向外国扩展如果更为复杂，所建立的业务往往是独立的。如今，商业模式可能更加集中化，高价值资产和功能由总部中心控制，并根据需要分配给海外实体。这增加了离岸交易的复杂性。

这里的重点是所谓的“转让定价税”，主要是共同控制方之间的交易。在这里，我们指的是同一公司、母公司、子公司、合资伙伴之间的交易，或者是有共同持股的公司之间的交易。

根本问题在于，各国的所得税税率各不相同。每个公司都想将其税费最小化。因此，跨国企业为了避税，倾向于有意控制货物和服务的价格，在高税率管辖区的企业尽可能地降低应税收入。该管辖区的税务人员会感到沮丧，这是可以理解的，尤其是如果他或她认为，导致应税收入明显失衡的转让价格是不真实的。

虽然我们通常认为这样的交易涉及零部件、成品或研发成果，但在大多数情况下，公司的商标是被转让的实物商品的必要附属品。例如，对于一家美国公司来说，一家法国全资子公司组装零部件并销售成品，就会希望使用母公司的全球品牌。我们有理由预计，这家法国子公司会从母公司许可得到这一权利，因为它的盈利能力是通过销售品牌产品来提高的。因为这笔钱在法国是免税的，而且对美国母公司来说也是应纳税的收入，所以大西洋两岸的税务人员都对它有一定的兴趣。

公平交易原则

转让定价执行的基本原则之一是“公平交易原则”（arm’s length standard）。也就是说，税务部门将有争议的交易与和当事方无关的交易进行比较。美国转让定价条例规定，“在确定受控纳税人的真实应纳税所得时，每种情况下适用的标准是纳税人与不受控的纳税人按公平交易的标准”［Reg. §1.482－1（b）（1）］。《经合组织准则》（*OECD Guidelines*）将国际公平标准定义如下：

> 若两个企业之间的商业或金融业务往来不同于独立企业之间的情况，是有意控制或强加的，那么任何由于该特殊条件应计入而未计入的企业利润，需要包含在企业的利润中，并被征税。❶

商标包括在内

美国的转让定价规定显然包括无形资产，更具体地说，包括“商标、商号或品牌名称”。《经合组织准则》也明确包括商标和商号，并说明如下：

> 营销性无形资产包括有助于产品或服务的商标和商品名称、客户名单、分销渠道，以及具有产品重要推广价值的独特名称、符号或图片（§iii）……
>
> 营销性无形资产的价值取决于很多因素，包括商号的声誉和可信度，或者产品和服务质量所支持的商标……过去对产品或服务的质量控制和持续的研究开发……以及该营销性无形资产将为之提供通道的市场的价值（§iv）。❷

典型交易

图表3.15（A）、（B）和（C）是同一跨国企业内的三个公司。A公司是进行主要研究和开发的总部所在地，也是知识产权所有权所在地。

一些生产是在A地点完成的，部分完成的中间产品被运到B，B完成成品产品后再运到C进行分销。A还为B提供工程和设计服务，并将某些制造技术授权给B。A也授权给C使用其商标的权利。对这些商品、服务和知识产权的付款沿着供应链和跨国界回流。D是第三方，与它的交易想必不会受到质疑，

❶ Organisation for Economic Co－operation and Development，*Transfer Pricing Guidelines for Multinational Enterprises and Tax Authorities*，第1章。

❷ Organisation for Economic Co－operation and Development，*Transfer Pricing Guidelines for Multinational Enterprises and Tax Authorities*，第6章。

因为作为一个无关的第三方，它们的本质是公平交易。然而，与 D 的交易可能会引起人们的兴趣，因为可以用来与 B 和 C 之间的交易进行比较。

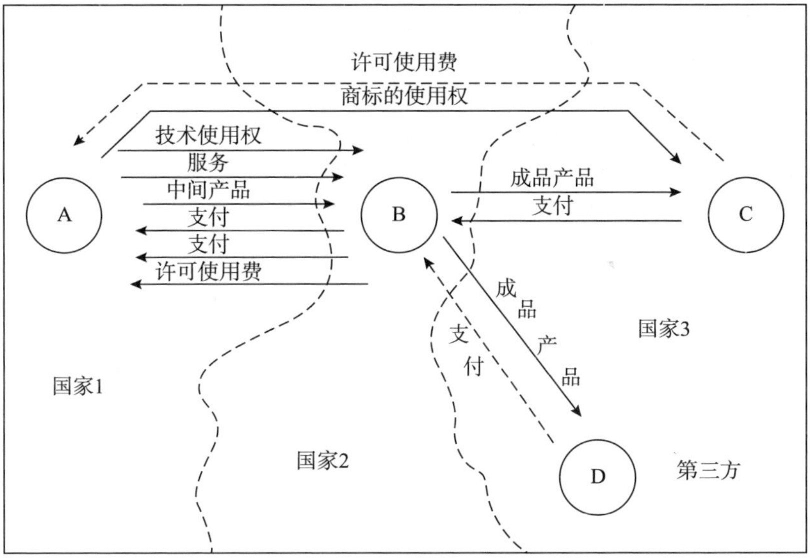

图表 3.15　典型转让定价交易的说明

资料来源：John Wiley & Sons，Inc.。经允许转载。

其他注意事项

我们可以扩展图表 3.5 的例子来说明在跨国企业中值得注意的一些事项：

• A 和 C 之间的商标许可可能是在未经法律或税务专业人士审查的情况下制定的，因为这是一项“友好”交易。这可能会使商标处于纯粹的业务意义上。

• A 和 C 之间很可能“没有”许可协议，C 的商标使用是根据管理人员之间的一些口头协议进行的。由于许多原因（例如，误用，缺乏质量控制），可能使商标处于危险之中。

• 在转让定价情况下“所有权”开始发挥作用。例如，许可给 C 的商标实际上可能是 A 控股的公司的财产，而其组成部分则是其直接所属的实体的资产。

• 除了适用公平交易标准外，税务机关还可以检查相关交易在多大程度上具有“商业目的”或“经济实质”。这意味着交易应具有商业原因而非为了简单避税。

一般来说，有问题的交易将尽可能地与公平交易进行对比审查。有时这些比较不是针对具体的价格，而是针对其他利润水平的比较，包括纳税主体的集团内部的利润水平。转让定价规则非常具体地规定了哪些方法可以用于这些审查，其中一些非常复杂。

就商标而言，这些更为复杂的审查是不切实际的，因此，在市场上对可比权利和可比方之间的专利权使用费进行审查时，审查的结果往往与实际情况不符。或者，正如我们在本章所指出的，可以将相关交易与纳税主体可能进行的其他外部许可进行18次比较。然而，根据我们的经验，很少有跨国企业将自己的商标许可给同行。有些企业会为了品牌开发而将自己的商标进行许可，但这些商标通常没有审查上足够的可比性。有一些知识产权交易的商业数据库可用于各种类型的资产，包括商标。第8章将更深入地讨论许可使用费用和程序。

小　结

财务报表中包含了丰富的信息，只要我们懂得怎么去看。当然，财务数据并不是我们所需要的一切。我们不可能完全根据财务报表中的信息来完成估值。但是财务报表和其中所包含的信息构成了我们在第2章中所描述的进入“漏斗”的一部分非常重要的信息。财务报表不能给我们所有的答案，但它们确实为我们有效地指明了方向。

第 4 章
商标估值

在第 2 章中，我们简要介绍了三种公认的估值方法：成本法、市场法和收益法。在本章中，我们将更详细地逐一介绍这些方法。由于在商标估值中经常依赖收益法，因此第 5、6、7 章将继续就收益法中的难点——输入展开讨论（见图表 4.1）。

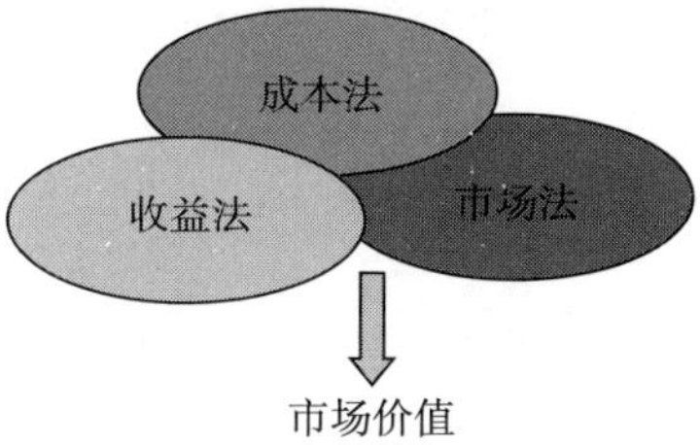

图表 4.1　估值方法

良好的估值实践是在可能和适当的情况下，使用所有这三种方法。至少应该对每种方法都进行考虑。更为常见的情况是，由于缺乏合适的事实数据，其中一种或几种方法可能并不适用或根本不切实际。但是，在使用一种或多种方法的情况下，评估师仍然需要协调不同方法得出的价值指标，因为评估师的任务是得出一个统一结论。专业评估师通常将这种协调过程称为“关联”。

在关联过程中，评估师会考虑以下因素：

- 所用方法的适当性
- 每种方法的输入信息的数量和质量
- 在多大程度上做出判断或替代假设
- 价值指标对各种输入及其相对可靠性的敏感度
- 是应依赖单一方法的结果，还是应对结果进行适当的加权处理

专业的估值标准还告诉我们，一份合格的估值报告应当解释评估师对这三

种基本方法的考虑，并解释为什么在做出最终价值评估时，采用或摒弃某种方法（见图表4.2）。

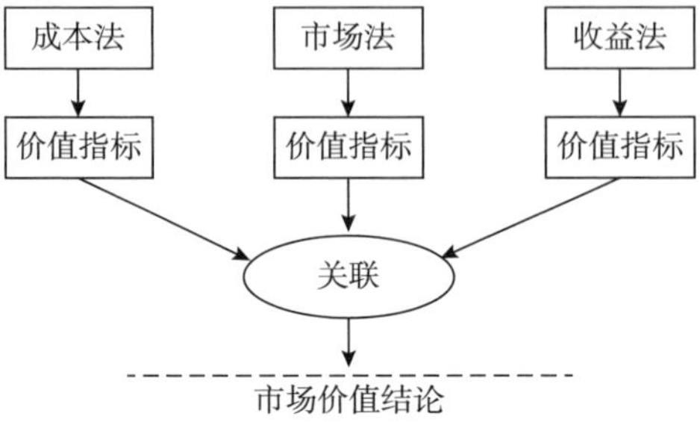

图表4.2　价值指标的关联

估值格言

做好准备使用所有这三种评估方法，并准备好解释你为什么拒绝或选择它们。

成本法

成本法旨在通过对重置标的资产未来服务能力所需的成本进行量化，来衡量所有权未来收益的现值。这种方法的基本假设是，购买（或创建）新资产的成本与该资产在其生命周期内所能提供的服务的经济价值相称。更简单地说，当一个人决定购买或开发一项新资产时，他已经对成本与效益进行了分析，且对这一成本-效益关系满意。

虽然成本法没有直接考虑可以实现的经济效益的数量或它们可能继续的时间，然而，经济折旧是确实需要考虑的，进而要求评估师决定未来的经济效益会在多大程度上支持与估值相应的投资。

图表4.3提供了成本法的总体模式。可以看到从起点的成本估算到最终结论的市场价值有两条路径。一个是起始于再生产成本，另一个是起始于重置成本。这些术语在前一章中已给出定义。我们提醒读者，再生产成本表示创建一个资产副本的成本，而重置成本表示获得具有同等效用的资产的成本。

请读者记住，和我们将要讨论的其他估值方法一样，成本法广泛应用于所有类型的资产，有形的和无形的。因此，这些方法中的某些输入和关系可能并不特别适合知识产权或商标资产。然而，在评估我们所关注的资产时，我们不能轻易地放弃使用任何一种方法。

回到图表 4.3，成本法开始于对以某种形式重置新资产的成本的估算，从中必须扣除折旧，因为我们评估的通常并不是新资产。

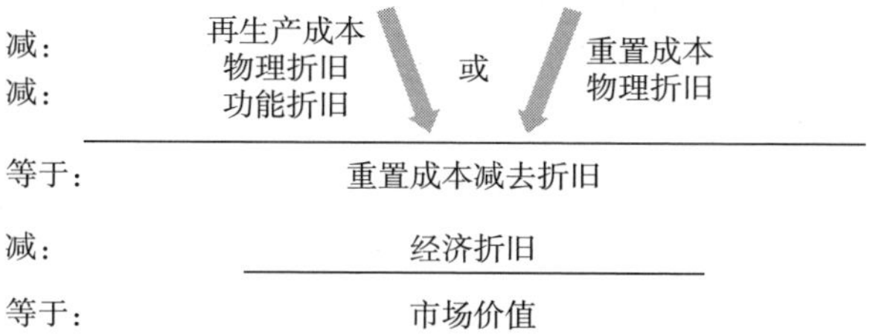

图表 4.3　成本法模式

物理折旧

应该进行的第一步调整是物理折旧。我们简单地称之为“磨损”。我们实际上是在问自己，在我们观察的时候，一项资产所能提供的总服务中，有多少已经用完，还有多少剩余。即使是物理折旧，其计量也比较复杂。例如，假设一个汽车轮胎在正常情况下可以行驶 4 万英里（1 英里≈1.61 千米）。这种情况下，如果一个汽车轮胎在使用了 2 万英里之后，我们预期它的物理折旧是其全部使用价值的 50%。然而，如果汽车轮胎是在炎热、干燥的气候下使用，在强烈的阳光照射下，此时我们对轮胎的损耗与剩余服务能力的评估也必须考虑时间因素。因此，物理折旧的损耗趋势可能因情况各异。

功能折旧

功能折旧（functional obsolescence，FO）指的是标的资产不是“最先进的”，或者与市场上存在的可比资产相比，该资产可能存在设计或运营上的缺陷，从而降低其可取性。一部使用了三年的旧手机可能状况良好，完全适合接打电话，但它缺少新型智能手机的许多吸引人的功能。

读者还记得，“重置成本”（replacement cost new，RCN）的定义是基于这样一个假设，即资产正在被重置为在重置时处于最先进水平的新资产。因此，如果我们的出发点是重置成本，就不需要对功能折旧进行任何扣除。另一方面，再生产成本涉及标的资产的复制品，这相当于只具备三年前旧手机功能的手机的购置成本。因此，必须对功能折旧进行扣除。如果估算恰当，则扣除结果应为重置成本减去物理折旧。

这些关系也可以用公式表示。如果起始点是再生产成本，则重置成本减去

物理折旧计算为

$$RCLD = RCN - PD - FO$$

其中 $RCLD$ = 重置成本减去物理折旧。

RCN = 再生产成本（reproduction cost new）。

PD = 物理折旧。

FO = 功能折旧。

如果起始点是重置成本，重置成本减去物理折旧计算为

$$RCLD = CRN - PD$$

其中 $RCLD$ = 重置成本减去物理折旧。

CRN = 重置成本（cost of replacement new）。

PD = 物理折旧。

在上面的讨论中你需要记住，重置成本并不受功能折旧的影响，因为它以最先进的特性为前提。

现在，我们可以得出完整的价值等式，并描述确定市场价值的成本法的整个过程：

$$MV = RCLD - EO$$

其中 MV = 市场价值。

$RCLD$ = 重置成本减去折旧。

EO = 经济折旧。

经济折旧

成本法的最后一项内容是估算资产中经济折旧的量。这是成本法中最困难的步骤。经济折旧是基于这样一种假设，即标的资产用于商业用途。因此，只有当它能够对企业的收益做出积极贡献，并且这些收益以重置成本减去物理折旧的方式为资产投资提供合理的回报时，它才能实现完全的市场价值。我们曾观察到为生产女式袜而设置的巨大的针织机械生产线。这台设备几乎是新的，就其用途而言是最先进的。所以，物理折旧和功能折旧是最小的。然而，资产所有人的问题是，这台机器只能生产不连裤的女式袜。在我们开展评估的时候，连裤袜已经被引入市场并风靡一时。由于这种剧烈的市场转变，这台机器在经济上遭到了严重的贬值，其市场价值大大降低。

再生产成本与重置成本的估算

在以下部分中，我们将讨论估算再生产成本和重置成本的三种技术：

- 原始成本趋势
- 单位成本汇总
- 单位生产成本测算

原始成本趋势

许多公司保留了开发无形资产或购买有形资产的记录。将这些历史成本重新计价可以指示当前重置该资产所需投入的总成本。下面以计算机软件系统为例，说明如何使用此方法。

图表 4.4 中提供了该软件系统历史开发成本的时间表。可以看到，大部分的开发成本从 2005 年开始，并集中在接下来的两年内。我们还注意到，2010 年也出现了一些重大的成本。软件系统在其生命周期中需要修改是很常见的。截至 2012 年年底，这一特定软件系统的原始开发总成本为 83.8 万美元。

图表 4.4　历史开发成本　　单位：美元

年份	原始开发成本
2005	50000
2006	340000
2007	178000
2008	20000
2009	68000
2010	131000
2011	35000
2012	16000
合计	838000

下一步是获得一个物价指数，跟踪开发软件系统成本的主要组成部分的价格变化。这些变化主要是各种类型的劳动力，也包括硬件成本。美国政府跟踪许多主要商品、劳动力成本和制成品的价格变化。专门的物价指数也由私人研究公司和行业协会发布。这种物价指数的例子如图表 4.5 所示。

图表 4.5　物价指数

年份	物价指数
2005	1.09
2006	1.12
2007	1.43
2008	1.66
2009	1.78

续表

年份	物价指数
2010	1.92
2011	2.05
2012	2.13

为了用于计算，必须把物价指数转换成我们所说的转换因子。我们用2012年的物价指数除以其他年份的物价指数。通过这种方法，我们计算出一个因子，该因子可以乘以每年的原始成本，并用2012年的物价表示（见图表4.6）。

图表4.6 转换因子的计算

年份	物价指数	转换因子 2012 = 100.0
2005	1.09	1.954
2006	1.12	1.902
2007	1.43	1.490
2008	1.66	1.283
2009	1.78	1.197
2010	1.92	1.109
2011	2.05	1.039
2012	2.13	1.000

我们在图表4.7中进行了计算。计算的结果是，83.8万美元的原始开发成本所完成的工作，在2012年需要支出130万美元。这是对再生产成本的估计，我们进一步在成本法过程中使用它之前，必须确信已充分理解了原始开发工作的特征。

图表4.7 计算原始成本趋势 单位：美元

年份	原始开发成本	转换因子 2012 = 1.000	原始成本趋势
2005	50000	1.954	97706
2006	340000	1.902	646607
2007	178000	1.490	265133
2008	20000	1.283	25663
2009	68000	1.197	81371
2010	131000	1.109	145328
2011	35000	1.039	36366
2012	16000	1.000	16000
合计	838000		1314174

估值格言

原始成本趋势技术总是用来计算“再生产成本”。

单位成本汇总

另一种方法是直接计算重置成本，方法是估算用新的软件系统替换旧系统的每一项工作的当前成本。我们将估计参与当前这种系统开发的各个员工群体的小时数，将这些小时数乘以当前的每小时工资加上福利和其他管理费用，然后添加设施、旅游和计算机硬件的使用，以及预期的外部承包商的利润等额外的开销成本。该计算的示例见图表 4.8，其中市场价值被估算为 417465 美元。

图表 4.8　单位成本汇总方法　　单位：美元

	工时（小时）	每小时工资	直接工资	福利和其他费用（%）	总成本
管理系统开发	230	70.25	16158	125	36354
IT 项目管理	420	43.50	18270	120	40194
计算机操作系统测试	210	23.75	4988	90	9476
系统分析	1375	33.85	46544	110	97742
程序及测试	3350	31.50	105525	110	221603
文档管理	180	32.00	5765	110	12096
合计	5765	—	197244	—	417465

重要的是要记住，这个数量代表了重置成本，因为我们在单位成本汇总中假定，我们正在用今天的编程技术和硬件生产一个软件系统，并且该系统是定制的，以满足用户当前的需求。

单位生产成本测算

在许多情况下，资产足够统一，以至于参与创造的建筑师、工程师和设计师们形成了经验法则。例如，我们可能会找到一些经验法则来估算餐馆中每个座位的成本，现代炼油厂中每桶油的成本，每平方英尺的建筑成本，或者每英里高速公路的建设成本。

从某种意义上说，这种方法与我们稍后将讨论的市场法相交叉（见图表 4.9）。

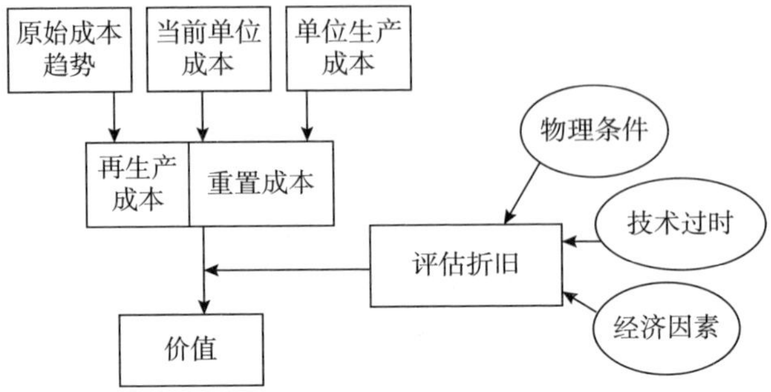

图表4.9 成本法

资料来源：John Wiley & Sons，Inc.。经允许转载。

> **估值格言**
>
> 汇总单位成本和单位生产成本测算技术产生“重置成本”。

使用成本法进行商标估值

读者可能已经对使用成本法评估商标的有效性产生了一些怀疑。人们很容易想象，在开发一个商标的成本和它的最终市场价值之间可能存在巨大的偏差。比如，一个最近出品的新产品，吸引了大量明星的关注，或是非常流行的“YouTube”细分市场的一部分。其价值获得了全球范围内的认可，但却成本低廉！

一个更复杂但更常见的情况是，除了设计和广告支出之外，还有无数其他因素推动着一个品牌的成功。我们可以很容易地想象这样一种情况：像“iPad”这样的商标至少一定程度上是因为产品本身的设计和技术的流行而获得价值。然后就产生了这样的问题：是否应该把研发费用的某一部分归入商标。

也许我们不应该因为无形资产就立即放弃成本法。我们之前给出了使用成本法评估计算机软件价值的例子。我们注意到，公司为创建特定的软件系统而建立一个项目并不罕见，因为它的成本往往会被公司的会计系统相当准确地捕捉到。然而，在一个品牌的发展过程中，相关的费用可能会在很长一段时间内撒向整个企业组织。这两个因素往往妨碍我们以有意义的方式收集这些费用来作为计算再生产成本或重置成本的基础，进而作为使用成本法为商标估值的起点。

原始成本趋势

如前所述，一种方法是根据历史成本的趋势。历史成本可包括下列支出：

- 概念发展
- 与客户、员工、行业专家和心理学家进行头脑风暴
- 新品牌或品牌扩展分析
- 在适当的司法管辖区注册商标
- 咨询费用
- 商标检索
- 语言检索，以确定可能名称的外语含义
- 初步的消费者测试
- 进行市场调查，研究消费者、股东、公司高管和华尔街分析师的反应
- 包装设计
- 广告活动的发展
- 商业计划，脚本和记录
- 制定品牌政策和风格标准

这里有一个明显的难度，即确定商标实际开发的开始和结束时间。在某种程度上，广告和推广的支出也用于销售产品或服务，这可能并不能完全归入品牌建设。

但是，假设我们能够对目标商标的历史开发成本进行分离，我们就可以使用上述适当的成本转换因子。估算的结果是再生产成本，因为我们追随着原始创造者的脚步，不管它们是否有效。

单位成本汇总

获得商标再生产成本的另一种方法是直接估算创造商标所需的工作和当前成本。缺乏（关于过去支出的）准确记录时往往需要这种方法。

此方法涉及从零开始汇总各级管理人员和人员所付出的工作时间，以及外部专业协助的费用。它还需合乎逻辑地估算建立新商标的市场地位所需的广告和营销成本。这个过程产生的是重置成本，因为该数值反映的是与创建当前条件下的新商标相对应的价值。

单位生产成本测算

有时可以获得有关建立知名商标所花费的费用的资料。这些数据可以作为商标价值的参考，商标价值具有相似的基本特征。比较重要的特征包括：

- 商标竞争的市场规模
- 与商标相关的市场份额
- 产品或服务的溢价
- 广告支持
- 与商标相关的产品或服务的盈利能力
- 消费者认可的市场研究指标
- 可能的商标扩展

如果可以获得可比资产的情况，并且知道建立特定商标的成本，那么其数值有助于估算所分析商标的价值。根据市场咨询机构的估算，在全国范围内推出一种新品牌的日用消费品至少要花费2000 万美元的成本[1]。介绍商标的信息通常会作为广告宣传的一部分，有时也出现在上市公司的年报中。

这个过程计算的是重置成本，因为该数值反映的是与创建当前条件下的新商标相对应的价值。

这一技术与下面一节讨论的市场法估值有一些相似之处。

物理折旧

由于品牌是没有实物的无形资产，这种折旧形式不适用。

功能折旧

我们可能会简单地假设商标和品牌“永远继续下去”，显然，法律上的商标权可以“永远继续下去”加深了这一认识，事实上，其持续时间是由相关产品或服务在市场上的存续时间以及给付的许可使用费的存续时间决定的。然而，品牌实际上可能会表现出不同程度的功能折旧。举个例子，如果一个品牌的产品或服务在市场上正在走下坡路，那么它肯定会被认为出现了一定程度的功能折旧。

有许多因素可以导致商标的功能折旧。商标和标识在设计和概念上可能对时间很敏感，有时需要通过重新设计来纠正这一点。在最近的一个例子中，某些商标和品牌因为它们与人或民族概念的关系而受到市场的排斥。所有这些都将在第 6 章进行更详细的讨论，在那里我们将讨论品牌的经济寿命。这里的要点很简单，如果一个人选择使用成本法对商标进行估值，就必须考虑到存在某种功能折旧的可能性。

---

[1] Jayne Eastman, “An Innovator's Blueprint,” *The Hub Magazine*, January – February 2009.

经济折旧

即使考虑了物理折旧和功能折旧，折旧后的成本仍然不等于市场价值。也就是说，由于经济原因，买方不一定愿意支付与折旧后的成本相当的价钱。除非能够从商标所有权中获得经济利益，否则无论最初开发商标需要多少资金，其价值都必然更低。迪森伯格（Duesenberg）汽车品牌在 20 世纪二三十年代的美国家喻户晓。这个汽车名字在汽车爱好者和老年人中仍有很高的认知度。创建一个即使只有这种中等认知度的品牌也很容易花费数百万美元。然而，这个名字目前的所有权却不太可能带来多少利润。事实上，这个名字反而可能是一种损害；恢复这样一个商标是有风险的，因为与一个老旧的和已停产的产品联系在一起可能无法吸引足够的消费者。因此，商标的市场价值会因其商业经济活动影响而显著降低。类似商标这样的独特资产可能会因其在特定业务之外几乎没有什么用途而受到相当大的影响。

另一个例子是辉瑞公司（Pfizer Inc's.）。其主要的胆固醇药物“Lipitor”（立普妥）在 2011 年年底专利权到期，辉瑞公司决定继续向患者出售立普妥，只是采用非专利价格❶。立普妥是有史以来最畅销的药物之一，自 1997 年上市以来，其销售额超过 800 亿美元。很明显，立普妥仍是自有品牌的原研药，但其销售收入相较受专利保护期间的收入将大幅减少。这是经济折旧效应的一个经典例子。显然，立普妥品牌的潜在买家此时会考虑到其未来的盈利能力相对于它曾经的盈利能力的下降。

尽管如此，还是有一些针对已经停止使用的商标的拍卖。据推测，买家可能认为，购买成本低于重新推出新商标的设计成本、法律成本和申请费，或者，购买的现有商标仍然带有一些原有的印记。这种情况下，用成本法进行商标估值具有一定的有效性。

POST - ITS（便签纸）

我们都知道“Post - it”❷ 品牌的黏性便签纸。该品牌为 3M 公司所有，而该产品和品牌是反映成本法在知识产权评估中的缺陷的一个典型例子。Post - it 产品的本质是一种压敏胶，它是在 1968 年偶然发明的。直到 1974 年，这位发明家的一位同事偶然发现了一种利用这种黏合剂技术的

---

❶ “Lipitor,” Registration No. 2, 074, 561, owned by Pfizer Ireland Pharmaceuticals.

❷ “Post - it,” Registration No. 1, 046, 353, owned by 3M Company Corp.

方法。三年后，黏性背衬纸的概念首次出现在市场上。这一概念发展缓慢，但该产品于1980年在美国推出。当然，这款产品，以及在Post－it品牌网下成长起来的许多相关产品，一直是3M公司销量和利润的一个特殊来源。很明显，任何对这个品牌发展成本的计算都与它的价值无关。

我们还感兴趣地注意到，最近在美国宾夕法尼亚州东区破产法院审理的一宗案件中，有人就用高速印刷行业的自动化系统相关技术的市场价值提供证词。其中一位评估师根据成本法得出了市场价值。专家认为这项技术的价值与其开发成本相等。法院回应称："这一声明的荒谬之处令人震惊。"[1] 法院还认为，用成本法来确定独特技术的市场价值是一种"非常不恰当的方法"。尽管此案与品牌无关，但它强调，就知识产权而言，（至少在该法院看来）成本与市场价值之间可能极端不符。

成本法小结

虽然成本法已有深入研究，而且已经使用了几十年，但读者可以亲眼看到，它显然最适用于有形资产和部分无形资产，如计算机软件、一些以客户为基础的无形资产和人力资源。一般来说，对于商标等知识产权来说，成本法并不是一种可以依赖的方法。

市场法

市场法很有吸引力，因为它直接把评估师带到市场价值这个"终点线"。他假定，其他可比资产的买方出于自愿，了解所有相关事实，并达成了一项公平的交易，因此，该交易价格代表了市场价格，也代表了该资产的市场价值。或者，我们可以说买卖双方都对交易时的现值和产权的未来收益做出了判断。从本质上讲，市场对所有形式的折旧（物理折旧、功能折旧和经济折旧）进行了一次性的测量和调整，而不必单独处理它们。

市场法最好是基于对相关交易的分析：

- 该交易针对的是可比资产（comparable property）
- 该交易发生在无关联方之间
- 该交易发生在与估值日期同期

---

[1] *In re Scheffler*, 471 B. R. 464, 481 (Bankr. E. D. Pa. 2012).

- 该交易发生在活跃的市场中

可比资产

我们通常用市场法来对我们的房屋和汽车进行估值。原因是这些资产之间具有相当高的可比性。一个活跃的市场，足以消除因不寻常交易而可能出现的差异。

然而，涉及单个商标的交易并不频繁。当交易发生时，它们的条款通常是特殊的或者没有公开披露的。因此，市场法用于商标估值时最困难的一点是可比性。事实上，有人可能会说，知识产权法律体系的发展就是为了“防止”（preventing）可比性，至少在可感知的外观的程度上是这样。产品、服务、公司或业务部门的相似性是我们所能接近的最具可比性的内容。

如果不存在可比性，即使我们知道某个商标交易的具体信息，该商标的交易价格对其他商标的价值也可能没有什么意义。

一个企业的价值，包括所有的有形资产和无形资产，在很大程度上受其所在行业的影响。产业周期和总的经济趋势等外部影响可以界定企业及其商标的价值。

如果我们使用市场交易作为价值指标的基础，那么，同一行业内受相同外部影响和投资风险的交易是最有用的。如果一个化妆品商标被出售，其交易价格可能是其他化妆品商标价值的一个很好的指示，而对汽车工业中交换的商标几乎没有什么用处。

同样，盈利能力也是所有资产价值的基础。即使是同一行业商标的市场交易也有可能没有合理的可比性，除非它们对各自企业的利润贡献之间具有某种可比性。

市场份额通常与盈利能力相关联，而一个可观的市场份额有望对商标的价值产生影响。因此，我们将寻找一些市场份额的可比性，利用这一技术来获得一个商标的价值指标。

从商标价值的角度看，进入壁垒很高的行业与不存在壁垒的行业是完全不同的。在这样一个行业中，购买一个现有的商标，而不是为了进入这种类型的行业去创造一个新的商标，将是一个更有吸引力的选择。

增长前景也与价值直接相关。这是因为不断增长的收入比持平或下降的收入更有价值。在其他条件相同的情况下，与不断增长的收入相关的商标会更有价值。

当市场交易的商标具有与被评估商标相似的特征时，可以直接运用市场法。当商标作为资产组合的一部分进行交易时，需要将购买价格在资产之间分配，以确定可能属于商标的具体金额。

无关联方

显然，我们正在寻求没有可能影响谈判价格的特殊条件的交易。当买方和卖方有某种关系时，我们不能确定销售条件。描述这种情况的另一种方法是，我们正在寻找“公平”的交易。

同期

在前一章中，我们注意到价值随时间而变化这一不可避免的事实。当然，这一事实会影响我们在使用市场法时可能寻求的交易的价格。就像我们不愿用1997年交易中的房屋销售价格来对今天的房屋进行估值一样，我们也必须对一个目标保持敏感，那就是找出那些与估值“日期”尽可能同期的交易。

活跃市场

理想的情况是在分析中使用多个资产交换信息。一次销售不能形成一个市场。例如，在公开交易的普通股中，一年内只有少数交易的股票。与每天交易数千万股的微软股票相比，其交易价格作为价值衡量标准的有效性要低得多。除了活跃之外，所有其他必要条件都有。显然，商标权市场并不活跃。

公开市场

要想有用，交易价格必须是已知的或可查到的。主要交易所的普通股股票价格非常详细。对于其他类型的资产来说，查到交易价格变得越来越困难。即使是房地产，由于买卖双方的融资安排没有公开，公布的价格也可能具有误导性。企业之间的交易，如工厂、产品线或子公司的出售价格可能非常难以获取，因为竞争压力激发参与者对细节的保密，还有无数其他的辅助交易的考虑因素，都会产生影响。

调整

对于评估师来说，最好莫过于找到一笔在估值前一天刚发生的房产公平交易，该房产就位于街对面，完全是估值对象的复制品。不幸的是，当可比交易并非完全可比时，这种足够规律而无须调整的情况并不会发生。房地产评估师一直在努力解决如何量化房地产差异的问题，以便将可比交易的位置、设施、分区、大小、形状和地形与估值对象对应起来，从而提供一个价值指标。对其他类型的资产使用这种方法的评估师也面临着同样的挑战，但可比性往往更明显——要么有，要么没有——而且细微差别较少。但就商标而言，这几乎是不可能的。

时间调整

有时有必要利用那些与评估不同时期的交易信息。在这种情况下，评估师必须随时间的变化对价格进行调整，这可能需要对最近一段时间内该目标领域的资产价值变化进行单独研究，以便制定一些专门的指标，用于调整过程。

市场法小结

市场法的总体架构如图表 4. 10 所示。这种方法是非常有效的，可以在适当的条件下为市场价值的确定提供强有力的支持，而市场价值评估的核心是活跃的市场。

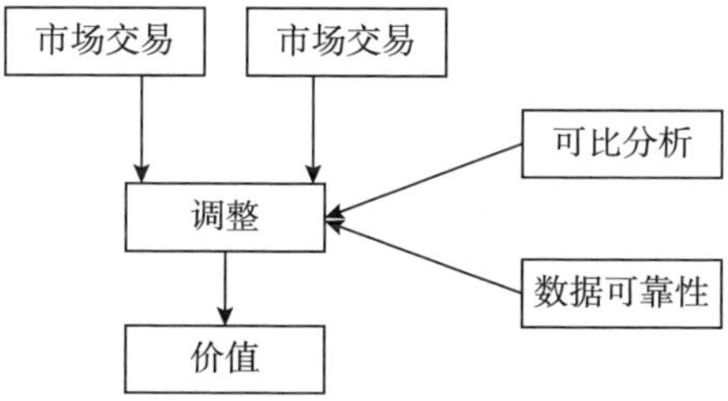

图表 4. 10　市场价值

资料来源：John Wiley & Sons，Inc. 。经允许转载。

在经历最近的经济衰退时，我们都曾被提醒过这种情况。有人会认为，贷款、债券和其他金融工具等金融资产的市场价值很容易用市场法确定。然而，我们发现，许多金融工具，由于其设计本身和不透明的交易，仅有一个薄弱的市场（即小市场），导致这种方法远远达不到预期效果。由于难以将这些工具的价值实际反映在其所有人的财务报表上，因此出现了我们前面提到的一些新会计准则。

当活跃的市场消失时，这种方法的可靠性也会消失。

使用市场法进行商标估值

在搜索商标和域名交易数据时，RoyaltySource[1] 向我们提供了以下交易样本：

• 1997 年，德国汉莎航空公司（Lufthansa German Airlines）、日本航空公司（Japan Air Lines）和日商岩井公司（Nissho Iwai）购买美国“DHL”商标

[1] RoyaltySource. com 提供 IP 交易和许可数据。它是美国 AUS，Inc. ，Mt. Laurel，NJ. 的一个部门。

权15年。报价为2000万美元。[1]

- 美国品牌公司（American Brands，Inc.）以37.550亿美元从Seagram Company购买了七种酒类商标，包括“Calvert Gin”“Calvert Extra American Whiskey”“Kessler American Blended Whiskey”“Leroux Cocktails”“Lord Calvert Canadian Whiskey”“Ronrico Rum”和“Wolfschmidt Vodka”。
- 2002年5月，Weyco Group，Inc.以980万美元购买了破产的鞋类商标“Florsheim”。
- Menjani于1988年以1500万美元的价格向Gitano出售“Gloria Vanderbilt”商标。据报道，其中1200万美元用于美国权利，300万美元用于加拿大和其他外国权利。
- LinterGroup于1990年以3750万澳元的价格向澳大利亚Pentland集团出售“Speedo”泳装商标。
- 1994年9月，威斯康星州门罗市的Joseph Huber酿酒公司以120万美元的价格购买了“Berghoff”啤酒品牌。报告显示这可能是一次不良资产出售。
- 1998年11月，汤普森医疗公司（Thompson Medical Company）为“Dexatrim”“Sportscreme”和其他四种非处方药品牌向Chattem Inc.报出9500万美元的售价。这些品牌的年销售额为5500万美元。
- “Rolls－Royce”商标权由Bayerische Moteren Werke AG（BMW）于1998年以6600万美元购买。
- 1999年1月，Pillsbury公司以1.92亿美元的价格向B&M Foods Inc.出售其“Underwood”肉类食品和“B&M”烘豆品牌以及另外四个商标。
- 1998年，美国国家航空公司（National Airlines）购买泛美航空公司（Pan American World Airways）的“National Airlines”商标，费用为17.5万美元。
- 2000年2月，美国银行（Bank of America）向个人购买“Loans.com”域名，花费300万美元。
- 1999年1月由Bingo.com，Inc.以110万美元购买“Bingo.com”域名。
- Marc Ostrofsky于1997年以15万美元的价格从伦敦Business Systems International购买“Business.com”域名。
- 1999年，Marc Ostrofsky将“Business.com”出售给Ecompanies Inc.，售价为750万美元。
- Wine.com在1999年以300万美元的价格从Virtualvineyard.com购买域

[1] “DHL,” Registration No. 1，398，896，owned by Deutsche Post AG Corp.

名“Wine. com”。

- Wine. com 于2001年以900万美元（包括21万个客户名单）向Evineyard. com出售“Wine. com”。
- 2001年，Planetrx. com向几家制药公司出售了26个与健康相关的URL，总价值为200万美元，单个价格从5万美元到25万美元不等。

通过观察这些交易，可以感知到市场法在品牌估值时的难度。这些交易中许多是由破产程序引起的。人们不禁要问，这些价格是否反映了买家和卖家之间的自愿交易。我们还观察到，许多情况下，被出售的是一个品牌家族，我们的任务是试着将价格分配给每一个品牌。很明显的事实是，价格范围非常宽泛。我们还可以观察到，一些域名是成对交易的。这发生在企业家们获得域名，然后将其转售给商标所有人的一段时期中。我们必须再次质疑价格是否代表了我们所定义的市场价值。

我们也知道最近举行的商标拍卖。其中一个拍卖由Racebrook Marketing Concepts，LLC在2012年12月发起[1]，据报道该组织在这次拍卖中提供了170个商标。在其他人随后的报告中，这些交易包括：

- “Meister Brau”啤酒，3.25万美元
- “Victrola”留声机唱片，1000美元
- “Linen Closet”，2000美元
- “Computer City”，2000美元
- “Financial Corporation of America”，2000美元
- “General Cinema”，1000美元
- “Shearson”经纪公司，4.5万美元[2]

我们可以对这些数据做些什么？据推测，这些商标是根据“具有使用意图”（Intent to Use，ITU）注册，而后出售的。根据该注册形式，买方必须在两年内开始该商标的商业使用，否则权利将失效。此外，买方必须每六个月续展一次ITU注册，并可能被要求证明将该商标商业化的意图，以确保不是仅仅为了“占有”商标而购买商标。因此，这里所交易的是一些非常具体的知识产权，这些权利远远达不到完整的产权权利。而且，即使一切顺利，新的所有人也需要花费一些时间和成本来完善商标注册。

---

[1] 见 www. trademarkauctioninfo. com.

[2] 见 Bruce Watson，“Psst! Wanna Buy an Old Brand? Nostalgia Goes for Bargain Prices at Auction，” *Daily Finance*，January 6，2011，www. dailyfinance. com/2011/01/06/auction - trademark - dead - brands - nost algiabargain/.

就市场价值而言，这些拍卖价格类似于我们在第1章中讨论的与我们刚刚起步的“黄色割草机”业务相关的新注册商标。假设买家打算在商业中充分使用商标，这些拍卖交易代表了潜在的费用节省，因为商标设计和注册的过程已经完成。如果某些积极的品牌属性仍残留在市场上与这些商标相关联，那么可能还会节省一定的费用。如果运用得当，可以想象这种方法将加快上市时间并提高这些商标的有效性。这些拍卖商标有许多“前提条件”，所以在进行评估时需要谨慎。

证券化

1993年，Calvin Klein Inc. 通过其香水许可使用费的担保，获得了5800万美元的借款。四年后，大卫·鲍伊（David Bowie）通过对其未来10年音乐作品的版税的证券化，获得了5500万美元的贷款。从那时起，Bill Blass（服装）、Triarc（Arby's 餐厅）、Dream Works SKG 和 Vivendi Universal（电影）等公司就商标和电影作品进行证券化融资。药品专利的使用费也有证券化，但由于诉讼风险较高，专利作为抵押品最近已不再流行。因此，版权和商标仍然是首选的抵押品。当然，这里强调的是知识产权使用费在市场上已取得了稳定的成功记录。

人们可能会将这些交易视为其所涉及的知识产权（IP）资产具有市场价值。但是，仔细研究这些证券化金额所代表的知识产权是非常重要的。诚然，证券化金额代表人们对收入流现值的判断。但是，这种收入来源是否必然代表了归属于知识产权的总的经济利益？基础版税是否存在时间或地域限制？权利人是否保留一些运用权？典型的知识产权证券化由一系列工作支持，以降低贷方的风险并将其包装得更具吸引力。这提示了在一次交易中出售一组商标或域名时要注意到的可比性问题。

许可意味着将经济利益在许可人和被许可人之间分配。证券化仅捕获了其价值中归属于该资产未来收益的一部分。如果想要使用这些交易作为市场价值的指标，我们必须确保证券化的未来收益代表了运用知识产权可以合理预期的所有收益。

市场法的变体

作为前一个例子中的购房者，我们可能对评估房屋所有权收益的不准确性感到不安。我们可以通过设计评分系统来评估房屋的特征和优势，从而使这一过程更加“科学”。虽然这样的系统看上去很精确，但它不会帮助我们提出报价。换句话说，我们的评分系统不会将功能转化为价格。只有当我们花时间和精力为许多房屋打分，然后等着看看它们的实际交易价格是什么后，我们才能根据实际市场价格测试我们的评分系统。即使分数和价格之间存在某种关系，我们仍然只能看到某个特定区域和特定时间的估值系统。

出于同样的原因，需要小心，不要依赖一些主观评分系统来评价品牌。当然，这很诱人，因为一个品牌有很多不同的方面，使它有吸引力或没有吸引力，强大或不强大，长寿或短命。可以设计一个评分方案来对这些资产进行评分。但是，最终，有了这样一个系统，我们仍然不能说评分系统的结果和价格之间具有逻辑上合理的关联，而这才是评估的目标。因此，我们面临的任务是用价格来表达品牌所有权的未来收益，因为我们已经认识到，可以用逻辑和可解释的方式将未来价格预期重新表述为当前价格。评分和评级系统可以作为“评估或比较”品牌的清单，但我们认为，它们缺乏评估方法所需的与价格的直接联系。

收益法

收益法与我们之前给出的市场价值中的一个定义直接相关：市场价值等于所有权未来经济效益的现值。

虽然这是一个简单的陈述，但它的含义可能对许多读者来说并不直观。我们之前也强调过，每一个评估都是基于未来的事件。让我们在更熟悉的环境中观察未来。

当我们买房子的时候，我们希望它能在未来的一段时间里为我们的家庭提供居所。我们的期望有很多，居住的部分是显而易见的，但我们也可能会考虑到学校的质量、宠物的空间、豪宅的声望、它未来的市场价值，或者想要一个安静的社区。我们通常会把所有这些判断放在一个高度主观的过程中，形成一个看法，自己可能愿意为房子付多少钱。有可能达成共识的价格，本质上是我们判断未来自有住房收益的“现值”。

当我们买一辆汽车时，我们对它将来作为我们家庭的交通工具有一个期望。同样，这种期望有很多方面，主观的和其他方面的，但这就决定了我们愿意为未来收益支付多少。

当我们购买可口可乐公司的股票时，我们期望未来的收益是什么？在撰写本文时，其股票约 40 美元。可口可乐长期以来一直在派发股息，目前的股息约为每年 1 美元。我们的预期是，可口可乐将继续增长并取得成功，其股票价格将因此上涨。在未来的某个时候，我们可以以高于我们买入的价格出售股票。在此过程中，我们将获利。所以售出的收益加上股息就是未来的经济效益。另一些市场人士则认为，该收益的现值为40美元。如果我们同意，我们就买入股票。如果我们认为现值小于40美元，我们就不买。如果我们认为现值高于40美元，我们买几手。不像我们的家和车，这完全是一个基于价格的决定。

当然，我们在这里讨论的是专门用于企业知识产权资产的估值。这些资产将为企业提供的未来服务不能简单地描述为“居所”或“交通工具”。知识产权资产的购买通常也不考虑转售，而是作为资本的一部分。然而，未来的经济效益必须用价格来描述，因为这些资产必须用企业的现金效益来支付作为其成本。

但是这些钱将来会被企业所有人收回，至少这是预期。当未来的服务以美元为单位时，很难（如果不是不可能的话）像买房或买车一样，以主观、直觉为基础做出价格判断。因此，我们期望金融工具能帮助我们对这些未来的现金收益做出判断。

我们还必须记住，这些未来的现金收益只是一种“预期”。和所有的预期一样，未来的价格可能不会像我们计划的那样成为现实。它们可能根本不会变现，它们可能不会在我们期望的时候变现，它们可能不会以我们期望的方式变现，它们获得的实际价格也可能比我们期望的多得多。因此，我们需要对各种结果的可能性做出判断，我们需要一种工具，将这些预期转化为对我们有意义的当日价格，这对我们来说是一种投资。

这就是收益法的意义所在。

估值格言

不熟悉现值概念或关于投资的基本数学理论的读者可以参考附录A中的讨论，其中详细介绍了这些基本原则。

收益法的数学

在附录A中，我们介绍了计算现值的三个数学公式。在这里，我们将用一些数字和这些公式，以最简单的形式，来说明收益法的使用。

永久

在图表4.11中，我们展示了直接量化的最简单公式。当相关收益预计为持续、不变、永久时，使用这一公式。正如我们所指出的，任何对未来财务收益的估算都有一些与之相关的风险。在现值公式中，这一风险以百分比表示。低百分比表示低风险预期，高百分比表示高风险预期。在后面的章节中，我们将更详细地研究风险的概念及其量化。现在，我们来看这些示例。

图表 4.11　直接量化　　单位：美元

$现值=\frac{收益（美元）}{风险率（\%）}$	
收入	1000
支出	750
收益	250
风险率	15%
现值	1667

图表 4.11 是计算经济效益的现值的方法。假设这个例子代表了一个品牌的财务预期。在这个例子中，我们期望该品牌每年会带来 1000 美元的收入直到永久。然而，所有这些并没有进入我们的口袋，因为我们将会产生各种各样的支出来维持和增加这一来自该品牌的收入。从收入中减去这些支出后，显示未来运用目标品牌将实现每年 250 美元的经济效益。

我们对未来经济效益的估计实际上可能无法实现，当然，永久是一段很长的时间。我们判断，实现预期目标的风险在 15% 的水平上是合理的。将这些值代入现值公式计算出金额为 1667 美元的现值。从交易的角度来说，我们愿意为这个品牌的所有权支付 1667 美元，我们希望这个品牌每年产生 250 美元的经济效益。

我们应该认识到，作为一个品牌的价值，这是不切实际的。任何品牌的经济效益最终都是由市场力量成功作用于特定的产品或服务所驱动的。经济利益在遥远的未来丝毫不变的可能性非常小。

稳定增长

在图表 4.12 中，我们介绍了增长的其他复杂性。也就是说，我们预计该品牌每年 250 美元的收入将以 3% 的速度增长。同样，这个计算假定收入持续到永久。在保持风险率 15% 不变的情况下，该计算的现值为 2146 美元。

图表 4.12　随增长而直接量化　　单位：美元

$现值=\frac{收益\times（1+增长率）}{风险率-增长率}$	
收入	1000
支出	750
收益	250
风险率	15%
增长率	3%
现值	2146

这种量化方式提供了一个略微变通的解决办法，允许有一定的增长率，但同样地，该增长率的估计值是一成不变的。

折现

在附录 A 中讨论的第三个现值公式中，未来每年的计算是分开的。这个公式如图表 4. 13 所示，本质上是一系列单独的离散周期下的现值计算，然后将其相加。这一公式之所以有用，是因为在现实世界中，任何形式的知识产权（包括品牌）所产生的经济效益很少会年年保持不变，也很少会呈现出稳定的增长或下降模式。

图表 4. 13　折现　　单位：美元

$$现值=\frac{收益1}{(1+风险率)}+\frac{收益2}{(1+风险率)^2}+\frac{收益3}{(1+风险率)^3}+\cdots$$

收入	1000	1020	1061	1124	1214	1336	1536	1459	1168	701
支出	750	765	796	843	911	1002	1152	1095	876	525
收益	250	255	265	281	304	334	384	365	292	175
风险率	15%									
现值	217	193	174	161	151	144	144	119	83	43
总现值	1429									

在图表 4. 13 中，我们可以看到，第一个时期 1000 美元的收入在接下来的几个时期中以不同的数量增长，并在接近尾声时开始下降。知识产权或无形资产收入的这种模式并不罕见。在如图表 4. 13 所示的计算中，支出在收入中所占的百分比保持不变，每年的净收益按以前的方式计算。我们在这个计算中保持了相同的 15% 的风险率，使用这个公式计算了 10 个时期的净收益的现值，并将它们相加为 1429 美元。

这是“折现现金流量”（DCF）计算的一个简化示例，DCF 是估值中最常用的工具。该术语中的“现金流量”需要一些解释，这将在第 6 章中提供。

在实际的知识产权估值实践中，这个公式几乎一直在使用。这是因为人们的预期是，从一个品牌获得的净收益很少是平稳的、容易预测的，也不会永远保持下去。因此，这一方式代表了我们所寻求的关于所有权未来经济效益的现值的最现实的情况。

读者可能还记得在第 2 章中关于估值整体过程的讨论。我们在讨论中指出，这个过程可以比作一个漏斗，收集和分析大量的信息，从中提取出最基本的四种成分。我们现在可以看到这些成分是什么。

在这一点上也可以观察到，计算现值所涉及的数学理论并不过于复杂或神秘。

相信读者现在会同意我们之前的说法："计算很简单，难的是输入。"即使是在图表 4.13 所示的简单例子中，人们也足可想象要预测一个品牌在 10 年中的收益所要付出的努力。需要解决下列问题：

- 拥有该品牌的整个企业的收入预测是多少？
- 总收入中有多少在逻辑上归因于目标品牌的存在？
- 维持我们所预测的任何收入来源所需的支出是多少？
- 我们的预测实现的可能性有多大？
- 可能影响我们对未来预测的所有积极因素和消极因素是什么？
- 我们的预测应该超过 10 年吗？
- 第一年的起点收入是 1000 美元吗？

估值格言

要使用收益法，我们必须对未来的经济效益做出四项估算：

- 其量
- 持续时间
- 收入模式
- 其量、持续时间和收入模式可能脱离预测的风险

理解这些输入的总体关系是有帮助的。通过实际经验或分析前面的数学公式，我们可以观察到：

- 很明显，经济效益越大，其现值越大。
- 经济效益的持续时间越长，其现值越大。

也许不那么明显的是，获得未来经济效益的"模式"在其对现值的影响方面相当重要。与一段时间内出现相同的经济效益相比，近期就可获得的经济效益的现值要大得多。

获得经济效益的数量、期限和模式的预测如果不能按计划实现，"风险"越大，现值就越低。请记住，风险是用百分比表示的，反映了为实现预期的未来经济效益而与该资产运用相关的所有业务、经济和监管条件。从现在开始，在我们的讨论中，将这个风险百分比称为"折现率"。

收益法总结

收益法基于长期以来众所周知的投资原则。它是一种被评估师广泛依赖的方法，因为它建立在商业决策中每天都使用的财务原则之上。然而，我们对这

种方法的依赖并没有使它更简单。它需要仔细的调查和分析，以提取收益法所需的输入。没有捷径可走。

使用收益法进行商标估值

与其他形式的知识产权一样，品牌价值的评估也通常依赖某种形式的收益法来完成。与其他形式的知识产权不同的是，其输入的获取更为困难。专利在企业中通常具有更狭窄、更集中的效果。它的贡献更加明显。然而，品牌的影响是分布在企业内部的，因此更难以定位和量化。

商标只是组成企业一系列资产组合的货币、有形和无形资产之一。我们必须记住，企业的盈利来自该资产组合的“所有组成部分”。在选择归入品牌的收入时需要格外谨慎，以确定其实际上并没有侵占来自其他资产的收入。

举个例子，假设有一个大型区域性购物中心。商场本身是一个企业，其目的是为零售商的产品和服务出租空间。商场有自己的品牌。如果我们的任务是评价商场的品牌，我们可以问自己，推动商场成功的客源是商场的品牌还是零售商的品牌。购物中心的顾客有时要走很远的路。他们这样做是因为某个特定的零售商还是某个“地点”？他们在那里购物是因为商场的位置吗？是因为他们听说过购物中心的吸引力吗？如果商场改名，生意会怎么样？如果零售商的数量发生显著变化，商场业务将会发生什么变化？

这些都是很难回答的问题，本书的下一章将对分析工具进行深入讨论，这些分析工具可用于解决收益法中难以确定输入的问题。

小　结

本章介绍了三种广为接受的可针对任何类型资产的估值方法。我们认为，只有三种方法，在文章或法规中可能遇到的其他名称的方法，实际上只是我们所描述的成本法、市场法和收益法的变化而已。

由于这本书的重点是商标的估值，我们对每一种方法在这方面的使用进行了评估。成本法和市场法虽然各自在评估其他类型的资产时表现出色，但在评估商标和品牌方面都存在显著缺陷。所以我们鼓励你们专注于收益法。由于其应用的复杂性，我们将在接下来的章节中继续扩展对收益法的讨论。

第5章 商标的经济效益

在前一章中，我们介绍了收益法，它基于一个原则，即市场价值等于所有权的未来经济效益的现值。在本章和下一章中，我们将讨论方法和工具，它们可以用来估算收益法所需的基本输入。读者可以回想一下上一章的内容：

要使用收益法，我们必须对未来的经济效益做出四项估算：

- 数量
- 持续时间
- 收入模式
- 数量、持续时间和收入模式可能脱离预测的风险

如果做得好，就相当于玩纸牌拿到四个A——必定获胜。如果粗心大意，它们就是四骑士❶。

在本章中，我们将讨论这四个要素中的第一个——未来经济效益的数量。

未来经济效益

为什么我们用“经济效益”而不用“收入”或“利润”？归根结底，我们寻求的是品牌元素和商标的集合所能带来的利润的总量。然而，我们不希望把调查的重点仅仅放在财务数据和业绩上。经济效益可以有多种形式，在调查中“翻开每一块石头”是至关重要的。例如，一个强大的品牌对竞争来说也许会成为经济障碍。当然品牌最终会带来比其他方式更高的利润，但我们的调查是从发掘品牌特征开始的，而品牌特征在开始时并不是用金钱来表示的。

我们还需要认识到，商标带来的经济效益是不断变化的。在竞争激烈和成

---

❶ 四骑士指基督教《圣经》中的战争、饥荒、瘟疫、死亡四大害。——译者注

熟的市场中，利润最终会被压低到最低水平，在这个水平上，仍然可以获得公平的回报。竞争对手很快就能识别并进入高利润市场。有时，当供过于求时，由此导致的销售价格下降会降低整个行业的盈利能力。关键的一点是，我们不能一开始就只关注利润，我们还需要了解这些利润的驱动因素。因此，我们使用更一般的经济效益这个术语，以便通过尽可能深入的方式促进我们的调查。

无论如何定义，经济效益都源于商标的成功运用。正如我们在前一章所指出的，没有成功的运用或对其合理的期望，就没有市场价值。

品牌运用

“运用”（exploitation）这个词可能有相当负面的含义，意思是为了自己的目的而利用某物或某个人。然而，它也意味着为获取利润或好处而充分利用或开发，在这个意义上，我们所说的品牌运用指的是品牌的充分开发利用。

商标可以比作一棵果树。作为种子种植之后，广告和优质的产品服务就相当于支持照料、施肥和浇水。喷药是为了防止疾病、虫害和市场竞争。随着成熟，它开始结果，并有了生产（生殖）能力。出售其果实是明显的运用。如果它的果实在市场上广受欢迎，那么它的主人就会非常注意培育这棵树，种植更多同类型的树，或许还会寻找其他方法来运用它。可以出售树的幼苗。可以将它的一部分嫁接到其他树上，以创造新的杂交品种。这开始听起来像我们将讨论的许可和品牌扩展。

并非所有这些实验都能成功。把橘子树嫁接到葡萄柚树上可能会很好，但试图创造一个橙子和无花果的杂交则可能会失败，原因是无法获得果实，或者，也可能是因为客户拒绝这种果实。这种拒绝是否会让顾客对我们最初的橙子产品也失去兴趣？

购买我们种苗的人可能会非常聪明地培育它们，并培育出比我们的果实更好的新品种。市场上的成功会引发竞争。我们需要时刻注意我们的树保持健康并结出果实，这样我们才能继续在市场上占有一席之地。

为避免我们得出这样的结论：商标运用是在现代才刚刚达到顶峰，我们来看一下“Quaker Oats”（桂格燕麦）品牌的发展历程，该品牌现在是百事公司的众多著名商标之一：“1877年，桂格公司（Quaker Mill Company）注册了一个‘形象为穿着桂格服饰（Quaker garb）的男人’的商标，‘Quaker’这个符号被赋予商业形式……。”❶

1893年，在营销先驱亨利·帕森斯·克罗威尔（Henry Parsons Crowell）

---

❶ Arthur F. Marquette, *Brands, Trademarks and Goodwill* (New York: McGraw - Hill, 1967), 31.

的指导下：

> “Quaker Oats” 商标在建筑物侧面，在醒目、有利位置的广告牌上闪耀……出现在有轨电车的车身广告上吸引乘客的目光……并且在城市教堂礼拜日公告的背面也印上了传教士关于桂格优点的劝诫……❶

桂格燕麦的故事说明了运用的一种方式；但是，运用的方式和规模多种多样，为了评估品牌运用潜力，了解一些运用方式及其特点是有用的。

估值这个概念，对土地等资产的估值至关重要，称为最高、最好、最有利可图的应用理论。这一概念有助于指导我们对品牌运用的思考。该理论认为，资产的价值应视其最高、最好的应用而定，“即使目前并非那样”。最高、最好的应用被定义为“可产生最高价值的未来利用之用途和规划”❷。假使要我们评估新泽西州大西洋城海边栈道附近的一英亩土地，如果我们把它当作农场来估值，那我们就大错特错了。通过观察它的隔壁是什么，那一英亩土地的最高、最好应用（即，产生最高的投资回报的应用）是显而易见的！

在商标的例子中，假设我们拥有商标“MONEY”（当然，作为我们语言中的一个单词，它不具有作为商标的可能性，但它是一个很好的例子）。我们可以进一步假设在口香糖品牌上使用这个商标。然而，很明显，像“MONEY”这样的商标可用于一系列产品和服务。因此，在评估运用“MONEY”商标的未来经济效益时，我们不应将调查局限于口香糖业务的经济效益，而应调查所有其他“合理运用”。是的，“合理”是一种定性判断。将“MONEY”

---

❶ Marquette，49.

❷ American Institute of Real Estate Appraisers，*The Appraisal of Real Estate*，7th ed.（Chicago：1978），45.

品牌运用到移动设备的预算 App 上是否合理？合理。将它用于行李箱合理吗？不合理。任何估值都充满了判断。

在接下来的章节中，我们将使用现值技术来研究商标价值的量化。然而，在此之前，我们需要对商标运用的各种可能性进行研究，并了解如何在时机成熟时使用最高及最好应用的概念。

初级运用

初级运用就是在原始产品或服务上使用商标，所谓的原始产品或服务是指商标为之设计构建并与之关联的产品或服务。用前面的比喻来说，这就是原始的“树”。“Arm & Hammer”品牌就是一个例子[1]。这个著名的商标，据说可以追溯到19世纪60年代，是建立在小苏打产品上的。如果潜在的产品或服务像此例中的小苏打一样，一些品牌就永远不会离开它们的基础角色。一些品牌从未走出最初的运用领域，是因为它们的业务范围很窄。

在大型组织中，品牌与围绕其所创建的商标之间的关系可能变得极其复杂，因为公司的品牌运用变得相互关联。事实上，由于太过复杂，估值任务似乎无法完成。但我们认为，事实上，对营销人员来说，估值任务可能比设计新策略或衡量旧策略的任务更为直接。作为评估师，我们只需要关注钱的问题，甚至不需要了解这些钱背后的所有影响因素。

例如，让我们观察一个小型的管理型企业——通用汽车公司（GM）。它的所有品牌可以被认为是一个金字塔，“GM”是金字塔顶端的商标[2]。它是一个庞大的商标家族的母品牌，不仅包括汽车商标，还包括卡车商标、金融服务标志、零部件商标和一系列其他制成品商标。“Buick”（别克）品牌是汽车品牌之一[3]。反过来，它也是多个车型的系列品牌（umbrella brand）之一，比如

---

[1] “Arm & Hammer,” Registration No. 47, 947, owned by Church & Dwight Co., Inc.

[2] “GM,” Registration No. 271, 167, owned by General Motors.

[3] “Buick,” Registration No. 511, 603, owned by General Motors.

“Enclave”“Verano”和“Regal”。我们几乎可以无休止地建造这个金字塔,因为有配件、汽车护理产品、棒球帽、高尔夫球衫、老经销标识的复制品，还有玩具汽车，所有这些都带有通用汽车公司家族的某个商标。其中一些品牌被通用汽车公司使用，另一些则由被授权方使用。这么多品牌，或多或少会对其他品牌产生影响。影响可以是消极的，也可以是积极的（或是中性的）。

如果我们从金字塔的顶部或底部开始，估值任务可能看起来更简单。我们可以从通用汽车公司作为一个整体的价值开始，然后从这个整体来评估“GM”商标的价值。从这个意义上讲，我们可以抓住所有好的方面（从经济的角度来看）和所有坏的方面。我们将思考所有相互关联的影响。

在底部，我们可以分析棒球帽业务的创收能力，棒球帽业务可能是被许可人的创收能力业务。这是一个简单的过程，重点放在 GM 的许可使用费收入流上。在金字塔的中心部分，小的收入流正在汇成小溪，汇成小河，汇成支流，汇成流入通用汽车这个湖泊的收入流。当我们衡量任何一点的收益（以及价值）时，我们是在量化它下面所有的正面和负面影响。例如，假设棒球帽的被许可人支付的许可使用费对公司的总体收益产生了贡献。然而，有一个别克棒球帽的购买者对棒球帽的质量不满意，因此买了一辆 Pontiac（庞蒂亚克）而不是 Buick（别克）。当我们评估“Buick”品牌时，我们会（从理论上）观察那辆未售出汽车对收益的影响，而这种影响将体现在“Buick”品牌的价值上。因此，尽管我们可能没有在当时意识到这一具体事件，但我们会在收益链的某个地方捕获它的影响。

这种方法的本质是，我们将每一个品牌运用都视为一个企业（见图表 5.1）。

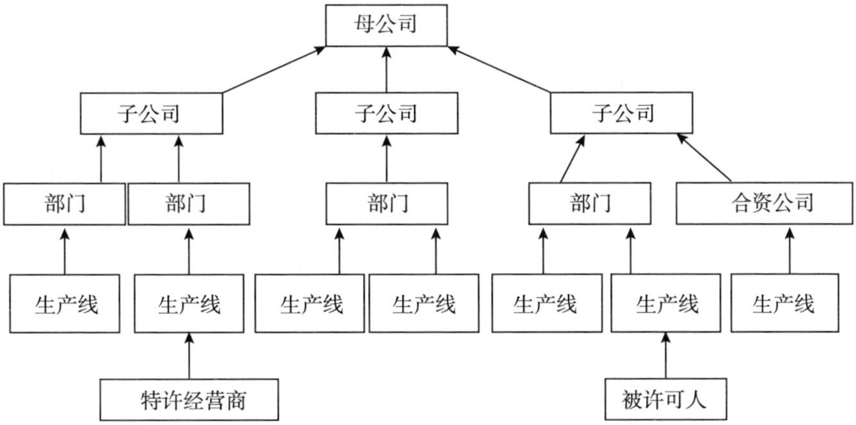

图表 5.1 企业价值的整合

资料来源：John Wiley & Sons，Inc.。经允许转载。

企业的价值，在没有特殊情况时，应当等于各组成部分的价值之和[1]。如果我们的任务是对其中一个部分求值，我们就从整体的值开始，然后将值分配给各个部分，直到我们能够提取出我们感兴趣的那个部分的值为止。或者，我们可以从金字塔的底部构建值，只要我们将结果值与整体值关联起来。在这些复杂的组织中，同样的过程也管理着商标的估值。图表5.2展示了品牌相关的上下级关系。

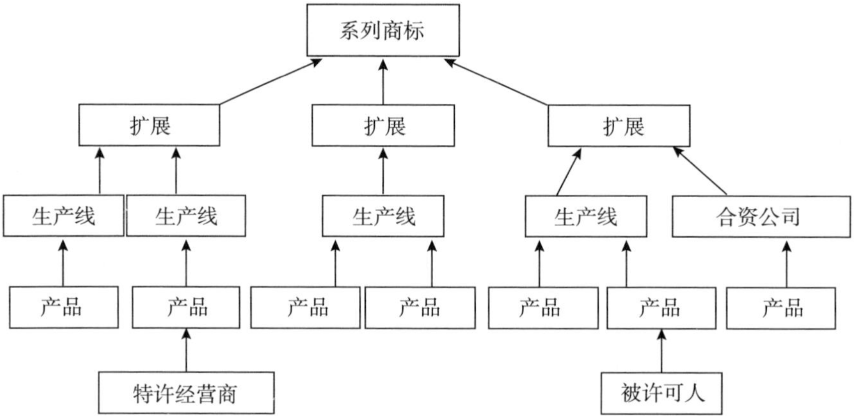

图表5.2 品牌价值的整合

资料来源：John Wiley & Sons，Inc.。经允许转载。

读者应该记住，为简单起见，图中的每个块都显示为一个商标。实际上，每个块都由几种类型的资产组成，这些资产表示企业内的资产组合，在第2章中已进行了描述。

二级运用

我们使用“二级运用”（Secondary Exploitation）这个术语来指任何超出主流、原始产品或服务的开发利用。如果你愿意的话，可以将前文中的“树”看作原始产品或服务。二级运用有多种形式，可以由商标所有人实施，或者授权其他人实施。从法律的角度来看，我们认为所有的商标使用都是由商标所有人进行的，因为商标所有人有必要对商标所标识的产品或服务进行持续的质量控制。一项专利或专有技术许可给其他人（甚至可能具有再许可权）时，所有人可能除了从财务角度审计交易之外，与被许可人或利用该专利或专有技术的产品

[1] 就该讨论的目的，我们忽略了有时会有的一些溢价，这些溢价是在企业被收购时所支付的，是（投资者）对资产低估的反映，支付的是这些资产的运用控制权，或者是为克服投资者惯性而支付的费用。

没有进一步的联系。

成功的二级运用需要一个牢固且具有强大的“人格”的商标。有了这个前提，商标才不太可能被失败的二级运用所损害。一个新的或较弱的商标被广泛应用于与之关联不大的产品或服务中，会引发一个问题：“这个商标代表什么?”这种情况时有发生,明星代言的范围远远超出了产品和服务，以至于该品牌的影响力被大大削弱，因为人们不清楚它代表的是什么品质和品牌个性。

我们之前提到的“Arm & Hammer”品牌就是一个成功的二级运用案例。该品牌已被 Church & White 公司及其授权的被许可人成功地扩展到家庭除臭剂、洗衣粉、牙膏、美白产品以及宠物护理产品等领域。这些品牌扩展之所以得以启用，是缘于小苏打可以作为冰箱除臭剂的辅助属性。正是依托于这个产品属性（niche），品牌扩展到了相关的产品线。

商标扩展是指商标在新的产品或服务类别中的使用。所谓的新，指的是相对于产品或服务已经为人所知的类别以外的类别。扩展可能是一个很小的延伸，例如从肥皂到洗衣粉，也可能是一个很大的跨越，例如在鞋子上使用公司的商标。正如卡普费雷尔（Kapferer）所指出的，在扩展中总是存在“对品牌的压力”[1]。客户会欣然接受某些扩展，而拒绝其他扩展。拒绝不仅会影响扩展涉及的产品或服务，还会影响核心品牌本身，而这种潜在的影响是营销人员的噩梦。

两个美国偶像——“Aunt Jemima”（杰迈玛阿姨）[2] 和“Betty Crocker”（贝蒂·克罗克）[3] ——都是成功的品牌扩展的典范。一百多年前，“杰迈玛阿姨”品牌的前身是煎饼和华夫饼的混合物。今天，这位虚构的厨师展示了几种煎饼混合料，还有咖啡蛋糕和玉米面包混合料，自膨面粉，以及配套的糖浆产品。

---

[1] Jean - Noel Kapferer, *Strategic Brand Management* (London: Kogan Page Limited, 1992), 91.

[2] “Aunt Jemima,” Registration No. 1, 575, 365, owned by The Quaker Oats Company.

[3] “Betty Crocker,” Registration No. 945, 806, owned by the General Mills Corp.

贝蒂·克罗克（Betty Crocker）诞生于20世纪20年代，她是另一位神秘的厨师，负责回答当时明尼阿波利斯市 Washburn Crosby 公司的顾客提出的烘焙问题。如今，她是许多产品的代言人，包括“Bac - Os”“Hamburger Helper”“Potato Buds”“Homestyle Stuffing”，以及许多现成的蛋糕混合物和糖霜产品。她还在为通用磨坊公司（General Mills Company）解答客户的问题，并出版烹饪书籍。

品牌扩展的潜在经济效益显而易见。在选择品牌推广策略而不是引入一个全新的品牌时，公司希望降低成本。降低成本可以通过以下几种方式实现：

- 减少从概念到市场的时间
- 利用母品牌的影响，降低广告和推广成本
- 加快市场渗透率
- 通过提高其“覆盖面”来增强母品牌的潜能
- 将母品牌扩展到其核心范围之外

并非所有的品牌扩展都像之前提到的杰迈玛阿姨和贝蒂·克罗克那样与母公司品牌紧密相连。卡特彼勒（Caterpillar）是全球知名的工程机械和其他重型设备制造商。该公司成功地推出了一系列礼品和服装，包括男女通用的靴子、鞋子、衬衫、比例尺模型、玩具、手表、帽子和夹克。这一战略的成功似乎发挥了“CAT”（卡特，意为猫）品牌的一个具有趣味性的属性[1]。

[1] “CAT,” Registration No. 778, 638, owned by Caterpillar Tractor Co.

虽然卡特彼勒成功地拓展了相当广的业务范围，但并非所有的品牌扩展都如此成功。举个例子，“Ben – Gay”，一个著名的美国镇痛霜品牌，决定推出 Ben – Gay 品牌的阿司匹林，但由于缺乏市场接受度而被迫放弃。著名女性杂志《大都会》（*Cosmopolitan*）推出了“Cosmopolitan Yogurt”（大都会酸奶），这又一次让市场难以接受。同样的命运降临在“Colgate Kitchen Entrées”（高露洁厨房主菜）、“Pond's Toothpaste”（旁氏牙膏）和“Lifesavers Soda”（救生苏打）上。

就我们的目的来说，需要关注的是二级运用策略具有一定的风险。而且对品牌所有人来说，其风险比初级运用更大。如果我们选择将品牌推广策略纳入未来经济效益的量化评估中，我们必须认识到这一风险因素。

在第 6 章中，我们将讨论如何在评估中反映风险。在接下来的部分中，我们将讨论一些用来评估品牌扩展策略的分析工具。

商标许可将在后面的章节中进行更详细的讨论。在这里，我们了解许可是二级运用的一种重要形式即可。从本质上讲，它是由品牌所有人以外的人进行的二级运用。我们通常认为它比以上讨论的二级运用风险更大。这是因为对被许可人的控制没有那么紧密和直接。例如，如果品牌所有人认为被许可人对商标的运用在市场上不够成功，那么收回它可能会更加困难。然而，从运用的角度来看，商标许可能够实现以下几个目标：

- 通过增加对重要客户的曝光度来提升公司价值，并通过增加其在市场上的曝光度来建立品牌资产。
- 提供其他收益来源。
- 起到扩展或重定向的策略。

结论

品牌扩展的经济基础在于实现增长和提高利润率。成功的初级运用建立起了强大的品牌，管理者有责任对它进行充分的开发利用。初级品牌（primary brand）的市场地位想要实现进一步的增长，只能以巨额付出为代价。而品牌扩展却可能是一种不那么昂贵的方式，它可以搭初级品牌的顺风车，而且公司还能获得比广告费用更多的收益。

通常，品牌扩展是一种经济且相对透明的方式，可以更新产品或服务，或在不给消费者带来太多影响的情况下对其进行修改。如果消费者想要“无脂”“无糖”或“低盐”，品牌扩展就可以做到这一点。如果政府规定“不准再使用铅/防腐剂/染料”，品牌扩展可以保证市场尽可能保持稳定。

确定经济效益的量

我们之所以将商标的开发分为初级运用和二级运用两类，是为了便于讨论商标运用和未来经济效益估算方法之间的关系。也就是说，理解了“运用”这一概念将有助于我们确定一个适当的方法来量化未来经济效益。

我们必须记住，品牌运用的经济效益是一个“净”值，就像企业的利润底线一样。品牌运用是有成本的，但预期销售收入的增长将超过这些成本，并带来正收益。因此，我们可以从销售收入和支出水平来寻找经济效益。

估值格言

知识产权要有价值，必须带来一个合理的预期，即它们将：（1）增加未来的收入，（2）减少未来的支出，或（3）两者兼而有之。

增加收入

成功的品牌运用可以通过许多不同的方式增加收入：

- 允许溢价
- 增加市场份额
- 启用新产品或服务
- 延长产品在市场中的使用寿命
- 加快产品上市速度
- 使市场渗透更容易
- 提高增长率
- 为产品扩展和/或许可提供多种可能性

降低支出

一个成功的品牌运用也可以有减少商业支出的效果，尽管发现这些减少可能比发现一个品牌增加的收入更困难：

- 减轻所有人创建新商标的成本
- 提供购买力
- 提供规模经济
- 降低广告和推广成本

新 Vista 操作系统

在我们寻求商标成功运用所带来的经济效益时，我们必须非常谨慎，确保我们所发现的经济效益实际上完全归因于所涉品牌。

例如，五年前微软发布了"Windows Vista"操作系统❶。如果在那之后，我们被安排去评估 Vista 品牌的市场价值，我们很可能已经分析了与 Vista 产品线相关的销售和支出，可能也已经发现了对微软企业正面的经济效益。我们可能还发现 Vista 操作系统并不是非常受欢迎的。然后，我们必须问自己这样一个问题：我们所观察到的正面的经济效益，究竟是由于 Vista 这个品牌，还是仅仅因为这个品牌是在非常强大的微软（Microsoft）品牌保护伞下？经过事后观察——Vista 操作系统很快被 Windows 7 取代——我们将微软品牌的正面经济效益归功于微软才是正确的。

本章的其余部分介绍了计算品牌运用之未来经济效益的具体方法。所选择的特定方法将取决于一个品牌被运用的方式，或者它可以被运用的方式。所选择的方法也将取决于现有的信息及其可靠性。这些方法分为直接法和间接法两大类。

大批量的问题

我们必须同样谨慎地说明支出减少的原因，这样我们才能保证这些支出确实是由目标商标引起的。举个例子，如果我们对麦当劳的品牌进行估值，分析显示，麦当劳公司购买碎牛肉的平均价格比大多数其他批发商支付的价格要低。

沃尔玛公司以比其他零售商更低的购买成本而闻名。节省下来的部分资金转移给客户是该公司商业模式的一部分。在这两种情况下，大批量采购都会降低成本。这是麦当劳或沃尔玛品牌带来的经济效益吗？

我们把这个问题留给你去思考。

直接法

直接法能够基于与特定目标相关的数据，直接进行特定的计算。

---

❶ "Windows Vista," Registration No. 3, 551, 892, owned by Microsoft Corporation.

溢价

当利润持续高于平均水平时，很可能是无形资产或知识产权造成的。有时，不管竞争对手采取何种行动，知识产权都能在一致的基础上获得溢价。公认的商标就是很好的例子。如果这种产品或服务市场需求的增强是由商标的吸引力带来的，那么溢价所代表的收入流就可以归入这一资产。

虽然深层的概念和浅显的经济理论很有道理，但我们使用这种方法时必须谨慎。它隐藏的问题是，我们能否将全部溢价都归入该商标。一块“劳力士”手表真的和一块“X”牌手表一样吗？或者一辆“梅塞德斯－奔驰”汽车真的和另一个汽车品牌一样吗？当我们说“一样”时，我们指的是性能、可靠性、寿命、技术进步等。很少有品牌能够仅凭商标就能长期保持高价位。必须有其他的东西体现在产品或服务中，以维持这种领导力。如果后一种说法是正确的，那么也许我们不能把全部溢价都归入商标所带来的经济效益。

除此之外，如何计算未来的经济效益呢？如图表5.3所示。

图表5.3　溢价的定价方法

	1	2	3	4	5	总计
S&R企业溢价产品销售						
预期销售量（百万）	12410	12530	13454	13896	14458	
单价（美元）	2.49	2.49	2.49	2.49	2.49	
销售收入（百万美元）	30900	31200	33500	34600	36000	166200
S&R企业普通产品价格水平下						
预期销售量（百万）	12410	12530	13454	13896	14458	
单价（美元）	2.19	2.19	2.19	2.19	2.19	
销售收入（百万美元）	27177	27441	29464	30431	31663	146176
归入IP的收入（百万美元）	3723	3759	4036	4169	4337	20024

在本例中，我们计算了Smith & Richey（S&R）企业高价产品或服务的预期销售收入与价格较低的普通或类似产品或服务的预期销售收入之间的差额（超过五年）。我们通过使用其他人提供的较低价格对S&R重新定价来进行估算。假设两种情况反映的产品或服务数量相同。S&R高价产品或服务的溢价为20024美元，这是该商标未来的经济效益，至少在计算的5年期间是如此[1]。

[1] 建议读者注意，由于四舍五入的关系，这些计算和书中的其他计算可能并不完全正确。我们在这里用于计算的五年时间范围是随意的，在现实生活中应该以事实和情况为基础。

普通价格水平也可以是几家公司组合在一起的典型价格。

我们也可以用另一种方法来计算。如果我们将单价（2.49 美元对 2.19 美元）进行比较，并将差额乘以 S&R 的销售数量，将得到相同的定量结果（见图表 5.4）。

图表 5.4　备选溢价定价方法

	1	2	3	4	5	总计
S&R 企业在溢价水平下的销售增量						
预期销售量（百万）	12410	12530	13454	13898	14455	
溢价组成（美元）（2.49 - 2.19 = 0.30）	0.30	0.30	0.30	0.30	0.30	
归入 IP 的收入	3723	3759	4036	4169	4337	20024

如前所述，商业上的成功会引来竞争对手。溢价本应带来的收益提高正是吸引力所在，我们必须考虑溢价优势会被侵蚀的可能性。回顾 S&R 过去在市场上的经验，我们可能会了解未来发生这种情况的可能性。

我们是否正确计算了 S&R 商标的收入？也许不是。毕竟，普通公司（或典型公司）可能有一个商标，这有助于它们定价的能力。它们 2.19 美元的售价中，有一部分可能要归功于它们的品牌。该金额加上我们计算的 0.30 美元的溢价优势可能更能反映 S&R 商标的贡献。因此，我们用这种方法可能低估了 S&R 的价值。如果我们将它的价格与没有商标的公司的价格进行比较，例如代工企业，将会更加准确，但是这些信息并不总是可用的。我们将在下面的几页中讨论这个问题。

许可收入

我们可能会很幸运地遇到这样的情况：我们的客户 S&R 已将该商标许可给他人。假设有来自许可使用费的收入，我们将有一个可识别的收入流。

无论许可使用费收入多少，其本身并不等于归因于待估商标的收益。未来的经济效益是许可使用费收入和有关花费的“净额”。包括管理费用（请记住商标所有人必须监控产品质量和商标的使用），可能还有收取本身的支出，以及与对被许可人的业务进行审计相关的费用，以确保支付了适当的许可使用费。

如果商标所有人也在使用该商标，那么至少要寻求两种收入来源。在第 8 章中，将对此进行更详细的讨论。

“如果没有”逻辑

在我们探求品牌的经济效益时，溢价或已建立的商标许可的证据材料“唾手可得”。这些信息通常是显而易见、清楚明了的。但商标许可并不常见，很多实例中，非常有价值的品牌处在一个没有溢价的市场上。所以我们需要其他方法。

在第3章关于使用财务数据的讨论中，我们提出了“跟随钱款”的技巧。也就是说,我们可以从其他财务数据中寻找可归于品牌收入的证据。找到后，分离该收入的典型方法包括从目标公司的价值或收入中减去某种参照价值或收入，以估算属于该商标的收入或价值。从理论上讲，这是一种可靠的方法，在实际应用中却很难，特别是当参照基准是从市场上的其他公司获得的时候。

举个例子，假设我们要评估一家公司的商标价值，而我们对这家公司的估值是1000万美元。如果我们能找到一个没有商标的类似公司，它的价值是800万美元，那么我们可以得出结论，这个商标的价值是200万美元。或者，如果我们的目标公司每年产生120万美元现金流量无负债，而没有商标的可比公司每年产生100万美元，我们可以估计这一差额的价值，假设风险率为10%，然后得出商标价值为200万美元（20万美元/0.10）。表面上看，这个理论似乎不错。但是我们从哪里可以找到没有商标的可比公司呢？为了实现这一目标，我们需要一家与我们的估值对象拥有相同组合的货币资产、有形资产和无形资产的公司，同时又缺乏我们的估值对象拥有的一项资产——商标。

找到这样的公司并不容易。即使是普通产品生产商或代工商，也会有与之相关的重要无形资产（即，为零售商提供自有品牌的产品的长期合同、经销商网络和供应商关系）。如果参照基准是错误的，那么剩余收益和价值也是错误的。更进一步，假设我们通过检索找到了一个没有商标的可比公司，其价值和现金流量与我们的估值对象相同或更多。我们的待估值商标是否就没有价值？一系列与商标相对贡献无关的原因都可能导致我们研究对象的收益反而低于其他（或可比对象的收益高于其他）。

在目标公司中使用这种减法逻辑也很有用。有人可能会问这样一个问题：如果目标商标被宣布无效，或者法院禁令禁止其进一步使用，对公司会有什么影响？实际上，我们是在对目标品牌进行“假想”，以便了解其相对贡献。这是一种更为主观的做法，它可能不会带来特定的现金价值，但作为一种对潜在价值进行一般性评估的方法，它是有用的。我们还可以假设在一个多品牌企业中去掉一个特定的品牌，以衡量其市场价值。我们需要去除与目标品牌相关的收入和支出，并考虑其他资产的价值，包括货币和有形资产，只要这些资产是专门用于目标品牌的。有和没有这个品牌时，企业价值的差异指示了其价值。

成本节省

当持续获得高于平均水平的利润时，往往要归因于某种形式的知识产权。虽然成本节省通常与技术开发——所涉及的知识产权有关，但在之前的讨论中我们也提到，一个强大的品牌有可能通过减少企业支出为其所有人节省成本。我们举了麦当劳和沃尔玛的例子。

我们可以在适当的财务报表上的任何一点开始“跟随钱款”，这是在总利润水平上。仅仅通过观察目标公司的总利润表现不能用来判断其是否存在无形资产或知识产权。我们必须将这一观察结果与我们认为没有同样幸运的其他公司进行比较。如果我们的样例，Smith & Richey 企业，是在食品行业，我们会选择一组所谓的自有品牌制造商，按照别人的规格生产食品，然后用客户的品牌销售它们的产品。人们可以预期，品牌公司的总利润会比代工制造商的总利润高。这可能是因为知名品牌的产品定价高，也可能是由于品牌制造商所享有的因其市场实力和强大品牌所创造的货架空间而塑造的规模经济。

我们可能会从计算得出的毛利润的差异中发现，品牌公司的平均总利润明显高于私人标签的公司。然而，我们必须认识到，拥有知名品牌的公司并不是完全不需要成本就能获得收益。它们需要一直用广告和推广活动来支持这些品牌。因此，我们应该减去销售、总务及管理费用的百分比来调整毛利率计算。

在调整后的基础上，我们可能会发现，两组之间的毛利率差异比我们最初计算的要小。重要的是要记住，这是一种快捷的方法，并不能准确定位出两个公司不同资产之间可能存在的差异。它也不能明确指示出导致差异的究竟是品牌还是其他。但它是一种非常有用的方法，可以确定对盈利做出贡献的无形资产和知识产权的数量级。

当我们寻找成本节省所带来的效益时，它们却难以捉摸，且很难确定。例如，由于强劲和持续的需求，有些日用消费品可以轻易地占据零售商的货架。因此，这些产品的制造商享有比其他方式更低的销售成本。此例中的成本效益是否可以归因于品牌（商标）？它能归因于独特的配方或专利特性吗？

生产成本节省

图表 5.5 说明了如何计算生产成本节省所带来的经济效益。生产成本包含在 S&R 的已售商品成本中，毛利率为 66.67%，而同一行业的一组可比企业毛利率为 63.01%。这一差异使该公司的总利润在 5 年期间增加了 6500 万美元。

图表 5.5　以总利润衡量的生产成本节省

	1	2	3	4	5	总计
S&R 企业						
预期销售量（百万）	12410	12530	13434	13896	14458	
单价（美元）	2.19	2.19	2.19	2.19	2.19	
销售收入（百万美元）	27178	27441	29464	30432	31663	146178
单件已售商品成本（美元）	0.73	0.73	0.73	0.73	0.73	
已售商品成本（百万美元）	9059	9347	9821	10144	10554	
总利润（百万美元）	18119	18294	19643	20288	21109	97452
毛利率						66.67%
可比公司						
预期销售量	750000	780000	811200	843648	877394	
单价（美元）	2.19	2.19	2.19	2.19	2.19	
销售收入（美元）	1642500	1708200	1776528	1847589	1921493	8896310
单件已售商品成本（美元）	0.81	0.81	0.81	0.81	0.81	
已售商品成本（美元）	607500	631800	657072	683355	710689	
总利润（美元）	1035000	1076400	1119456	1164234	1210804	5605894
毛利率						63.01%
S&R 企业						
销售收入（千美元）❶	328500	341640	355306	369518	384299	1779262
已售商品**成本优势**	3.65%	3.65%	3.65%	3.65%	3.65%	
归入 IP 的总收益（千美元）❷	12000	12480	12979	13489	14038	64986

知识产权对收益的贡献有时是微妙的。即使没有对盈利做出积极贡献，知识产权也能给公司带来高于平均水平的利润。一个公司在市场上的主导地位使它能够在一个稳定的基础上享有大的销售量。制造和运营的协同效应可以提高利润。通常情况下，成本只是从与大规模生产相关的运营效率中节省下来的。然而，仅仅因为一个被动的知识产权，也可以达到此种效果。

当大量可靠的生产持续地在一个组织中运作时，就会产生协同优势，并且通常会带来利润的提高。与大量生产有关的一些典型的协同效应包括：

- 可以以较大的订购折扣购买原材料。供应商可能会向发出大额订单的客户提供折扣。结果是节省了成本。
- 可以在整个过程的每个步骤中提升制造效率。
- 覆盖大客户的销售人员更少，销售支出可能更容易控制。

❶❷ 因原书表格中此处无单位，根据原书中“5 年期间增加了 6500 万美元”推算，此处单位应为“千美元”。——译者注

● 零售效率，提升包括经销商的特殊安排或零售商对货架空间给予的折扣。

● 监管和合规成本与其他固定间接成本可以分摊到更大的生产基数上。

● 大批量生产使得公司可以向公用事业公司以批量折扣价获得稳定的能源供应。

每一种协同效应结合起来，都能提供更高的利润，而这些利润是由主导市场的知识产权（如商标）所实现的。不过，我们在这里必须再次小心确认，优势不是源自某些可降低制造成本的独特制造技术。

还有一个问题是，这种毛利率的比较是否抓住了所有的商标优势。一个真正强大的商标因其减少了推广费用，甚至也许还有销售费用，也会带来利润的增长。这些费用未包括在已售商品成本中，所以，也许我们应该在收益表中进一步考虑这些优势。

一种方法是将 S&R 的经营利润水平与可比公司（CG）进行比较。这将确认这些业务所产生的销售、总务及管理费用，如果 S&R 有优势，这一点将变得显而易见（见图表 5.6）。

图表 5.6　经营利润比较

	1	2	3	4	5	总计
S&R 企业						
预期销售量（百万）	12410	12530	13454	13896	14458	
单价（美元）	2.49	2.49	2.49	2.49	2.49	
销售收入（百万美元）	30901	31200	33500	34601	36000	166203
单件已售商品成本（美元）	0.73	0.73	0.73	0.73	0.73	
已售商品成本（百万美元）	9059	9147	9821	10144	10554	
总利润（百万美元）	21842	22053	23679	24457	25446	
销售、总务及管理费用（百万美元）	11557	11669	12529	12941	13464	
经营利润（百万美元）	10285	10384	11150	11516	11982	55317
经营利润率						33.28%
可比公司						
预期销售量	750000	780000	811200	843648	877394	
单价（美元）	2.49	2.49	2.49	2.49	2.49	
销售收入（美元）	1867500	1942200	2019888	2100684	2184711	10114982
单件已售商品成本（美元）	0.73	0.73	0.73	0.73	0.73	
已售商品成本（美元）	547500	569400	592176	615863	640498	
总利润（美元）	1320000	1372800	1427712	1484820	1544213	

续表

	1	2	3	4	5	总计
销售、总务及管理费用（美元）	747000	776880	807955	840273	873884	
经营利润（美元）	573000	595920	619757	644547	670329	3103553
经营利润率						30.68%
S&R 企业						
销售收入（百万美元）	30901	31200	33500	34601	36000	166203
经营利润**优势**	2.60%	2.60%	2.60%	2.60%	2.60%	
归入 IP 的总收益（百万美元）	803	811	871	900	936	4321

从表中可以看出，由于 S&R 较低的销售、总务及管理费用，其财务业绩优于 CG，其经营利润占销售收入的比例为 33.28%，而 CG 为 30.68%。这转化为一种收入优势，“可能”归因于 S&R 的 43 亿美元［(0.3328 − 0.3068) ×1662 亿美元］❶。

通过这种方式，我们可以尝试获取所有可能属于 S&R 商标的收入，无论其来自哪种财务报表。当然，测算的范围越广，我们就必须越小心，以杜绝那些可能导致我们所观察到的差异的其他无关因素的原因或影响。

比较资产回报率法

另一个普遍的测算标准是比较公司资产的回报率。回报率高于适当选择的同行群体，则说明资产表现异常良好。如果我们能够放心地将这种表现与商标对应起来，那么这个指标就能指示商标的价值。

为了使下面的讨论更有意义，需要引入一些额外的财务概念。包括现金流量、动用资产和一般回报率。

现金流量对企业或其资产的估值非常重要。“净现金流量”，或“自由现金流量”，是指企业为维持经营或为增值进行再投资后所剩余的现金量。净现金流量代表了可用资金，所有人可以将其用于任何用途。如果我们计算企业未来能够产生的所有净现金流量的现值，就等于计算了企业的价值。

图表 5.7 以 S&R 为例，显示了如何计算一年经营成果的净现金流量。计算从特殊项目之前的税后净收入开始。特殊项目从净现金流量计算中剔除，因

❶ 原文为 430 万美元［(0.3328 − 0.3068) ×1.662 亿美元］，译者根据图表 5.6 更正为 43 亿美元［(0.3328 − 0.3068) ×1662 亿美元］。——译者注

为根据定义，它们是预计不会再发生的财务事件。折旧费用加回来是因为它是非现金支出（实际上没有企业资金支付给外部），它代表投资的“回报”元素，因此它应该是现金流量的一个组成部分。净收入加上折旧被称为“总现金流量”。

图表 5.7 S&R 净现金流量和账面资产回报率的计算 单位：美元

净现金流量	
特殊项目前的净收入	4257
加：折旧费用	900
减：增加的营运资金	180
减：资本支出	600
	4377
动用资产	
流动资产	17750
流动负债	13920
净营运资金	3830
地产、厂房和设备成本	17100
地产、厂房和设备净额	10100
平均	13600
账面动用资产	17430
账面动用资产回报率	
净现金流量	4377
除：账面动用资产	17430
	25.1%

如前所述，净现金流量是企业所有人在考虑了保证企业持续发展所必需的资金后可获得的数额。考虑点主要集中于两个领域。第一，如果公司的销售额增长，存货和应收账款也会增长。因此，货币资产将会增长，总现金流量的一部分将需要投资于此。第二，可能需要投入资金来替换或增加厂房、设备或其他资本性质的资产。

因此，有必要估算满足这些需要所需的投资额，并从现金流量总额中减去它们。这反映在图表 5.7 中。由于我们将使用这种计算方法来评估商标价值，因此应该考虑另一个因素。商标的广告支出就像工厂的资本支出一样。我们应不应该在现金流量从毛额到净额的转换中考虑这一点？答案是肯定的，而且最好是通过检查税后净收入的数量来实现。广告支出在达到该数额时已被扣除，因此也已有效地从现金流量中扣除。然而，如果现有的广告支出不足以支持预期的增长，或者品牌没有足够支持去“滋养”，那么就应该进行一些向下的调整，以反映可能需要的额外投资。

“账面动用资产回报率”的计算并不是基于会计惯例，而是我们为特定目的所做的计算。其他人可能会以不同的方式计算这个数字。计算方法并不重要，因为我们将使用这个数量来比较公司和集团，关键是在比较中保持一致。获得这一数额的原因有很多。例如，如果我们想知道，我们在企业中的投资是否获得了合理的回报，我们需要知道投资的金额。更准确地说，我们应该知道这项投资的“价值”（而不是成本），这就是我们这样做的原因。构成企业的两种资产是货币资产和有形资产。我们从公司资产负债表上货币资产的数额来估算货币资产的价值，用流动资产减去流动负债。这个方法是合理的，因为，我们知道财务报告准则会不断审查各项会计记录以确定其数额是否“可实现”并恰当反映真实的财务状况。

我们通过计算地产、厂房和设备的账面总成本和净成本的平均值来估算有形资产的价值。第3章讨论了这两种会计计量方法的由来。这是一个粗略的测算标准，但根据我们多年来对数百项固定资产评估的经验，它是合理的。

我们计算如图表5.8所示的货币和有形资产的总回报，方法是用净现金流量除以账面动用资产的价值。

图表5.8　资产回报率比较方法　　单位：百万美元

S&R企业	实际的	预计的	差异
货币资产	3830	3830	
有形资产	13600	13600	
账面动用资产	17430	17430	
净现金流量	4377	3660	717
账面动用资产回报率	25.1%	21.0%	
代工组普通产品销售			
货币资产（净营运资金）	20000		
有形资产	130000		
账面动用资产	150000		
净现金流量	31500		
账面动用资产回报率	21.0%		

有了这个简单的会计基础知识背景，我们可以讨论一些额外的方法，以估算归入商标的未来经济效益。

在图表5.7中，我们观察到S&R的账面资产回报率为25.1%。在该示例中，我们将这些业绩与一组代工公司的业绩进行比较。代工组（CMG）的利润为21.0%。如果我们强迫S&R的回报与CG相同水平，它的净现金流量将比现在低7.17亿美元［4377－0.210×17430＝717（百万美元）］❶。这是当前S&R商标带来的以净现金流量为体现的收益。

请读者注意，所有这些计算都是为了估算商标可带来的某种程度的“收益”。它们没有计算“价值”。

公司与可比性

在估值过程中使用可比公司数据的概念来自基本的市场化方法。我们首先寻找与我们正在研究的交易相同的交易。如果没有可用的交易（这是最常见的情况），那么我们将寻找相似的交易。如果我们的任务是评估一所房子，我们会从与我们的评估对象相似的房屋销售信息中寻找。如果我们要评估普通股的价值，那么我们要调查类似公司普通股的销售情况。

在示例中，我们使用可比公司的财务业绩作为基准。我们真正使用的是可比公司与“它们”的客户之间交易的财务结果。也就是说，我们假设我们的目标公司的产品或服务（凭借其商标）获得了溢价。我们通过比较研究对象和一组可比公司的财务业绩来验证这一假设。如果假设成立，那么我们使用相同的方法来量化差异。这种差异成为评估过程的起点。

所有这些都取决于对“可比”公司的分析，而这反过来又需要我们为找到目标而对可比性进行定义。对于这项任务来说非常重要。作为这项任务的指导，我们提供一些其他来源的关于可比性标准的讨论。综合起来，它们提供了标准的检查清单。这些方法并非适用于所有情况，或者这些方法并非都是实用的。确定可比性受到可用信息的限制。我们想要的能够确定可比公司的大部分信息可能都是专有数据，无法公开获取。我们必须尽可能地利用与特定情况有关的现有信息。

几年前，面对有关封闭型持股（不在交易所交易）公司普通股价值的争议，美国国税局（IRS）制定了59～60号收入准则，该准则明确了评估师在开始可比性分析时应遵循的指南：

- 业务的性质和企业自成立以来的历史
- 整体经济前景以及特定行业的状况和前景
- 股票的账面价值和业务的财务状况

❶ 原文为（.251－.210）×＄4377million），译者更正为［4377－0.210×17430＝717（百万美元）］。——译者注

- 公司的盈利能力
- 公司的股息支付历史及其未来支付股息的能力
- 企业是否有商誉或其他无形的价值
- 普通股的销售额和要估值的区块的大小
- 从事相同或类似业务的公司股票在自由开放的市场中可活跃交易，价格可以是交易的实际价格，也可以是估算出的价格

显然，这些指南特别适用于普通股的估值。其中还指出，有必要了解目标公司、目标公司的业务及其与行业和整个经济的关系。它们之所以出现并不是因为它们是一个确定的标准，而是因为它们代表了一个经过验证的、需要考虑的因素。

最近，我们的税务人员和立法代表再次就这个问题发言。这次的主题是公司内部的转让定价。这个主题在其他地方已经讨论过，但是我们在这里讨论它是因为涉及另一种情况，在这种情况下，我们接触“可比公司数据”是为了提供基准。关键问题是，公司内部的商品和/或服务销售是否与商业世界其他地方的独立交易相称。为了找到答案，要求我们对“公平交易”进行研究，并将它们与我们的研究对象进行比较。这与我们在此的任务并无不同，但每一项因素的考虑程度并不相同。

联邦税收法规以一种更切题的方式定义了可比性（我们已经替换成了对我们的主题更有意义的语言）：

> 为了被认为与［我们的研究对象］具有可比性，［可比］交易不必完全相同……但必须足够相似，以便能够可靠地测算公平交易结果。[1]
>
> 决定可比性的因素包括：功能、合同条款、风险、经济条件和资产或服务[2]。

功能

各方在做什么？我们需要比较它们的：

- 广告和推广
- 研发
- 产品设计和工艺
- 制造、生产和工艺过程
- 产品生产、提取和装配

---

[1] 26 C. F. R. §1. 482－1。

[2] 26 C. F. R. §1. 482－1。

- 采购和物料管理
- 营销和分销功能，包括存货管理、保修管理和定位

您是否还记得我们的警告，即调查我们的目标公司（表面上由我们的商标提供）的明显财务优势是否源于另一个生产要素，而“不是”商标？这是在一开始必须做的分析。

合同条款

我们的研究对象和假设的可比物是一样的吗？我们试图以可比公司的销售额为基准，但这些交易真的具有可比性吗？假使我们销售的产品有终身保修，而其他公司没有。我们的价格高是因为保修还是我们的商标？我们需要调查：

- 关于收取或支付的约定条款
- 销售或采购量
- 保证提供的范围和条款
- 更新、修订或修改的权利
- 买方和卖方之间的抵押交易或持续的业务关系

风险

为具可比性，公司或交易应面临类似程度的风险，包括：

- 市场风险，含成本、需求、定价和存货水平的波动
- 与研发成功或失败相关的风险
- 财务风险，含外汇汇率和利率的波动
- 信用和收款风险
- 产品责任风险
- 与财产所有权有关的一般业务风险

经济条件

有关公司或交易的经济情况也应当相似，并须考虑：

- 地理市场的相似性
- 市场的相对规模及其发展阶段
- 市场水平（批发、零售等）
- 相对市场份额
- 与特定地点相关的生产要素成本
- 市场竞争程度
- 行业的经济状况（收缩、扩张等）

资产或服务

为了具有可比性，假定可比主体的资产或服务应该是相似的。这似乎是显而易见的，但由于商标的独特性质，通常很少有（如果有的话）这样的相似。

因此，扩大可比性标准的适用范围就很有诱惑。只要能认识到这种做法可能会降低分析质量，这样做也可以接受。

投资回报率法

在上一节描述的比较资产回报率法中，我们将估值对象的财务业绩与一组可比公司进行了对比。我们也可以使用相同的方法，但不使用可比公司的财务状况，而是使用市场上可比公司的回报率。为了更好地理解这种方法，我们从一些基础知识开始。

从前面的章节中我们知道，一个企业的总收益来自对其所有资产的利用。因此：

$$E_t = E_{wc} + E_{fa} + E_{iaip}$$

其中 E_t = 企业总收益。

E_{wc} = 归属于净营运资金的收益。

E_{fa} = 固定资产收益。

E_{iaip} = 归属于无形资产和知识产权的收益。

我们还知道，无形资产带来的收益来自典型的商品类无形资产（如软件、劳动力和其他持续经营的要素）和知识产权（这是独特的，可能是提高收益背后的驱动力）的贡献：

$$E_{iaip} = E_{ia} + E_{ip}$$

其中 E_{ia} = 归属于无形资产的收益。

E_{ip} = 归属于知识产权的收益。

我们的目标是分离出归属于商标的收益，下一步可以表示为

$$E_{ip} = E_t - (E_{wc} + E_{fa} + E_{ia})$$

资产类别间收益的分配主要受资产价值及其相对风险的驱动。根据资产的相对价值来考虑将企业的总收益分配给资产，这是一个诱人的简单捷径。然而，并没有认识到相对风险的重要性。资产是一种投资，必须时刻牢记在心。

然后我们可以使用这个概念来估算 E_t、E_{wc}、E_{fa} 和 E_{iaip} 的值。在这一点上，我们引入了基于市场的回报率，读者可以参考附录 C，其中进行了详细介绍。但是，如果愿意暂时接受下列例子中使用的相对回报率，就无须先去学习附录 C。

在图表 5.9 的上半部分，我们计算了归属于知识产权的收益，金额为 27.14 亿美元。请注意，分配给资产的收益总额为 41.93[1] 亿美元，或与图表 5.8 中为 S&R 计算的净现金流量大致相同。我们要求读者接受如下所示的资产

---

[1] 原文为 42.34，根据图表 5.9，译者更正为 41.93。——译者注

价值。稍后将说明这个模型如何处理多个未知因素，但我们希望在此专注于讨论收益的归属。当然，这 27.14 亿美元的收入可归属于所有知识产权，需要进行进一步的分配，以便将仅属于商标的收益分离出来。这可以按照与其他资产类别相同的原则进行，见图表 5.8 的下半部分。

图表 5.9 资产收益的分配

资产类型	资产价值（百万美元）	要求回报率	回报额（百万美元）
净营运资金	3830	2.7%	103
有形资产	13600	5.7%	775
无形资产	5000	12.0%	600
知识产权	15080	18.0%	2714
	——	——	——
总计	37510	11.2%	4193
技术类知识产权	5000	25.0%	1250
商标	10080	14.5%	1462
	——	——	——
	15080	18.0%	2712

该计算中，知识产权资产已分配了 27.14 亿美元，并得出结论，14.62 亿美元可以分配给商标。请注意，通过这样做，我们确保了知识产权的总回报率保持在 18%，以及知识产权总价值为 150.8❶ 亿美元。

折现现金流量法

折现现金流量模型是上述模型的一种变体，但要分配的企业收益直接由收益表的要素驱动（见图表 5.10）。

图表 5.10 折现现金流量法

Smith & Richey 企业	综合收益表（百万美元）	
截至 12 月 31 日	2012	%
净营业收入	30900	100.0
已售商品成本	14500	46.9
总利润	16400	53.1
销售、总务及管理费用	9000	29.1

❶ 原文为 375.1，根据图表 5.9，译者更正为 150.8。——译者注

续表

Smith & Richey 企业	综合收益表（百万美元）	
其他经营费用	275	0.9
	9275	30.0
营业收入	7125	23.1
利息收入	340	1.1
利息支出	450	1.5
其他收入——净额	80	0.3
税前收入	7095	23.0
所得税	2838	9.2
净收入	4257	13.8
	计算净现金流量	
加：正常化处理后的特殊项目	0	（见图表5.7）
加：折旧费用	900	（见图表5.7❶）
减：营运资金的增量	180	（见图表5.7❶）
减：资本支出	600	（见图表5.7❶）
	4377	
减去其他资产所需的资金回报		
净营运资金	103	（见图表5.9）
有形资产	775	（见图表5.9❷）
无形资产	600	（见图表5.9❷）
	1478	
可分配给知识产权的	2899	

该模型的优势在于可以解决收入或费用产生变化而带来的问题，并且可以立即看到它们对可归入知识产权的收入的影响。在下一章中，我们将介绍该模型的另一种有效用法，估算合理的使用费。

在图表5.10中，我们使用了当前的收益回报率。这样比较简单，这样做是为了对方法进行说明，但应认识到，在某些情况下，增长部分需要从这种回报率中去除。

❶ 原文为图表5.9，译者更正为图表5.7。——译者注

❷ 原文为图表5.11，译者更正为图表5.9。——译者注

间接法

在使用替代模型时，间接法会依赖更多的主观输入。

许可使用费节省法

许可使用费节省法是商标估值中最常用的方法。它是最常用的方法，不是因为它是最好的方法，而是因为它是最简单的。它基于这样一个概念，即拥有商标的公司不需要对商标进行许可才能使用，因此无须支付许可使用费。该不存在的款项可替代归属于自有商标的收入进行税后现值的计算。

在这类计算中使用的许可使用费最好从市场——也就是从其他许可交易中——获得。一个不太可靠的技术是使用相关行业中经验法则，如果估值对象属性与所获得的可比数据的差异足够大，则可以放心地使用该方法。

我们提醒使用这种方法的用户，从许可使用费中获得的收益流可能只代表被评估资产所带来的经济效益的一部分。也就是说，我们必须注意许可条款，因为这些条款会导致从“市场”中抽取提成率。如果这些许可条款只转让了部分完整的所有权（许可人保留为自己运用知识产权的权利），那么对这些有限权利（许可使用费）的支付可能不能充分替代所有权的全部经济效益。

以房地产领域为例，假设一个建筑所有者占据了结构的一半，并将其余的租给另一个人。租金收入的量化显然不是整个建筑物价值的适当指标，因为租金收入不能代表整个建筑物的收入潜力。可以肯定的是，该租户的租金收入可以很好地反映市场租金水平。但是，如果目标是评估整栋建筑，就估值而言，它未必合适。

研究许可程序的基本方面，有助于理解产权和许可使用费的作用。通过合同（许可），知识产权所有人（许可人）将总权利束中的一部分出租给另一方（被许可人）。被许可人通常通过支付许可使用费获得这些权利。如果我们将许可人的权利价值与被许可人的权利价值相加，我们将获得所有的知识产权价值。

法院的看法

这种方法的局限性最近在美国第二巡回上诉法院的一项判决中受到了司法关注，该案是与雀巢控股有限公司（Nestle Holdings, Inc.）有关的美国税务法庭的案件。纳税人和国税局的专家都使用了许可使用费节省法对商标进行估值。但是，第二巡回法院不相信所得的值是适当的，指出：

在我们看来，许可使用费节省法必然低估了商标的价值。专利权使用费模型通常被用来估计侵权人因滥用专利或商标而获得的利润。然而，在销售情况下使用专利使用费模式是不合适的，因为这是商标的公平市场价值，而不是其使用成本的问题。“许可使用费节省”模式无法体现所有权的全部价值，比如决定商标何时何地可以使用，或者将商标移进或移出产品线的权力。它甚至不包括被许可人通常从使用商标中获得的超过许可使用费的经济利益。商标的所有权比许可证更有价值，因为所有权具有使商标发挥最大价值并增加其价值的权力和激励。被许可人不能超出许可证的时间或其他限制使用商标，也没有理由采取措施增加商标的价值，而商标的增值将由商标所有人实现。因此，专家的意见从根本上误解了商标的性质，以及法律为何规定商标的专有权。考虑到许可使用费节省方法的缺陷，税务法庭在采用专家的商标估值时犯了错误。税务法庭接到指示，要研究用其他方法来确定商标的公平市场价值。[1]

如果我们使用收益法评估知识产权的价值，并希望使用市场上许可使用费的比例替代可归于该资产的收益，我们就必须估算许可人运用该商标所实现的收益和被许可人运用该资产所产生的收益。后者不一定是被许可人支付的许可使用费。关键的一点是，我们需要考虑与许可知识产权相关的所有潜在收益流，并了解这些收益流的归属（见图表5.11）。

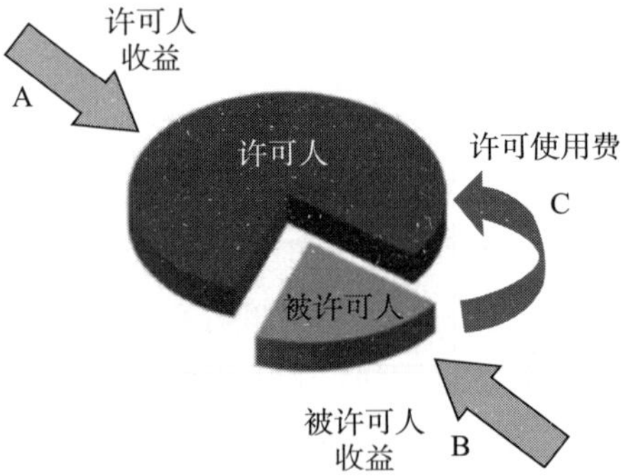

图表5.11　许可收益流

知识产权的所有权利的价值都将通过量化收益流A和B而获得。支付的许可使用费，也就是收益流C是多少？它是收益流B的一部分，其量化价值代表了许可协议为许可人带来的价值。如果我们的任务是评估许可人知识产权

[1] *Nestle Holdings, Inc. v. C. I. R.*, 152 F. 3d 83, 88 (2d Cir. 1998).

权利的价值，我们会用收益流 A 加上收益流 C。如果我们评估的是被许可人的知识产权权利的价值，我们会用收益流 B 减去许可使用费 C。很明显，这里有一些重叠，在进行下一步之前，必须仔细定义要估值的资产，并确定与该资产相关的收益。

如果商标的所有人不直接利用它，而是将其许可给他人，甚至可能包括主许可和再许可，就像特许经营一样，情况可能更加复杂。根据被评估的具体权利，需要考虑的收入流会很多。

许可使用费费率信息对财务分析师和评估师非常有用。与任何来自市场的数据或有关可比交易的数据一样，必须对交易条款和涉及的产权性质保持敏感。有了这一点，就可以判断这些信息是否是一个合适的基准。

拉塞尔·帕尔（Russell Parr）强调了使用这种方法应该关注的方面。虽然他说的是市场许可使用费费率在侵权分析中的使用，但这些警告对我们也同样适用：

> 合理的许可使用费有时可以从市场交易中获得，但需要极其仔细地分析。获得类似知识产权许可的独立方的数量有时可以为合理的使用费提供指示……被认为有助于获得合理许可使用费的市场交易通常发生在不相关的当事人之间，且知识产权是交易的焦点。
>
> 通过查看涉及类似知识产权的许可协议中规定的许可使用费条款，通常可以为计算侵权损害赔偿确定合理的许可使用费。许可使用费条款要想成为有效的替代品（proxy），必须对许可协议的许多方面进行分析。理想情况下，可作为侵权损害赔偿的完美许可应具备以下特点：
>
> 1. 不是母公司与子公司之间的内部许可；
> 2. 在与确定侵权损害赔偿日期相关的日期进行谈判；
> 3. 由两家独立机构进行谈判，但双方均因财务困难而未能完成交易；
> 4. 涉及类似的知识产权，其被许可在发生侵权行为的行业内使用；
> 5. 将使用类似知识产权的许可证转让给与侵权发生经济条件相似的国家；
> 6. 涉及的类似知识产权具有相似的寿命特征；
> 7. 需要类似的互补资产投资要求以进行商业运用；
> 8. 指定不受薪酬非货币性因素影响的许可使用费条款；
> 9. 在排他性方面具有可比性；
> 10. 包括自由谈判和不受政府规定阻碍的许可使用费条款；
> 11. 许可使用费的条款没有受到间接归属于技术性补偿的影响；

12. 许可使用费条款谈判的各方是真正独立的无关联方之间进行的公平磋商。

必须先对许可协议的许多方面进行分析，然后才能将许可使用费作为确定侵权损害赔偿的指标。利用涉及类似知识产权的类似许可协议的许可使用费条款作为侵权损害赔偿的指标是一种合理的做法，但要成功实施却极其困难[1]。

如果许可使用费费率符合该要求，则其计算方法如图表5.12所示。

图表5.12　许可使用费收益流的减免

	1	2	3	4	5	总计
S&R企业						
销售收入（百万美元）	30900	31200	33500	34600	36000	166200
商标许可使用费率	8%	8%	8%	8%	8%	
归入商标的收益	2472	2496	2680	2768	2880	13296

小　结

商标的成功运用是商标价值的基础。因此，品牌价值评估的关键是充分理解其可能的运用范围。这些信息只能通过实际调查来收集。有了这些信息，我们就可以对所有权未来的经济效益进行量化。这个步骤的本质可以通过一系列的问题来说明：

- 这个品牌“现在”为它的主人做了什么？
- 这个品牌“可以”为它的主人做些什么？
- 这个品牌能增加收入吗？
- 这个品牌是否减少了开支？

这些问题的答案为估值指明了方向，使我们能够使用几种可用工具中的一种或两种，这些工具可以用金钱来量化所有权的未来经济效益。

[1] Russell L. Parr, *Intellectual Property Infringement Damages*, (Hoboken, NJ: John Wiley & Sons, Inc., 1993), 181.

第 6 章
收益法：经济寿命与风险

市场价值等于所有权未来经济效益的现值。收益法专门处理这个等式，需要描述未来经济效益的四个输入：

1. 其“量”。
2. 其“持续时间”。
3. 其“收入模式”。
4. 其数量、持续时间和收入模式可能脱离预测的“风险”。

上一章介绍了未来经济效益量的估算方法。本章讨论收益法的其余三个输入——未来经济效益的持续时间、模式和风险，为未来经济效益量的估算增加了具体的变量。

传统观点认为，商标作为品牌的标志载体，是没有时限的。似乎有充分的证据证明这一点。当今世界上一些最知名的品牌在几十年前也是最知名的。很难想象，有一个活着的人（至少在美国）从他记事以来不知道亨氏（Heinz）番茄酱或可口可乐（Coca - Cola）饮料。

尽管如此，我们必须对这一传统观点提出质疑，因为很明显，即使是最知名的商标，也必须依靠广告及其所关联的产品或服务持续受到消费者喜爱而得以维持。如果一个品牌与被市场排斥的产品或服务紧密地联系在一起，以至于无法重新部署，那么这个品牌的生命就可能结束。一个品牌可能被误用，被不明智地扩展到不合适或质量低劣的产品上，其价值就会下降。此外，还有一些品牌的消亡是完全由外部因素导致的。

因此，我们必须认识到，品牌并非不受市场或外力的影响，这些力量会剥夺商标的经济生命，无论它们已合法存在了多长时间。甚至它们的合法存在也受到“使用或放弃”要求的限制。在任何估值过程中都必须认识到这些因素，本章专门讨论影响未来经济效益、进而影响到商标市场价值的市场力量、事件和风险。

确定经济寿命

如果我们要至少部分地以“经济寿命”为基础来估算市场价值，我们就需要弄清楚我们所说的“经济寿命”是什么意思，它可能不像看上去那么明显。正如“价值”这个词有很多含义一样，“寿命”也是如此。

例如，如果让我们对汽车的预期寿命发表意见，我们会怎么回答？这有些困难，因为汽车是由许多零件组成的。轮胎可能使用两年，而刹车可能五年不需要更换，然后是引擎、灯、CD 播放器等。我们可能会根据 6 年后换车的计划，或者根据里程表显示的 15 万英里来回答这个问题。或者，可能打算把我们那辆破旧的汽车停在后院，把它用作鸡舍，在这种情况下，它可能会使用 20 年。必须针对目的决定什么构成寿命的终结。

收益法是以“经济寿命”（economic life）为基础的，经济寿命是指一项资产能够盈利的期限。经济寿命在以下两种情况下结束：

- 使用某资产不再有利可图（未来经济效益已用完）
- 使用其他资产更有利可图

这与资产的“使用寿命”（service life）有很大的不同，资产的使用寿命是指从资产配置开始（或开始使用）到其报废（或使用结束）为止的时间，而与资产的盈利能力无关。有形资产的使用寿命比商标的使用寿命更有意义。然而，这是估值专业人员常用的说法。其他领域，如会计和税务部门出于某些目的对包括商标在内的资产的寿命也有定义。这些知识有助于我们正确理解经济寿命的定义。

法律寿命或法定寿命

多年来，按照建议年限或要求年限列表计算折旧（资本回收额），一直是《美国国内税收法典》（*U. S. Internal Revenue Code*）的一部分。这曾是对各类资产典型经济寿命的现实估算，并成为税收立法的一部分，以减少政府与纳税人之间的争议，因为折旧是一种可扣除税款的费用。然而，立法者很快意识到，折旧年限（以及折旧方法）的改变是一种可以改变企业的有效税率并相对没有争议的方式，逐渐被视为经济管理的工具。因此，用于折旧的资产寿命经常发生变化，到现在，其已与实际的资产经济寿命没有任何相似之处。

美国的联邦和州所得税法将商标等同于商誉，不允许商标摊销[1]。在此基

[1] 摊销是用来描述无形资产投资的资本回收额的术语。折旧适用于有形资产的资本回收额。

础上，税收法规假设商标的有效经济寿命为永久使用。最近，《美国国内税收法典》进行了修改，建议在 15 年内摊销商标（以及其他无形资产）。与会计惯例一样，这是一种法定寿命，旨在消除纳税人与美国国税局（IRS）之间长期存在的一系列纠纷。我们不能把它当作经济寿命的真实指标。

财务报表标准

在第 3 章中，我们讨论了作为企业合并的一部分而获得的商标在会计摊销上的处理方式。通常，开发和注册商标的成本被视为一项支出，因此商标作为自行创造的资产不会出现在资产负债表上。然而，当它们作为企业的一部分被收购时，就可能会被归类为资产而显示出来。

无形资产摊销时，以“使用寿命”（useful life）为计算依据：

> 使用寿命是：
>
> (a) 预计某一资产可供某一实体使用的期限；或（b）一个实体预期从该资产中获得的产量等类似计量单位数量……
>
> 实体应当评估无形资产的使用寿命是有限的还是不确定的，如果是有限的，则应评估该使用寿命的年限或者构成使用寿命的产量等类似计量单位数量。
>
> 无法预见无形资产为企业带来未来经济效益的期限的，应当视为使用寿命不确定的无形资产❶。
>
> 因此，在涉及商标的收购之后，管理层必须决定商标的使用寿命是有限的还是不确定的。如果是有限的，则需要确定的依旧是适当的使用寿命及其衰减模式：
>
> 所采用的摊销方法应反映出该资产的未来经济效益预计将被该实体消耗的模式……
>
> 如不能可靠地确定该模式，应采用直线法❷。
>
> 早期的会计原则载有一份相当全面的要素清单，其中列有估算使用寿命时需要考虑的因素：
>
> - 法律、法规或合同条款可能会限制最长使用寿命。
> - 续订或延期的规定可能会改变使用寿命的指定限制。
> - 过时、需求、竞争和其他经济因素的影响可能会缩短使用寿命。

---

❶ 《国际会计准则》（*International Accounting Standards*，*IAS*）38——无形资产。

❷ 同上。

- 使用寿命可能与个人或员工群体的预期服务寿命相同。
- 竞争对手和其他人的预期行动可能会限制当前的竞争优势。
- 显然无限的使用寿命实际上可能是不确定的，并且不能合理地预测收益❶。

然而，我们必须记住，关于无形资产（包括商标）经济寿命的说明是会计惯例。虽然会计实践的目标是真实地反映所获得资产的实际经济寿命，但其对无形资产有时确认为资产，有时又不承认，同时还存在偏保守的基本倾向。根据我们的经验，美国的会计师在美国证券交易委员会（SEC）的监督下，希望尽快将无形资产从资产负债表中剔除，并避免明显夸大收益的可能性。另一方面，企业管理者有动机采用更长的寿命来保持摊销费更低，收益更高，尽管接下来的数据显示这种动机似乎并非绝对。

我们从 RoyaltySource 的“交易价格分配”（PPAs）数据库中提取了最近“并购”活动最活跃的行业。该数据包含 547 个收购。对于以下每一种资产，我们都显示了所分配的品牌资产，我们还可以观察分配给不同资产类别的使用年限(见图表 6.1)。

图表 6.1　在“交易价格分配”中分配的使用寿命示例

	商号		品牌名称		商标	
	低	高	低	高	低	高
计算机程序，数据处理及其他计算机服务	0.2	15.0	4.0	10.0	1.0	30.0
各种商业服务	1.0	15.0			1.5	不确定期限
电子元器件及附件	3.5	8.0			3.0	10.0
外科、医疗和牙科器械及用品	5.0	23.0	10.0	12.0	8.0	不确定期限
通信设备	3.7	不确定期限			1.5	23.0
实验室仪器和分析、光学、测量和控制仪器	1.0	20.0	8.0	8.0	10.0	10.0
管理与公共关系服务	5.0	10.0	10.0	10.0	1.0	不确定期限
药物	10.0	37.0			5.0	20.0
计算机和办公设备	2.5	4.5	5.0	5.0	4.9	16.0
商业银行（**没有分配给商标**）						
平均（不包括“不确定期限”）	3.5	16.6	7.4	9.0	4.0	18.2

❶ Accounting Principles Board, APB Opinion No. 17, “Intangible Assets” (1970).

从表中，首先，我们注意到负责编制财务报表的公司经理使用了三个描述品牌资产的词。这可能是由于我们在第 1 章中讨论过的商标资产的一些混淆。虽然财务报告准则中有一些准则，但企业管理层可以自由选择对所收购资产的描述。我们还注意到，在涉及商业银行的 13 宗收购中，没有将收购价格分配给商标资产。毫无疑问，被收购银行确实拥有商标，但可以肯定的是，收购组织计划将被收购的银行组织合并为自己的银行组织。根据放弃现有商标的计划，收购价格中没有一项分配给这些资产。

我们还可以观察到，用于计算摊销的剩余使用寿命往往非常短，远远低于此类资产的法定使用寿命。这可能还是由于收购公司计划将收购的产品或服务纳入自己的品牌结构中。

只有四次收购被赋予了不确定的使用寿命。

虽然遵守财务报告标准或税收法规，我们可以得到商标价值和使用寿命的数据，但应该谨慎使用。与其他可比数据一样，我们需要了解它是什么，它来自哪里，以及它在多大程度上可能适用于或不适用于我们的评估任务的事实和环境。

法律/合同寿命

有形资产的经济寿命一般不受法律或合同条款的影响。这些资产属于企业，只要管理层决定，它们就会一直存在。然而，许多无形资产以及知识产权确实具有公认的法律或合同寿命。这些无形资产和知识产权包括：

- 专利
- 版权
- 商标（在续展条款和保留其权利所必需的行为范围内）
- 租赁
- 供应或分销合同
- 预订
- 抵押贷款或其他贷款协议
- 许可协议
- 特许经营协议

不确定的经济寿命

大多数无形资产和知识产权的经济寿命没有法律或合同条款的规定。因此，首先必须对这些资产进行分析，以确定法律条款或合同条款对其剩余的经济寿命是否有影响。在许多情况下，经济寿命比法律寿命短。一项专利的效力可以在其20年法律寿命之前终止。一项未过期的专利可能会因为技术的进步，或者因为它所使用的产品已经失去了它在市场上的地位而过时。在半导体行业，将创新作为商业机密而非专利技术的情况并不鲜见。其原因是，在专利发布之前，创新就已经过时了，因此支付专利诉讼费用毫无意义。

另外，如果有续订历史，杂志预订或消费贷款合同的经济寿命可能比其（法律）合同的寿命更长。在我们的经验中，法律或合同寿命往往不控制无形资产和知识产权的经济寿命。这些资产的经济寿命取决于它们对一系列外部力量的反应，而这些外部力量必须通过分析它们的总体影响或个别力量来衡量。

商标经济寿命和模式

在前一章中，我们讨论了收益法中经济效益组成部分的“量”。经济效益的“持续时间”和取得效益的“模式”是重要的变量，对现值计算有重大影响。现值将在附录A中详细讨论。未来经济效益的持续时间越长，目标资产的价值越高。经济效益取得得越早，这种模式带来的价值也会越高。

因为持续时间和模式是如此紧密相关，我们接下来的讨论将结合这两个变量。

永久性假定

分析持续时间和模式的一种方法是假定目标品牌将永远产生经济效益。该假定假设所做的所有事情都正确地维护了合法的商标权，并且潜在产品或服务的品牌属性将持续在市场上取得成功。

下一步是分析事实和环境，以检验它们是否支持这一假设。这种思维方式迫使我们找出可能缩短经济寿命或改变其模式的条件，并引导我们提出适当的问题，例如：

- 我们在基础产品生命周期中的哪个位置?
- 我们在从大宗商品类到日用消费品/娱乐的品牌序列范围的哪个位置?
- 这是系列品牌还是特定产品/服务品牌?
- 竞争的规模和性质是什么?
- 品牌的历史表现如何?
- 品牌可变广度如何?
- 品牌是否得到充分支持?

关注最终用户

该分析中，我们发现，将一些注意力引向品牌所代表的产品或服务的最终用户是非常有用的。我们之所以这么说，是因为有时人们很容易把注意力集中在产品本身及其品牌属性上，而忽视了市场的需求和意愿。例如，“这是世界上质量最好的洗衣店，它芳香四溢，效率极高，价格极具竞争力，而且已经存在多年了”。有了这些特质，这个品牌应该永远存在下去。但是，如果家庭开始改用粉末状的洗衣皂，而竞争对手开始用液体做实验，结果会怎样呢？

了解产品或服务的最终用户可以帮助我们了解哪些因素影响其剩余经济寿命的时限或模式。

这种面向最终用户的概念在评估未来经济效益时也很有帮助。为什么最终用户会购买？我们可能会认为，人们购买名牌衬衫是因为著名商标拥有使人“感觉良好的声誉”，而实际上也许用户只是因为裁缝和珍珠纽扣！

功能过时

功能过时（Functional Obsolescence）指的是一种资产相对于另一种更新的、可能在技术上更优越的资产，能够在多大程度上执行其预期的功能。

商标本身并不会因为技术的进步而受到功能过时的影响，但它们可能会因为形式或风格而受到影响。随着时间的推移，商标会产生这种功能过时。商标所有人不断更新他们的外观，使用不同的字体，并重新设计商标。商标的本质保持不变；它只是为了反映不断变化的风格而更新。当企业将品牌添加到一个家族，或重新定位品牌或产品线时，商标可能会被重新设计，以创建、保留或加强“家族”的外观。

彩色胶卷

柯达的彩色胶卷于 1935 年问世，在色彩和清晰度方面成为“黄金标准”。然而，柯达在建立这个著名品牌 70 多年后停止生产柯达胶卷。使用柯达胶卷的摄影师在柯达宣布停产之前，很可能一直保持着对柯达胶卷的忠诚和喜爱。事实上，我们知道摄影师会把他们能买到的柯达彩色胶卷全部冷藏起来，以便继续享受它的质量。在它灭亡前的几年里，如果我们和柯达的摄影师交谈，他们可能不会预计它会很快灭亡。我们必须观察整个摄影市场，才能看到即将到来的数字时代的威胁。这说明了评估剩余经济寿命时关注最终用户市场的重要性。

在第5章中，我们提到了贝蒂·克罗克（Betty Crocker）和许多打着她的旗号销售的品牌。我们可以看到，这些年来，为了更新她的外貌，她的形象发生了很多变化。我们也可以在柯达的标志上观察到同样的商标更新。

1936 1955 1965 1968

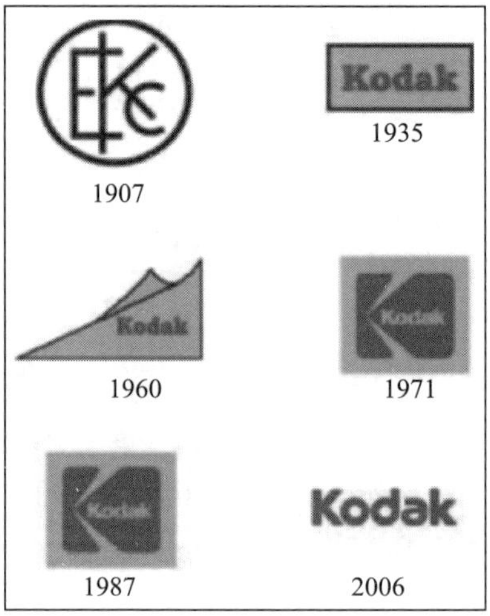

二级品牌的过时

在第5章中，我们讨论了母品牌下的关系，如通用汽车，它的一个二级品牌，别克汽车，以及在别克产品线的特定型号 Enclave。我们已经注意到，口号、词汇或符号，如果从属于一个基础商标，往往寿命有限。在我们看来，一个合乎逻辑的假设是，子品牌的寿命会比母品牌短，因为在特定的产品层面上，影响品牌寿命的因素要比在整个企业层面上的因素多得多。

经济过时

经济过时（Economic Obsolescence）反映了品牌本身以外的因素对市场价值的影响。只有当专用于商业用途的资产能够对该业务的收益做出贡献，并且这些收益对所有商业资产提供合理的回报率时，它才能实现完全的市场价值。因此，一个品牌的市场价值在一定程度上取决于其自身环境之外产生的因素。一项资产的市场价值可以因其业务的经济原因而显著降低。资产降级的程度取决于资产的类型。

个别资产（如无形资产和知识产权）可能会遭受相当大的损失，因为它们在特定业务之外几乎没有什么用处。其他具有普遍用途的资产，其价值可能只会受到一些成本性花费的影响，这些成本包括将该资产从企业中移除、运输及在新企业和新地点进行配置以供更有利可图的行业使用。

举个例子，假设一家餐厅在三个不同的场景下。这家餐厅已经在同一个地方经营了 20 年。这三种情况是：

1. 老板生意做得很好，但他想卖掉企业，因为他想退休。他正在卖出一个赚钱的企业，足以证明买方的投资是合理的，该投资等于土地和建筑物的当前市场价值加上商标和其他无形资产的价值。该企业的市场价值可能是 80 万美元。

2. 老板在这项业务上赚得很少，为了把收益投资到其他地方，他想把它变现。结果：老板提供了一个边际业务。一个潜在的买家可能会觉得他或她可以通过更有效的经营获得成功，或者他或她会将地点转换成另一种类型的经营。在这种情况下，买方对实物财产感兴趣，不会认为商标等任何无形资产具有重大价值。这样的买家也可以用转换成新的餐厅需要另外投入成本来降低售价。市场价值可能是 50 万美元。

3. 老板在赔钱，这个地方也不适合经营餐馆了。结果：必须将位置提供给另一个用户。价格很可能等于土地的市场价值加上建筑物中可供其他用途的任何价值。在一个极端的情况下，这栋建筑可能没有价值，或者交易的价值可能会因为腾出土地供其他用途而拆除这些设施而降低。商标及其他无形资产价值为零。该资产组合的市场价值可能为 25 万美元。

这三种情况的区别在于出售资产的盈利能力。在固定资产中，物理折旧和功能折旧在每一种情况下都是相同的。经济折旧是价值的决定因素。如果企业财产在继续使用时不能以假定的公平市场价值为投资取得合理回报，那么公平市场价值将至少部分地以清算为前提。在这种假设下，无形资产的价值可能微乎其微。因此，我们不断被提醒，企业和企业内部的私有资产的公平市场价值取决于它们的盈利能力。商业地产的公平市场价值与其盈利能力之间有着不可摧毁的联系。

柯达的例子也是经济过时的一个例证。直到停产的那一天，柯达仍在继续履行其“品牌承诺”。该商标及其品牌属性均已足够优秀，并处于良好状态。这个品牌被一场无可奈何的技术“海啸”所征服。任何经济挽救措施都必须在高于单个产品的水平上进行。

经济过山车

“Snapple”冰茶是在20世纪80年代末由纯净食品公司（Unadulterated Food Products, Inc.）推出的，这家公司1972年由纽约布鲁克林的三个人合伙创立。创始人没有为他们的产品指定最初的公司名称，这可能是件好事。到1994年，Snapple的销售额升至6.74亿美元，公司被桂格燕麦公司（Quaker Oats Co.）以17亿美元收购。然而，作为桂格燕麦（Quaker Oats）饮料品牌的一部分，该品牌的表现并不是特别好。1997年，Snapple以3.09亿美元的价格卖给了Triarc。该品牌后来再次出售，现在是Dr. Pepper Snapple Group Inc. 拥有的50个品牌之一❶。

对于这个受欢迎的饮料品牌来说，这是一次有趣的经历。

在此背景下，我们可以研究哪些因素导致商标或品牌经济过时。通过了解这些因素，我们才有能力评估它们的经济寿命。这并不是在试图发明新的过时形式，只是一种现成的方法来确定过时的原因。我们把这些看作经济过时的子集，就像以前定义的那样。

事件引发的过时

我们使用这个术语来描述那些可能导致商标价值降低、缩短商标潜在寿命的事件，这些事件可能是商业交易，也可能是正常商标生命活动过程之外的事件。

产品质量

如果强生管理层没有及时有效地做出反应，针对广受欢迎的对乙酰氨基酚（俗称扑热息痛）止痛药泰诺（Tylenol）产品的投毒事件可能会危及其寿命。

兼并和破产

梅西百货（Macy's）和西联汇款（Western Union）的破产可能严重“损害”甚至终结这些历史悠久的商标的经济寿命，但其过程相当迅速，没有造成明显的损害。破产的具体影响将在第10章进行讨论。

并非所有的合并都进展顺利，并非所有企业的收购者对基础资产（包括商标）的价值都与其之前的所有者的认识相同。有时，有形资产、无形资产和品牌在收购后会被出售，以帮助偿还债务。它们并不总是能找到一个好的归宿。有时，不属于新公司主流的品牌会被放弃。一些品牌可能会在合并过程中消失。

美国机械铸造公司（American Machine & Foundry Co.）成立于1900年。

---

❶ Stephen Miller, "Snapple Guy's Overnight Success Took Decades," *Wall Street Journal*, May 23, 2013, B1. See also http://www.drpeppersnapplegroup.com/brands/.

在疯狂并购的20世纪60年代，它加入了这场竞争，收购了几家娱乐和休闲设备公司，如Alcort，Head Ski Co.，Inc.，以及North American Rockwell Corp.的Marine分部。并于1969年收购了美国标志性摩托车的制造商哈雷戴维森（Harley－Davidson）。1970年，美国机械铸造公司更名为AMF公司。由于多元化和大量并购，AMF在当时没有给予哈雷足够的关注，哈雷赖以为根基的密尔沃基（Milwaukee）商业文化与纽约的AMF并没有像两个法律实体合并那样顺利融合，而AMF只是将它集中的大规模生产能力塞给了哈雷。

其结果是，低劣的质量加上来自日本的竞争使哈雷戴维森摩托车在市场上受到了双重影响。该公司的商标，如同预料的那样，也受此波及。除此之外，企业的忽视也使仿冒者和冒牌艺术家乐享其成。正如当时的首席财务官蒂莫西·K.霍尔特（Timothy K. Hoelter）所描述的那样："当时，哈雷戴维森商标面临着与Escalator和Aspirin（阿司匹林）一样的巨大风险，因为它被未经授权的人肆意使用。"❶

1981年，AMF将哈雷戴维森卖给了它的管理层，公司开始了一项改善质量、重塑形象和强化商标的计划。到1994年，销售量增加到12亿美元，共售出9.2万辆。2012年，24.8万辆产品的销售额为49亿美元，其中8.7万辆销往海外。这是一个真正成功的品牌拯救故事。但这背后也同时是一个品牌恶化的故事。这样的事情"的确"在发生。

通用性

如果一个商标被判定为日常语言的一部分，一旦受到质疑，它的法律保护就可能会丧失。这已在第1章中进行了详细的论述。这种威胁并非十分遥远。每个商标所有人都努力让自己的品牌挂在相关市场的每个人的唇边。这些努力越成功，品牌被大众日常使用的可能性就越大。我们提供了几个例子：

- 在*Firefly Digital Inc.*诉*Google Inc.*案中，法院裁定Firefly的两个商标"Gadget"和"Website Gadget"为通用名称。法院在通用性分析中考虑了几个因素，包括：竞争对手无异议的一般性使用、原告的一般性使用、词典定义、媒体使用、贸易和消费者调查中的证词❷。
- 在*Miller's Ale House, Inc.*诉*Boynton Carolina Ale House, LLC*案中，法院重申"Ale House"是通用名称，并认为原告知道该术语的通用性，因此需

---

❶ *Corporate Legal Times* 6, no. 51 (February 1996). Hoelter was referring to the possibility of the Harley－Davidson trademarks becoming generic.

❷ *Firefly Digital Inc. v. Google Inc.*, CIV. A. 10－0133, 2011 WL 4454909 (W. D. La. Sept. 23, 2011).

承担侵权索赔的律师费[1]。

• 在*Hershey Co.*诉*Promotion in Motion, Inc.*案中，好时公司（Hershey Co.）是幸运的，因为法院裁定，好时的“kiss”商标在通用性分析中幸存下来。法院考虑了许多因素，包括民意调查、许可情况和私人标识，但主要是根据调查中显示的公众看法做出的判决[2]。

技术/产品过时

我们了解到，芯片制造商为了缩短投放市场的时间，在同时开发几代集成电路。因此，我们正在使用的计算机每分钟都在过时。与这些技术过时的产品相伴的商标呢？这完全取决于我们所说的“荣辱与共”。与通用性一样，品牌所有人也面临着一把双刃剑。在努力使商标与特定的产品或服务不可分割地联系在一起，使其购买成为一件无须思考的事情之后，所有人只能眼睁睁地看着商标随着技术过时的产品被遗忘。当然，有些产品或服务可以从容地从一项技术过渡到另一项技术，与它们相关联的商标也是如此。有些商标的定位可以跨越相当大的技术鸿沟，于是它们持久而永恒。IBM商标成功地跨越了从穿孔卡片处理到大型机，再到服务的技术鸿沟。15年前，当这本书的第一版出版时，我们想知道“ThinkPad”笔记本电脑品牌（当时称为IBM）将如何发展，因为它与一个高科技、快速发展的产品有着如此紧密的联系。“它的产品聚焦更窄”，我们当时指出，“或许笔记本电脑将演变成我们说话的手持设备，而那个商标将不再合适，也无法弥补这一差距。时间会告诉我们答案”。巧的是，IBM将笔记本电脑产品线卖给了联想，而联想选择延续ThinkPad品牌，将其与自己的品牌相联系。

将品牌与产品紧密联系在一起，并不一定会缩短品牌的经济寿命。在某些情况下，效果正好相反，如下面的例子所示。

Gore-Tex的例子与我们在个人电脑上看到的英特尔公司的“内含英特尔”（Intel Inside）商标没什么不同。它提醒我们注意一个品牌，否则这个品牌就会被隐藏在设备内部，不为人知。显然，如果我们对这款设备感到满意，英特尔公司自己的品牌也得到了增强。

辉瑞公司是抗胆固醇药物立普妥的制造商，立普妥一直是最畅销的药物。

---

[1] *Miller's Ale House, Inc. v. Boynton Carolina Ale House, LLC*, 09-80918-CIV, 2011 WL 855276 (S. D. Fla. Mar. 9, 2011).

[2] *Hershey Co. v. Promotion in Motion, Inc.*, CIV. A. 07-1601 SDW, 2011 WL 5508481 (D. N. J. Nov. 7, 2011).

立普妥疗效可靠，在专利保护期间建立了非常强大的品牌声誉。辉瑞目前的战略是继续将立普妥作为处方药和非处方药销售，利用该品牌的声誉来缓解专利到期后销售的突然下滑。

技术/商标共生

1958 年，威尔伯·李·戈尔（Wilbur Lee Gore）和他的妻子成立了一家公司，目的是开发一种绝缘电线。大约 10 年后，他的儿子在这家公司工作，完善了制造防水、透气塑料织物的方法。他们叫它“Gore - Tex”。它的第一个应用是作为伤口敷料。此后不久，这种布料引起了服装制造商的注意。他们发现，对于防水外衣来说，这种材料具有独特的排水性能，同时还能让衣服透气。这些衣服比当时的防水雨衣舒服得多。

戈尔的公司 W. L. Gore and Associates, Inc. 仍然在生产 Gore - Tex。它的基础专利保护已经过期很久了，市场上也有一些有竞争力的膜材料。然而，戈尔先生是一位精明的商人。当他同意将自己的 Gore - Tex 卖给服装制造商时，他要求他们通知零售采购商该服装中包括 Gore - Tex。这是通过在每件衣服上挂一个“吊牌”来实现的。这样做消费者才能了解这种新材料，否则其就会被隐藏在夹克或外套中，不为人知。我们被引导去寻找包含 Gore - Tex 的产品，因为它们真的很有效果。Gore - Tex 品牌延长了制成品的经济寿命，远远超出了它们原本可能达到的水平。

图表 6.2 形象地说明了利用知识产权组合来延长市场地位的经济寿命这一概念。

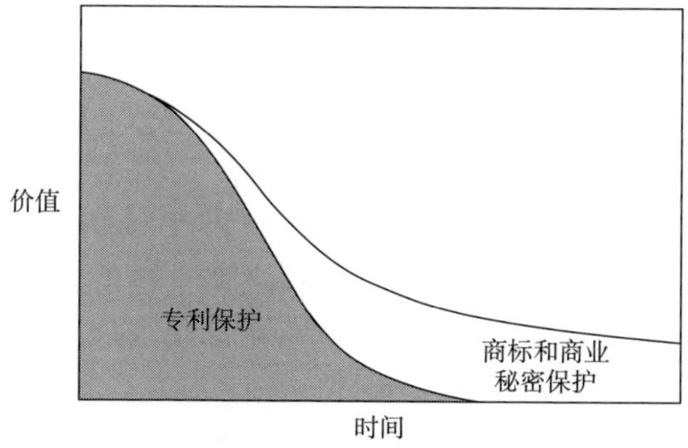

图表 6.2　技术/商标寿命延长

文化过时

几年前，在好几个州，“Crazy Horse”牌麦芽酒的销售引发了一场争议。历史上，奥格拉苏（Oglala Sioux）部落的一位首领叫 Crazy Horse，他反对喝酒，他的后代也抗议在啤酒上使用这个商标。这是许多关于使用印第安人的图像和名字作为商标争议的一个例子。这是我们对宗教、种族和性别问题日益敏感的一个例子。商标要朗朗上口、时尚、明亮、引人注目、有吸引力、适用于多领域，但必须政治中立。这并不总是那么容易的。

此外，还有环境和健康问题需要应对。不管里面的东西有多安全，给一罐油漆贴上 Acme Lead 公司的标签都不是一个好主意。我们也不再戴带有“镭刻度盘”的手表了，尽管可能也不再使用镭来产生必要的荧光。“Marlboro”（万宝路）香烟盒现在必须印有卫生局局长的健康警告，这是否削弱了该商标的效力？

今天，商标“必须”具有国际性。也就是说，由于市场没有国界，它必须在世界上所有语言的母语体系下考虑。它还必须与世界的文化和习俗保持一致，至少不要和它们发生冲突。

在品牌的世界里，语言是一个一直存在的问题。全球范围内，宜家（IKEA）的许多产品都使用瑞典名字。该公司发现，当泰国员工在其曼谷门店念这些词时，其中一些听起来像是粗鲁的泰国语。可以采用一些培训解决这个问题[1]。

当一个商标具有某种与我们不断变化的文化习俗相悖的特征，或者陷入争议时，它的生命就可能处于危险之中。如果所有人不能对其进行修改以改善其不受欢迎的特性，或者不可避免地与之联系在一起的产品或服务“不得不被放弃”，那么商标也可能不得不被放弃。

预　测

所有的估值都是前瞻性的。只有当我们断定过去的行为或表现预示着未来时，我们才对过去感兴趣。否则，我们的重点完全在前方。估值也是根据特定的时间点进行的，所以我们假设我们是站在品牌创立到消亡之间的某个时间点。

然而，仅仅知道一项资产的年龄并预测该资产将继续存在多久，不足以计算其价值。在前面关于汽车的例子的基础上，假设我们的汽车已经使用了三

[1] James Hookway, “IKEA’s Product Names Make Shoppers Blush in Thailand,” *Wall Street Journal*, June 5, 2012, A1.

年，并且我们希望继续使用五年。这些信息不足以使我们估计其目前的价值。当汽车是新的时，它可以可靠地做我们要求它做的任何事情。随着汽车接近第八个年头，毫无疑问，它将变得不那么可靠，而且可能因为窗户打不开或空调无法正常工作而导致功能受损。因此，汽车所能提供的服务并不一定会随着时间的推移而同步变化。就估值而言，我们更感兴趣的是汽车所能提供的服务的数量和质量，或者就一个品牌而言，汽车所能产生的经济效益。我们可以在图表 6.3 中说明这个概念。

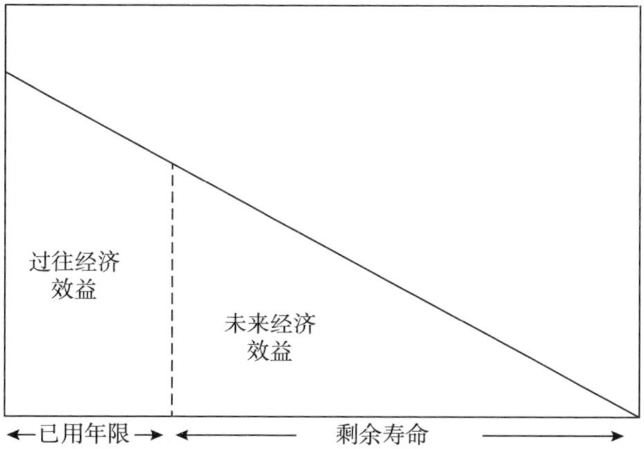

图表 6.3　经济效益持续时间和模式

在图表 6.3 中，虚线表示我们估值的点。假设目标资产已有寿命为 3 年，预期剩余寿命为 5 年。资产未来的经济效益由估值点右侧曲线下的面积表示。资产在估值之前所产生的经济效益由测量点左侧曲线下的面积表示。在这个图中，这两个区域看起来差不多相等。因此，我们可以得出结论，就其所能提供的总经济效益而言，这项资产处于中年。然而按时间顺序，它只活了寿命的 3/8。

这幅图还表明，我们预计未来的衰退将出现在一条"直线"上。实际的事实和情况很少有这种规律。图表 6.4（a）、（b）和（c）显示了更常见的经济寿命下降模式。

这些经济寿命模式对于以 100% 的价值开始的资产来说是典型的。例如，一台印刷机，一旦安装并投入运行，就处于其最高值，而该值只会下降❶。图表 6.4（a）所示的是有形资产的典型模式，有形资产的经济寿命主要由实物恶化所控制。（b）中所示的模式对该类资产也很典型，即在其使用寿命的较后阶段受到功能和经济过时的影响。（c）中所示的模式通常是由无形资产表

❶ 在极少数情况下，有形资产会因稀缺而增加市场价值。

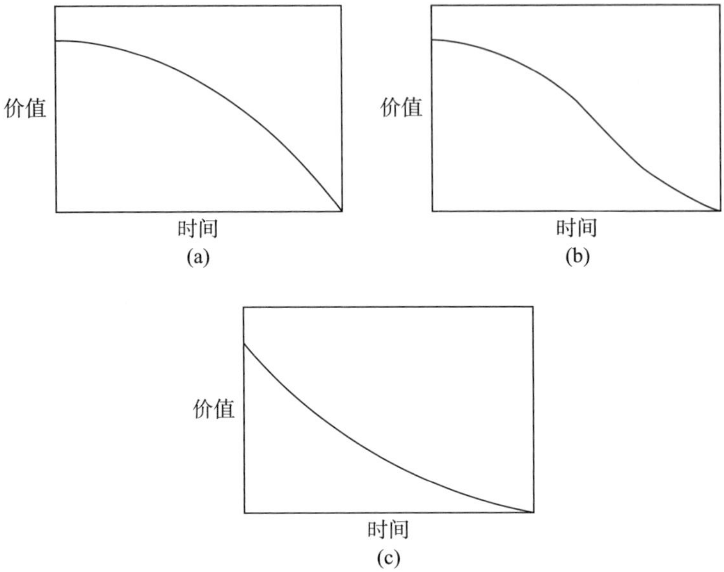

图表 6.4　典型的经济寿命模式

现出来的，例如客户关系、抵押贷款账户或人力资源组合，在一定程度上“出生即死亡”。

当我们评估这些类型的资产时，我们只处理经济寿命衰退的一面。由于它们的性质，当我们遇到这类有形和无形资产时，我们知道其市场价值根本不可能增加。因此，我们关注的只是其价值以何种预期形态下降。

存活曲线和历史寿命研究

1935 年，当时的爱荷华州立大学爱荷华工程实验站在第 125 号公报上发表了《工业产权报废统计分析》（*Statistical Analysis of Industrial Property Retirements*）。这份公报被许多人视为该领域的开创性著作。在 1967 年版中，Harold A. Cowles 教授写道：

> 通过对数十万人死亡时年龄的观察和分类，精算师建立了死亡率表，可以准确地确定人类的平均寿命和任何年龄的预期寿命。同样，工程师和工业统计学家也汇编了许多类型工业产权资产的历史寿命和报废年限，使他们能够从中预测仍在使用的类似资产的可能寿命。这种对寿命的预测用于单个资产或一小组资产时可能有相当大的误差。但是，如果将物业的使用条件考虑在内，并基于工程师的专业判断对其进行评估，误差的概率就

会降低❶。

这项分析的结果之一是提供了一些可用于确定资产经济寿命的方法。这些方法也可用于评估某些类型的知识产权的经济寿命。然而，所有这些方法都有一个共同的基础：

> 工业产权预期剩余使用寿命的估算从来都是基于工程师或技术上有能力的评估师经过深思熟虑的判断，这一点不会改变。判断是通过对过去和现在寿命特征的了解，以及它们将如何受到预期未来条件的影响来进行的。值得注意的是，评估的起点是对过去经验的了解❷。

通过对一组资产的报废数据分析，总结出存活曲线，图形化地描述该组资产预期寿命和模式。曲线的纵坐标表示该组资产存活的百分比（或数量）。横坐标表示时间的流逝。图表 6.5 显示了一个典型的存活曲线。

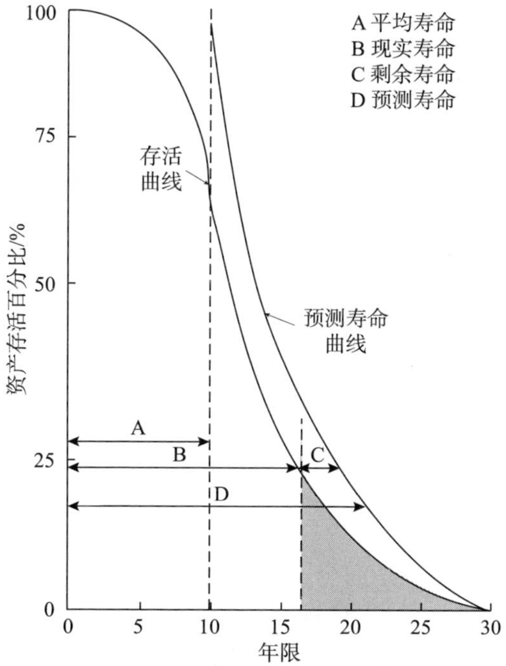

图表 6.5　典型存活曲线

资料来源：John Wiley & Sons，Inc.。经允许转载。

---

❶ Winfrey Robley, *Statistical Analysis of Industrial Property Retirements*（Ames，IA：Engineering Research Institute，Iowa State University，1967），1.

❷ Winfrey Robley, *Statistical Analysis of Industrial Property Retirements*（Ames，IA：Engineering Research Institute，Iowa State University，1967），2。

存活曲线本身是一个反向的S形。如图所示，对于一组资产来说，在生命的开始阶段，报废的很少。随着年限的增长，报废变得逐渐频繁（曲线斜率更陡）。接近寿命的终点，报废的频率再次降低。如果要绘制报废频率曲线，会得到钟形曲线。

曲线下的总面积表示整个资产单元组在其生命周期内提供的服务总量。

平均使用寿命是曲线下的面积除以100%，以年为单位表示。在图表6.5[1]中，对于年限为零的组，其就是距离A，10年。存活曲线与剩余寿命曲线间的水平距离为剩余寿命（表示为距离C）。

对于一组已用年限为16年的资产（如距离B所示），剩余服务以阴影面积表示。

存活曲线表示一组资产使用寿命的持续时间和模式。它是从被分析的资产组的详细报废历史和生存数据中推导出来的。值得注意的是，虽然我们研究的生存模式是年限的函数，但年限本身并不是报废的原因。年限只是我们衡量报废原因的尺度，报废原因可能是不同的，比如磨损、客户不满或业务需求的变化。

虽然以上讨论集中在有形资产和某些类型的无形资产上，但它与我们对知识产权，尤其是品牌的讨论并不是不相干的[2]。我们应该记住，品牌代表着特定产品或服务的商标和属性。品牌与产品或服务紧密相连，其行为方式很可能与有形资产及有形产品类似。也就是说，如果我们观察到这样一种产品或服务的销量正在下降，未来的下降模式很可能与有形资产的存活曲线相似。

在某些情况下，我们通过分析确信，目标品牌已经完全成熟，而且即将转向衰落。这时，对资产生存的研究可能是有用的。

存活曲线和品牌

然而，就知识产权来说是完全不同的情况。知识产权往往从微不足道的价值开始，而不是“全部价值”。正如我们在前几章中讨论和说明的，品牌尤其如此。知识产权构成了或至少支持了产品和服务，这些产品和服务的生存或消亡取决于变幻莫测的市场，而市场的变化也可以把我们带到一个向上的方向。因此，我们不能只关注经济寿命模式的衰退，还必须考虑增长。

---

[1] 原文为图表6.4，译者更正为图表6.5。——译者注

[2] 有关存活曲线方法和推导的更完整的讨论，可参考Gordon V. Smith和Russell L. Parr，*Valuation of Intellectual Property and Intangible Assets*，3rd ed.（New York：John Wiley & Sons，Inc.），214－219.

预测增长

未来经济收益可以合理地推测为是源于品牌运用的无负债净现金流。这是可以被量化以表示未来经济效益的现值或市场价值的收益流。为了评估无负债净现金流量的“底线”，我们需要从销售收入的“顶流”开始，并找到位于它们之间的支出费用。我们大多数人更擅长预测支出，而不是销售收入。这可能是因为我们更容易理解支出的组成（人力、资本支出和融资成本），而对作为销售收入来源的“市场”是如何运作的，却不是那么容易理解。

因此，我们将重点放在销售收入的预测上。因此，我们接下来讨论一些方法和技巧来推导销售收入。

直接估算

在这种情况下，我们要考虑所有可能会在品牌的未来发展中对其产生影响的因素，并反映其未来时期的特定预测销售模式或某种总体增长模式。这种方法也可以称为专家协商预测法，这里所指当然只有一名专家。这种方法的一个更复杂的版本是将相关领域专家们的合理预测结果汇总在一起。

这种方法得到的是离散的估算值，因此通常用增长率［或者更精确地说，“复合年增长率”（compound annual growth rate，CAGR）］来表达对销售预测的看法。这个计算需要一个初始值乘以（1 + 增长率），每年的金额依此计算，如图表 6.6 所示。

CAGR示例
@12%

年	预测量
1	100
2	112
3	125
4	140
5	157
6	176
7	197
8	221
9	
10	

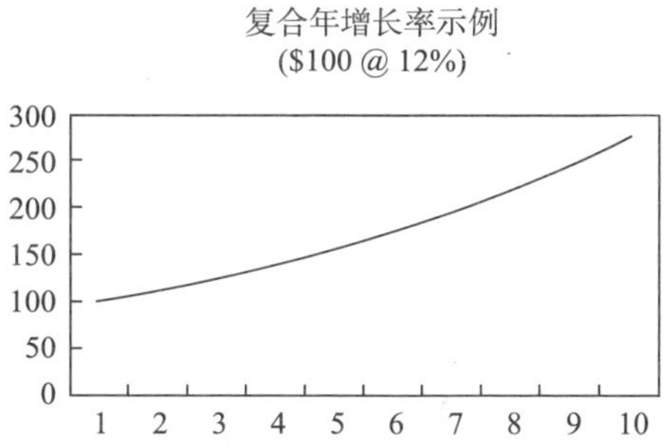

图表 6.6　复合年增长率的例子

根据未来情况，年增长率可以变化（例如，前三年的年增长率较低，此后八年较高，然后在随后的几年中再次降低）。根据我们的经验，这并不常见，但是确实有这种情况（参见图表 6.7）。

时期	预测收入	CAGR
1	$100000	3.00%
2	$103000	3.00%
3	$106090	3.00%
4	$109273	3.00%
5	$112551	3.00%
6	$123808	10.00%
7	$136187	10.00%
8	$149805	10.00%
9	$179766	20.00%
10	$215720	20.00%
11	$258883	20.00%
12	$310636	20.00%
13	$341700	10.00%
14	$358785	6.00%
15	$365960	2.00%
16	$365960	0.00%
17	$368641	−2.00%
18	$351468	−2.00%
19	$340924	−3.00%
20	$300697	−3.00%

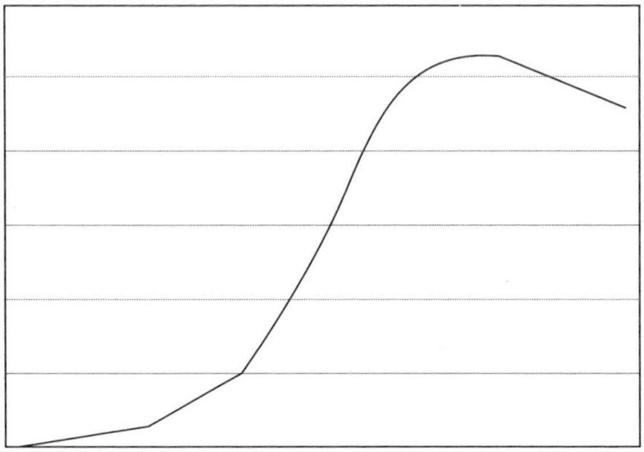

图表 6.7　复合年增长率有变化的示例

历史数据的外推

根据历史增长进行外推是一种相当常见的预测方法。有关历史增长的信息越多，预测结果可能就越好。例如，金融分析师试图预测反映美国股市走势的指数，他可以获得多年的历史增长模式以供观察。而预测衰退时期股市的表现则比较困难，因为历史数据是以年为单位分割的部分数据。

这种障碍经常出现在知识产权的估值方面，因为实际的历史数据难以获得，而且可能与预测问题缺乏可比性。事实上，许多情况下，根本没有历史数据可以作为指导，因为要研究的知识产权没有历史，而且与以前的知识产权也不相同。

然而，当历史数据可用时，外推法就是一个强有力的预测工具。幸运的是，就我们的目的而言，很少需要对一个全新商标进行评估，因此，最常见的情况是，至少有一些品牌的销售历史数据可以利用。这种分析和外推的方法有很多。其中最简单的一种是某种形式的回归分析，该分析中，通过实际数据绘制一条数学上被判断为“最佳拟合”的直线，并对其进行延伸，如图表 6.8 所示。

在这个非常简单的例子中，根据实际数据绘制的直线在数学上被判断为“最佳拟合”。它在实际数据点之外的延伸代表了对这个数据集未来的预测。如果我们认为这个数据集与我们的研究对象具有可比性，那么我们就可以利用直线的斜率来开始预测我们的研究对象。关于历史数据的分析和外推，有非常

回归法示例	
年	年销售额
1	2
2	4
3	3
4	6
5	5
6	8
7	12
8	13
9	15
10	18
11	
12	
13	
14	
15	
16	

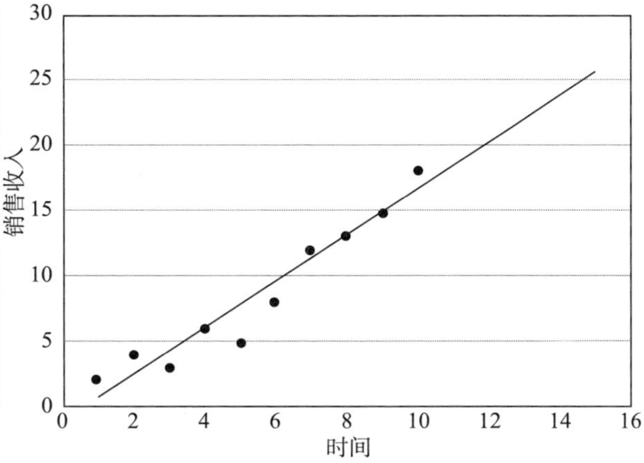

图表 6.8　用线性回归法对历史数据进行外推的示例

多的资料，读者可以参考❶。

替代数据

替代增长模式用于为上面提到的外推法和下文将要讨论的模型提供一些要素。该方法从研究与我们的关注对象具有可比性的品牌的历史增长模式开始。例如，如果我们要预测最近新推出的平板电脑的未来销售收入，显然需要收集市场上已有的几种平板电脑在过去的销售数据。这些替代增长数据用于拟合预测用的数学表达式，如“复合年增长率”（CAGR）或指数计算，再以目标品牌的销售为起点进行预测。

与任何历史数据一样，我们使用时需要确认这些历史数据中没有特殊的（可能会引起偏差的）情况。举个例子，我们可能会非常谨慎，避免使用市场上推出的第一台平板电脑的历史数据。后续市场进入者的销售数据可能更适合我们的目的。

模型增长模式

模型的形式可以有很多种，但是它们都试图模拟来自真实世界和实际数据的情况。由于我们关注的是对销售收入的预测，所以我们来看 S 型或反曲型曲线族。这些曲线（如图表 6.9 所示）图形化地展示了产品生命周期中的典型阶段。

---

❶ 参见，例如，Spyros G. Makridakis，*Forecasting Methods and Applications*，3rd ed.（New York：John Wiley & Sons，Inc.，1998）.

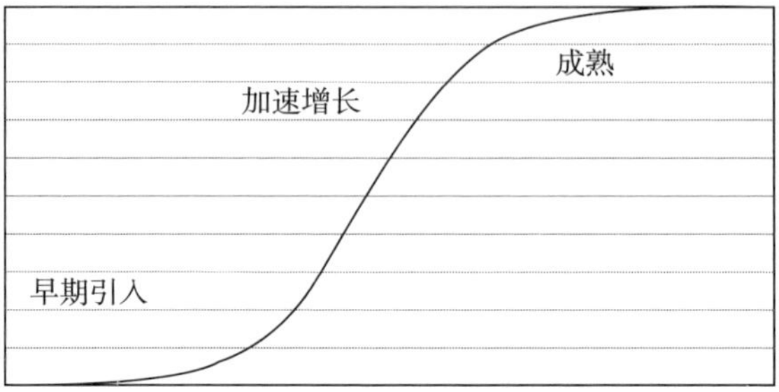

图表 6.9　典型增长模式

产品生命周期理论假设产品向经济的扩散模式包含四个阶段：（1）引入、（2）增长、（3）成熟和（4）衰退。

一般情况下的S曲线

该曲线并不是必须从零开始时，例如初创技术就是这种情形[1]。如果一个品牌处于商业化的早期阶段，已经有一些销售数据，这些数据可以作为拟合曲线的点，就可以获得最合适的曲线。这条曲线可以用来预测随后的增长。

使用S曲线是一种可行的替代方法，可以代替基于CAGR或直线外推法的预测，因为有证据表明，S曲线形状往往更符合现实世界的增长模式。

此模式结束的时间区间因行业和产品而异。它的跨度可能只有几个月，也可能长达十年。在新推出阶段，销售量通常较低，产品或服务定价较高。消费者并不了解新产品的优点，因此需要一个引导的过程。一旦优势被证实，产品或服务就会获得认可，并产生更多的销量。随着生产规模的扩大，生产技术可以得到改进。改进后成本的降低可以允许更低的售价，这有助于进一步扩大市场。如果该产品获得专利（如制药业），就可以保护高于平均水平的利润不受竞争对手的侵蚀。在没有专利保护的情况下，增长阶段的价格压力可能会影响初创阶段高于平均水平的利润率。成熟期，产品或服务的整体市场已经建立，工业生产的进一步渗透是缓慢的。价格压力可能会变得很大。随着技术的进步，新产品和服务的推出会侵蚀对现有产品的需求，衰退开始出现。价格压力和对产品需求的减少会导致产品或服务呈现出大宗商品的特征。

对技术开发的经典S曲线的理解，让我们得知这种曲线是由实际的观察发展而来的。如果我们把它们的使用与我们在发现事实阶段所积累的知识结合起

[1] 附录D对这种预测技术进行了讨论。

来，就成为预测的基础。下面几节将讨论这些类型的 S 曲线及其特性。

Gompertz 模型

Gompertz 模型通常被称为死亡率模型，因为它的创造者英国人口学家本杰明·龚珀兹（Benjamin Gompertz）在研究了人类的死亡率后，创建了这条曲线。在分析中，他发现随着人口年龄的增长，死亡率呈指数增长。Gompertz 模型的方程式如图表 6.10 所示。

$$\frac{\text{第}t\text{年的收入}}{\text{成熟期的收入}} = 1/[\exp(a\exp(-st))]$$

其中，a是位置系数，s是市场形状因子。

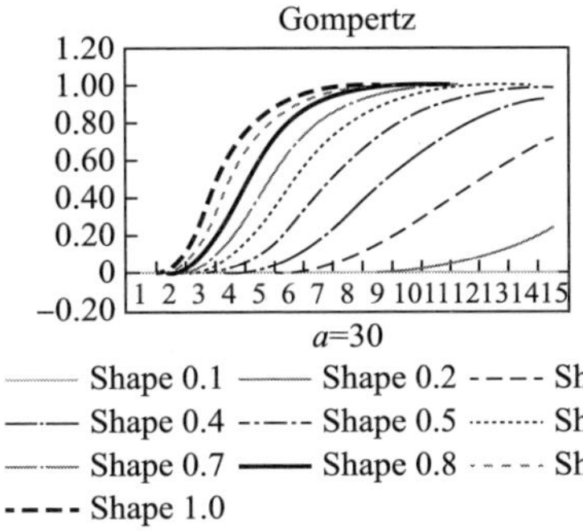

图表 6.10　Gompertz 模型

Gompertz 曲线的横向位置可以通过改变“a”值（位置系数）来调整，形状可以通过改变“s”值（市场形状因子）来调整。当“s”值较低时，曲线逐渐上升。随着“s”值的增大，曲线上升得更为突然，达到最大穿透深度。

Gompertz 模型经常被用来预测新品牌技术的市场渗透情况，该品牌正在取代已无明显优势的老旧品牌。这些情况主要是由现有产品或服务的消亡造成的，因此与死亡率有关。

Fisher – Pry 模型

Fisher – Pry 模型最初是由约翰·费舍尔（John Fisher）和罗伯特·普伊（Robert Pry）在 1971 年提出的，基于他们所谓的“技术变革的替代模型”。作者认为，这条曲线代表了一种技术取代另一种技术的模式，因为新技术具有明显的经济优势，比如平炉炼钢取代了 Bessemer 炼钢工艺。Fisher – Pry 模型的公式和示例如图表 6.11 所示。

同样，这个方程有两个主要的输入。第一个（“t_{50}”）是市场渗透率达到 50% 的年份，第二个（“s”）是市场形状因子。直观地说，改变 50% 渗透率发生的年份将使曲线水平移动。市场形状因子的作用是在高价值时产生更陡的曲线，在低价值时产生更平缓的曲线。

第t年的收入 / 成熟期的收入 $= 0.5[1+\tanh s(t-t_s)]$

其中，t_s是商场渗透率为s时的年限，s是市场形状因子。

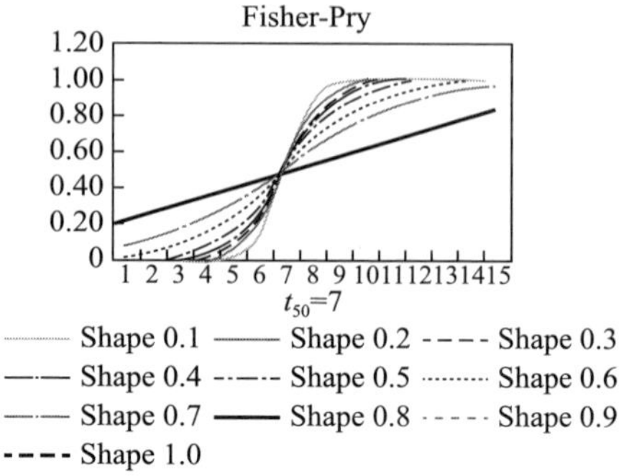

图表 6.11　Fisher - Pry 模型

大多数人认为 Fisher - Pry 模型适用于表征技术先进的产品的增长，这类产品采用未经验证的技术进入市场，随着早期购买者的报告取得成功，对产品支持机制的增强，市场渗透率也逐渐增长。

Pearl - Reed 模型

第三个 S 曲线模型在数学上与 Fisher - Pry 模型类似，但其曲线形态却与 Fisher - Pry 模型不同，而是类似 Gompertz 曲线，以不同位置系数和市场形状因子为输入参数的曲线互不交叉，但是由一个共同的起点开始。市场形状因子高的上升较快，位置系数高的向右移动幅度较大。Pearl - Reed 曲线如图表 6.12 所示。

第t年的收入 / 成熟期的收入 $= 1/[1-a\exp(-st)]$

其中，a是位置系数，s是市场形状因子。

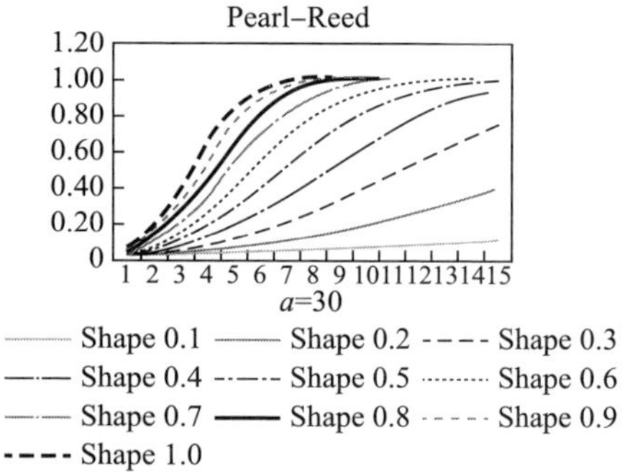

图表 6.12　Pearl - Reed 模型

Bass 模型

Bass 模型是建立在扩散理论基础上的，它反映了信息在社会中是如何分配的。人类依靠媒体和人际交流来了解新的产品和服务。人们对这些信息源的依赖程度各不相同。扩散模型试图举例说明一个潜在市场的累计百分比已被首次购买的新产品所吸收。与其他 S 曲线模型一样，我们预计新产品销售开始时将以缓慢的速度增长，之后以非常快的速度增长，之后增长速度逐渐放缓，甚至可能随着时间的推移而下降。Bass 模型与其他 S 曲线模型一样，是一种单次购买模型，通常用于预测只购买一次或不经常购买的产品的销售情况，比如耐用消费品。它的目的不是预测重复购买（如新牙膏产品）的销量，该类产品如果首次购买在买家眼中是成功的，那么重复购买可以推动销量快速增长。

Bass 模型结合了创新模型和 Fisher – Pry 的模仿模型，被设计为一种在新产品推出之前使用的预测模型，现已经被各大公司广泛使用。模型的数学公式和示例如图表 6.13 所示。

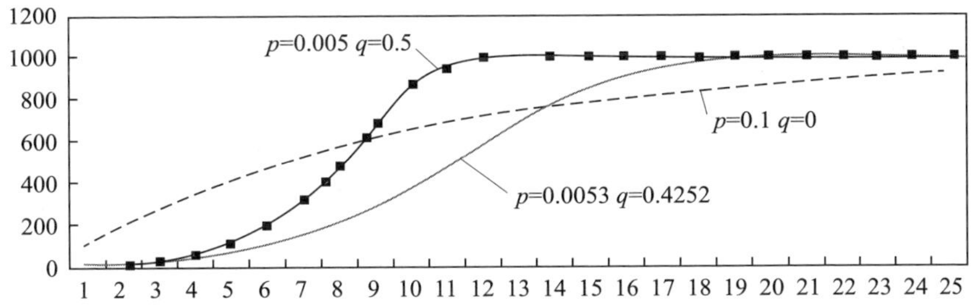

图表 6.13 Bass 模型

$Q_t = [(p + q \cdot (A/M)] \cdot (M - A)$ ❶

其中：$Q_t = t$ 时刻采用者数量或销售量；p = 创新系数；q = 模仿系数；M = 市场规模，或最终采用者数量或销售量；A = 到目前为止用户的累计数量或销售量。

“p”“q”系数的取值并不直观明显，但由于这条曲线的广泛应用，通过文献检索可以获得大量已经收集到的将系数与产品类型联系起来的经验数据。“p”是创新系数，也就是一个人因为媒体传播而开始使用某种产品的可能性。“q”是模仿系数，反映了一个人因为人际交往而开始使用某种产品的可能性。

读者可以参考附录 D 中对 Bass 模型的更全面的讨论，附录 D 是由罗格斯大学的 Richard A. Michelfelder 和 Maureen Morrin 研究和撰写的。

---

❶ 原文 Q_t 为 Q_3，译者修改为 Q_t。——译者注

经济寿命和模式小结

对本部分的总结：

- 经济寿命是指一项资产能够盈利的期限。
- 经济寿命在以下情况结束：(1) 使用资产不再有利可图（未来的经济效益被用尽）；或 (2) 当使用其他资产更有利可图时。
- 经济寿命的模式至关重要，因为早获得的经济效益会增加价值，而迟来的经济效益会降低价值。
- 除非永久性假定能够明显获得支持，否则“有升必有降”。预测工具可以帮助我们量化上升趋势与下降趋势。

风险因素

上一章中，我们讨论了可以用来估算品牌运用经济效益的分析方法。本章的第一部分，我们讨论了经济效益的经济寿命和其实现模式的预测方法。因此，我们已经将收益法中的前“四大”构成成分涵盖在内。最后一个成分是风险的量化。

投资者将“风险溢价”称为他们因承担风险而要求的超过无风险投资的实际回报率的额外回报金额，因为相比于无风险投资，他们有出现亏损或收益预期变动的可能。有人可能会说，未来总是未知的，但我们必须判断未来究竟有多大的未知程度。

通过之前的讨论我们意识到，像任何其他形式的知识产权一样，对品牌的投资并非没有风险。因此，现在的任务是对我们正在评估的品牌就投资相关的风险溢价发表意见。风险溢价是当可能出现亏损或收益预期变动时，投资者因其承担风险而要求的相比于无风险投资中的实际回报率更高的额外回报金额。

再一次，我们将自己置于虚拟买家的位置，我们仔细评估了购买目标品牌能够获得的未来经济效益的数量，得出了结论，并且我们对经济效益将持续多久以及我们希望获得经济效益的最佳模式也做出了预测。与实现经济效益相关的一些风险涉及以下问题：

- 它会增长到预期的水平吗？
- 它会持续到预期的时间吗？
- 它会比预期更不稳定吗？
- 是否需要大量增加投资？
- 是否会比预期更早停止？

- 它会比预期更晚开始吗？

大多数人考虑风险时，都是从定性的角度去思考，而很少尝试量化风险。然而，就投资而言，市场迫使我们对风险进行量化。市场告诉我们要为抵押贷款支付多少利率，购买共同基金能获得多少回报率，但这些数字必须与我们对风险的承受能力相协调。前面关于品牌经济寿命的讨论实际上就是风险因素的一种主观体现。现在我们用一些投资理论来量化这些风险因素。

在开始关于风险的讨论之前，我们先回顾一下企业无非是资产“组合”的这一概念。这是在第 1 章中介绍的，并且我们提及了资产组合中的资产各自具有与其所有权相关的不同风险。这一概念将在附录 C 的后半部分以及第 10 章中关于破产的讨论中进一步讨论。如果读者不熟悉投资风险的财务原则，我们建议您在继续阅读之前先阅读附录 C。一般而言，从货币资产到有形资产再到无形资产（包括商标），风险等级逐步从低到高。

白日梦（PIPE DREAMS）

我们曾经为一家工业经销公司的存货估值。这些存货构成了该企业货币资产的重要组成部分。之所以需要估值，是因为其财务困难。而存货告诉了我们财务困难的原因。这些存货包括各种类型、各种尺寸、质量非常高的不锈钢管。这些管是为核电站设计的，而该经销商已经为建设核电站储备了大量物资，但却没有核电站在建。因此，虽然货币资产具有较高的流动性和灵活的用途（在这种情况下，这些管可以以许多用途出售），但其价格却大幅下降。这些管的更普通的用途并不需要非常高的质量，因此，其能实现的价格（当前清算价值）将远远低于成本。尽管如此，一般来说，货币资产仍是企业中风险最小的。

货币资产被认为是企业资产组合中风险最小的资产，因为它们是通用的、流动性资产。虽然这是最普遍的事实，但读者应当注意，它并非绝对。

由于其他地方提到的原因，有形资产被认为具有中等风险。但读者需再次注意，有形资产的使用范围越窄，其所有权的风险就越大。

与无形资产所有权相关的风险通常是三种资产类别中最高的，因为无形资产在其产生的企业之外并不是很具有流动性或通用性的。此外，无形资产的所有权风险范围要大得多，在极端情况下甚至可能与货币资产或有形资产所有权的风险重叠。这是由于各类无形资产的特征各不相同造成的。

有人滑冰吗？

想象一下电子加速器的构造：重型混凝土建造、在地下、圆形、直径几百码（长度单位，1码≈0.9144米）。如果对电子加速研究的需求消失了，这种结构可以做什么呢？也许把它变成一个非常低效的地下水箱（或者溜冰场）？

然而，企业投资的风险与企业资产相关的风险之间存在联系。附录C中，我们讨论了量化企业风险的各种方法。这些方法是基于对市场上投资者过去行为的分析。如果我们的任务是评估整个企业，这些方法可以为我们提供相应的市场基准。这些方法帮助我们计算“加权平均资本成本”（WACC），WACC是表示与整个企业所有权相关的投资风险的回报率。

我们当前的任务是将这样的总体回报率与构成企业的单个资产（如商标）的适当回报率联系起来。附录C提供了一些适用于货币和有形资产的回报率基准，我们将在本讨论中使用这些基准，不再作进一步论述，只是提醒读者，根据前面的讨论，这些基准也必须严格审查。

无形资产的回报率必须由计算得出。一般来说，我们不能通过第三方市场交易来直接估算这些资产的回报要求[1]。我们只能对整个企业价格作合理水平的分配。然而，在这方面我们并非完全没有指导，因为我们从整个企业的WACC中了解整个企业的相对风险。我们也可以计算出整个企业的价值。所以我们知道整体价值，也知道它的“各”部分的价值，我们知道各部分之“和”必须与整体相等。

WACC是企业为了满足投资者对企业债务和股权的需求而必须实现的收益，因此得名“资本成本”。债务成本是公司必须为其借款支付的税后利息（税后，因为利息支出是从所得税中扣除的）。股权资本成本是指公司为了维持其股票在市场上的价值而必须产生的利润总额。将这两项资本成本加权在一起就产生了WACC。由于我们知道债务加股权的价值等于企业基础资产的价值，因此基础资产组合所需的回报率等于WACC。

读者也可以参考附录C（附录C.1和C.2）。现在我们可以更进一步，将WACC分配给无形资产类别中的单个资产（见图表6.14）。

---

[1] 这并不是说商业人士和投资者对这类资产的回报要求没有意见。决定是否为自己的企业投资开发这些资产的业务人员可以在决策中使用“最低预期回报率”或其他基准。风险投资家的回报率应该说是早期无形资产风险－回报的测算指标，而不是成熟和经过验证的无形资产或知识产权的测算指标。

图表 6.14　在资产之间分配 WACC❶

资产类型	资产价值	在企业价值中的占比	要求回报率	加权平均资本成本（WACC）
净营运资金	2776	7.4%	2.7%	0.2%
有形资产	14654	39.1%	5.7%	2.2%
无形资产				
计算机软件	2000	5.3%	11.0%	0.6%
人力资源	3000	8.0%	13.0%	1.0%
专利技术	5000	13.3%	25.0%	3.3%
品牌	10080	26.9%	14.5%	3.9%
总计	37510	100.0%		11.2%

我们看到，在给定这三种资产类别的相对价值相同的情况下，“计算机软件”“人力资源”“专利技术”和“品牌”的要求回报率分别为11.0%、13.0%、25.0%和14.5%。在无形资产分类中，我们认为软件风险最小，专利技术风险最大。这里我们必须开始运用上一节关于经济寿命中所提出的判断。为了做到这一点，很明显，我们需要看一下企业作为一个整体的性质，以及组成它的其他资产的性质，以便衡量它们对品牌资产风险的可能影响。

如果资产分类的相对值发生了变化，单个资产的回报要求也会发生变化（见图表6.15）。

图表 6.15　资产间 WACC 的替代分配

资产类型	资产价值	在企业价值中的占比	要求回报率	加权平均资本成本（WACC）
净营运资金	2000	5.3%	2.7%	0.1%
有形资产	15430	41.1%	5.7%	2.3%
无形资产				
计算机软件	2000	5.3%	11.0%	0.6%
人力资源	3000	8.0%	13.0%	1.0%
专利技术	5000	13.3%	25.0%	3.3%
品牌	10080	26.9%	14.0%	3.8%
总计	37510	100.0%		11.2%

在这种情况下，如果价值从净营运资金转移到有形资产，商标的要求回报率则从14.5%变成14.0%，其他一切保持不变。

---

❶ 此图表原文刊印错误，译者根据文字推测更正。——译者注

看起来，这道题似乎有好几个未知数，在电子表格技术的帮助下，可以用任何一种方式得出结果。然而，实际情况并非如此，这一过程中隐含着制衡机制，由“投资常识”所主导。

举个例子，如果资产之间的价值转换需要40%的品牌价值回报，那么我们的常识应该开始敲响警钟。为什么商标资产的风险要远远高于整个业务的风险呢？答案可能是商标在诉讼中受到了挑战，其结果是有疑问的。其他的答案就不那么令人满意了。如果商标扩展到业务体现了一个新的和未经测试的产品或服务上，那么整个业务将有更高的风险率，所有的资产都将面临更高的风险要求。

如果价值在资产之间的转移使得商标资产需要5%的回报率，警钟将再次响起。商标能像现金一样灵活多变吗？不太可能。

这种不协调引发了重新分析：

- 企业价值是否有误？
- 企业WACC是否有误？
- 用作基准的可比公司组是否具有可比性？
- 资产价值是否正确？
- 是否有资产被无意中遗漏？
- 是否有导致过时的因素被忽视或估算得不合适？

我们还必须记住，企业内部的一些资产将使用成本法或市场法进行估值，这些方法是这一过程的外生因素。这些资产的价值有助于减少未知数的数量，但如果它们的价值不合适，则需要重新评估。

对一个品牌合适的折现率发表意见似乎是一项艰巨的任务。然而，我们建议，对我们刚刚说明的加权平均资本成本进行分析，可能是一个有用的起点。它的优点是确保所有的部分都能匹配起来。根据我们之前的讨论，一个品牌的折现率更接近于股权回报率，而不是债务回报率，这一点变得越来越清楚，因为正如我们之前指出的，品牌和其他知识产权通常是由股权资本创造的。

我们经常发现最好从品牌所有公司的股权成本开始，然后列出所有我们调查中可能会增加品牌运用的风险因素，之后再列出所有有助于降低风险的因素。此外，可以关注风险范围的外端点。这个生命力如此长久、实力如此强大的品牌，它的风险与该公司整个资产组合（如WACC）的风险相当吗？或者，在风险如此之大的环境下，这个新兴品牌是否应该承担风险资本的风险？在这两种极端情况下，任何一个品牌的折现率都是非常罕见的。

商业地产评估师往往可以“回归”到市场交易中隐含的折现率。读者参考附录A会看到，如果知道净现金流量的数量、持续时间和模式，如果知道现值（交易价格），那么就可以计算折现率。因此，如果存在商业地产的市场交易，往往可以合理准确地估算未来的净现金流量，并从中提取出买方心目中折现率的一些指标。不幸的是，在品牌出售的情况下，这种程度的信息并不容易确定。

然而，归根结底，很明显，折现率的选择基于主观测算。

风险的多面性

我们中的多数人都厌恶风险。我们倾向于用错误的眼光看待事物，倾向于保守主义，尤其是在对未来进行预测时。我们发现，当评估结果将被用于与重大商业投资相关的决策时，或者当评估结果将在某种敌对气氛中受到审查时，情况尤其如此。

如果读者回顾一下这一章和前一章，你会清楚地看到，这四种收益法的要素都可以显著地改变估值的结果。在很多方面，我们描述的可以改变未来经济效益的数量，剩余寿命，以及它将被接受的模式的很多因素，事实上就是风险因素。举个例子，如果我们观察到不可预见的负面结果的可能性很大，或者在特定的情况下仅仅是出于保守主义的动机，我们可以如此应对：

- 我们可以将未来经济效益总额降低到最低的合理估算值。
- 我们可以把估算的剩余经济寿命截短。
- 我们可以将经济效益的实现推向更远的未来。
- 我们可以提高风险率。

最后，请读者注意附录 E。我们的同事威廉·墨菲（William Murphy）发表了一篇题为《商标资产估值中的不确定性和不可估量性的处理》（*Dealing with Uncertainty and Immeasurables in Trademark Asset Valuation*）的论文。这是一篇非常全面且可读性非常强的论文，讨论了商标估值中量化风险的一些复杂技术。

不要重复计算风险

我们的信念是，最好把注意力集中在风险率要素上，以描述我们对未来的看法，无论是正面的还是负面的。让未来经济效益的“量”、剩余的“经济寿命”和它的实现“模式”，反映出我们最好的、理性的判断，尽可能不受积极或消极的主观情绪的影响。

小　结

本章的重点包括：

- 经济寿命是指一项资产能够盈利的期限。经济寿命结束时：
  - 使用该资产不再有利可图（未来的经济效益已经用尽）；
  - 使用其他资产更有利可图。
- 估值具有前瞻性，预测是不可避免的。
- 有许多公认的工具和外部数据可以帮助预测。
- 企业所包含的每一项资产都有自己的风险状况。
- 风险系数的本质是判断我们预测成真的可能性。
- 不要重复计算风险，一次就够了。

第 7 章 收益法

将所有要素结合起来

既然我们已经掌握了估算收益的四种要素的方法，我们就可以通过示例来说明这些要素是如何结合在一起来计算未来经济效益的现值的。

第 4 章探讨了商标价值评估的成本法和市场法。虽然我们不排除依靠这些方法的可能性，但经验告诉我们适用于这些方法的情况很少。因此，在第 5 章和第 6 章中，我们集中讨论了收益法，这一章将完成该讨论。

利用剩余价值进行商标估值

根据第 2 章和第 3 章所述的原则，也许最直接的商标估值方法是使用剩余价值。这可以用数学方法描述为：

$$V_{tm} = V_{be} - V_m - V_t - V_{ia}$$

其中 V_{tm} = 商标价值。

V_{be} = 企业的价值。

V_m = 货币资产的价值。

V_t = 有形资产的价值。

V_{ia} = 其他已确认无形资产的价值。

这种方法的优点是简单易懂。它的缺点是需要将应当减去的企业资产价值量化。我们必须保证所有这些资产都已被确认，并得到合理估值，只有这样，剩余的价值才能代表真正的商标价值。

使用溢价进行估值

在图表5.3和图表5.4中，计算了属于商标的收益。收益估算的基础是商标产品或服务在市场上获得的溢价。该商标的价值可以通过计算属于其收益的现值来确定，见图表7.1。

图表7.1　商标价值——溢价价格优势

	1	2	3	4	5	总计
S&R企业溢价产品销售						
预期销售量（百万）	12410	12530	13454	13896	14458	
单价（美元）	2.49	2.49	2.49	2.49	2.49	
销售收入（百万美元）	30900	31200	33500	34600	36000	166200
S&R企业以普通产品价格						
预期销售量（百万）	12410	12530	13454	13896	14458	
单价（美元）	2.19	2.19	2.19	2.19	2.19	
销售收入（百万美元）	27177	27441	29464	30431	31663	146176
归入IP的收益（百万美元）	3723	3759	4036	4169	4337	20024
归入商标的收益（百万美元）	3723	3759	4036	4169	4337	
减：所得税（百万美元）	1489	1504	1614	1667	1735	
归入商标的税后收益（百万美元）	2234	2255	2422	2501	2602	
税后收益的现值（百万美元）	2092	1853	1745	1581	1443	
总现值（百万美元）	8715					

这是对5年税后收益的直接折现，可归因于溢价价格优势。这个计算表明其市值为87.15亿美元[1]。

在这个例子中隐含了几个非常重要的假设：

• 溢价优势将直接体现在“底线”（the bottom line）上。也就是说，每一美元的价格优势都会使税前收益增加一美元。但并非所有情况都是如此。有溢价的产品或服务相较于其他产品，在制造成本、广告支出或销售及推广支出上需要更多的资金支持。在进行以上所示的计算之前，必须考虑这种可能性。

• 为了简化，这里仅预测了五年。价格优势很有可能会超过或低于这一水平。应当根据其优势的具体情况判断分析。例如，我们之前已讨论过竞争的

[1] 原文为$8715（8715美元），译者更正为87.15亿美元。——译者注

出现会导致溢价被侵蚀。

- 上述计算假设所有可归于目标商标的收益均可由该方法捕获，但情况可能并非总是如此。以普通价格销售产品的公司也可能拥有有助于其盈利的商标，因此可能会有更多的收益归于 S&R 企业商标。这种方法可能低估了商标的价值。
- 年现值以 14% 的折现率计算，为税后金额/ $(1+0.14)^{0.5}$。0.5 的时值看起来似乎不合适，但这是一种计算上的“半年惯例”，即假定所有的钱都将在年中收到，其结果更接近典型的持续经济效益流入。

在开始研究下面的例子时，读者应当注意这些假设。在某种程度上，它们适用于所有情况。

利用总利润优势进行估值

在图表 5.6 中，我们计算了由于 S&R 商标在制造成本中产生的规模经济而产生的收益流。这反映在 S&R 毛利率优势上。与前面提到的计算类似，我们可以通过现值计算来估算市场价值（见图表 7.2）。

图表 7.2　商标价值——总利润优势

	1	2	3	4	5	总计
S&R 企业						
预期销售量（百万）	12410	12530	13454	13896	14458	
单价（美元）	2.19	2.19	2.19	2.19	2.19	
销售收入（百万美元）	27178	27441	29464	30432	31663	146178
已售商品**单件**成本（美元）	0.73	0.73	0.73	0.73	0.73	
已售商品成本（百万美元）	9059	9147	9821	10144	10554	
总利润（百万美元）	18119	18294	19643	20288	21109	97452
毛利率						66.67%
可比公司						
预期销售量	750000	780000	811200	843648	877394	
单价（美元）	2.19	2.19	2.19	2.19	2.19	
销售收入（美元）	1642500	1708200	1776528	1847589	1921493	8896310
已售商品单件成本（美元）	0.81	0.81	0.81	0.81	0.81	
已售商品成本（美元）	607500	631800	657072	683355	710689	
总利润（美元）	1035000	1076400	1119456	1164234	1210804	5605894
毛利率						63.01%
S&R 企业						
销售收入（百万美元）	328500	341640	355306	369518	384299	1779262

续表

	1	2	3	4	5	总计
已售商品成本**优势**	3.65%	3.65%	3.65%	3.65%	3.65%	
归入IP的总收益（百万美元）	12000	12480	12979	13498	14038	64996
归入商标的收益（百万美元）	12000	12480	12979	13498	14038	
减：所得税（百万美元）	4800	4992	5192	5399	5615	
归入商标的税后收益（百万美元）	7200	7488	7788	8099	8423	
税后收益现值（百万美元）	6743	6152	5612	5120	4671	
总现值（百万美元）	28298					

在此，我们将可比公司的总利润从S&R的总利润中减去，作为该商标预期收益的基础。再一次，我们假设总利润的所有差额都流入“底线”（the bottom line），因此，唯一需要扣除的是所得税。商标税后收益的现值为282.98亿美元。❶

这项技术需要注意的关键点是，所有的总利润优势是否都可以归入商标。已售商品的成本中有许多因素，而这些因素决定了总利润。S&R企业是否真的以与可比公司相同的方式生产产品或提供服务？

利用经营利润优势进行估值

与前面的例子相似，我们计算税后净收益的现值时，假设所有的优势都得到了反映。这可能是一个比总利润优势更安全的假设，因为在经营利润水平上，几乎所有的要素都被捕获（见图表7.3）。

图表7.3 商标价值——经营利润优势

	1		3	4	5	总计
S&R企业						
预期销售量（百万）	12410	12530	13454	13896	14458	
单价（美元）	2.49	2.49	2.49	2.49	2.49	
销售收入（百万美元）	30901	31200	33500	34601	36000	166203
已售商品**单件**成本（美元）	0.73	0.73	0.73	0.73	0.73	
已售商品成本（百万美元）	9059	9147	9821	10144	10554	
总利润（百万美元）	21842	22053	23679	24457	25446	

❶ 原文为$28298，即28298美元，译者更正为282.98亿美元。——译者注

续表

	1		3	4	5	总计
销售、总务及管理费用（百万美元）	11557	11669	12529	12941	13464	
经营利润（百万美元）	10285	10384	11150	11516	11982	55317
经营利润率						33.28%
可比公司						
预期销售量	750000	780000	811200	843648	877394	
单价（美元）	2.49	2.49	2.49	2.49	2.49	
销售收入（美元）	1867500	1942200	2019888	2100684	2184711	10114982
已售商品**单件**成本（美元）	0.73	0.73	0.73	0.73	0.73	
已售商品成本（美元）	547500	569400	592176	615863	640498	
总利润（美元）	1320000	1372800	1427712	1484820	1544213	
销售、总务及管理费用（美元）	747000	776880	807955	840273	873884	
经营利润（美元）	573000	595920	619757	644547	670329	3103553
经营利润率						30.68%
S&R 企业						
销售收入（百万美元）	30901	31200	33500	34601	36000	166203
经营利润优势（百万美元）	2.60%	2.60%	2.60%	2.60%	2.60%	
归入 IP 的总收益（百万美元）	803	811	871	900	936	4321
归入商标的收益（百万美元）	803	811	871	900	936	
减：所得税（百万美元）	321	324	348	360	374	
归入商标的税后收益（百万美元）	482	487	523	540	562	
税后收益现值（百万美元）	451	400	377	341	311	
总现值（百万美元）	1881					

经营利润优势带来的税后收益的现值为 18.81 亿美元[1]。

利用许可使用费节省法进行估值

在对图表 5.13 的讨论中，我们提到该常见方法基于这样一个概念，即如果一家公司拥有一个商标，它就不必“租用”该商标，因此，它不必支付许可使用费。该虚假支付的金额作为归属于商标的收益的替代，并据此计算税后

[1] 原文为 1881 美元，译者更正为 18.81 亿美元。——译者注

收益的现值。

尽管在相关行业使用经验法则是必要的，在这类计算中使用的许可使用费最好来自对市场上相对于可比商标资产的实际交易进行的耐心分析。再一次需要指出，我们的例子只预测了五年的收益，但在大多数情况下，商标收益可能在更长一段时间内实现。许可使用费节省法的计算通常是将收益流以永久为期限进行量化：

$$\frac{\text{第 1 年税后收益}}{\text{现值量化率}}=\frac{\$\,1483}{0.10}=\$\,14830$$

现值量化率等于14%的折现率减去收益流4%的预期增长率。该值与图表7.4所示值之间的显著差异是由于后者在第五年被截断。

图表 7.4　商标价值——许可使用费节省法

	1	2	3	4	5	总计
S&R 企业						
销售收入（百万美元）	30900	31200	33500	34600	36000	166200
商标许可使用费费率	8%	8%	8%	8%	8%	
归入商标的收益（百万美元）	2472	2496	2680	2768	2880	13296
归入商标的收益（百万美元）	2472	2496	2680	2768	2880	
减：所得税（百万美元）	989	998	1072	1107	1152	
归入商标的税后收益（百万美元）	1483	1498	1608	1661	1728	
税后收益现值（百万美元）	1389	1230	1159	1050	958	
总现值（百万美元）	5787					

利用折现现金流量模型进行估值

我们相信，利用“折现现金流量”（DCF）模型进行估值能够捕获所有的价值要素。该模型为评估人员提供了反映影响商标价值的所有财务输入的工具。刚才的例子中，我们提醒了总利润和经营利润的差异可能并不能完全归入商标，以及溢价的价格优势可能不能完全反映出商标的价值，而且，我们之前也讨论了可比许可使用费对许可使用费节省法的影响这一问题。

然而，尽管该模型具有所有的优点，但它并没有使评估师从调查和预测任务中解脱出来。模型的结论只取决于驱动它的事实和假设。但是，它允许评估人员测试结论对各种输入的敏感性。我们将在下一章再次访问这个模型，因为它涉及估算许可使用费费率的方法。

同样，为了使用折现现金流量模型，我们需要未来经济效益的量，需要预测我们在预期时间段内获得该经济效益的方式，还需要一个以百分比表示的风险意识。

估值格言

未来经济效益是归因于品牌运用的净现金流量来表示的。

在前面的例子中，我们有一个合理的假设，即税后收益流等于净现金流量。然而，当我们使用完整的 DCF 模型时，我们必须注意满足自己的需要，即我们实际上是在对净现金流量进行折现，而不是对其他形式的收益进行折现。

净现金流量

在第 5 章中，我们举例说明了 S&R 一年经营结果的净现金流量计算（见图表 5.9）。计算从特殊项目（extraordinary items）前的税后净收益开始。特殊项目被从净现金流量计算中剔除，因为根据定义，它们是预计中不会再发生的财务事件。折旧费用被加回来是因为它是非现金支出（实际上没有企业资金支付给外部），因为它代表投资的“回报”要素，因此它应该是现金流量的一个组成部分。净收益加上折旧通常被称为“总现金流量”。

然而，如果预计业务将会增长，则必须将总现金流量的一部分进行再投资，以支持该增长。首先，如果公司的销售额要增长，存货和应收账款也会增加。因此，货币资产将增长，总现金流量的一部分需要投资于此。其次，可能需要资本投资来置换或增加建筑物、设备或其他资本性质的资产。

因此，有必要估算满足这些需要所需的投资额，并从总现金流量中减去。由于我们将使用这种计算方法来评估商标价值，因此还应该考虑另一个因素。就像用资本支出来建立工厂一样，广告支出建立了商标。我们不应该在现金流量从毛额到净额的转换中考虑这一点吗？答案是肯定的，并且最好是通过测算税后净收益的数额来实现。在计算该数额时广告支出已被扣除，因此也有效地从现金流量中扣除。然而，如果现有的广告支出不足以支持预期的增长，或者品牌在没有足够支持的情况下被“榨取”（milked），那么就应该进行一些向下的调整，以反映提供足够支持所需的额外投资。

折现率

读者可以回想一下前两章中关于将收益分配给资产的相关讨论。至关重要的一点是，如果我们知道整个企业的价值以及企业可以产生的收益，并且我们知道某些资产的价值和回报率，我们就可以通过迭代过程确定未知资产的回报率❶。

如果将这一概念应用于当前的任务，可以通过图表5.11的计算来估算折现现金流量模型中回报率这一输入项（见图表7.5）。

图表7.5　资产间收益的分配

资产类型	资产价值（$000's）	要求回报率	回报额（$000's）
净营运资金	3830	2.7%	103
有形资产	13600	5.7%	775
无形资产	5000	12.0%	600
知识产权	15080	18.0%	2714
总计	37510	11.2%	4193
技术类IP	5000	25.0%	1250
商标	10080	14.5%	1462
	15080	18.0%	2712

在表的上半部分，我们计算了知识产权的要求回报率（18.0%），并估算了企业的价值、收益以及其他资产的价值和要求回报率。在下半部分，我们利用判断对知识产权资产的收益进行了估算，但受到总价值和总收益的约束。商标的要求回报率是14.5%。

有了这些输入和对相关公司、部门或产品线（在本例中为Smith & Richey企业）的整个收益表的五年预测，我们可以计算商标价值（见图表7.6）。

图表7.6　商标估值——折现现金流量

Smith & Richey企业

综合收益表（百万美元）

截至2012年12月31日	2012	2013	2014	2015	2016	2017	2018
净营业收入	30900	32136	33421	34758	36149	37595	39098
已售商品成本	14500	15104	15708	16336	16990	17669	18376
总利润	16400	17032	17713	18422	19159	19925	20722
销售、总务及管理费用	9000	9319	9692	10080	10483	10902	11339
其他运营支出	275	321	334	348	361	376	391
	9275						

❶ 附录B中有一个关于这一理论基础的学术讨论，作者是John A. Del Roccili博士。

续表

截至 2012 年 12 月 31 日	2012		2013	2014	2015	2016	2017	2018
营业收入	7125		7391	7687	7994	8314	8647	8993
利息收入	340		353	368	382	398	414	430
利息支出	450		418	434	452	470	489	508
其他收入—净额	80		64	67	70	72	75	78
税前收入	7095		7391	7687	7994	8314	8647	8993
所得税	2838		2957	3075	3198	3326	3459	3597
净收益	4257		4435	4612	4797	4989	5188	5396
净现金流量计算（1）	0		—	—	—	—	—	—
加：特殊项目正常化	900		925	925	925	925	925	925
加：折旧支出	180		193	201	209	217	226	235
减：营运资金增量	600		620	620	620	620	620	620
减：资本支出	4377		4547	4717	4893	5077	5267	5466
动用资产（2）								
净营运资金	3830		4023	4216	4416	4625	4842	5067
有形资产	13600		14200	14820	15440	16060	16680	17300
无形资产	5000		5300	5618	5955	6312	6691	7093
技术类 IP	5000		5500	6000	6500	7500	8500	8500
减其他资产的要求回报（2）								
净营运资金	103	2.7%	109	114	119	125	131	137
有形资产	775	5.7%	809	845	880	915	951	986
无形资产	600	12.0%	636	674	715	757	803	851
	1478		1554	1633	1714	1798	1884	1974
技术类 IP	1250	25.0%	1375	1500	1625	1575	2125	2125
	2728		2929	3133	3339	3673	4009	4099
归入商标的净现金流量	1649		1618	1584	1554	1404	1258	1367
归入商标的净现金流量现值		14.5%	1512	1293	1108	874	684	25884
总现值			31355					

注：（1）来自图表 5.9；（2）来自图表 7.5。2018 年的现值包括“复归”（reversion），其计算方法是：量化 2018 年的净现金流量，期限为永久；除以折现率，折现率的增长率为 -2%；然后再计算该结果现值。$1367/(0.145-0.02)×[1/(1-0.145)^5.5]❶。

❶ 原文少右边的半个中括号。——译者注

图表7.6计算商标价值的期限为永久。这是通过在第6年即2018年的“复归”（reversion）来实现的。在这一年，我们以永久为期限将收益进行量化，并折现到当期。这与本章前面的图表不同。其数学解释在图表7.6的脚注中。总现值为313.55亿美元。

在图表7.6中，我们使用复合年增长率来预测销售收入。在其他情况下，我们可能会使用S曲线类型的增长模型，甚至可能认为目标品牌处于下降模式，那时则需使用存活曲线来帮助我们进行预测。大多数其他收益表项目是根据它们与销售收入的关系来估算的。折旧费用的估算是根据有形资产的账面价值计算的，对未来所需资本的估算则必须根据具体情况单独进行。

因为这个模型包含了现金流量的所有要素，所以我们可以以适当的方式反映任何收入和支出项目的变化，也可以反映为了支持我们所预测的业务规模而增加营运资金或物业投资。非常重要的是，我们已经包含了企业中所有其他资产一定会获得的回报。这些收益是以当前收益的回报率为表现来计算的。也就是说，没有对增长部分进行任何扣除。这样做是为了避免使这个例子过于复杂，因为我们认识到，如果一个增长因素实际上是适当的，其所指示的商标价值可能被低估。

商标并不存在于财政真空中。它的盈利能力只有与其他资产协同才能实现。因此，我们不能赋予商标的收益（和价值）超过它在与其他资产共享企业收益后的可用价值。商标估值中这个概念经常被忽视。

DCF技术除了能够反映影响价值的各种条件外，还有许多优点。它还使人们能够测试结果对预测假设变化的敏感性，例如增长率、费用水平（即，广告和推广），以及增加资本的需要。

我们还再次强调，DCF模型可以用于大型企业中的子公司、部门，甚至产品线。只要我们有机会，或能够合理地估算该实体的财务状况，我们就可以这样做。

其他基于DCF的方法

很明显，DCF模型可以用来计算整个企业的价值。利用这个工具，我们可以对“有”商标的企业和“没有”商标的企业进行价值评估，两者之间的差异表明了商标的价值，见图表7.7。

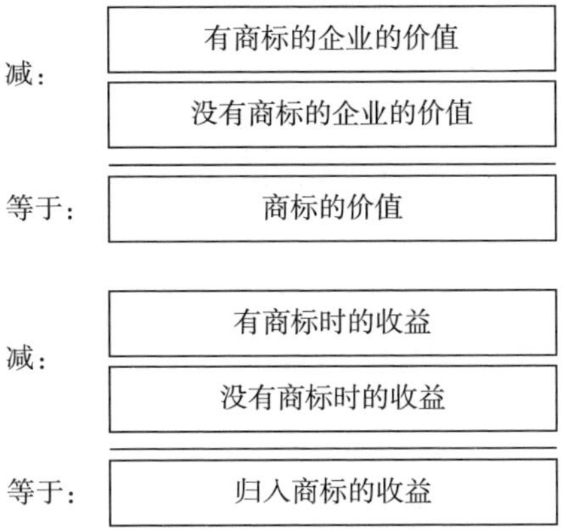

图表 7.7 通过减法进行商标估值

资料来源：John Wiley & Sons，Inc.。经允许转载。

这种技术的关键在于能够反映出企业财务业绩中目标商标的存在所产生的效果，其可能反映为增长的减少、费用的增加或企业风险的变化。如果这些变化可以被反映出来，那么这种方法就提供了一种评估的可能性。

有些读者可能熟悉蒙特卡罗方法。这是一个复杂的多场景计算，借助计算机，我们可以执行数百甚至数千次 DCF 计算。如图表 7.6 所示，通过这种方法，我们可以为这个系统提供收益表中每一项可能的上限和下限的估算值，以及在这些上限内的价值分布估算值。然后，蒙特卡罗系统将为数千种组合中的每一种计算出现值，并提供结果的分布。从蒙特卡罗软件系统中，我们可以观察到每个结果的均值（mean）、中值、平均值（average）、标准差和图形形式的分布。这是一种评价各种 DCF 输入灵敏度的有效方法❶。

多重运用的场景

在第 5 章中，我们探讨了商标运用的几种方式。我们还认识到商标可以同时以多种方式运用，或者可以看到几种可能的运用场景。如何在估值中反映这种复杂性呢？

我们需要可以反映场景本质差异的技术。一般来说，差异在于潜在收益的数量和模式、相对风险、经济寿命以及将其量化后的成本。所有这些都可以作为折现现金流量模型的输入。一个复杂的模型可以容纳多个场景。另一种技术

❶ 关于蒙特卡罗方法的更详细的讨论见附录 E。

是开发多个现金流量模型，每个运用场景一个，然后将它们的结果合并到一个模型中进行现值计算（见图表7.8）。

图表7.8　商标估值——多重运用场景　单位：美元

		第1年	第2年	第3年	第4年	第5年	复归	总计
初级运用								
净现金流量		1200	1300	1500	1600	1700		
净现金流量现值	16.0%	1114	1041	1035	952	872	5781	10794
二级运用								
类似产品扩展								
净现金流量		650	700	800	900	950		
净现金流量现值	17.0%	601	553	540	520	469	2861	5544
非类似产品扩展								
净现金流量		150	250	400	450	500		
净现金流量现值	20.0%	137	190	254	238	220	1079	2118
许可收入								
净现金流量		50	60	70	80	90		
净现金流量现值	20.0%	46	46	44	42	40	194	412
投机性扩展								
净现金流量		100	300	500	800	1200		
净现金流量现值	25%	89	215	286	366	440	1599	2995
总现值								21862

在这个表格中，数学中唯一的变量是应用于各种场景下净现金流量的折现率。所有其他要素（净收益持续时间和模式、资本投资等）都包含在现金流量的个体化预测中。在本表中，针对核心业务是初级运用，折现率最低。预测的二级运用有四次。类似产品的扩展被预测为将核心产品或服务扩展到紧密相关的业务线。风险预计将高于核心业务，但不会过于明显。非类似产品的扩展也是这样，但预计会有更大的风险，而一旦成功，现金流量的增长可能是显著的。如果预期有许可收入，它可能具有与其他要素相同的风险，这取决于被许可的产品或服务以及许可和被许可人的性质。最后，我们可能会预见到一场真正的投机性扩展，如果成功，可能会轰动一时，但这也带来了相当大的风险。由此产生的21862美元的现值代表了这些运用场景的总价值。

基于收益分配的估值

在这些投资/回报率方法的另一种变体中，可以利用数学上封闭的收益分配系统来估算商标价值。我们以前介绍过这些关系，因为它们与评估过程中需要的其他因素有关。这个新的目的于图表 7.9 中展示。

图表 7.9 基于收益分配的商标估值

资产类型	资产价值（$000's）	要求回报率	回报额（$000's）
净营运资金	3830	2.7%	103
有形资产	13600	5.7%	775
无形资产	5000	12.0%	600
知识产权	15080	18.0%	2714
	———	———	———
总计	37510	11.2%	4193
技术类 IP	5000	25.0%	1250
商标	10080	14.5%	1462
	———	———	———
	15080	18.0%	2712

计算开始时已知的组分用粗体表示。它们是：

- 货币资产的价值
- 有形资产的价值
- 整个企业的价值
- 适用于整个企业的总体回报率
- 适用于货币和有形资产的回报率
- 企业产生的收益

有了这些边界，我们就可以为这两种未知资产（即其他无形资产和商标）输入各种价值和回报率的组合。这些价值和回报率由企业价值、总体回报率和企业可获得的收益总额控制。在给定合理的回报率和与货币及有形资产的其他回报率相一致的情况下，价值可以变动的范围相当狭窄。

使用这种方法，可以确保所有的组分以合理的方式组合在一起。

其他与收益有关的估值方法

许多公司都在努力应对收益和支出预测所带来的不确定性，而收益和支出预测是收益法的基本组成部分。在处理作为商标价值基础的未经检验的新产品或新服务时，这些问题尤其棘手。处理这类不确定性的一种先进技术是使用布莱克－斯科尔斯（Black－Scholes）模型，即投资者用来评估看涨期权价值的模型。这是一项有趣的技术，尽管它没有消除主观预测。我们已经看到这种技术相对于技术资产的使用，尤其是那些处于萌芽阶段的技术资产。我们没有看到它被用来评估商标价值，最有可能的原因是很少对新商标进行估值❶。

还有一些技术利用价格/收益因数或"品牌实力"因数将收益转化为价值指标。只要因数来自投资市场，只要被量化的收益流在逻辑上归因于被估值的商标，这种想法就没有错。随着时间的推移，这些技术变得越来越复杂（和正确）。

小　结

我们之前曾指出，在估值中，"计算很简单，难的是输入"。这一章使这一点成为重点。我们在第4、5、6章以及附录A至E中所做的冗长讨论都是关于如何发现和定量分析收益法四项基本输入的方法。这一章篇幅相当短，介绍了如何将这些输入转化为对市场价值的估算。

所有这些都直接反映出实际评估中时间和精力的分配。

❶ 有关布莱克－斯科尔斯（Black－Scholes）方法的更详细的讨论见附录E。

第 8 章
商标许可经济学

在上一章的最后，我们给出了一个品牌估值示例，其中包含了品牌扩展，其扩展方式为内部二级运用。作为一种选择，许可为品牌运用提供了另一种方式。商标许可作为主要业务，或作为公司主要产品线的附属业务，可以是一项非常重要的业务，并且已经有很多关于它的文章。艾伦·费尔德曼（Allan Feldman）❶ 指出，许可为公司提供了一种低成本而又快捷的方式，可以：

- 扩大并加强消费者和零售商的意识
- 加强商标保护
- 提升品牌形象
- 将品牌影响力超越其核心客户
- 引入新的产品线或扩展分销渠道
- 建立一个重要的新利润核心

从运用的角度来看，许可能实现以下几个目标：

- 对重要领域的客户增加曝光度来提升公司价值，并通过增加其在市场中的曝光度来建立品牌资产
- 它可以提供由其他方式不可得到的收益
- 它可以成为一种扩展或重新进行市场定位的战术举措

无论商标许可的理由是什么，它都会对许可人的业务产生经济影响。当然，我们希望商标许可能为所有人带来正的净现金流量，从而提升商标所有者的企业的价值。也就是说，许可以获得额外收益的权利的形式创建了无形资产。许可还可以看作对现有知识产权（在本例中是品牌）盈利能力的增强。新的资产或知识产权的收量可以像任何其他权利一样被评估。我们在本章的目

---

❶ 艾伦·费尔德曼是衡点品牌有限公司（Leveraged Marketing Corporation of America，LMCA）的总裁兼首席执行官。

的是研究对这种权利的估值，并在此过程中，研究许可程序的经济学。

许可经济学

知识产权许可是双方之间的一项协议，其中一方拥有该知识产权的完整权利束的所有权，另一方获得其中一些权利的使用权。许可本质上是一个协议，有之则所有人不起诉被许可人，如果没有该协议，则任何人不能对所有者的权利予以侵犯。

我们经常把许可比作水电站。水坝蓄积了大量的水，这相当于被许可的知识产权能获得的全部未来经济效益。蓄积的水由大坝控制，并以特定的方式释放（如发电、灌溉作物、控制下面的河流用于娱乐等）。许可也是一种方式，通过许可这种方式我们可以将全部经济效益分配给多个被许可人，用于不同的目的。

估值格言

许可协议将知识产权的未来总经济效益在许可人与被许可人之间进行分配。

史密斯（Smith）和帕尔（Parr）用熟悉的房地产术语描述了许可：

几乎每个人都曾经租过房子，即使只是在山里租了一间小屋，或者在海边租了一套公寓，去度两个星期的假。当我们找到合适的房产，坐下来执行租约时，房东或代理人会从架子上拿出“厚重的租约书”，把它推给我们签字。如果我们不辞劳苦地阅读它，就会发现，它把财产所有权的全部责任都推给了我们，而业主免除了所有的义务、潜在的债务和可能的开支。我们发现，我们必须在离开前提前一年通知，我们必须在离开时粉刷墙壁和重新装修地板，我们都必须签署一份免责声明，以免除业主所有可能的责任。然后谈判开始了。我们和业主同意删去一些条款，在一些地方删去或加几个字，也许租金或押金会上涨一点，但当一切都结束时，我们就达成了一项双方都能接受的协议。毫无疑问，这就是许可的过程，因为许可只不过是一种出租财产权以换取一定报酬的协议。[1]

---

[1] Gordon V. Smith and Russell L. Parr, *Intellectual Property: Valuation, Exploitation and Infringement Damages*, 4th ed. (Hoboken, NJ: John Wiley & Sons, Inc., 2005), 427.

许可条款

在商标许可的语境中，我们可以观察到许可可能包含的典型条款：

- 许可使用费的支付
- 期限
- 终止条款
- 再许可的权利
- 地理区域
- 使用领域
- 赔偿条款
- 排他性
- 审计和质量控制规定

竞争价值

对许可人来说，商标许可交易的价值是其将收到报酬（通常是现金支付）的现值减去管理许可协议所发生的成本（包括可能会发生的赔偿或在没有进行内部商标运用的情形下所放弃的收益）的现值。

对被许可人来说，商标许可交易的价值是运用被许可商标权将获得的未来经济效益的现值减去运用成本的现值。

如果我们从许可人的角度观察这些许可条款，很明显，一些代表了现金流入，而另一些代表了可能的现金流出。许可使用费显然是许可人的现金流入，而该现金流入会受协议条款、地理区域、使用领域、再许可权和排他性条款的影响。审计和质量控制规定是一种持续的现金流出，而赔偿条款代表的是在将来某个时候现金流出的可能性。

这看起来像我们从第 4 章开始讨论的，不是吗？是的，这正是运用收益法的原则来评估许可人和被许可人各自的权利。而且，就像在虚拟买卖交易中对一个品牌的估值一样，如果净现值对其中一方是负的，就不会发生许可。

它同收益法一样，是根据所有权未来经济效益的现值确定的。唯一的区别是，不同的标准控制了净现金流量的正负。我们可以开发一个 DCF 模型，但不是以收益表为基础，这里的输入条件是各种许可条款所带来的金钱效应。例如，作为许可人，我们可能需要计算在出现侵权诉讼时使被许可人免受损害的赔偿的现值。为了做到这一点，我们需要估计侵权辩护的潜在成本，估计它可能在什么时候发生，并估计在诉讼中胜诉或败诉的可能性[1]。同样地，算术并不难，难的是输入。我们需要知道未来费用的数额，它将在什么时候发生，以及它发生的风险率，以便计算未来潜在现金流出的现值。

然后，我们将这个负现值与来自其他许可条款的其他负现值和正现值相结合，以便从许可人的角度估计许可交易的净现值。

许可报酬

商标许可可以采用双方同意的任何形式，因此可能会有无穷无尽的变化，包括许可人收到并由被许可人支付的报酬。然而，商标许可的报酬与被许可人对商标的使用情况成比例已经成为惯例。

所谓的持续性许可使用费（running royalty）或许是最典型的报酬形式。一种持续性许可使用费是基于某个公式，该公式将是未来许可使用费支付的基础。最常见的公式是用在“许可使用费基数”上的“许可使用费费率”。许可使用费费率的常见形式是每单位一定百分比或一定金额。这些关系可以表示为：

$$Royalty = R_b \times XR_r$$

其中 R_b = 许可使用费基数，如：

净营收

净收益

节省的支出

售出数量

R_r = 计算基础，如：

百分比

最低百分比

最高百分比

每单位售出的金额

许可使用费可以预付，未来的许可使用费从预付中扣除。此外，还有许多许可协议要求，除了持续性许可使用费之外，还需支付初始费用。许可使用费在协议期间通常是按比例增减的，或取决于所售货物的数量。许可使用费基数也可以改变，它可能代表批发或零售价格、特定部件或组件的价格。

到目前为止，最常见的商标许可使用费计算方式是以净销售额的百分比或每销售单位的金额为基础。为了便于讨论，我们将使用净收入百分比这个术

---

[1] 该计算的例子见附录E。

语。商标“之所以存在”是为了促进产品或服务的销售。因此，为衡量它的成功，将其与销售（例如，净销售收入）联系起来是有意义的。

注意事项

使用净收益或节省的支出作为许可使用费基数并不常见，这是有原因的。这些金额显然在被许可人的控制之下，并且可以通过技巧使其最小化。而且，这些金额也很难审计。

一些通行观点

许可交易的基本经济学并不复杂。我们使用“基本”这个词来限制这一语句，是因为在某些情况下，许可过程可能变得非常复杂。可以想象，如果某一方财政不稳定、在另一个国家许可、以外币进行交易，或者许可涉及尚处于萌芽或未成熟的产品或服务，许可过程将会更加复杂。如果没有这些条件，许可交易的经济学就很简单了。

支配许可交易的经济学因素

支配许可交易的经济学因素与被许可人的业务有关。在许可过程中，这一事实常常被忽视，即使是在该领域有经验的人也不例外。我们指出这一点，是因为它清楚地指出了分析被许可人业务的必要性，或者分析许可商标可带来的未来经济效益的必要性。这种经济效益是必须在许可人和被许可人之间进行分配的经济效益——它设定了“游戏场”（playing field）的边界。

一个例外

说到这一点，我们也注意到，在某些情况下，这是一项仅适用于部分情况的规则。一个非常强大的商标——即使是在其原始设计以外的产品或服务上也可以在市场上获得溢价的商标——就可以打破这种规则。读者们以后去机场时，我们建议去礼品店看看。那里会有各种印有机场所在城市或州的图片的物品。咖啡杯、镇纸和玻璃杯上会装饰有芝加哥、得克萨斯或其他地方的图像。还会有一些印有当地职业或大学运动队或著名景点标志的商品。根据我们的经验，这些商品的定价明显要高很多。这是一个“咖啡杯业务”的经济学因素并不支配许可交易的例子。许可人的商标可以推高价格，使其高于典型商品经济学因素所支配的价格。价格是由市场决定的——有人愿意花多少钱买一个印有他们母校或最喜爱球队标志的杯子？随着强大商标的应用，被许可人的经济学发生了变化。

得克萨斯大学就是一个很好的例子。作为全美大学生体育协会（NCAA）的一支顶级球队，得克萨斯大学橄榄球队在2005年赢得了最近一次全国锦标赛的冠军，印有该校商标的商品（包括著名的长角牛标志）销量飙升。2005—2006年，得克萨斯大学获得了创纪录的830万美元的商标许可使用费。由于获胜的橄榄球队刺激了对大学相关商品的需求，得克萨斯大学能够对每件售出的许可商品要求8%的许可使用费，对全国冠军商品要求12%的许可使用费❶。

强大的品牌与强有力的诉讼执行

除了强大的商标外，强有力的诉讼执行机制也可以改变商标许可谈判中的经济学。最明显的例子来自对美国奥委会（USOC）商标的保护，其中包括“Olympic”（奥林匹克）一词及其著名的由五个联锁环组成的标志。美国奥委会的商标受到特殊立法保护，禁止在“任何”产品和服务上未经授权使用该标志，无须美国奥委会证明这种未经授权的使用会使得消费者误解——而通常需要这种证据才能执行商标维权方面的民事或刑事责任❷。证据标准如此低有助于美国奥委会进行商标维权，它可以降低诉讼成本并“警告”那些想擅自使用的人❸。国会通过这类立法的主要目的是“保护奥运标志的强力性（strength），使对标志的许可成为一项具有商业吸引力的主张”❹。只有美国奥委会的官方赞助商和许可人才能与奥林匹克品牌联系起来，而奥林匹克品牌协会提供了一个令人垂涎的国际营销平台❺❻。从美国奥委会配合北京2008年夏季奥运会因公司赞助和许可交易而收取的9430万美元许可使用费中可以看出这种做法的成功❼。

---

❶ “Longhorns Knock Off Tar Heels to Lead Nation in Merchandising Revenue,” *USA Today*, Aug. 26, 2006.

❷ 36 U. S. C. § 220506 (civil liability for unauthorized use of any simulation of an Olympic mark that tends to cause confusion); 18 U. S. C. § 2320 (criminal liability for unauthorized and knowing use of a designation identical with or substantially indistinguishable from an Olympic mark).

❸ Steven B. Hay, Guarding the Olympic Gold: Protecting the Marketability of Olympic Trademarks Through Section 110 of the Amateur Sports Act of 1978, 16 SW. U. L. REV. 461, 494 - 95 (1986).

❹ 同上，469 - 72.

❺ “What Olympic Sponsorship Means for Stocks,” *Forbes*, July 27, 2012, http://www.forbes.com/sites/investopedia/2012/07/27/what-olympicsponsorship-means-for-stocks/.

❻ 同上。

❼ Tripp Mickle, “Beijing Olympics a Financial Boon for USOC,” *Sports Business Daily*, June 1, 2009.

关于破产的提醒

在前一节中，我们讨论了许可条款，并指出终止条款可能是其中之一。该终止条款可能包括许可人或被许可人破产。我们指出，无论许可人或被许可人可能达成何种协议，在破产情况下处理商标许可都存在法律问题。这些将在第10章进行更全面的讨论，但我们在这里展示相关讨论的第一部分，以提醒读者：

> 《美国破产法》(*U. S. Bankruptcy Code*) 第365 (a) 款在有关部分中规定：受托人，经法院批准，可以承担或拒绝债务人任何待履行合同或未到期的租约❶。待履行合同可以定义为：合同的每一方都对另一方负有继续履行的重要义务，一方不履行就构成违约。国会明确免除了版权和专利许可在破产中被拒绝履行的权利，但没有涉及商标、服务标志或商业外观的许可❷。该部分的立法历史表明，国会决定推迟破产商标许可处理的立法并允许破产法庭在该方面制定自己的法律，因为商标许可人应对被许可人实施质量控制的要求，这对破产的许可人来说非常困难❸。

商标许可使用费的量化

报酬（即租金或许可使用费）对于许可人来说是正现金流，对被许可人来说是负现金流，它不仅是许可谈判中的一个关键因素，而且在估值和诉讼中也会被用到。

许可收益流

与以往一样，我们必须认真界定被分析的产权。在许可中，知识产权的所有人将总权利束中的一部分出租给另外一方（被许可人）。被许可人以许可使用费的方式为这些权利支付费用。如果我们将许可人权利的价值与被许可人权利的价值相加，我们就获得该知识产权的所有价值。

如果我们使用收益法进行知识产权估值，并希望使用市场许可使用费费率替代归因于该资产的收益，我们必须对许可人因使用该商标和使用自己的资产

❶ 11 U. S. C. § 365 (a).

❷ 11 U. S. C. § 365 (n).

❸ S. REP. NO. 100 - 505, at 5.

而获得的收益进行估值。后者不一定是被许可人支付的许可使用费。关键的一点是，我们需要考虑所有可能与许可知识产权相关的潜在收益流，并了解各个收益流的归属（见图表8.1）。

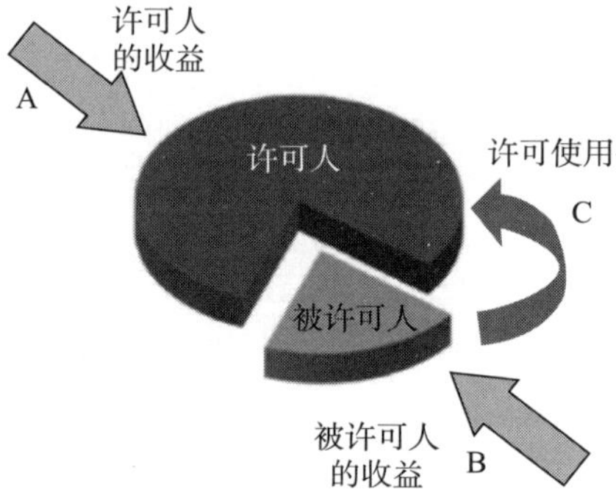

图表8.1　许可交易中的收益流

知识产权中的“所有权利”的价值是通过对收益流A和B的量化而确定的。收益流C，即许可使用费，是收益流B的一部分，对它的量化代表了“许可合同”对于许可人的价值。如果我们的任务是对知识产权中的“许可人的权利”进行估值，我们就需要对收益流A和C进行量化。如果我们是对知识产权中的“被许可人的权利”进行估值，则要将收入流B减去许可使用费C的值进行量化估算。很明显，这里面有一些重叠，因此必须仔细定义要估值的资产，并且在进行下一步之前，还要仔细定义与该资产相关的收益。

这些关系在数学上可以表示为：

$$V_t = V_o + V_l$$

其中 V_t = 商标权所有价值的总和；

V_o = 所有人商标权的价值；

V_l = 被许可人商标权的价值。[1]

$$V_o = \frac{I_o + I_r}{C}$$

$$V_l = \frac{I_l - {}^{[2]}E_r}{C}$$

$$I_r = E_r$$

---

[1] 原文为 V_3，译者修改为 V_t、V_o、V_l。——译者注

[2] 原文为 $V_l = \frac{I_l + E_r}{C}$，译者修改为 $V_l = \frac{I_l - E_r}{C}$。——译者注

其中 I_o = 商标所有人的归属于商标的收益；

I_r = 商标所有人的许可使用费收益；

I_l = 被许可人的归属于商标的收益；

E_r = 被许可人的许可使用费支出；[1]

C = 量化率。

如果将 V_o和 V_l的表达式代入第一个方程，可以简化为：

$$V_t = \frac{I_o + I_l}{C}$$

从该方程我们可以观察到刚才提到的商标所有人的收益流和被许可人的收益流之间的关系。

令人吃惊!

某商业大厦的业主以每年一美元的租金把整幢大厦租给了他人，租期为 75 年。这里发生了什么？业主实际上已经卖掉了该资产。一项资产所涉及的权利束可以根据约定或经济学来划分。在这种情况下，业主的权利将由 75 年后归还土地、加上几乎一文不值的建筑和几美元租金的现值来表示。权利束的经济学划分有时可能是没什么规则的。

如果商标所有人不直接运用，而是将它许可给其他人，甚至可能是主被许可人和次被许可人，情况可能会更加复杂，就像特许经营的情况一样。根据被评估的具体权利，需要考虑的收益流会很多。

许可使用费费率信息对财务分析师和评估师非常有用。与来自“市场”或关于“可比交易”的任何数据一样，必须对交易条款和涉及的产权性质敏感。

量化方法

我们认为，之前提出的以估值为目的的成本法、市场法和收益法同样可以适用于商标许可报酬的量化，这几种方法的优点、缺点和注意事项，也将予以讨论。

成本法

成本法是将创建许可商标的总成本汇总，然后估算要求回报的报酬额以及

[1] 原文分别为 I_3、E_3，译者修改为 I_o、I_r、I_l、E_r。——译者注

许可期间提供投资回报。

在第4章中，我们探讨了该方法的许多不足。如果我们试图使用成本法来量化许可报酬，同样的缺点将再次出现。其主要和致命的缺点是商标创造和发展的成本与其市场价值无关。另一个缺点来自这样一个事实，即这种方法没有考虑到被许可人将从许可中获得的未来经济效益。

虽然我们观察到有人尝试用这种方法来量化许可报酬（通常更常见的是对技术类知识产权而非商标），但我们不推荐使用这种方法。

市场法

如前所述，可以用来估计一个公允的或公平交易下的许可使用费费率的方法，就是观察别人认为它是怎样的。我们用这个方法给我们的房子和汽车定价，并决定什么是公允的租金。这是我们在第4章中描述的市场法估值的本质。只要我们认识到它的优点和缺点，它就可以成为一种强大的方法。

> **谨记**
>
> 如果你对这笔交易了解不多，要谨慎使用该价格作为基准。

它的优势在于能够提供对市场的直接观察。对于评估师来说，最好的办法就是发现昨天以什么价格在无关方之间出售（与目标）相同的房屋、机器、企业或其他资产。如果我们正在购买一栋大楼里的办公空间，那么楼下大厅里出租空间的租金价格为每平方英尺17美元，这确实是很有价值的信息。如果我们还能了解具体的租赁条款，就更有价值。是三年，还是五年？第一年免租金吗？是否包括水电费、清洁费？是否允许装修改造、清洁地毯、重新油漆等？显然，这些条款对以17美元成交的交易产生了影响。我们需要知道这些，才能判断17美元的基准租金是否对我们有用。

市场上的许可使用费费率

作为许可谈判的一部分，一种常见的许可使用费费率估算方法是，寻找市场上其他人已经议定的许可使用费费率。我们之前已经讨论过市场法的优缺点，以及成功执行市场法还需什么信息。我们还需要考虑“市场决定的许可使用费费率”来自何处：

- 许可协议的参与者本身可能拥有来自他们所做的其他交易的许可使用费基准。
- 专业评估人员和业务中的其他相关人员通过他们的工作了解到的许可

交易。由于客户/顾问关系的机密性，这些很可能不能泄露给他人。

因此，这些许可使用费费率通常不能用于针对其他客户的评估报告。

- 各种公开文件，如法院记录、公司年度报告、向美国证券交易委员会提交的文件、新闻中的文章和专业出版物，都是许可使用费信息的来源。
- 有许可交易数据的商业数据库，其中一些包括许可使用费费率的信息❶。

我们很少在没有签署保密协议的情况下，为客户提供商标估值、诉讼或许可使用费费率的咨询服务。这是可以理解的，因为这种研究必然伴随着敏感的市场和战略信息。

我们估计，如果将商标所有人以外的人手中的所有商标许可使用费费率文件汇总起来，这些信息可能涵盖近年来多达 20% 的商标许可交易。如果我们进一步从这些信息中剔除与卡通人物、名人、玩具概念相关的商标许可数据，以及不以营利为目的的商标许可数据，那么这个数字可能会低于 10% 。因此，我们必须对可用于商标可比分析的信息量持现实态度。

一些市场数据

与技术相关的知识产权的许可交易要比商标交易多得多。对于那些称为企业对企业或"面向企业"的品牌来说尤其如此。我们在第 5 章中讨论过这个问题。这并不是说这些品牌没有价值，而是它们在购买决策中没有那么重要，因此我们必须认识到，它们的重要性不如企业对消费者或"面向消费者"的品牌。

然而，我们想知道，与技术许可相关的更可靠的数据中是否有一些特征，证实或导致我们拒绝在品牌估值中的一些直觉。我们研究了近 5000 宗技术许可交易的相关数据，并将研究结果发表在了 2012 年 12 月的《许可经济学评论》（*License Economics Review*）上❷。

在我们研究许可和由此产生的许可使用费费率的这些年里，我们注意到，至少行业的盈利能力与发生交易的许可使用费费率之间存在粗略的相关性。图表 8.2 中包含的数据也表明了这一点。虽然电子和半导体数据似乎与此相反，但我们已经讨论了行业中快速发展的技术的影响，这使得专有技术在保持竞争

---

❶ IPRA, Inc., www.ipresearch.com. CONSOR.com, RoyaltyStat.com, Invotex.com, RoyaltyConnection.com, ktMINE.com, and RoyaltySource.com.

❷ Licensing Economics Review, published by Royalty Source, a division of AUS Consultants, Mt. Laurel, NJ royaltysource.com

优势方面比专利技术更为关键。在这种情况下，行业参与者并不严重依赖许可技术就不足为奇了。

图表 8.2 技术许可——平均许可使用费费率

技术许可	
	平均许可使用费费率（%）
电气和电子	4.6
半导体	4.6
化学品	4.7
汽车	4.9
食品	5.3
计算机及办公设备	5.5
机械/工具	5.5
通信（不包括媒体）	5.6
能源与环境	5.7
医疗/健康产品	5.8
消费品，零售及休闲产业	5.9
制药与生物技术	7.9
媒体及娱乐	11.4
软件	12.8
网络	16.8

在表格的另一端，制药、生物技术、媒体及娱乐、软件和互联网许可活动表明，盈利能力影响许可使用费费率水平。直觉上，人们还会预期，在这些行业的许可决策中消费者会有更大的影响力。看来，最近我们在娱乐、软件和互联网领域所看到的“专利战”至少在一定程度上是由玩家对市场上流行内容和功能的访问需求所驱动的。这方面的设计需要围绕其他人或许可人的知识产权进行。

我们并不建议将技术领域的专利许可费费率作为商标许可的市场基准。不过，我们确实认为，影响许可使用费费率的一些因素是类似的。

在图表 8.3 中，我们增加了来自大约 600 笔交易的商标许可使用费费率❶。它们被分为两个部分：基于许可方是面向企业还是面向消费者。许多商标许可协议包含多个许可使用费费率，这些许可使用费费率可能分别适用于不同的时

❶ 来源于 RoyaltySource 的一个分析。

间、不同的销售额水平、不同的服务地区，或基于基础许可资产的某一发展阶段。如数据所示，“低”许可使用费费率是这些多重许可中最低许可使用费费率的平均值，而“高”许可使用费费率是最高许可使用费费率的平均值。我们将这些指标与技术许可的指标进行了对比。

图表 8.3　技术许可费费率和商标许可使用费费率的比较

技术许可			商标许可
平均许可费费率（%）			平均许可使用费费率（%）
		←	2.7　低　面向企业的行业 3.4　高
电气和电子	4.6		
半导体	4.6		
化学品	4.7		
汽车	4.9		
食品	5.3		
计算机及办公设备	5.5		
机械/工具	5.5		
通信（不包括媒体）	5.6		
能源与环境	5.7		
医疗/健康产品	5.8		
消费品，零售及休闲	5.9		
制药与生物技术	7.9	←	7.6　低　面向消费者的行业 9.3　高
媒体及娱乐	11.4		
软件	12.8		
网络	16.8		

面向企业的行业包括：

- 服务业
- 工业和制造业

面向消费者的行业包括：

- 服装和服装延伸
- 名人明星
- 角色
- 体育用品

- 大学

这一数据表明，这两种类型的商标许可交易之间有明确的界限。同样，这些数据是用来确定平均值的一般性规则。当市场数据被用来作为决定特定商标资产权利的基准时，应该进行更严格的可比性分析。

评分和评级方法

我们经常观察到的另一种许可使用费费率分析方法基于使用评分或评级标准，这些标准用于量化正在研究的商标和已获许可，并且已知许可使用费费率的商标之间的质量差异。这种方法可以为一个主观过程冠以学术精确性的光环，但是我们需要理解它的局限性。

该方法的一个示例如下：

- 假设我们对与目标企业类似的许可使用费费率进行了调查，这在许可交易中是显然需要做的。许可使用费费率的范围为4% ~8%。
- 然后分析目标商标（目的是试图估算适当的许可使用费费率），并使用0 ~100的分数对它的各个方面进行评分。
- 这些方面通常包括市场份额、扩展潜力、“国际性”、稳定性、品牌实力、“领导力”、增长趋势以及商标产品或服务所在市场的规模等要素。使用这种技术的人似乎有自己独特的评分要素。
- 我们计算所有标准的平均分，比如它是82。
- 我们的结论是，适当的许可使用费费率为7.3%（在4%和8%之间降至82%）。数学上，这表示为[(8% -4%)×0.82]+4% =7.3%。

当然，这种方法的准确性取决于我们所知的4%的许可使用费费率是否在我们的量表上得分为零，以及是否所有的8%的费率都在我们的量表上得分为100。这就是这种方法的“阿喀琉斯之踵”（制命弱点）。大多数时候，我们只是对从外部信息中提取的许可使用费费率了解得不够，无法知道它们在给定系统中可能获得的分数。因此，我们不知道它们代表的是交易的横截面、一组“坏”交易，还是一组“好”交易。

4%的许可使用费费率，可能在我们的量表上能获得很高的分数，较低的许可使用率可能只意味着谈判失败或许可人迫切需要现金。8%许可使用费费率，在我们的量表上可能得分并不高，但可能因为被许可人处在一个高利润行业，商标许可竞争激烈，以及必须支付高额许可使用费才能达成交易，从而导致许可使用费处于高位。

要让这样的系统发挥作用，关键是必须知道来自“市场”的高许可使用费费率和低许可使用费费率是否受到评分系统标准的驱动，还是它们是由完全不相关的因素驱动的。我们必须要知道，我们从市场交易中获得的高许可使用费费率和低许可使用费费率是否符合我们评分系统中的高分和低分。只有到那时，我们才有信心相信，我们将目标资产置于市场价格区间的方法是有意义的。

如果我们知道市场上一组商标的许可使用费费率及所有相关情况，我们可能发现“所有这些商标”在我们量表上得分都偏低（或高）。如果这样的话，我们所描述的评分方法必然会将我们的目标商标放在一群不准确的可比对象中。这样做会得到一个毫无意义的结果，而用数学分数来测算这种做法只会混淆精确性和准确性。

虽然我们还没有观察到有人在用，但也许有一种改进方法，即为每个标准分配不同的权重。然而，这可能只会导致将主观判断叠加到另一系列主观判断之上，而不会提高准确性。

在我们看来，这个系统最明显的缺陷是，“它的估值结果注定是在我们碰巧知道的其他交易（价格）的范围之内”。我们的任务事实上确应对结果有所控制。但我们的方法不应该把我们限制在一个特定的有限范围内。

收益法

在本节中，我们将介绍一些分析性的方法来估算许可使用费费率。这些方法遵循我们所讨论的与商标估值有关的原则，因为即使交易方式不同，也应适用同样的原则。

一种分析方法

上面的例子过于简单，但却是一个合适的起点。假设我们是圆珠笔的销售商。我们在一段时间前设计了这支笔，按照我们的规格生产，并在美国东北部销售。我们拥有注册商标“PEN”，通过拜访该地区的经销商和零售商，我们建立了良好的业务。我们想把我们的产品推向全国，但缺乏足够的资金进行大规模的广告宣传，而资金和宣传是支持这一举措所必需的。

我们知道有一家大型跨国公司，以其著名的“PENCIL”商标生产和销售铅笔和橡皮。他们同意许可我们在钢笔上使用 PENCIL 商标，这将大大促进我们在全国范围内的推广。他们要求的许可使用费为净销售额的 10%。这个价格公平吗？在回答这个问题之前，我们需要分析一下我们公司的经济状况。

为了说明这一点，我们将从图表 8.4 中 PEN 的收益表开始。

图表8.4　PEN收益表　单位：美元

PEN收益表

截至2013年12月31日的财政年度

		百分比（%）
销售额，减退回和补贴额	373500	100.0
减：已售商品成本	205000	54.9
总利润	168500	45.1
减：销售、总务及管理费用	74700	20.0
净营业收入	93800	25.1
其他收益或（支出）	-32000	-8.6
税前净收益	61800	16.5
减：州和联邦所得税	24720	6.6
特殊项目前的净收益	37080	9.9
特殊项目的收益或（支出）	-5000	-1.3
净收益	32080	8.6

我们在典型的财务数据中增加了一栏，按百分比显示的收益表。我们可以观察到“底线”即净收益是净销售额的8.6%。10%的许可使用费会抵消利润吗？可能不会，因为许可使用费支出是所得税的一项扣除项，但是我们必须在模型中反映出支付的许可使用费，以便识别其影响（见图表8.5）。

图表8.5　支付许可使用费后的PEN收益表　单位：美元

PEN收益表

截至2013年12月31日的财政年度

		百分比（%）
销售额，减退回和补贴额	373500	100.0
减：已售商品成本	205000	54.9
总利润	168500	45.1
减：销售、总务及管理费用	74700	20.0
商标许可使用费10%	37350	10.0
净营业收入	56450	15.1
其他收益或（支出）	-32000	-8.6
税前净收益	24450	6.5
减：州和联邦所得税	9780	2.6
特殊项目前的净收益	14670	3.9
特殊项目的收益或（支出）	-5000	-1.3
净收益	9670	2.6

该模型现在告诉我们，净收益将从8.6%下降到2.6%，即下降大约70%。

这个计算并没有给出一个对我们来说是否公平的简单答案。将知识产权的经济效益在许可人和被许可人之间进行分配是最棘手的问题之一，但至少现在我们有了一些事实可以作为我们做出决定的基础。

这是一个非常简单的分析模型，我们必须考虑一些额外的因素：

- 成为“PENCIL”被许可人并进入全国市场应该会使我们现在的销售收入和净收益（以美元计）增加很多倍。
- 但是，我们需要进行额外投资，以维持更大的库存量。
- 我们的业务风险可能会增加，因为我们将不得不向供应商下大订单，即使销售额没有按计划实现，我们也要承诺购买。
- 我们的业务风险可能会降低，因为我们将向更大的客户群销售。
- 相比之下，我们应该能够通过谈判以较低的价格购买到笔，并分享供应商所享有的规模经济。这将提高我们的盈利率。
- “PENCIL”产品的销售价格可能高于竞争对手，我们可以提高产品的价格来回收部分许可使用费。

在任何特定情况下，可能还有其他需要考虑的因素，但所有这些因素都将影响“被许可人业务（在本例中我们的业务是‘PEN’）的经济状况”。存在一个进行谈判的范围。我们已经说过在许可人和被许可人之间划分经济效益的困难性，这样一个范围可以限定谈判，但是在经济效益被确定之前不能就此开始谈判。

折现现金流量模型

我们认为，针对商标估值这一目的，最好的分析模型是第7章所描述的折现现金流量模型。该模型用于描述被许可人的企业（或商标将被许可进入的业务部门或产品线），并允许将可能影响被许可人业务的所有经济因素作为输入参数。我们可以利用这个折现现金流量模型作为起点（见图表8.6）。

在这个模型中，我们计算了被许可人企业的价值，或者使用商标的业务部门或产品线的价值。在本例中，底层数据是“我们PEN”的业务数据。如果我们从许可人的角度进行这些计算，不太可能方便地访问许可人未公开的财务数据。可能必须基于我们自己的业务（如果我们处于类似的行业）做出形式上的预测，或者使用公开可用的数据作为替代。

第一步计算的是“正常营业”的情况下，不包括商标对企业的潜在影响。在这个模型中，销售额以每年4%的速度增长，其他支出与销售额保持同步，在五年的预测期间，净收益保持在10%左右。我们已经估算了这段时间的净

图表 8.6 商标许可使用费费率计算（步骤 1） 单位：千美元

收益表												
	2013		2014		2015		2016		2017		2018	
销售额，减退回和补贴额	373500	100.0%	388440	100.0%	403978	100.0%	420137	100.0%	436942	100.0%	454420	100.0%
减：已售商品成本	205000	54.9%	213200	54.9%	221728	54.9%	230597	54.9%	239821	54.9%	249414	54.9%
总利润	168500	45.1%	175240	45.1%	182250	45.1%	189540	45.1%	197121	45.1%	205006	45.1%
减：销售、总务及管理费用	74700	20.0%	77688	20.0%	80796	20.0%	84027	20.0%	87388	20.0%	90844	20.0%
净营业收入	93800	25.1%	97552	25.1%	101454	25.1%	105513	25.1%	109733	25.1%	114122	25.1%
其他收益或（支出）	-32000	-8.6%	-32640	-8.4%	-33293	-8.2%	-33959	-8.1%	-34638	-7.9%	-35331	-7.8%
税前净收益	61800	16.5%	64912	16.7%	68161	16.9%	71554	17.0%	75095	17.2%	78791	17.3%
减：州和联邦所得税	24720	6.6%	25965	6.7%	27264	6.7%	28622	6.8%	30038	6.9%	31517	6.9%
特殊项目前的净收益	37080	9.9%	38947	10.0%	40986	10.1%	42932	10.2%	45057	10.3%	47275	10.4%
特殊项目的收益或（支出）	-5000	-1.3%	0	0.0%	0	0.0%	0	0.0%	0	0.0%	0	0.0%
净收益	32080	8.6%	38947	10.0%	40896	10.1%	42932	10.2%	45057	10.3%	47275	10.4%
净现金流量计算												
减：特殊项目正常化	-5000		0		0		0		0		0	
加：折旧支出	12000		12240		12485		12734		12989		13249	
减：营运资金增量	2000		1800		1836		1873		1910		1948	
减：资本支出	3000		4500		4590		4682		4775		4871	
	44080		44887		46955		49112		51361		53704	
动用资产												
净营运资金	90000		91800		93636		95509		97419		99367	
有形资产	225000		229500		234090		238772		243547		248418	
无形资产	85000		86700		88434		90203		92007		93847	
现值 10.0%			42798		40700		38700		36792		582897	
总现值	$741887											

营运资金和有形资产的量，这样就可以计算出预计中企业将产生的净现金流量。

该模型计算了 2014 年到 2018 年（10% 的折现率）现金流量的现值，再加上 2019 年企业价值的现值（该年度收益的量化以 10% 的折现率减去 4% 的通货膨胀率，即 6%）。在此基础上，企业价值为 741887000 美元。

下一步，我们将在模型中反映商标许可的预期效果（见图表 8.7）。

图表 8.7　商标许可使用费费率计算（步骤 2）　　单位：千美元

收益表	2013		2014		2015		2016		2017		2018	
销售额，减退回和补贴额	373500	100.0%	392175	100.0%	411784	100.0%	432373	100.0%	453992	100.0%	476691	100.0%
减：已售商品成本	205000	54.9%	195695	49.9%	205480	49.9%	215754	49.9%	226542	49.9%	237869	49.9%
总利润	168500	45.1%	196480	50.1%	206304	50.1%	216619	50.1%	227450	50.1%	238822	50.1%
减：销售、总务及管理费用	74700	20.0%	87104	22.2%	91459	22.2%	96032	22.2%	100834	22.2%	105876	22.2%
净营业收入	93800	25.1%	109376	27.9%	114845	27.9%	120587	27.9%	126616	27.9%	132946	27.9%
其他收益或（支出）	-32000	-8.6%	-32640	-8.3%	-33.293	-8.1%	-33959	-7.9%	-34638	-7.6%	-35338	-7.4%
税前净收益	61800	16.5%	76736	19.6%	81552	19.8%	86628	20.0%	91978	20.3%	97616	20.5%
减：州和联邦所得税	24720	6.6%	30964	7.8%	32621	7.9%	34651	8.0%	36791	8.1%	39046	8.2%
特殊项目前的净收益	37080	9.9%	46041	11.7%	48931	11.9%	51977	12.0%	59187	12.2%	58569	12.3%
特殊项目的收益或（支出）	-5000	-1.3%	0	0.0%	0	0.0%	0	0.0%	0	0.0%	0	0.0%
净收益	32080	8.6%	46041	11.7%	48931	11.9%	51977	12.0%	55187	12.2%	58569	12.3%
净现金流量计算												
减：特殊项目正常化	-5000		0		0		0		0		0	
扣：折旧支出	12000		12240		12485		12734		12989		13249	
减：营运资金增量	2000		1800		1836		1873		1910		1948	
减：资本支出	3000		4500		4590		4682		4775		4871	
	44080		51981		54990		58157		61490		64999	
动用资产												
净营运资金	90000		91800		93636		95509		97419		99367	
有形资产	225000		229500		234090		238772		243547		248418	
无形资产	75000		76500		78030		79591		81182		82806	
现值 10.0%			49562		47664		45827		44049		705487	
总现值	$892589											

由于制造业的规模经济效应，销售收入增加了，已售商品的成本下降了。为了阐明该模型的使用，我们没有进行其他更改。实际上，前面讨论的所有影响因素，包括营运资金或有形资产需求的变化、业务风险的增加或可能的溢价定价，都可以纳入该模型。仅仅就我们所更改的因素，企业的价值就增加到了 892589000❶ 美元。

我们试图回答的问题是，企业可以支付多少许可使用费来实现这些预期的

❶ 原文为 $892589，译者改为 892589000。——译者注

效益。我们可以通过在模型中插入许可使用费来回答这个问题。增加许可使用费会降低企业的价值。如果它降低了的企业价值，超过了在假定许可之前的价值，那么被许可人将不会接受这种许可使用费。如果它仅使企业的价值减少很少的量，则许可人不太可能接受该许可使用费。我们可以观察到，4%的许可使用费费率所产生的许可使用费支出，将企业价值降低到735198000美元，即大约是之前的值（见图表8.8）。

图表8.8　商标许可使用费费率计算（步骤3）

单位：千美元

收益表												
	2013		2014		2015		2016		2017		2018	
销售额，减退回和补贴额	373500	100.0%	392175	100.0%	411784	100.0%	432373	100.0%	453992	100.0%	476691	100.0%
减：已售商品成本	205000	54.9%	195641	49.9%	205423	49.9%	215694	49.9%	226479	49.9%	237803	49.9%
总利润	168500	45.1%	196534	50.1%	206360	50.1%	216678	50.1%	227512	50.1%	238888	50.1%
减：销售、总务及管理费用	74700	20.0%	87128	22.2%	91484	22.2%	96059	22.2%	100862	22.2%	105905	22.2%
减：商标许可使用费4%	0		15687		16471		17259		18160		19068	
净营业收入	93800	25.1%	93719	23.9%	98405	23.9%	103325	23.9%	108491	23.9%	113916	23.9%
其他收益或（支出）	-32000	-8.6%	-32640	-8.3%	-33293	-8.1%	-33959	-7.9%	-34638	-7.6%	-35331	-7.4%
税前净收益	61800	16.5%	61079	15.6%	65112	15.8%	69366	16.0%	73853	16.3%	78585	16.5%
减：州和联邦所得税	24720	6.6%	24431	6.2%	26045	6.3%	27746	6.4%	29541	6.5%	31434	6.6%
特殊项目前的净收益	37080	9.9%	36647	9.3%	39067	9.5%	41620	9.6%	44382	9.8%	47151	9.9%
特殊项目的收益或（支出）	-5000	-1.3%	0	0.0%	0	0.0%	0	0.0%	0	0.0%	0	0.0%
净收益	32080	8.6%	36647	9.3%	39067	9.5%	41620	9.6%	44382	9.8%	47151	9.9%
净现金流量计算												
减：特殊项目正常化	-5000		0		0		0		0		0	
扣：折旧支出	12000		12240		12485		12734		12989		13249	
减：营运资金增量	2000		1800		1836		1873		1910		1948	
减：资本支出	3000		4500		4590		4682		4775		4871	
	44080		42587		45826		47800		50616		53581	
动用资产												
净营运资金	90000		91800		93636		95509		97419		99367	
有形资产	225000		229500		234090		238772		243547		248418	
无形资产	75000		76500		78030		79591		81182		82806	
现值10.0%			40605		39014		37665		36258		581554	
总现值	$735198											

因此，4%的许可使用费费率代表了许可人期望获得的或被许可人愿意支付的最高许可使用费费率。这里使用的概念是我们在前几节中讨论过的减法。从本质上讲，我们只是增加了一个额外的计算方法，将属于商标的收益与销售收入联系起来，以便用净销售额的许可使用费百分比来表示收益。

这种现金流量模型的最大好处是，它的根基是所有企业均追求投资回报，并且便于评估各种场景。它允许人们对被许可人业务经济状况的预测做出改变，从而确定影响许可使用费费率决策的因素。

这个模型并不是我们第一次突然发现的新东西。它只是我们在第 5、6、7 章中介绍的事实和财务关系的逻辑扩展。

经济效益的分配

本章开始时，我们指出，许可是在商标所有人和被许可人之间分配品牌运用所带来的未来经济效益的一种手段。在提出的折现现金流量模型中，我们得出结论，4%的许可使用费费率表示的是我们（PEN）作为被许可人将从 PENCIL 商标的许可中获得的未来经济效益的总量。DCF 的计算还告诉我们，PENCIL 商标许可将使我们的企业价值增加约 1.5 亿美元。

也就是说，如果我们能够免费获得 PENCIL 商标的许可，我们的企业价值将增加 1.5 亿美元。如果我们必须支付全部 4%的许可使用费，我们的企业价值就不会增加，追求这样的许可也没有任何经济目的。那要怎么做呢？我们的谈判目标应该是 1%、2%、3%吗？

这可能需要基于我们对运用 PENCIL 商标的成本以及我们希望从投资中获得的回报如何预测。PENCIL 公司应该只有少量的费用来管理许可，因此我们（PEN）的许可使用费费率应该落在这个范围的低端。

一般而言，许可交易中获得“最大份额”（lions share）未来经济效益的一方应当：

- 接受最大的风险，即商标许可不会产生预期的经济效益。
- 承担商标运用所涉及的最大支出。
- 把最大的市场力量带到谈判桌。

另一种分析方法

在第 5 章中，我们提出了一种估算商标收益分配的方法，该方法将企业产生的收益分配到其资产组成中。附图在图表5.11中，我们在其中观察到可分配给商标的收入为146.2万美元。请注意，这些数据指的是Smith & Richey公司，而不是上一节讨论的PEN和PENCIL的例子。在第5章中，这些信息用于估算商标的经济效益，也可用于估算许可使用费。我们所需要做的就是将归属于目标商标的收益与企业的净销售收入联系起来，然后就能得到答案（见图表8.9）。

图表8.9 通过在资产间分配收益来计算许可使用费

资产类型	资产价值（千美元）	要求回报率	回报额（千美元）
净营运资金	3830	2.7%	103
有形资产	13600	5.7%	775
无形资产	5000	12.0%	600
知识产权	15080	18.0%	2714
总计	37510	11.2%	4193
技术类IP	5000	25.0%	1250
商标	10080	14.5%	1462
	15080	18.0%	2712
销售收入（来自图表7.6）	30900		
归入商标的收益	1462		
归入商标的税前收益	2436		
指示的许可使用费费率	7.9%		

这种方法需平衡一些未知因素，读者应该再次参考第5章，以确保理解基本假设。看起来很简单，实际则不然。

同样，这种方法也揭示了被许可人愿意支付的最高金额。它假定被许可人愿意将商标产生的所有增量收入全部支付给许可人，而实际情况并非如此。7.9%的许可使用费（扣除40%的所得税，相当于4.7%）将消耗所有可归属于目标商标的收入。

无论这个例子看起来多么简单，它都需要通过深入的分析来估算输入，并且它包含了我们一直在讨论的所有投资回报原则。该模型是计算许可使用费费率和企业基础资产价值的一种强大方法。

经验法

我们还观察到有人使用经验法来推导许可使用费费率。最常见的经验法有：

- “我们所知道的所有许可使用费费率的平均值是 5%”
- “某个许可使用费费率是我们行业的惯用费率”
- “能补偿我们开发成本的许可使用费”
- 所谓的“25% 法则”

前两个观点不言自明，缺点也很明显。关于许可使用费费率的意见用于诉讼、交易或免除许可使用费估值时，需要高度的可比性。

基于被许可的知识产权的开发成本来估算许可使用费，有一些直观的吸引力，但也有严重的缺陷。我们在第 4 章中对成本法的讨论强调了开发成本与市场价值之间的脱节。别忘了“便利贴”的例子！

25% 法则的问题并不明显。这一法则认为，被许可人愿意支付许可使用费的前提是，其金额应相当于被许可人运用知识产权预期能获得的收益的 25%。当这些许可使用费金额与所涉产品或服务的预期销售收入相比较时，就可以计算出许可使用费费率。

多年来，这种估算许可使用费的方法得到了广泛应用，尤其是在交易中。因此，它可能在某种程度上具有已然被证明的一面。然而，我们对在诉讼领域中使用该方法提出警告[1]。这种方法是什么呢——一种一般意义上的假设，它所基于的事实实际上是不清楚的，就像任何经验法则一样。

我们建议，在需要许可使用费费率意见的时候，无论在什么情况下，不管是在交易谈判中、估值中，还是在诉讼中，思考的过程都要从“不保证许可使用费”这一假设出发。也就是说，用更科学的术语来说，这是一个“零假设”。从这一点出发，人们可以通过检查所有的优点和缺点，识别一些、丢弃一些，来获得一个许可使用费费率。我们认为这种逻辑会产生一种更有说服力的结果。

---

[1] 2011 年 1 月，美国联邦巡回上诉法院（the United States Court of Appeals for the Federal Circuit，CAFC）在 *Uniloc U. S. A.，Inc.* 诉 *Microsoft Corp* 案中作出判决。法院面临的问题是专利侵权损害赔偿的量化问题。在判决中，最高法院断然拒绝使用 25% 法则，该法则曾被一名专家证人用作量化损失的方法。

小　结

本章的重点包括：

- 许可会把由商标运用获得的未来经济效益在许可人与被许可人之间进行分配。
- 几乎每个许可条款都有一定的经济效益。
- 被许可人业务的经济状况往往是交易的决定因素。
- 我们需要清楚地了解许可交易产生的资金流。
- 不建议采用成本法来计算许可使用费。
- 只要有适当的可比交易，市场法就可以成为一个对许可使用费量化的强有力的方法。
- 收益法用于许可使用费量化可以产生可靠的结果，尽管输入数据更难以获得。

第 9 章
商标诉讼中损害赔偿的量化

有人可能会问，我们为什么要讨论与商标权有关的诉讼问题。测算损害赔偿的传统方法是将某一损害事件“之后”的资产价值与该事件“之前”的资产价值相减。但这种方法还没有成为法律或法庭上测算商标权损害赔偿的方法，因此通常并没有考虑商标的市场价值。民事诉讼中的货币赔偿虽然不是商标价值损失的直接测算标准，但如果赔偿具有补偿性质，则可以作为测算商标价值损失的替代标准[1]。在刑事诉讼中，刑事罚款是金钱方面的唯一惩罚，虽然罚款与商标价值无关，但假冒联邦商标的刑事判决由假冒商品的零售价值决定，而后者可以通过真品的零售价值来测算。

在商标诉讼中，虽然不涉及具体的估值，但货币赔偿问题非常重要，同时，还有其他原因让我们觉得了解商标损害赔偿这一主题是有益的：

- 在我们之前关于商标价值的讨论中，风险因素被认为是主要的驱动因素。创建和运用一个品牌的风险因素之一是商标权有可能受到质疑，或财务处罚可能侵蚀商标持有人的经济效益。因此，了解潜在的法律问题对充分了解这种风险至关重要。

- 与其他类型的知识产权相比，我们认为商标存在更多潜在的法律（和经济）陷阱。例如，商标侵权的判断存在宽泛的主观性。甚至一些“可能混淆”的基本原则也很难定义和量化。

- 这些法律问题有其国际性，了解这一点也非常必要。虽然品牌确实能

---

[1] 参见 Michael J. Freno，“Trademark Valuation：Preserving Brand Equity，” 97 *Trademark Rep.* 1055 (2007)，其中作者讨论了商标民事诉讼中的货币补偿与商标估值之间的关系。Freno 先生指出，商标促进销售有几个因素，包括例如制造效率、商业机密和良好的管理，因此由于被告的不当行为而损失销量，以及进而损失收益反映了上述所有因素的综合损失。他认为合理的许可使用费更接近于商标价值的损失，因为许可使用费只关注商标本身的价值。当然，当判决的目的是威慑或追求公平而与补偿商标持有人没有直接关系时，商标的价值与货币补偿之间几乎不存在联系。

够流畅地跨越国际边界，但各国商标权的法律框架不尽相同。这带来了另一个风险因素。

- 我们在前几章中涉及的商标估值的所有内容也是商标诉讼中损害赔偿量化的有效要素，如财务报表分析，从整个企业的经济效益中提取某品牌的经济效益的方法，以及支持市场价值量化的所有基本金融原则。

在美国，1946年的联邦《兰汉姆法》为商标民事诉讼中的货币赔偿提供了一个有用的模式，因为该法案对联邦商标执行体系下常见的侵权行为的责任进行了明确，对于此类违法行为，该法案赋予与大多数州法和普通法规定相同的货币赔偿类型。由于国际社会努力协调知识产权法，以刺激国与国之间的贸易，尽管各国货币赔偿的原则差别较大，大多数国家都将商标执行指向与《兰汉姆法》相同或类似的不当行为。这一讨论可作为起点来探讨在其他国家商标执行体系下的货币赔偿。同样，作为协调的结果，大多数国家通过刑事诉讼来解决假冒商标的损害赔偿。

商标民事诉讼

下面讨论各种商标民事诉讼，包括侵权、假冒、淡化、域名抢注和虚假广告❶。

侵权

最常见的商标诉讼是商标侵权索赔，可用于注册商标和非注册商标的执行。商标侵权索赔的判决取决于是否存在混淆的可能性。该标准通常可以理解为消费者错误识别侵权人产品或服务的商业来源，在大多数情况下，消费者会误认为侵权人的产品或服务来自商标持有人，或者以某种方式附属于商标持有人或已经获得批准❷。一个明显的例子是使用“Windy's”这个词来提供快餐服务，从而侵犯了著名的“Wendy's”快餐服务标志。再选择一个不太明显的例

---

❶ 本讨论中，“商标持有人”和“原告”这两个词语可以互换使用，因为在民事诉讼中，商标持有人通常是发起法律诉讼的原告，“不法行为人”和“被告”这两个词语可以互换使用，因为在关于商标的诉讼中，被指控犯有不法行为的一方通常为被告方，除非该方当事人提起诉讼，声称没有任何违法行为，或对商标持有人提出违法行为主张的诉讼，而商标持有人则以商标诉讼理论进行反诉。

❷ 另一种不太常见的混淆类型是当侵权者在市场上制造角色颠倒的印象时发生的反向混淆。具体地说，当侵权人广泛宣传其侵权产品或服务，以至于消费者很可能将侵权人错认为商标持有人，将商标持有人错认为侵权人时，就会产生反向混淆。有关反向混淆的例子，请参考本章稍后在纠正性的广告宣传活动中讨论的“Bigfoot”轮胎案例。

子，想一想盗用“Green Giant”（绿色巨人）商标（因罐装和冷冻蔬菜而闻名）销售蔬菜榨汁机的行为存在侵权的可能性。

为了评估混淆的可能性，法院分析了一组因素，这些因素在不同的法院之间略有不同，但一般都出于相同的考虑。这些因素包括原告商标固有的独特性和商业实力；当事人各自的标志在视觉、语音上的相似性以及意义上的相似性；双方各自的产品和服务与各自使用的营销渠道的相似性；有关产品或服务购买者的成熟度；被告人采用其标志的意图，具体有无欺骗意图；消费者是否存在实际的混淆；而且，如果双方没有直接竞争，原告是否有进入被告市场的可能性。没有哪一个因素是一锤定音的；相反，法院可能会根据案件的事实和背景，给予某些因素或多或少的权重，以确定是否发生了侵权行为。

假冒

假冒商标是侵权行为的一个子集，美国国会已将其列为侵权行为中“最恶劣的形式”予以特殊对待❶。与侵权行为一样，假冒行为必须导致混淆才能被起诉，但与简单的侵权行为不同，直接消费者通常掩饰他们购买非真商品并非混淆，尤其是当这些商品属于奢侈品范畴时。名牌的假冒品是购买者的最爱，他们寻求拥有该品牌的地位，但又想以折扣价购买。举例来说，如“Rolex”（劳力士）手表、“Prada”（普拉达）手袋和“Dolce & Gabbana”（杜嘉班纳）太阳镜等彰显身份的假冒品流行。在这种情况下，如果非购买者看到赝品并对其来源感到困惑，就可以认定为假冒。为了产生假冒的效果，被告必须使用与联邦政府注册的商标相同或实质上无法区分的标志，并且其必须与注册商标所注册的产品或服务相关联，或以补丁、贴纸、标签等诸如此类的方式用于注册商标所注册的产品或服务上。如果这些因素得到证实，国会已经出台了本章稍后讨论的对该标志持有人严厉的强制措施。

淡化

淡化是一种民事错误，不需要证明因消费者的混淆而受到损害。相反，淡化要求证明驰名商标可能因被告的行为而产生模糊化，即对商标的独特价值造成损害；或因被告的行为而产生玷污，即对商标的声誉造成损害。通过这种方式，淡化将商标的保护范围扩大到商业中该商标的产品和服务之外，并可能被用来挑战被告与竞争无关的行为。淡化的一个例子是“Xerox”商标，该商标

❶ 见130 Cong. Rec. 31，675（1984）（Joint Legislative Explanatory Statement）．“假冒商标是‘可能引起混淆’的商标中最令人震惊的例子。”

因销售复印机和复印产品及服务而闻名，被告使用该商标并将其推广到滑板市场。商标持有人诉称，尽管消费者可能不会相信施乐公司（Xerox Corporation）已决定开设滑板生产线，或将其商标授权给滑板销售商，但被告未经授权使用该商标，造成了其著名“标志”的模糊化。同样，美泰公司（Mattel Corporation）可能诉称，一家成人伴游公司使用“Barbie”（芭比）商标所产生的不健康联想，可能会玷污一个著名的儿童时尚玩偶商标。

域名抢注

域名抢注涉及互联网上的域名，指注册、出售、要约出售或恶意使用域名，意图从他人商标的商誉中获利的行为，一般表现为将该商标纳入域名。无论商标持有人是否就该商标进行了注册，当域名与他人的商标相同或产生相似性混淆，域名与他人的著名商标相同或产生相似性混淆，或使之淡化时，该行为上升到违法的程度。在这种方式下，域名抢注包含了侵权和淡化等方面的内容，但其特点在于恶意。域名抢注行为的一个例子是某实体在网站上发布啤酒杯（beer stein）收藏图片并注册域名“steinway. com”，然后立即联系世界著名的钢琴制造商——施坦威公司（Steinway，Inc.），并以出售域名的名义索要高额报酬。请注意，被告不一定是竞争对手，但如果销售钢琴的竞争对手购买了该域名，并发布了相同的照片集，以阻挠施坦威公司（Steinway，Inc.）开发网络形象的努力，将被采纳为其抢注的证据。

虚假广告和不正当竞争

最后，虚假广告是《兰汉姆法》中的一项诉讼理由，而且往往也包括在州不正当竞争执行体系中；它包括对购买决定至关重要，并可能对消费者造成伤害的虚假的声明或误导性的陈述。联邦法或普通法下的不正当竞争诉讼事由规定，被告在贸易或商业中对各种不诚实行为负有责任，这些行为会对商业活动造成不当的影响。尽管虚假广告对品牌价值的影响，可能有也可能没有，这取决于所涉广告是否贬低了原告的产品或服务，但这一诉讼事由通常不涉及商标本身价值的贬损。然而，基于被告将其产品或服务冒充他人产品或服务而提起的不正当竞争指控，是商标侵权行为的一种形式，随之而来的可能是对商标价值的损害。“反向假冒”（Reverse passing off）或者将商标持有人的商标从其产品或服务上移除，并以被告的商标进行分销或者销售，也构成不正当竞争。联邦法和普通法的不正当竞争机制也可能延伸到盗用他人不属于知识产权保护主题的创造，例如商业秘密。从根本上说，联邦法或普通法中的不正当竞争所涵盖的不当行为范围比《兰汉姆法》商标执行条款所涵盖的范围更广，不正当竞争通常要求被告的行为表现出一定的恶意意图。

民事诉讼中的货币赔偿

《兰汉姆法》授权以被告的利润所得或原告的损害赔偿的形式进行货币赔偿，或者，如果两种赔偿方式互不重复，可同时进行两种形式的赔偿，并最高可判决基本赔偿标准的三倍。这些货币赔偿可用于补偿商标所有人根据《兰汉姆法》提起的任何诉讼理由，包括侵权、淡化和域名抢注，尽管侵权是获得此类赔偿的主要诉讼形式。之所以如此，是因为在淡化案件中，损害赔偿极其难以量化，而且要求表现出故意的不当行为，而域名抢注案件中的原告通常遵循最容易证明的补偿路径，尤其是法定损害赔偿。法定损害赔偿是由法规量化的货币赔偿，而不是由对商标持有人所受的损害进行量化计算而产生的货币赔偿。根据《兰汉姆法》，只有在最恶劣的侵权行为（即假冒和域名抢注）中，法定损害赔偿才可作为其他类型货币赔偿的替代。最后，在特殊情况下，该法允许初审法院就商标判决的任何诉讼理由判决出合理的律师费。虽然该法案没有明确涉及判决前利益，但法院在做出或拒绝做出这类判决时行使自由裁量权。

关于货币赔偿的讨论不应掩盖这样一个事实，即大多数商标诉讼都依赖禁令救济的判决，而货币赔偿通常是次要问题，案件通常在初步禁令听证会结束后解决。禁令救济在商标诉讼案件中占主导地位，主要原因是难以计算对商标权人造成的损害程度。商标持有人的主要损害是对商标的使用失去控制。商标持有人本身并没有丧失商标的使用权，只是丧失了商标的“排他性”使用，而这一损害通常最好的补救办法是命令被告“cease and desist”，即停止申诉中的行为。当法院对商标所有人提出的初步禁止令（即在案件审理过程中禁止该行为的命令）做出判决时，当事人通常能看出法院的倾向，并因此受鼓励而解决争端。

被告的利润所得：测算利润所得的复杂性

对被告的利润所得进行量化虽然看起来很简单，但实际可能相当困难。为了正确看待这一任务，让我们研究一下图表 9.1 所示的收益表样例。

图表 9.1　收益表样例　　单位：美元

总销售额	10000000
减：退回额	50000
净销售额	9950000

续表

已售商品成本	6500000
总利润	3450000
销售、总务及管理费用	1250000
净营业收入	2200000
利息支出	400000
其他收入（支出）	（250000）
税前净收益	1500000
所得税	620000
净收益	880000

资料来源：John Wiley & Sons，Inc.。经允许转载。

根据任务目标，我们假设该收益表只报告与侵权产品或服务有关的财务结果。我们从收益表的底部开始，对可能用以测算被告利润所得的各项指标进行讨论。

净收益

虽然被告可能提出，此项可作为测算利润所得的适当指标，但当被告侵犯了原告的商标权时，这样做是否恰当？这是有争议的，因为在利润所得的测算指标中，被告业务的经营费用，如所得税，可能会被扣除，也可能不被扣除。

税前净收益

使用这一收益水平可以消除税的问题，但我们可以观察到，这种利润测算方法减去了被告利息支出以及其他可能与侵权产品无关的费用。必须处理的问题是：与被指控的侵权行为相关的利润所得，是应该以被告选择的其业务的估值为准，还是要考虑不相关的收入或支出。

净营业收入

采用这项收入消除了一些问题，但即使是这一收入也受到销售费用、一般费用和管理费用的影响。这些费用的变化非常大，例如，如果被指控的侵权者正在用侵权商标进入一个新的市场，那么这些数字可能相当高。这至少会减少利润所得的水平，甚至可能抵消掉利润。在市场开拓的情形下，营业净收入为零或负数是很正常的。在这种情况下，利润所得计算结果应该是“零”吗？

总利润

从会计和经济的角度来看，在这个水平上测算利润所得可能是最有意义的。不太可能有人进入总利润微薄或为负的行业。如果一种新产品的生产过程中有一个非常陡峭的学习曲线，或者在生产过程中有巨大的规模经济，而企业在一定时期内必须达此规模，那么才有可能出现总利润为负，但这种情况并不常见。此外，如果被指控的侵权人以使用被窃取的商标销售一种普通产品，从而获得比正常利润更高的利润所得，则包含溢价的高收益将计入总利润。

请记住，到目前为止，关于测算利润的复杂性讨论所涉及的收益表，“仅”基于销售侵犯商标持有人权利的产品或服务。这在现实生活中不太可能存在，所以我们面临的任务可能是从现有的信息中创建一个这样的收益表（或者至少是我们认为包含相关部分的收益表）。

隔离相关的收入流

图表9.1的示例中仅列入侵权产品或服务的独立收益。这并不典型。小公司不太可能拥有这种隔离算法的会计制度。一家大公司很可能按产品线划分财务状况，但这些财务状况将包含许多费用分配，影响了按产品或服务划分利润所得的要求。

即使有产品收益表，侵权产品的地理分布或零售商分布也可能非常有限。这需要进一步细分数据。这个过程是确定相关市场的过程之一。

费用分配

在多产品业务中，许多费用，如与财务、法律、会计、研究或公司广告职能有关的费用，不以产品线为基础进行报告，而必须根据某种公式分配给每个产品。这一公式可以根据销售收入、雇员人数、生产设施的面积、所使用的资本、应收账款或这些因素的任何组合而定。在一个大的组织中，由于涉及多层级，费用分配可能会变得更加复杂。一些费用可能在一个产品线的几个产品之间分配。同时，其他费用根据产品在部门、子公司或业务部门中的位置进行分配。费用可能以基于与经营集团完全不同的法人实体进行分配。

我们的方法通常是将这些分配降低到它们的“最小公分母”，以便我们能够有选择地重新组合它们，使用我们认为适当的分配方式，并丢弃其他分配方式。

一次性或非常规事件

我们还必须意识到一次性或非常规事件造成的成本。例如，如果一个制造工厂关闭了，那么关闭成本及与停止运营相关的持续费用（如在租赁期满之前支付的租金）可以分配给幸存的业务。显然，这些费用不适用于确定被告的利润所得。人财物的损毁和会计调整是另一个例子。我们还必须对在违法行为发生之前发生的事件及所做的调整保持敏感。

会计问题

另一个必须解决的概念上的问题是，费用应以“增量费用”为基础，还是以“完全吸收成本”为基础。财务报表通常是在完全吸收成本的基础上表示的。简单地说，这意味着每个会计实体，无论是产品、产品线、分支机构还是部门，都必须承担其可分配资源的份额。

例如，假设一个侵权的情况涉及制造巧克力曲奇的工厂。这些饼干是一个独特的品牌——工厂以75%的产能运营，这个品牌是盈利的。管理层决定用不同的商标推出一系列坚果饼干，而不是巧克力曲奇，而新产品侵犯了现有产品。坚果饼干品牌使用剩余的25%的工厂产能。在成本需被完全分配的会计要求下，坚果饼干品牌必须承担工厂25%的成本，即使没有雇佣额外的员工，也没有安装新机器。原先承担所有工厂成本的巧克力曲奇品牌变得利润更高，因为坚果曲奇分担了一些成本。

关键的问题是，计算侵权坚果曲奇的利润所得时，是应假定其制造成本仅为最低水平（因为它是一种增量产品），还是应假定其在总制造成本中所占份额。这种差异可能是巨大的。以增量计算的坚果饼干，将从工厂成本中获得免费的好处，而且可能看起来非常有利可图。法院对违法者的利润所得采取如下所述的不同测算方法❶。

判决原则：被告的利润所得

对违法者应赔偿的利润所得的判决，可以建立在以下一项或任何几项的结合上：有证据证明，竞争对手从原告那里转移销售，担心被告以其他方式获得不公平利润所得，或者是希望阻止被告未来的不当行为。重要的是，原告可以在没有证据证明商标持有人受到任何实际损害的情况下，根据后两种情况获得被告利润所得的会计报表❷。在这一点上，拉里·马谢克（Larry Marshak）受到了教训，他持续推广一个名为“the Drifters”（漂流者）的doo-wop风格歌唱组合，并使用了一个包含该商标的名字，尽管此前法院裁定，漂流者乐队原经理的遗孀费伊·特雷德韦尔（Faye Treadwell）拥有该商标的所有权。法院

---

❶ 有关商标诉讼中三种不同利润计算方法的说明，请参阅James M. Koelemay，“A Practical Guide to Monetary Relief in Trademark Infringement Cases，”85 *Trademark Rep.* 288（1995）。作者描述了差别或边际成本规则，该规则允许扣除还未产生的销售侵权产品所需的费用。注意，这一规则的适用为商标持有人带来了最大的收益，作者指出，该方法已被用来计算原告损失的销量导致的利润损失。此外，他还概述了“直接协助规则”（direct assistance rule），该规则允许计算扣除协助制造和销售侵权产品的费用，包括一些间接费用。最后，他描述了完全分配成本规则，该规则允许将所有的扣减额按照一般公认会计原则分配给侵权产品。

❷ 当违法者与商标持有人之间没有直接竞争时，这种情况下，销售收入的损失无法证明或难以证明时，本规则赋予的被告利润所得的判决成为特别有用的补救措施。虽然原告不能证明利润损失或其他损害，但这并不妨碍对违法者利润所得的追偿，但从公平补救的目的出发，缺乏实际损害会影响法院的判决。例如，在*Menendez v. Faber*，*Coe & Gregg*，*Inc.*，345 F. Supp. 527，560（S. D. N. Y. 1972）中，出于公平的理由，侵权者的利润所得被拒绝入账，因为记录显示商标持有人或公众没有因被控侵权行为而受到损害。

以马谢克藐视法庭判决、持续侵犯商标为由指出，没有任何证据表明马谢克的行为造成了实际损害，但认为在阻止侵权人的利润所得时，这种证据是不必要的❶。同样，一家香烟折扣店在雷诺兹烟草公司（R. J. Reynolds Tobacco Company）提起的商标淡化诉讼中为其非法获利而付出了代价，因为，尽管没有证据证明后者有实际损害，但法庭认定，折扣店的行为使其不公正地受益。初审法院认为，折扣店通过将用于海外和其他平行市场销售的雷诺兹产品引入国内市场，从而淡化了“Camel”（骆驼）、“Winston”（温斯顿）和“Salem”（塞勒姆）商标的独特性，获得了它本应永远无法实现的利润❷。

META - 侵权

制造商 Venture Tape Corporation 指控基于互联网的彩色玻璃用品零售商麦吉利斯玻璃仓库（McGillis Glass Warehouse）侵犯了“Venture”的商标，其将该商标嵌入麦吉利斯网站的元数据中，并在网站的白色墙纸上以白色字母隐形。麦吉利斯承认，该公司采用这一做法来吸引在搜索引擎中键入“Venture”的互联网用户。初审法院认定麦吉利斯有侵权责任，并根据侵权人在三年侵权期间的总销售额 190 万美元，判罚支付给 Venture 233339.17 美元。麦吉利斯在上诉中反对该判决，称它大大夸大了 Venture 受到的实际损害和麦吉利斯的实际利润。关于后一点，麦吉利斯指出，Venture 在诉讼期间已获得了该公司的记录，因此，本应告知初审法院，麦吉利斯的净利润接近总销售额的 1%，约合 1.9 万美元。上诉法院驳回了 McGillis 的上诉，指出：首先，商标持有人无法证明具体的销售损失情况并不意味着不能根据“粗略测算”出的商标持有人所受损害进行赔偿；第二，法律只要求商标持有人根据侵权期间麦吉利斯纳税申报单的复印件，证明 Venture 所贡献的销售总额，而且，没有证据表明其中有任何允许的扣除。❸

当法院根据上面提到的第一个基础，即转移的销售额，对违法者的利润所得做出判决时，法院经常指出，该判决是对受侵害的商标持有人所受损害的“粗略测算”。这样做的原因是，这样的判决含蓄地假设原告本应获得被告对

---

❶ *Marshak v. Treadwell*, 595 F. 3d 478, 495 (3d Cir. 2009).

❷ *R. J. Reynolds Tobacco Co. v. Premium Tobacco Stores, Inc.*, *et al.*, 71 U. S. P. Q. 2d 1670 (N. D. Ill. 2004).

❸ *Venture Tape Corp. v. McGillis Glass Warehouse*, 540 F. 3d 56, 63 - 64 (1st Cir. 2008). 如果商标持有人无法通过诉讼调查程序获得被告的总利润记录，无论是因为该记录不存在，还是因为被告不配合调查，法院将允许商标持有人依据任何合理的证据来源。例如，*Louis Vuitton, S. A. v. Spencer Handbags Corp.*, 765 F. 2d 966, (2d Cir. 1985)，被告在调查期间拒绝出示财务记录，上诉法院以卧底调查员的录像中手提包伪造者宣称的每个手提包的利润为计算基础，维持了侵权人的总利润这一判决。

其起诉对象的所有销售额，且双方的利润率相同。在大多数情况下，该假设是错误的，但需由违法者提交证据，而在这方面，商标持有人没有义务帮助他。

这一规则可通过一个涉及彩色玻璃工业中使用的特种胶带和箔的案例予以说明。

但是请注意，如果违法者销售多种产品或在多个市场销售同一产品，仅有其中一个侵权，则只对该侵权产品或侵权市场负责，商标持有人有责任在该限制内计算总销售额。由于未分离侵权所得，林迪笔公司（Lindy Pen Co.）诉称比克笔公司（Bic Pen Corp.）出售其“Auditor's”细笔的利润所得被否决。尽管林迪笔公司断言比克笔公司对“Auditor's”商标的侵权没有市场限制，但第九巡回法院确认混淆只可能发生在电话销售中的电话订单这一二级市场，并从责任上排除了该市场中电话订单子市场，或在邮购市场的销售额。上诉法院发回原审，以确定适当的货币赔偿，但下级法院拒绝了林迪笔公司向比克笔公司索要利润所得的请求，因为林迪笔公司没有说明应归属于电话销售市场相关子市场的利润总额。[1]

商标持有人一旦确定违法行为人的相关总利润，违法行为人就可提出材料来证明存在可扣除的开支和经营成本，以减少有关总利润。如本节开始所述，从法律和会计的角度来看，管理成本（Overhead costs）是一个特别麻烦的领域。如果违法者制造并销售不同的产品，或利用多个商标，其中只有一个是不当地用在同一产品上，且只有一个商标的使用侵犯了商标持有人的权利，那么法院必须决定是否分配和如何分配管理成本，以确定一个适当的赔偿额度。在这一点上，只要了解法院对这一问题采取两种主要办法之一就够了，一些法院赞成在这一工作中采用增量的方法，而另一些法院则赞成完全分配的方法。如果法院接受完全分配法，他们可能要求被告在一般管理成本和被起诉的侵权使用之间建立某种联系[2]。然而，根据经验，侵权人的财务记录中分摊过分复杂

---

[1] *Lindy Pen Co. v. Bic Pen Corp.*, 14 U. S. P. Q. 2d 1528, 1534 (C. D. Cal. 1989), supplemental op., 1989 U. S. Dist. LEXIS 17449 (C. D. Cal. Dec. 15, 1989), *aff' d*, 982 F. 2d 1400 (9th Cir. 1993).

[2] 例如，请参见 *Louis Vuitton Malletier v. Dooney & Bourke, Inc.*, 525 F. Supp. 2d 525, 578 (S. D. N. Y. 2007)，采纳特别专家的建议，允许商标持有人的损害赔偿专家在侵权人无法建立间接费用与侵权行为之间的联系的情况下，以渐进法证明。*sum. j'ment granted*, 2008 U. S. Dist. LEXIS 42787 (S. D. N. Y. May 28, 2008).

化，其糟糕的记录不太可能显示其获得收益❶。

根据对可扣减费用的讨论，违法者有责证明合理和公平的分摊基础，如果不能提供这种证明，违法者通常要对滥用侵权商标所获得的所有利润负责。这里举一个成功证明利润分配的例子：假日连锁汽车旅馆（Holiday Inn motel chain）的前加盟商在《特许加盟协议》终止后数年仍在其营业场所外展示特许人标志。侵权人通过证明该期间70%的业务是通过经理的个人接触获得，而只有30%的业务属于可能被侵权商标吸引的短期交易，从而使其主张的利润分配或延期期间的利润分配获得了认可❷。

如果违法行为人出示的证据表明其违法行为未能实现任何利润，法院仍然可以被告的总收入为基础进行判决，以消除任何滥用他人商标的动机。例如，一名伪造者将一些假冒 Polo 衫以成本价出售给同行造假者，一旦商标持有人提起诉讼，则在上诉中判决将这些销售收入作为赔偿，因为上诉法院认定下级法院的裁决没有“消除所有……［伪造者］购买和销售假冒 Polo 衫的经济动机”。上诉法院指出，即使伪造者销毁了假冒商品，而不是将其交给另一名伪造者，以其获得的总收入为基础的判决也会让他付出同样的代价❸。如果违法者仅仅只是简单地证明无法产生利润，则可能会获得类似的判决结果，以避免违法者缺乏商业头脑反而损害商标持有人的利益。

正如我们从前面的讨论中看到的，对公平和正义的关注使得判决必须考量违法者的利润所得，并以之为判决基础。因此，这些判决从来不是自动产生的，为了取得公正的结果，法院有权拒绝做出判决。尽管情况并非总是如此，但今天的大多数法院在下令进行会计核算之前，都要求获得故意侵犯商标持有人权利的证据❹。故意可以被定义为了解商标持有人的权利，并为减损这些权利而采取了故意的行为。在缺乏此类证据的情况下，法院几乎总是拒绝会计核算的要求。例如，两家德国企业之间长达数十年的关于“蔡司”商标所有权的争议，这两家企业均使用该商标在美国销售光学设备，在经过漫长而复杂的事实调查后，包括考量“二战”后苏联和东德关系对德国法律的影响，其中

---

❶ 例如，*Manhattan Indus.*, *Inc. v. Sweater Bee by Banff*, *Ltd.*, 885 F.2d 1, 21–23（2d Cir. 1989），其中一方因未能遵守法院命令，估算出应分配给其使用“Kimberly”女装商标的侵权生产线的那部分固定销售费用，而被判处藐视法庭罪，因为提供令人满意的记录以证明每项费用与“Kimberly”生产线之间存在“充分联系”的责任应由被告承担。

❷ *Holiday Inns*, *Inc. v. Airport Holiday Corp.*, 493 F. Supp. 1025, 1027–28（N.D. Tex. 1980），aff'd, 683 F.2d 931（5th Cir. 1982）.

❸ *Polo Fashions*, *Inc. v. Dick Bruhn*, *Inc.*, 793 F.2d 1132, 1135（9th Cir. 1986）.

❹ 关于《兰汉姆法》下故意意图要求的现代案例调查，请参见 5 McCarthy on Trademarks § 30:62, at 30–149–157。

一方终于得到了支持。尽管初审法院下令对侵权人的利润所得进行会计核算，但该判决在上诉时被推翻，因为有证据显示商标所有权这个问题并不明确，存在合理的意见分歧❶。简言之，法庭采听了法律顾问的意见，尽管该意见有可能是错误的，但仍旧导致同样的判决结果❷。

判决原则：原告的损害赔偿

以原告的损害赔偿为形式进行的货币赔偿依赖于这样一种观念，即商标持有人应该为因违法者的行为而遭受的任何实际损失或伤害得到赔偿，并尝试在给予受害方额外赔偿和补偿其遭受的经济损失之间进行平衡。原告的损害赔偿和被告的利润所得均可判予寻求执行其商标权的商标持有人，但两者合并不得导致同一损失的双重追偿。举一个明显的例子，如果商标持有人要求违法者的利润所得再加上他自己为同一侵权而流失的销售利润，就属于不允许的双重赔偿。除了因违法行为直接产生的费用外，法院还承认各种关于因被告未经授权使用商标而可能对商标持有人造成损害的理论。然而，无论原告在侵权诉讼中援引何种理论，法院一般都要求原告证明，确实有消费者被所诉行为误导或欺骗。

通常用于计算原告损害赔偿金额的规则是，这种损害不能是很久以前或尚未发生的。这一规则是法院分析适当赔偿的第一步，即确定某一损害是被诉行为的“必然结果”。一旦商标持有人以合理的必然性证明了损害“事实”，在确定损害赔偿“数额”时，就可降低其举证责任。

具体而言，商标持有人通过提供足够的数据和事实来履行其责任，使法院能够对可能的损失数额做出合理的推断。正如美国最高法院所述，在法院进行第二步分析时，降低原告举证责任的理由是“违法者应当承担因其自身违法行为而导致的不确定性风险，这是司法和公共政策最基本的理念”。❸

原告损害赔偿的多种理论

法院通常愿意接受被告滥用商标持有人的商标而造成相关损害的创新性的

❶ *Carl Zeiss Stiftung v. VEB Carl Zeiss Jena*, 433 F. 2d 686, 707 (2d Cir. 1970).

❷ 例如，*Robert Bruce, Inc. v. Sears, Roebuck & Co.*, 343 F. Supp. 1333, 1349 (E. D. Pa. 1972)。针对被告销售“Neets N Grubs”（意为“啃老的蛆虫”）牌牛仔裤核算利润所得的要求被拒绝，因为虽然被告已经注意到原告主张了针对男童和男性的剪裁考究的穿着类商标“Grubbs”（意为姓氏“格拉博斯”），但被告售卖牛仔裤是根据其律师的错误建议而进行的，该错误建议认为描述性术语不具有保护商标的能力，颇为讽刺的是实际上该词语已经申请了商标权。

❸ *Bigelow v. RKO Radio Pictures, Inc.*, 327 U. S. 251, 265 (1946).

理论。下面给出一些示例。

当前的利润损失

Zebco是布伦瑞克公司（Brunswick Corporation）的子公司，该公司利用"当前利润损失"的理论，为Spinit Reel公司侵犯其独特形状的封闭式旋转渔轮寻求赔偿。双方均供应Zebco首创的形状独特的封闭式旋转渔轮，因此Zebco断言，Spinit出售的每一个涉案渔轮都对应于Zebco所流失的销售额。初审法院驳回了赔偿请求，称尽管布伦瑞克已证明其有权获得赔偿，但未能提供明确的证据支持其主张的赔偿金额，比如市场上其他品牌的渔轮也可能占据了Zebco所下降的销量中的一部分。上诉法院推翻了对损害赔偿的否定判决，认为原告关于利润损失的观点阐明了损害赔偿的"上限"。上诉法院指出，书面记录的证据表明，虽然侵权期间Zebco所有的旋转渔轮销售额都下降了5%，但与当时因经济衰退而导致的全行业下降了6%的幅度相比，Zebco的封闭式旋转渔轮同期下降了16%。上诉法院在发回原审时，强调了这一差异以及双方在涉案渔轮方面的直接竞争，书面记录的证据为初审法院提供了"一个广泛的依据，使它可以得出一个公平的，而非精确的赔偿金额"，以补偿Zebco[1]。

未来的利润损失

Broan Manufacturing是一家浴室风机和其他家用通风设备的供应商。该公司声称，将向联营分销公司（Associated Distributors）索赔其未来的利润损失，后者在进口Broan公司的"Nautilus"系列浴室风扇的"盗版"产品之前，曾与Broan公司有成功商业关系。在将"鹦鹉螺号"风扇分销给韦斯特（West's）建筑用品商店两年之后，Associated公司安排在美国之外制造侵权风扇产品并进口到美国，以替代正品在韦斯特（West's）商店中出售。尽管Broan的论点是它曾预期与Associated之间存在长期的合作关系，但却因Associated的不当行为而中断，但初审法院以尚未发生、仅为推测为由否决了其对未来利润损失的主张，而接受了Associated的论点，即在任何情况下，它都会在开始进口侵权物品的当时终止与Broan的合作关系。上诉法院不同意，指出原告只需要以合理，而非绝对的，必然性证明了损害事实即可。上诉法院裁定，Broan所提供的先前与Associated及其他客户的成功合作的证据，以及Associated侵权进口的事实，符合证明损害确已发生的必要水平。法院将案件发

---

[1] *Brunswick Corp. v. Spinit Reel Co.*, 832 F. 2d 513, 525–26 (10th Cir. 1987).

回陪审团计算未来的利润损失❶。

先发优势

塔可卡巴纳国际公司（Taco Cabana International，Inc.）是得克萨斯州圣安东尼奥市六家墨西哥快餐店的运营商。该公司在针对墨西哥两比索公司（Two Pesos，Inc.）的侵权诉讼中胜诉。Taco Cabana 提出了一个创新的观点，认为两比索通过侵犯商业外观，抢占了先发优势，将 Taco Cabana 排挤出了休斯敦市场，原告因此损失了利润。陪审团裁定 Taco Cabana 损失了利润，假设有五家这样的店，每一家的销售额为 170 万美元，那么显然，其利润率为6%❷。

所售未经许可产品的商标许可使用费

和许多教育机构一样，位于得克萨斯州卢伯克的得克萨斯理工大学（TTU）也面临着当地某商户的挑战，其出售未经许可的服装、横幅、标牌以及其他带有大学商标和运动队标志的物品。该商户曾是 TTU 的许可证持有者，但因其未支付所售许可商品的商标许可使用费而被终止许可权。已终止的许可协议要求对所有带有 TTU 标志的商品收取 8% 的许可使用费。依据已终止的许可协议，法院裁定损害赔偿金为在侵权期间出售的所有未经许可的商品总利润的 8%，该商户未给出任何可扣减的经营成本。

如果商标持有人和违法行为人之间没有事先的许可协议，法院可以通过假设双方进行许可谈判，以合理的许可使用费的形式裁定损害赔偿。举一个法院以这种形式计算损害赔偿的案例，A&H 运动服饰公司（A&H Sportswear，Inc.，一家女士泳装的制造商和经销商）对内衣零售商维多利亚的秘密公司（Victoria's Secrets Stores，Inc）侵权的成功诉讼。维多利亚的秘密公司将前者的“Miraclesuit”商标侵权使用在其“The Miracle Bra”系列泳衣上。由于竞争问题，A&H 运动服饰永远不会同意与维多利亚的秘密达成许可协议，法院特别关注了被告的授权许可，认为“The Miracle Bra”泳衣是其在泳装行业取得成功的关键因素，双方之间的许可对维多利亚的秘密具有特殊价值，因为它可以让零售商在不侵犯“Miraclesuit”商标的情况下延长其“The Miracle Bra”商标的成功。原告的专家提出，其认为合理的许可使用费相当于被告违规销售

---

❶ *Broan Mfg. Co. v. Associated Distributors, Inc.* 923 F. 2d 1232，1236 - 38（6th Cir. 1991）.

❷ *Taco Cabana Int'l, Inc. v. Two Pesos, Inc.*，932 F. 2d 1113，1126 - 27（5th Cir. 1991），*aff' d*，505 U. S. 763（1992）.

额的6%，而被告的专家反驳说，因为被告在其他产品上建立并合法使用“The Miracle Bra”，因此，6%应该乘以“The Miracle Bra”泳衣在所有“The Miracle Bra”产品销售额的占比，即合理的许可使用费为 1.7%。法院没有采纳被告的专家意见，将合理的许可使用费定为4%，因为它没有将合理的许可使用费限制在泳装销售上，而是支持修改后的原告专家意见，解释了维多利亚的秘密行为的间接侵权性质❶。

纠正性的广告宣传活动

旨在“撤销”不法行为人行为的破坏性影响的广告活动的货币补偿，是一种相对常见的对未经授权使用商标的补救措施，无论商标持有人是否已经发出纠正性广告以寻求对其进行弥补，或商标持有人一直在经济上无法进行这样的活动。这一救济源自对固特异轮胎橡胶公司做出的修正的陪审团判决，该公司在涉及轮胎“Bigfoot”商标的诉讼中侵权。固特异采用了一个已知由美国西南部的 14 个州独立轮胎经销商组成的企业联盟所拥有的商标，并将其作为自己的轮胎商标进行推广，以至于在消费公众中形成了可能的印象：固特异是该商标的持有人，原告企业联盟是侵权人。陪审团判决赔偿 280 万美元，代表了固特异为该侵权产品做广告所花费的 1000 万美元的 28%，其中 28% 反映了该企业联盟在全国市场的份额（14 除以 50）。上诉法院将赔偿金减少到大约 70 万美元，与联邦贸易委员会（FTC）对虚假广告通常采取的制裁措施接近；联邦贸易委员会通常要求从事这类行为的广告客户将其广告预算的 25% 用于纠正性广告宣传❷。

未来因侵权产品导致的索赔所产生的费用

前面提及的涉及浴室风扇的案件中，除了未来的利润损失之外，Broan 还被允许收取其预期在处理和解决产品索赔责任时所产生的调查和辩护费用，这些索赔可能基于鹦鹉螺浴室风扇的粉丝购买了侵权版本。制造商提供的证据证明，消费者经常将侵权产品误认为源自 Broan，而且，由于侵权产品质量极其低劣并很可能引发火灾，Broan 可以合理地预见到未来可能会出现因侵权产品而导致的错误索赔责任❸。

---

❶ *A&H Sportswear, Inc. v. Victoria's Secrets Stores, Inc.*, 967 F. Supp. 1457, 1479 – 80 (E. D. Pa. 1997).

❷ *Big O Tire Dealers, Inc. v. Goodyear Tire & Rubber Co.*, 408 F. Supp. 1219, 1233 (D. Colo. 1976), modified, 561 F. 2d 1365 (10th Cir. 1977).

❸ *Broan Mfg. Co. v. Associated Distributors, Inc.*, 923 F. 2d 1232, 1238 – 39 (6th Cir. 1991).

货币赔偿的增加

《兰汉姆法》授权法院在执行商标诉讼的货币赔偿时，可将原告的损害赔偿增加至基础（法定）赔偿额的三倍，并且/或者，如果法庭认为赔偿额不足或过度，可以根据被告的利润所得增加或减少赔偿。一般来说，法院有很大的自由裁量权来修改赔偿额，但该法警告说，追加赔偿“应构成赔偿，而不是惩罚”。“法院一直在努力寻找理由，证明加强货币赔偿的正当性，但理由与惩罚无关。当损失计算特别难以被证明，而且可能不足以补偿商标持有人时，法院通常选择提高赔偿金额。”这种情况最明显的例子为以合理的许可使用费的形式出现的损害赔偿，实际上是因被告违法行为而强加给商标持有人的强制性许可。提高合理的许可使用费赔偿有两个理由，即防止潜在被告将合理的许可使用费仅仅视为可接受的经营成本，以及假设的许可谈判可能会产生的不确定性责任/支出应完全由违法者承担❶。如果被告有故意不当行为，法院一般会根据对未来不当行为的威慑，而不是对过去不当行为的惩罚，来提高赔偿额，以规避惩罚。如果被告从事伪造货币的行为，将会是一个例外。伪造货币是一种极其恶劣的侵权行为，纯粹为了惩罚，强制性的金钱赔偿就会增加两倍。

许多州的商标执行体系允许惩罚性赔偿，通常是在受到起诉的行为被认为是极度恶劣、令人愤慨、压迫性的，或者应该得到法院严厉回应的情况下。一般的规则是只有在已做出基础赔偿判决（即使是最低限度的）的情况下，才会判处惩罚性赔偿，并且，惩罚性赔偿通常不会超过法定赔偿基准的九倍，这种实质性的限制保证了判决不会过分严重到违反宪法对正当程序的保障❷。

假冒及域名抢注案件的法定损害赔偿

根据《兰汉姆法》，在假冒案件或域名抢注案件中，法定损害赔偿为判决提供了原告的实际损害赔偿或违法者的利润所得之外的另一种选择。在这两种案件中，商标持有人必须在初审法院做出终审判决前选择法定损害赔偿。虽然该法规定了这类损害赔偿的范围，但它并没有干涉法院在做出这类判决时的自

---

❶ 见 *Sands, Taylor & Wood v. Quaker Oats Co.*, 34 F. 3d 1340, 1351 (7th Cir. 1994), corrected, substituted op., in part, 44 F. 3d 579 (7th Cir. 1995), on remand 1995 WL 221871 (N. D. Ill. Apr. 11, 1995)。被告使用商标持有人的商标从事矿物饮料的广告宣传，但双方之间从未进行过许可协商。上诉法院维持了下级法院的判决，即合理的许可使用费的两倍，具体计算为第一年侵权销售额的1%，随后几年为0.5%。

❷ *State Farm Mut. Auto. Inc. Co. v. Campbell*, 538 U. S. 408 (2003).

由裁量权。

《兰汉姆法》经过修改，假冒案件的法定损害赔偿范围扩大了两倍，具体如下：

1. 对于销售、许诺销售或者提供假冒商品或者服务的，每一假冒商品或服务类别，法院可以根据情况处以 1000 美元以上，20 万美元以下的法定损害赔偿；

2. 如果法院发现使用假冒商标是故意的，则对于销售、许诺销售或者提供假冒商品或者服务的，每一假冒商品或服务类别，可判处不超过 200 万美元的法定赔偿数额。

假冒案件中法定损害赔偿的理由是制止极端恶劣行为并协助取得赔偿，否则，由于假冒者往往很少或不完整地保留其交易的财务记录，很难对损害进行量化❶。毫无疑问，法院根据被告行为的性质在授权范围内指定法定损害赔偿，非故意的违法行为在法定赔偿范围的底部，完全故意的行为在法定赔偿范围的顶部。

肆无忌惮的假冒者

举一个假冒的例子，被告明知其上印有非授权的著名商标“Marlboro”（万宝路）和“Marlboro Red Label”（万宝路红标），仍进口了 800 万支侵权香烟，其市场价值高达数百万美元。在针对其假冒商标的诉讼中，被告拒绝出庭及辩护，法院毫不犹豫地做出了被告向商标持有人菲利普莫里斯美国公司（Philip Morris U. S. A.）赔偿 200 万美元的缺席判决，该赔偿额是 2008 年修订之前的法案允许的最高赔偿金额。❷

域名抢注案件的判决很少涉及损害赔偿或利润所得，因为从商标持有人的角度来看，最好的解决方案往往是最快、成本最低的解决方案，即没收或撤销争议域名，或将域名转让给商标持有人❸。法定损害赔偿金促使违法分子为了避免对其做出巨额罚款的风险，选择和解及同意转让这一解决方案❹。法定赔

---

❶ 例如，*Louis Vuitton Malletier & Oakley, Inc. v. Veit*, 211 F. Supp. 2d 567, 583 (E. D. Pa. 2002).

❷ *Philip Morris U. S. A. Inc. v. Castworld Prods.*, 219 F. R. D. 494 (C. D. Cal. 2003).

❸ 这一期望的处理方式流行的原因可能是 ICANN 颁布的 Uniform Dispute Resolution Procedure 的诉讼外仲裁规则（arbitration rules），该程序只处理域名，不提供任何货币赔偿。见 http://www.icann.org/en/help/dndr/udrp。

❹ 见 Gideon Parchomovsky, *On Trademarks, Domain Names, and Internal Auctions*, 2001 U. ILL. L. REV. 211, 225 n. 70，注释了在域名抢注案件中法定损害赔偿的目的。

偿也可对涉及“域名尝鲜”（domain tasting）的案件提供一种有效的威慑，所谓的“域名尝鲜”就是指域名抢注者仅在很短的时间内占有或使用域名的情况，也许是为了通过几天的域名广告点击率赚钱或试图出售域名以换取一笔可观的利润❶。在域名抢注案件中，法定损害赔偿金的范围“根据法院裁决，可从每个域名不低于1000美元到不超过10万美元”。

判前利息和合理的律师费

虽然判前利息（prejudgment interest）和律师费涉及的货币赔偿与商标估值无关，但出于完整性的考虑，在此还是作一个简要的讨论。《兰汉姆法》并未明确提及基于原告受损和/或侵权人得利而计算的货币赔偿的利息，但一些法院认为，对违法行为的受害者，尤其是商标侵权的受害者，这种赔偿应该是法定的❷。其他法院根据案情对诉讼费保留自由裁量权❸。《兰汉姆法》对特殊情况下酌情支付律师费却明确进行了规定，并规定假冒行为如被证实，则强制支付律师费。当商标持有人在商标执行诉讼中胜诉时，被告的主观故意、蓄意不当行为通常会被法院认为需要支付律师费的特殊情况。当被告胜诉时，法院各有判法，但一般认为，如果该案件毫无根据，或者是出于恶意骚扰被告或其他不正当动机，则也属于需要支付律师费的特殊情况❹。

建立货币赔偿的程序

在商标诉讼中，初审法院在做出货币赔偿（monetary recovery）判决的程序中享有广泛的自由裁量权。法院越来越多地使用一种案件管理方式，任命一名特别负责人来处理复杂的问题，包括计算违法分子的利润所得和商标持有人的损害赔偿❺。如下文所述，初审法院也可使用一名特别专家来确定专家证词

---

❶ 例如，*Shields v. Zuccarini*，254 F. 3d 476，487（3d Cir. 2001）。尽管在《兰汉姆法》（Lanham Act）通过反域名抢注条款后，该域名抢注仅持续了60天，但法定损害赔偿判决仍得到维持。

❷ 例如，*United Phosphorous, Ltd., v. Midland Fumigant, Inc.*，205 F. 3d 1219（10th Cir. 2000），指出：“在联邦背景下，本法院采用了法定诉讼费，而不是推定。” *R. J. Reynolds Tobacco Co. v. Premium Tobacco Stores, Inc.*，75 U. S. P. Q. 2d 1206（N. D. Ill. 2005），就侵权者所赚取的350万元利润向商标持有人支付130万元的诉讼费，以充分补偿商标持有人为时间价值所支付的金钱。

❸ 例如，*American Honda Motor Co. v. Two Wheel Corp.*，918 F. 2d 1060，1064（2d Cir. 1990），该案否决了关于侵权人利润所得支付判前利息的判决，因为侵权人没有延续本田摩托车经销商的授权，但销售的是真正的本田产品，因而对商标持有人的损害最小。

❹ 关于商标执行案件中合理律师费的详细讨论，请参见5 McCarthy on Trademarks § 30：98－104。

❺ 例如，Rule 53（a）（1）（B）（ii），Federal Rules of Civil Procedure 授权一个初审法院任命一名特别法官“执行会计工作或解决难以计算的损害赔偿”。

的可靠性和可接受性。

金融专家经常在庭审中就商标民事诉讼案当事人的恰当货币赔偿措施提供证词。审判法院作为“看门人”必须确保所有关于科学或技术问题的证词，或基于其他专业知识的证词，都不仅是相关的，同时也是可靠的，这主要是为了防止陪审团仅仅因为这些证词来自某个专家，而给予其不恰当的权重。《联邦证据规则》对初审法院接受还是排除专家证词进行了规范，但初审法院在规则范围内享有广泛的自由裁量权。该规则第 702 条规定，允许一名合格的专家就下列事项作证：“证词以充分的事实或数据为基础；……证词来源于可靠的原则和方法；专家将这些原则和方法可靠地应用于案件的事实。”即使初审法院根据第 702 条认为专家证词是可靠的，如果该证词的证明价值明显不足以平衡其可能带来的不公正偏见、对某问题的混淆或误导陪审团的风险，法院也可以依据第 403 条排除该证词。

为了按照规则第 702 条规定要求做出结论，审判法院可以召开审前“道伯特”（Daubert）听证会，该听证会的名称来源于美国最高法院关于建立《联邦证据规则》指导方针的几个最早的决议[1]。听证会期间，审判法院可以依据，但不局限于，涉及以下因素的证据来确定针对货币赔偿的某个专家意见的可靠性：

1. 专家的技术或理论是否可以并且已经被验证，即，专家的理论是否存在某种客观意义上的不合理性，或者它仅仅是一种主观的、不能合理评估可靠性的结论性方法；

2. 该技术或理论是否经同行评议及发表；

3. 该技术或理论在应用时已知的或潜在的错误率，以及是否具有对专家应用过程的适用标准和控制，及相应的维护；

4. 该技术或理论是否已被有关专家团体普遍接受[2]。

《特别专家报告》（*Special Masters's Report*）中有一个金融专家的证词不可信的例子。在该报告中，路易威登马勒蒂埃（Louis Vuitton Malletier）和杜尼 & 布尔克（Dooney & Bourke）这两家手袋制造商就一种重复的多色字母图案

---

[1] *Daubert v. Merrell Dow Pharmaceuticals*, 509 U. S. 579 (1993)。注意，当与专家意见有关的证据记录广泛而充分时，初审法院不需要举行 Daubert 听证会。比如，*Louis Vuitton Malletier v. Dooney & Bourke, Inc.*, 525 F. Supp. 2d 576, 251 14 (S. D. N. Y. 2007)，特别专家认为，在商标执行争端中没有必要举行道伯特听证会，因为每一名受到质疑的专家都已被免职，当事各方已广泛介绍了他们的立场，并已将他们的报告提交初审法院。

[2] *Louis Vuitton Malletier v. Dooney & Bourke, Inc.*, 525 F. Supp. 2d 576, 12 (S. D. N. Y. 2007), excerpted from the Special Masters' Report.

发生商标纠纷。为了证明 Dooney & Bourke 销售的多色字母图案组合的手袋造成了商标淡化，原告路易威登提供了回归分析形式的专家证词，该分析仅基于一个因素，就是，在起诉的时期内，原告的多色字母组合手袋在美国国内的销量相比美国以外的销量成比例地衰退。先不考虑该专家证词的其他问题，包括其缺乏统计分析领域的资质，特别专家（special masters）指出，单因素回归分析不符合标准方法，标准方法要求对其他因素进行考虑、分析和排除，例如，不成比例的造假等明显的替代性因素。在同一案件中，Dooney & Bourke 的财务专家提供了证词，意在证明原告并未因被告侵权手袋的销售而蒙受利润损失。原告质疑该证词不可靠，辩称该专家只专注于现金流量分析，忽视了侵权对原告涉案商标商誉的影响。由于该专家的分析也考虑了未来的现金流量，特别专家发现该专家计算了商誉的货币价值，因此在“道伯特”听证中认为该专家的分析是可靠的。

刑事判决中的假冒品估值

假冒商标已被公认为是商标所有人和执法部门共同关注的全球性问题，在估值方面造成了独特的问题。对于那些涉及奢侈品或主导商品市场的人来说，假冒品已经扩展到多个产品领域，导致一位著名的美国立法者，已故的参议员阿伦·斯佩克特（Arlen Specter）曾经宣称：“几乎所有在美国合法生产和销售的产品都有一个平行的假冒品正在出售，其价格不超过正品的一半。”❶ 从刑事定罪的角度看，这些假冒品是有区别的。

例如，假冒象征身份地位的商品——手袋、鞋子、手表等——往往是消费者串通一气的行为。换句话说，基于便宜的购买价格，折扣供应商，或可能的伪劣的工艺，购买这类物品的人通常知道她购买的并不是真品。另一方面，假冒药品、婴儿配方奶粉、医疗器械、飞机和汽车零部件等产品，往往会威胁到毫无防备的消费者的安全和权益。欺骗程度是影响法院估值决定的一个相关因素，因为它提供了一些迹象，表明假冒商品的销售是否可能取代了真品的销售。

假冒者会侵占品牌所有人的销售额，或以其他不公正的方式获利，对这一问题的关注构成了美国联邦法律刑事判决的基础。根据《美国法典》第18章第2320节，对于被判犯有假冒商标罪的个人，量刑的级别由侵权数额决定，侵权数额根据《联邦量刑指南手册》第2B5.3节计算。该计算方法是根据冒

❶ 152 Cong. Rec. S1367, S1368 (2006).

牌或侵权物品的零售价计算，除非符合某些因素时，律师也可利用被冒牌或被侵权物品的零售价乘以侵权物品的数量❶。第 2B5.3 节的评注将假冒品或真品的零售价值定义为“该商品在其销售市场上的零售价格”，并允许法院在以下情况下使用真品的零售价：

- 侵权物品……在合理知情的买方看来，与被侵权物品相同或实质上等同。
- 侵权商品的零售价格不低于被侵权商品零售价格的百分之七十五。
- 在不使量刑程序过分复杂化或延长的情况下，很难或不可能确定侵权物品的零售价值。
- 被侵权商品的零售价比侵权商品的零售价更能准确地评估商标所有人的经济损失❷。

豆豆娃假冒品

20 世纪 90 年代末，Ty Inc. 生产的豆豆娃（Beanie Babies）毛绒玩具被大量仿冒，证明了在刑事犯罪背景下，以合理估值为赔偿的做法是恰当的。1999 年，佩里·德弗雷塔斯（Perry DeFreitas）因销售带有假冒商标的豆豆娃玩具，被判处串谋贩卖假冒商品罪和贩卖假冒商品罪。法院指出，正品玩具以每件 5 元的统一价格销售，但有活跃的二手市场出售“退休”版本❸的正品玩具，导致某些情况下正品的零售价格高达 75 元。虽然在修正后的报告中并未明确，但政府显然敦促法院至少对部分假冒品采用零售价格，依据的是在市场上可以买到真品的虚高价格。法院拒绝接受政府提出的价格，并指出，假冒品的低劣质量导致许多顾客不满并要求退款，此类商品永远不可能获得市场上的价格。

由于法院认为假冒品的零售价无法确定，因此，法院以真品的零售价或 5 美元作为假冒品零售价的“上限”，并将该数字乘以侵权物品的数目，计算侵权金额。

由于假冒很少有完善的记录，对假冒品的估值可能是一个不精确的过程。《联邦量刑指南》明确规定，一个合理的估计就足够了。在民事诉讼中，原告

---

❶ 对使用零售价的假冒品的估值被批评为在量刑时高估商标持有人的资产，因为与盗窃有形资产相比，刑事侵权只涉及对商标持有人专有使用该资产的干扰，而不涉及剥夺该资产。参见 Brian M. Hoffstadt, *Dispossession, Intellectual Property, and the Sin of Theoretical Homogeneity*, 80 S. Cal. L. Rev. 909, 952 - 66 (2007)，该文建议修改量刑指南，要求通过使用商标的许可成本来评估假冒品。

❷ U. S. Sentencing Guideline Manual, § 2B5. 3 cmt. 2 (A) (2012).

❸ 所谓“退休”（retired）版本为 Ty 公司的营销策略，即停产版本。——译者注

可以选择法定损害赔偿，而非必须提供实际损害赔偿的证明，这正是因为造假活动的收入往往很难（如果不是不可能的话）证明，才在《兰汉姆法》中增加的一项救济措施❶。在刑事和民事诉讼中，不保存销售记录或出于不合作而不提供这些记录的假冒者，将不得反对法院在估值计算方面没有特别针对性计算的做法。

《量刑指南》在确定法院应使用的零售价时，强调了假冒品的质量。如果假冒品的质量水平与真品无法区分，则表明假冒商品会取代真品的销售，虽然当假冒商品属于奢侈品并且其出售环境显示出不可靠时，例如在跳蚤市场出售或价格相比真品过于便宜，会产生其是否为真品的疑问❷。举例来说，近来假冒品制造者在制造技术上取得的进步，导致制造精良但并非真品的手袋、鞋子和其他奢侈品的交易活跃，这些是专为“达成此类交易”的消费者准备的。当一个人被判犯有贩运或企图贩运用于假冒商品的伪造商标、标贴、标签等的罪行时，质量与侵占销售额的相关性就更弱了。如果商标或其他标识材料被贴在或附在假冒商品上，“在知情的合理购买者看来，该商标或其他标识材料是贴在或附在由其标识的真品上的”，法院可以使用真品的零售价来计算侵权金额。换句话说，如果商标和任何其他标识特征看起来足够真实，法院认为该产品也会被认为是真品。

小　结

本章的目的是对涉及商标保护的法律环境提供一个全面的展示。我们贯穿本书指出，尽管品牌在经济影响力上可能非常强大，但它们也很容易受到各种条件的影响，而这些条件可能会严重削弱品牌的影响力。尽管有完善的法律制度为损害赔偿提供了救济途径，但损害还时有发生。

对法律环境的了解是必要的，因为这与第6章讨论的风险因素密切相关。

---

❶ 国会在1995年通过的《兰汉姆法》（*Lanham Act*）关于假冒品的救济措施中增加了法定损害赔偿，“因为假冒者的记录经常不存在、不充分或被不真实地记录……，使得在这些案件中证明实际损害极其困难（如果不是不可能的话）”。S. Rep. No. 104－177, at 10（1995）.

❷ 这条规则可以为刑事被告创造一个有趣的“第22条军规”。例如，在因商标造假定罪后［*United States v. Alim*, 256 Fed. Appx. 236（11th Cir. 2007）］，侯赛因·阿利姆（Husain Alim）反对审判法院使用正品的零售价值确定侵权数额，但审查法院指出，阿利姆的继子在该企业工作，他出庭作证时，显然站在被告一方，无法辨别出被当局没收的假冒品。这一证词，连同此案中的其他证据，为法院使用较高的真品零售价来计算侵权数额提供了理由。

第 10 章 特殊的商标估值情况

到目前为止，我们关于品牌价值的讨论都建立在商标和品牌属性在持续使用的假设下。也就是说，目标品牌会作为拥有这些品牌的企业总资产组合的一部分而被不间断地使用。

在本章中，我们将研究当商标与其业务和互补资产分离时商标价值会出现什么情况，或者在其他情况下，当虚拟估值交易不是基于“自愿买卖”基础上时会出现什么情况。

金融活动中的商标

货币化在今天是一个越来越受欢迎的话题，尤其是当它涉及知识产权的时候。在当前的经济环境下，世界各地的企业都在寻求提高投资回报，而且越来越多的投资是以建立商标等知识产权的形式进行的。字典会告诉我们，货币化就是“把某物转换成货币或以货币的形式表达出来”。货币化可以采取多种不同的形式，每种形式都有自己的特点、优缺点和成功的可能性。人们用不同的术语来描述这个过程，如“质押”“证券化”“抵押担保”和“售后回租”。

抵押品

从非流动性资产中提取价值的最古老方法可能是使用贷款，贷款的偿还由标的资产本身担保。著名的秘鲁经济学家赫尔南多·德索托（Hernando de Soto）认为，世界上大多数穷人仍然陷入贫困的原因并不是他们没有有价值的资产，而是他们不会运用法律和金融机制利用这些资产。随着世界越来越向着信息经济迈进，类似的问题正阻碍着财富的创造，那就是利用无形资产价值的能力。商标等有价值的资产具有可称为潜在价值的东西。潜在价值是存在于指定资产中的尚未开发的资本增殖潜力，它可以在不放弃资产本身的情况下与资产分离。

担保融资是资产潜在价值最常见的例子之一。资产所有人能够利用他们的资产价值作为抵押，以比没有抵押更优惠的条件获得贷款。土地、建筑物和设备长期以来一直被用作贷款抵押品，协助提高债务市场的效率，并扩大了投资资本的可用性。人们会认为，诸如商标等有价值的资产在取得融资时可以作为抵押。不幸的是，情况往往相反，当使用商标等知识产权作为抵押品时，可能很难获得传统融资。

鉴于我们在前几章中讨论过的品牌和知识产权商标权的特点，有人可能会认为商标使用权作为抵押品是一个典型的矛盾。过去，担保融资交易中的贷方只把有形资产作为抵押品。对他们来说，知识产权风险太大，根本无法考虑。主要的原因是，在违约和丧失抵押品赎回权的情况下，贷方持有的资产将无法商业利用，其市场很可能相当有限，因此，该资产的处置可能是一个漫长而昂贵的过程。

使用商标作为担保越来越受欢迎的原因是，有更多的公司，一些是非常大的公司，由于企业性质的原因没有丰富的有形资产。它们根本没有足够的房产抵押。例如，许多著名的大型服装公司依赖代工商来供应它们的产品。该公司本身可能没有多少有形资产，但其品牌是其盈利能力和市场价值的关键。

证券化

将知识产权转化为金融资产需要一系列精心执行的步骤，通常会创建“特殊目的实体”（SPV），负责持有、管理那些与知识产权相关的现金流的权利。这些公司通常被称为“知识产权持有公司”，尽管更准确的名称应该是“知识产权管理公司”。

将知识产权转化为适合证券化的金融资产有两种途径。一种是以知识产权作为抵押，向知识产权所有人提供贷款。这种方法会产生之前论述过的困难。证券化的吸引力在于，投资者（或者更准确地说，投资者设立的SPV）不必持有、管理知识产权资产，而只需持有、管理那些收集现金流的权利。另一种选择是将知识产权转让给SPV，但这也有潜在的困难，特别是对商标资产而言，其转让可能被认为是一种整体转让[1]。

商标越来越多地用于资产证券化。2004年，BCBG时装设计师麦克斯·阿兹利亚（Max Azria）通过一笔复杂的交易筹集了5300万美元，据称这是首笔

[1] 这已在第1章中讨论。

将零售业务纳入证券化的大型服装品牌资产证券化[1]。BCBG 资产证券化随后被证券新闻评为“年度交易”[2]。

时尚和服装行业的其他公司也纷纷效仿。Athlete's Foot 是一家私营的国际鞋业零售商，通过创建一个 SPV 出售资产支持型证券，筹集了 3450 万美元资金。该公司向 SPV 出售了自己的商标和逾 550 份特许经营费合同。2003 年，知名时装公司 Guess Inc. 通过其 15 个不同的配饰生产协议许可的证券化完成了一笔 7500 万美元的交易。该公司将 Guess 商标转让给一家名为 IP Holder LP 的空壳公司，该公司随后发行了以许可使用费为支持的债券。奥斯卡·德拉伦塔（Oscar de la Renta）在 2004 年以类似的方式筹集了 500 万美元。

2004 年年中，生产“Wise”牌薯片和“Cheez Doodles”牌零食的 Wise 食品公司以其商标作为抵押，获得了 4300 万美元的融资。令人深思的是，参与这笔交易的一个金融机构注意到知识产权资产证券化交易的贷款价值比通常为 10% ~40%，而相对应的是，当资产为存货时，贷款价值比预期为 65% ~75%，当资产为应收账款时，贷款价值比预期为 80% ~85%[3]。这可能反映出，与涉及更多传统资产的情况相比，目前与知识产权资产证券化相关的融资的不确定性和风险有所增加。

在第 4 章中，我们引用了卡尔文·克莱恩公司（Calvin Klein Inc.）和音乐人大卫·鲍伊（David Bowie）的例子。其他例子还包括比尔·布拉斯（Bill Blass）（服装）、Triarc（Arby's restaurants）、Dream Works SKG 和 Vivendi Universal（电影公司）等公司，它们以商标和电影作为支撑进行了证券化融资。

2006 年，面对巨大的运营亏损，福特汽车公司抵押了所有资产以获得 235 亿美元的贷款。这些资产包括其标志性的“蓝色椭圆”商标，以及“野马”（Mustang）和 F－150 等其他商标。2012 年，当福特还清贷款、恢复投资级债务评级时，抵押的所有资产都归还给了福特。

注意事项

尽管从财务角度来看，这些处置可能颇具吸引力，但在使用商标作为抵押品方面，存在一些独特的陷阱。本书无意提供法律建议，但是读者现在应当已经了解所有权和风险是市场价值的重要组成部分。

---

[1] “Money Men,” *Vogue*, December 14, 2004, http://www.vogue.co.uk/news/2004/12/14/money-men.

[2] *Securitization News*, February 8, 2005.

[3] Keith Bergelt and Edward Meintzer, “IP Collateralization in Perspective,” *IAM*, October 2005, http://www.iam-magazine.com/issues/article.ashx? g=d5cba63d-411b-4873-a680-d00a11592f76.

商标是一种独特的知识产权，其所有权带有一定的义务。忽视这些义务会危害商标的知识产权保护。必须支付续展费，必须发现并赶走侵权者，必须对可能导致商标沦为通用名称的商标使用进行监管，更重要的是，必须在市场上保持品牌质量和特征。美国商标法的原则之一是，公众不能混淆商标所标识的产品和服务的来源。这就是为什么商标易手（转让）时，与商标有关的商誉必须是转让的一部分。在这方面，商誉被认为是指商标的买方获得了一切能力，可以提供公众对前所有人所期望的具有相同质量和特征的产品和服务。

在任何一种货币化方案中，这些因素都会给交易双方带来风险。

贷方可能不了解这些独特的商标特征，他们可能认为最方便的交易是取得商标的所有权，并将其许可给前所有人。这样的处置在付款违约的情况下将会简化止赎程序。但这种做法很可能反而增加而不是降低贷方的风险。根据协议的具体内容，贷方可能承担续展费、监控侵权行为、核实质量和被许可人使用该商标的责任。更重要的是，贷方需要拥有生产商标产品或服务所需的一切（甚至包括有形资产），否则，贷方可能无法继续进行适当的业务来支持商标，从而被视为放弃，面临着违约。此外，如果止赎出售发生，贷方拥有的将是不完整的资产。

实现商标货币化的方法有很多。然而，商标所有人必须认识到，如果货币化涉及所有权的有效变更（无论是否有意），将会带来额外的风险。如果交易不谨慎，失去维持商标权存续所必需的控制权，就会大大增加未来开发的风险。贷方（现为所有人）的错误或管理不善会使双方的商标权处于危险之中。从商标所有人的角度来看，能够给贷方提供安全的利息，就像典型的抵押贷款一样，似乎是一个更好的选择。

破产时的商标

2012年11月，Hostess Brands Inc. 结束了业务，开始安排出售其资产，其中包括一系列烘焙产品的知名商标。这些著名品牌包括“Hostess”“Ho Hos”“Drakes”“Dolly Madison”“Twinkies”“Ding Dongs”和“Wonder”等休闲蛋糕。2013年3月，Hostess向破产法院申请批准，以4.1亿美元的价格完成第一轮拍卖，出售Twinkies、Dolly Madison、Ho Hos和Ding Dongs等品牌，以及5家面包店和设备。围绕这些资产成立了一家新公司Hostess Brands，LLC，以Twinkies为首的休闲蛋糕品牌于2013年7月开始上架出售。更多的拍卖将接踵而至。

由于该公司的一些工会雇员在全国范围内举行罢工，使得公司的财政资源不堪重负，Hostcss 被迫破产。

这是一次大规模的破产，涉及一些对 Hostess 企业极其重要的知名品牌。到目前为止，这些拍卖似乎既包括品牌，也包括相关的有形资产。随后的拍卖对那些品牌与创造品牌的业务相分离情形下的估值和环境具有指导意义。对破产企业的商标进行估值的原因有很多，包括为恢复计划提供初始条件，协助受托人，或厘清贷方或股东的经济状况。如果资不抵债导致破产，商标价值可能成为诉讼标的。

由于越来越多的企业以商标等知识产权为盈利基础，商标在清算环境中频繁介入并呈现出新的独特问题。商业人士、律师、贷方和其他专业人士必须经常在事件发生前评估清算资产的价值，以便制定一项策略将损失最小化。

显然，企业破产会影响公司所有资产组合的市场价值。要了解这种情况如何影响品牌的市场价值，观察整个资产谱系是有帮助的。

第 2 章“其他交易条件”中我们提出了公平市场价值的若干定义，用以区分买卖双方的各种动机。本章我们对此加以扩展，将市场价值视为商业资产价值，视为经济平稳运营的企业的一部分，并可以供自愿买方和自愿卖方进行交易。

当企业资产在某种形式的清算前提下估值时，企业通常在经济上已不可维持，很可能卖方出于某种原因被迫相对快速地完成出售。其资产已成为出售的不良资产的一部分，或因为这些资产的处置是为了偿付债权人，或让所有人能够重新配置收益。这仍然是市场价值，只是在一个特定的前提下。

还有一种可能是，资产被出售后须能以任何方式运用，与它们在原始企业中的用途可能大不相同。交易的强制性质要求，出售须在特定时间（有时甚至是特定地点）的所有市场进行。因此，我们发现马萨诸塞州剑桥市的一个多层停车场变成了一条“商店街”，或者是一艘船开始卖废品。即使有买家可以利用资产的特殊性质（即将其用于“最高和最佳用途”），如果他或她是唯一的买家并且知道市场上的其他用途，价格将下调至“其他用途”的水平。

图表 10.1 说明了商业资产分类中“使用价值”与“清算价值”的区别。

为了说明这一点，我们将使用价值（以标准市场价值为前提）与清算价值（假定卖方有某种强迫行为）进行对比。粗实线之间的垂直距离表示这些前提下的评估价值之间的差异，适用于各种形式的资产。

我们在讨论中包括了货币和有形资产的特征，尽管它们不是本书的重点。在清算的前提下考察其价值也有助于理解其对商标价值的影响。

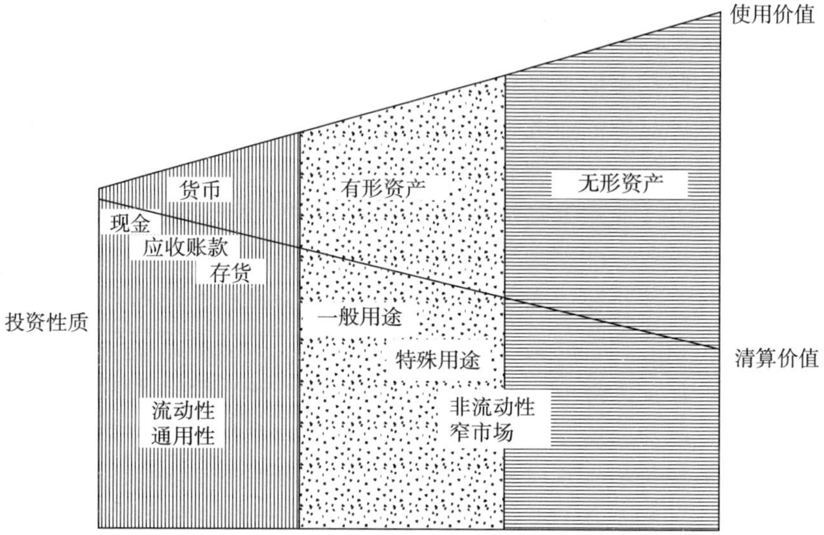

图表 10.1　资产特征

货币资产

在图表的左边，两条线相交的地方，在任何一个前提下，现金资产的价值都没有差别。现金是完全流动的，而且用途极其广泛。随着向图表右侧移动，即使是其他形式的货币资产，其差异也越来越大。应收账款是“类现金”，但为了实现现金的流动性，收款需要一定的时间。例如，人们可以通过将应收账款出售给某个经纪人来更快地将其转换为现金，但实际实现的金额将小于记录为应收账款的金额。在这两种情况下，清算状态下的价值都有所下降，导致两种情形下测算的价值有所不同。

存货资产具有相同的特征，但更突出。例如，用于制造艺术家使用的画笔的各种各样的动物毛发存货，这样的存货对正在进行的业务来说可能非常有价值，但如果是进行清算，预计收益将会非常低。在存货类别中，原材料的价值差异往往小于制成品。钢板可能有现成的市场，但一旦钢板被切割、弯曲、涂漆（在制品）或制成洗衣机（成品），它的价值就更容易受到难以捉摸的市场变化的影响。这些都是普遍的例子，如果你试图在测试前对其市场价值进行判断，就必须谨慎行事。即使刚刚给出的钢板例子也要经过改进。钢是按照无数严格的规格制造的。用于洗衣机制造的薄钢板可能具有强度、延展性或涂层方面的特殊性，在清算情况下，这些特性可能会大大降低其对其他用途的吸引力。

有形资产

从“使用价值”与“清算价值”的角度来看，成品存货与有形资产非常相似。一些有形资产，如土地、建筑物、通用机械或车辆，可以服务于许多业务功能，并且相对具有流动性。其他为狭隘目的而设计的有形资产，在不良资产出售情况下的清算价值可能非常低。出现这种情况的一个原因可能是，不良资产出售本身可能是因为该资产所针对的狭窄市场消失。

高科技有形资产通常显示出这种显著的差异，即使它们可能不是为特殊目的而设计的。原因是它们在功能上过时并且在市场上失去吸引力的速度很快，计算机就是一个例子。然而，一般规则确实如此，但观察者必须意识到例外的情形。计算机在技术上可能已经过时，在市场上几乎没有价值，但在企业中它可以提供非常有用的服务。如果它所服务的功能不要求太高的计算机的速度和性能，如果企业没有遭受经济损失，那么在此前提下所测算的价值仍然会有很大的差异。

无形资产

如图表 10.1 右侧所示，无形资产和知识产权的价值差异最大。这是因为无形资产和知识产权通常是在企业内部创造的，并且与该企业紧密相连，在企业外部可能没有什么价值。这一点在多大程度上是正确的取决于资产的通用性。多功能资产应该有广泛的潜在买家。例如，可以期待会有许多潜在的买家签订合同，以比市场价格更有利的价格购买咖啡，因为这种商品存在普遍的活跃市场。

债务及股权融资

另一个特征是风险❶。投资于货币、有形资产或无形资产的风险是完全不同的。因此，货币和有形资产通常通过债务融资，因为该所有权被认为风险较低。这种较低的风险来自它们在使用和清算时的价值差异较小。当抵押品具有流动性和适销性时，所有权的风险就会降低，债务融资也就更容易获得，成本也更低。这方面的一个例子是银行现金担保的贷款，即所谓的“存折贷款”。

一个可能的例外情形是运行中的大型发电设施。这种高度专门化的资产通常会被认为是一种有风险的投资，因为它的使用价值和清算价值之间存在着巨大的差异。关键的一点是，正如我们最近在政府纾困中所观察到的那样，监管

---

❶ 这些特征在第 2 章中如图表 2.2 所示。

以及政府限制与保护可能对使用价值与清算价值之间的差异产生相当大的影响。

贷方总是考虑清算价值，因为如果贷款变成不良贷款，清算价值是他可以得到的价值。因此，贷方希望将风险较低的资产（正如其定义）作为抵押品。另一方面，企业所有人关注这些资产，因为其中有很大一部分可以通过债务资本融资。举个例子，贷方可能愿意贷出购买存货或原材料成本的90%，但只愿意贷出定制机器成本的50%或更少。虽然机器对企业的经济价值可能大于原材料，但按比例计算，其清算价值要低得多，以至于投资者（债权人）感到不安。贷方可以通过降低贷款价值比来降低风险。这样，如果必要的话，他可以更有把握从清算所得中收回贷款。相对于为各种类型的资产提供融资，贷方还可以使用许多其他技术来达到预期的风险水平，比如交叉担保、覆盖测试、股息限制等。我们用“贷款价值比”来说明这一点。我们还必须考虑到，贷方（那些为企业提供债务融资的一方）并不是投资者中唯一能够识别企业资产组合风险差异的人。

股权投资者（公司普通股的购买者）和贸易债权人也关注风险，并通过他们的市场行为来降低风险。他们的行为一定不会那么直接，因为他们与债务持有人不同，通常在清算情况下对企业的资产没有立即的索求权。因此，他们较少关注使用价值和清算价值之间的差异，但这一差异是其投资决策的一个影响因素。

图表10.1中从左向右移动时，即向无形资产类别移动时，投资风险在增加。当标的资产的流动性较低时，资本就变得更加难以获得，或者只能以很高的成本获得。开发这类资产必须通过股权融资。

对于品牌建设的费用尤其如此。然而，和所有的概括一样，这些论述并不总是成立的。“Coca－Cola”商标相比其业务的其他资产会更具风险吗？不。在清算过程中，它的价值会低得多吗？没有（取决于清算的原因）。我们曾经评估过“Ringling Bros. and Barnum & Bailey Circus”[1]（玲玲兄弟和巴纳姆贝利马戏团）商标。在我们的报告中，我们指出，如果被授予该商标，第二天它就能让整个体育场座无虚席。当然，风险在于我们能否举办高质量的演出。否则，如果我们的饮料产品不符合标准的话，即使强有力的商标也会开始变质，可口可乐商标也一样。

[1] Ringling Bros. and Barnum & Bailey Circus是美国著名马戏团。——译者注

一些案例

从前面的讨论中我们可以看出：

- 商标没有许多其他商业资产那么通用
- 商标可能比许多其他商业资产更具风险
- 商标是由股权投资创造的
- 清算中的商标的价值预计将大大低于其使用价值

我们已经列举了一些商标在破产情况下被出售的例子。当然，还有很多已经破产出售的案例。它们出售给：

- 希望通过保持品牌活力来增加市场份额的竞争对手
- 希望通过扼杀品牌来增加市场份额的竞争对手
- 希望顺利进入市场并减少广告费用的市场进入者
- 希望推出新产品线的市场参与者

在华盛顿互惠银行（Washington Mutual，Inc.）破产案中，法院于 2011 年作出结论，由于声誉受损，这家美国最大的储蓄贷款机构的商标没有显著价值：

> 知识产权主要包括“WaMu”和“Washington Mutual”等商标。……债务人回应说，评估只会证明商标几乎毫无价值，因为它们与该国历史上最大的银行倒闭有关……而且，该银行实际上已没有任何剩余业务使法院相信该商标，如果由该银行拥有，其价值微不足道[1]。

2008 年，3dfx Interactive，Inc. 公司的破产程序中，法院采纳收益法为 3dfx 的商标组合确定了 1131 万美元的公平市场价值。有专家认为，由于业务类型和盈利能力不足，该商标的价值并不显著：

> 首先，在他看来，在相关的 3D 图形市场上，品牌名称和品牌认知度并不能维持产品忠诚度。相反，最先进的设计、性能和及时的产品发布更为重要。其次，3dfx 的商标价值在 1999 年年中被 3dfx 改为外接板销售时被削弱了，因为在这个市场上，成熟的品牌名称相比于产品的成本和性能并没有那么重要。第三，英伟达（nVidia）没有在任何产品中使用商标名，也没有明显的意向将商标名授权给第三方市场。此外，3dfx 近两年来一直没有产生正的经营利润，这表明该品牌产品并没有为 3dfx 带来任何

---

[1] *In re Washington Mutual，Inc.*，442 BR 314（Bankr. Court，D. Delaware 2011）.

超额利润[1]。

但法院的结论是，之前确定给该商标的公允价值为1131万美元的购买价格，更能显示该商标的价值：

> 法院认为D&T的估值令人信服，因为它是在所有诉讼之前进行的，并且是基于交易时已知或可知的事实。当时，英伟达（nVidia）曾表示计划运用这些商标[2]。

泛美世界航空公司（Pan American World Airways）于1991年破产，其“Pan Am”商标和其他资产于1993年以130万美元的价格出售。大约6年后，泛美航空作为一家总部位于纽约肯尼迪机场的廉价航空公司重新焕发了生机。在其最新形象中，泛美（Pan Am）是美国第一家国际航空公司，将作为泛美航空公司（Pan American Airways）在得克萨斯州的布朗斯维尔（Brownsville）起飞的旗帜。这是第五次尝试振兴这个曾经一度著名的品牌。与其品牌弹性一样，它的通用性并不强，但它在航空行业的强烈辨识度使其屹立不倒。

詹金斯阀门公司（Jenkins Valve Company）的商标在费城拍卖（与其他资产同时拍卖，但与其他资产分开）。这些商标与一条在美国市场份额很小的产品线有关，被Crane公司（其竞争对手）以105万美元的价格收购。

1992年，和罗集团有限公司（He－Ro Group Ltd.）以790万美元（450万美元历经7年时间）的价格，从其破产遗留资产中收购了“Russ Togs”“Crazy Horse”“Villager”和“Red Horse”服饰商标以及其他资产和存货。

“After Six”服装商标于1993年年初在破产拍卖中以约700万美元的价格售出。出售中包括少量的设备和存货。

在未公开的史蒂夫·齐默佩奇（Steve Zimmer Paige）案例中，法院考虑了为营销域名“FreeCreditScore.com”所做的努力。法院发现该域名的市场价值为其谈判售价（190万美元），该价格与其之前流拍的拍卖价格大体相当，“是其努力营销的结果，并且因为其特殊的性质，谈判所提议的价格本身就是该资产的市场价值”。[3]

估值指南

我们认为，在接踵而至的估值中，企业破产的方式是商标市场价值的一个

---

[1] *In re 3dfx Interactive, Inc.*, 389 B. R. 842, 874 (Bankr. N. D. Cal. 2008).

[2] 同上。

[3] *In re Paige*, 05－34474, 2006 WL 4846378 (Bankr. D. Utah Dec. 8, 2006).

关键考量因素。破产可以由我们所说的内部和外部事件造成。内部事件包括：

- 融资决策（如杠杆收购、“毒丸计划”或其他收购威慑）导致债务负担过重
- 缺失关键管理
- 工厂、财产或设备的无保险损失
- 收购最终导致资金流失
- 非法活动
- 轻率的扩张或新产品线失败
- 缺乏资金
- 针对环境或安全问题的修正花费巨大
- 花费巨大的诉讼
- 劳资冲突

可能导致企业破产的外部事件包括：

- 经济环境低迷
- 主要产品线的技术老化
- 压倒性的竞争
- 产品“灾难”，如被污染，或发现有健康危害或副作用
- (消费者或娱乐方式) 口味的改变
- 错误的广告宣传
- 客户感知到质量或性能下降

一般来说，内部原因导致的破产对商标清算价值的影响最小。举个例子，如果管理层为了收购进行融资而承担了过多的债务，而企业的温和衰退导致现金流量不足，无法偿还债务，就可能导致破产。客户可能完全没有意识到这种情况，并且该公司的产品或服务可以保持它们的市场接受度不受损害。企业的商标应该保留其价值，即使企业可能因为轻率的融资计划而破产，但该融资计划实际上与企业资产的盈利能力无关。

有关 Hostess Brands Inc. 公司的最新消息显示，Twinkies、Ho Hos 和 Ding Dongs 等品牌的新东家 Hostess Brands，LLC 在这些休闲蛋糕品牌出现在商店货架上时，欣喜地看到人们对它们的需求开始释放。如果这种热情持续，相对较快的重组应该会让这些品牌毫发无损。

清算时机也很重要。如果长期存在现金流问题，管理层采取严格的成本削减措施，产品质量或服务逐渐下降，那么在清算过程中商标价值会有一定的损失。在这种情况下，内部问题（轻率的融资）将变成外部问题（市场对某个品牌的排斥）。

因此，有必要审查破产的性质，了解导致破产的一些事件，并了解破产是如何影响企业及外部人士的看法的。只有掌握了这些信息，才能对商标在潜在清算情况下的市场价值做出合理的估计。

回到图表10.1，我们还应该考虑商标的通用性、品牌扩展的便利性、它的使用年限以及它在市场上的可接受性。

收益法

在破产情况下采用收益法估值可采用第7章介绍的工具。然而，基本假设几乎肯定会有所不同。DCF的计算很可能反映出在商标被“拯救”的这段时间里现金流量低或无现金流量，并且费用比通常高。许可使用费免于计算，可能反映出市场的最低费率。由于必须使用外部制造，毛利率可能会下降。

所有这一切都取决于是什么导致了这家公司的倒闭，它花了多长时间，以及有什么可能的措施来恢复它。我们所提出的模型能够适应这些和其他假设。

成本法

这种方法先对使用中的商标价值进行估算，再减去因商业灾难而造成的损失。以下例子涉及产品被污染的情况：

- “召回费用”。包括临时员工的费用、租用设备、公共安全信息、特殊检测、处理、处置和危机管理，以及公关咨询费。
- “重置成本”。更换之前已交付产品所需的所有成本。
- “损失的利润”。可能包括召回产品的利润损失，以及该事件导致的销售下降及未来利润损失。
- “品牌重建费用”。包括额外的广告、与新产品推向市场相关的额外支出，以及重建公众对制造商及其产品信任的特别推广活动。
- “替代原则”。测算资产价值的一个经典指标是获得替代资产的成本，或者可以执行相同功能的资产的成本。这一措施在清算情形下变得非常重要。商标并没有真正的替代用途，不像停车场可以转换成零售中心一样。它可以用于不同但逻辑上相关的产品或服务，但它仍是一个商标。

因此，我们需要以替代商标的概念来思考问题。泛美航空的情况就是一个很好的例子。如果我们想创办一家新的廉价航空公司，但航线有限，我们会对初创企业进行财务预测。其中包括新进入市场者的必要广告和推广费用。如果我们能获得“Pan Am”这样的商标，或许就能帮助我们克服“我们是谁”的障碍，而且我们可能只需要告诉全世界我们要飞到哪里、花多少钱就可以了，那么这些成本将不可避免地降低。成本的降低，以及收入流入的加速，可作为

一个指标测算我们愿意为使用这种商标权支付多少钱。

我们再次回到投资原则上来：建立一个新商标和购买一个现有商标在经济上有什么不同？相比购买陷入困境的竞争对手的商标，要获得更多的市场份额，需要进行哪些投资？

市场法

在前面的讨论中我们提到一些市场交易的细节，但我们必须问问自己这是否有帮助。在不寻常的业务情况下使用市场法和在“正常营业”的情况下使用市场法也会遇到同样的困难。可比性是一个需要克服的巨大障碍。

当美国破产法改变了竞争环境

商标在破产情况下的估值，必须考虑到债务人已许可他人使用商标权这一独特情况。

美国破产法第365（a）条相关部分规定，“受托人，经法院批准，可以承担或拒绝债务人任何待履行合同或未到期的租约”❶。“待履行合同”（executory contract）可以定义为：合同的每一方都对另一方负有继续履行的重要义务，一方不履行就构成违约。国会明确免除了版权和专利许可在破产中被拒绝履行的权利，但没有涉及商标、服务标志或商业外观的许可❷。该部分的立法历史表明，国会决定推迟破产商标许可处理的立法并允许破产法庭在该方面制定自己的法律，因为商标许可人应对被许可人实施质量控制，这一要求对破产的许可人来说非常困难❸。

目前，拒绝履行破产商标许可合同的后果还不确定❹。法院似乎同意破产的许可人可以拒绝履行一项商标许可，但他们似乎不认可这种拒绝对被许可人使用商标的权利所造成的影响。法律的不确定性以及法律可能有利于终止被许可人权利的可能性，迫使潜在的被许可人在商标许可谈判过程中解决这个问题。最近的一个案例中，一家风扇制造商与许可人/经销商签约，向其提供特定数量的带有商标的盒装风扇，因为已知许可人/经销商的财务不稳定，制造商在协议中要求，如对方违约则收回该风扇的出售权。合同签订三个月后，许可人/经销商宣布破产，并根据破产法第365（a）条寻求拒绝履行合同。美国

---

❶ 11 U.S.C. § 365（a）.

❷ 11 U.S.C. § 365（n）.

❸ S. REP. NO. 100－505, at 5.

❹ *Lewis Bros. Bakeries Inc. v. Interstate Brands Corp.*, 690 F.3d 1069（8th Cir. 2012）; *Sunbeam Prods., Inc. v. Chicago American Manufacturing, LLC*, 686 F.3d 372（7th Cir. 2012）.

第八巡回上诉法院（U. S. Court of Appeals for the Eight Circuit）同意经销商可以拒绝履行合同，但认为，拒绝构成了违约，但没有改变知识产权被许可人的相关权利在许可人违约后仍然存在这一一般规则❶。本案与先前的判例法相冲突，它支持破产人为了终止被许可人的权利和寻求更有利的商业安排而拒绝履行商标许可的决定❷。此外，该案例还提出了充满争议的裸许可，即不受许可人在质量方面的控制。

针对当前法律上的冲突，国际商标协会（INTA）最近通过了一项决议，呼吁立法豁免商标许可，使其不受美国破产法拒绝履行条款的约束，并对破产中指定的任何受托人强制履行质量控制义务❸。INTA 支持这种方法，以保护消费者在更激烈的竞争和选择中免受商业不确定性的不利影响，并保护被许可人的业务不因许可人财务不稳定而造成破坏。

商标和从价税

我们所知道的资产税是基于财产的价格，因此被称为“从价税”（ad valorem taxes）。应税资产通常包括不动产（土地、土地开发和建筑物）和个人财产（可移动的机器和设备、家具等）。管理从价税的法律是由州或地方一级立法机构制定的，因此在美国各地差别很大。一般来说，无形资产和知识产权不征税，或者在某些情况下单独征税。

我们见证了无形资产和知识产权在美国商业中的价值和重要性呈爆炸式增长。这一点并没有被税收部门忽视，在联邦政府削减税收的支持性政策下，它们很难为地方政府增加税收。将这种情况与这样一个事实相结合，即大多数相关法律都是在这些资产还没有被特别的关注、因而其定义尚不清晰的时候制定的。其结果是纳税人和征税人之间发生了重大诉讼。某些情况下，这一诉讼涉及无形资产和知识产权的价值，另一些情况下，涉及不同类型的无形资产应在多大程度上征税。

住宅地产不会引发争议，因为当地的评估人员可以描述出现有的有形资产，而且有很好的工具来测算价值，比如活跃的房地产市场和重置成本的数据。无形资产的问题产生于工业产权，特别是那些具有独特资产或那些属于多

---

❶ *Sunbeam Prods.*, 686 F. 3d at 376 – 77.

❷ *Lewis Bros.*, 690 F. 3d at 1074 – 75, following *Lubrizol Enters.*, *Inc. v.*

❸ *Richmond Metal Finishers*, *Inc.*, 756 F. 2d 1043 (4th Cir. 1985).

个税务管辖区的资产。[1]

在这些情况下，通常的工具是不适用的，评估人员必须用收益法或市场法对整个企业的价值进行量化。正如读者现在所认识到的，这只是估算企业资产组合中各组成部分的价值的起点。然而，评估人员可以在评估企业价值后就终止评估，或者以纳税人不同意的方式，将不征税的资产刨除。

显然，在不征收无形资产税的辖区内，在计算应税资产时，应当将商标价值（以及其他无形资产的价值）从企业价值中剔除。

小 结

在一些特殊的情况下，品牌的市场价值可能会成为一个问题。但是，我们强调，这些情况不会产生新的或不同的估值方法。相反，这些特殊情况可能会改变我们开发关键估值输入的方式，而不是成本法、市场法和收益法的应用。

---

[1] International Trademark Association, "Board Resolutions, Trademark Licenses under the U. S. Federal Bankruptcy Code," November 7, 2012.

第 11 章
全球商标问题

资产估值技术最初先在世界上一些地区发展起来，在这些地区，人们对私有财产及其权利的看法——或许还将其用作征税的基础——提供了推动力。估值技能正在世界范围内传播，在许多国有资产正在私有化的国家，或在商业团体寻求国际商业关系的发展中国家，估值技能已成为人们强烈关注的对象。在这两种情况下，都非常需要吸引资本，以建立和保持高水平的创新。这大大增加了进行可信资产估值的需求。

商标在国际贸易中越来越重要。我们在新兴经济体中观察到的知识产权发展的典型路径通常具有以下结构：

- 企业规模小，知识产权可能存在，但基本上没有得到承认。仿冒可能是一项重要的活动。
- 企业开始整合，专注于为他人代工生产低技术含量的零部件。涉及的知识产权很少，甚至没有。
- 随着技能的提高，代工产品变得更加复杂。知识产权可以作为代工合同的一部分获得许可。
- 更加复杂的制造经验（现在可能是成品，其中也可能包括一些设计工作）促使最初的技术秘密开始出现。
- 如果有适当的法律环境加以保护，原始知识产权就会浮出水面。
- 制造业转向国内消费的制成品，代工的作用减弱了。
- 通过创新、品牌产品或品牌组件进入世界市场。

商标的发展往往是在这一进程的末尾，但对于发展中国家的企业来说，跨入世界市场是至关重要的。一旦实现了这一点，这些新品牌就为增长提供了保护伞。

在第 3 章中，我们讨论了财务报告的国际协调以及一些在国际范围内非常普遍的税务问题。第 9 章商标法律保护的探讨也涉及国际差异。在本章中，我们将介绍几个具有国际影响的具体主题。

持有商标的公司❶

税收筹划策略可以为企业提供显著的竞争优势。企业税务负担的降低有助于其提高盈利能力，从而为企业提供更多的净资源来实施其业务战略，为其所有人提供回报。包括商标在内的知识产权资产已日益成为减税策略的一个焦点。在制定这些策略时，商标提供了关键的优势。与工厂搬迁或大量有形商品的转移不同，商标转移只需签订一份合同就能完成。

商标作为一种极具移动性的资产，可以廉价地从一个司法管辖区转移到另一个司法管辖区，为国际和国内税收减免策略构建提供了一种优秀的资产。此外，这种搬迁的便利性意味着，如果另一个税收制度的地点为公司商标资产产生的收入提供了更具吸引力的税收待遇，那么将资产转移到更有利的地点就很简单了。

意料之中的是，以知识产权为基础的减税策略的增长也没有逃过美国国税局的注意。2006 年，当时的美国国税局局长马克·埃弗森（Mark Everson）曾表示："对我们来说，与在美国境外转移无形资产相关的税务问题一直是一个高风险合规问题，近年来这一问题显著增加。纳税人，尤其是高科技和制药行业的纳税人，正将利润转移到海外。"❷❸

例如，据报道，谷歌能够在 2007 年至 2010 年的三年中将其在美国联邦政府的纳税义务减少 310 万美元。它首先将某些知识产权资产转移到爱尔兰和荷兰，然后通过一家爱尔兰公司（谷歌爱尔兰控股公司）将全球业务的利润转移到一家荷兰实体公司，最终在税收优惠的百慕大成立了一家控股公司。

所有这些减税结构和交易有一个共同点，那就是它们都涉及转让定价。随着经济规模的日益全球化，企业和个人跨越不同税收边界进行贸易，转让定价对不同参与者的潜在影响也在增加。据联合国召集的一个专家组称，转让定价"可能是世界上最重要的税收问题"❹。

---

❶ 我们的同事威廉·J. 墨菲（William J. Murphy）是本节的主要贡献者。

❷ 马克·埃弗森（Mark Everson），参议院金融委员会就大中型企业合规问题的书面证词，2006 年 6 月 13 日。

❸ 参见第 3 章对于转让定价税收问题的讨论。

❹ Ad Hoc Group of Experts on International Cooperation in Tax Matters, "Transfer Pricing: History, State of the Art, Perspectives," United Nations Document 2 (June 26, 2001), ST/SG/AC. 8/2001/CRP. 6.

转让定价，顾名思义是指资产或服务在组织内部或相关组织或个人之间转移的价格。它与真正的市场定价不同，根据定义，转让定价不涉及独立参与者的公平交易。因此，买方和卖方操纵转让定价的时机已经成熟。制定合理的转让价格往往成为用来完成商标减税策略的最重要决定因素之一。正确进行转让价格评估可以产生有效和合法的安排，而不恰当或过于激进的评估则可能导致税务当局提出挑战，对企业来说代价高昂。

知识产权资产，如商标，特别适合转让定价结构。其理念是将企业组织的大部分有价值的知识产权资产转移到位于较低税收辖区的子公司（知识产权控股公司）。持有知识产权的公司将该知识产权资产许可给该组织的子公司，从而将公司应纳税收入的一部分转移给持有知识产权的公司。

一旦建立了以知识产权为基础的基本转让定价结构，其减税作用就不仅仅局限于转让定价。持有知识产权的公司还可以将组织的知识产权许可给母公司所在地以外的第三方客户，并允许该组织在较低税率的地区获得应纳税收入。此外，持有知识产权的公司可以作为资产证券化结构的一部分。

实际情形是，多个子公司履行某持有知识产权的公司的基本职能，这些子公司可能位于世界各地的多个司法管辖区。前面引用的谷歌就是一个典型的例子。贷款和股息支付按基本结构分层，以便在整个业务组织中转移资金。复杂性加大很大程度上是由于该组织希望将税后利润汇回本组织中能够最有效地利用这些额外资金的实体，但又不触发重大的新的税务义务。

只要转移价格能够反映交易的真实经济现实，那么通过转让定价，将收入转移到一个税率较低的司法管辖区就没有什么违法的。当然，构建方所认为的公平，可能会受到税务当局的质疑。

商标流氓的危害

商标流氓是知识产权领域一种相对来说新出现的侵权行为。关于这种行为有很多定义，但是，用一位评论者的话说："如果有一件事定义了所有商标流氓行为，那就是一个人试图强制行使自己的权利，而这个人——据称——却没有将这些权利进行商业使用。"[1] 这种行为的范围很广，从彻头彻尾的欺诈到过分积极地行使有问题的权利。无论如何定义，这种行为都会耗尽合法商标所有人的财力，或因付出诉讼成本，或被勒索许可或转让费，其业务不得不受到

---

[1] Simon Crompton, "Who Are You Calling A Troll?" *Managing Intellectual Property*, May 7, 2012, http://www.managingip.com/Article/3023944/Who-areyou-calling-a-troll.html.

干扰。

在美国，这种活动采取的形式往往是先取得薄弱的商标权或建立准合法的权利要求，然后为获得经济报酬而积极行使权利。以下案例刻画了商标流氓的行为。

在 Premier Pool Management Corp. 诉 Lusk 案中，原告向美国专利商标局（USPTO）申请注册“Premier Pools & Spas”商标，该商标正通过许可被被许可人使用在游泳池和水疗中心建设服务上❶。该申请被驳回了，理由是与先前注册的用于游泳池建设服务项目的“Premier Pools Construction, Inc.”相冲突。随后，原告和注册人以 5000 美元的交易价格对该注册达成协议，相对适中的价格反映了对该商标是否曾用于州际贸易的怀疑。原告的购买尝试并未成功，因为一个身份不明的投标人以更高的价格介入并获得了注册。投标人后来被披露是一名搜索引擎优化（Search Engine Optimization，SEO）顾问，曾被原告雇用在其他企业中提供帮助。SEO 顾问的商业计划是向原告和其他泳池建筑公司榨取过高的许可使用费，以使用该优质品牌。原告和搜索引擎优化顾问之间的关系恶化，并导致诉讼，在后者缺席审判的情况下，判决注册被取消，因为其未能提供在州际商务使用的证明。

尽管上述案件中的商标流氓在被要求证明商标已在商业使用时失败了，但一些商标流氓会多次诉诸法院，试图胁迫其目标企业支付许可使用费或达成一项协议，完全停止使用目标“商标”。利奥·斯托勒（Leo Stoller）可能是推行这一策略的最臭名昭著的商标流氓。他向美国伊利诺伊州北部地区法院提起了如此多的诉讼，以至于该法院的执行委员会对他进行了制裁，并颁布了一项禁令，禁止他在未获得法院许可的情况下提起任何进一步的诉讼❷。虽然斯托勒没有赢得他提起的众多诉讼中的任何一件，但他使大量被诉人为辩护花费了金钱和时间。

在国际舞台上，中国一直被认为是商标流氓的避风港。❸ 根据中国现行法律，第一个注册商标的实体是其合法所有人，即使该商标以前在中国被使用过，但前使用者未注册。只有一种例外情况，即未经注册的商标使用过于集中和广泛，以至于在第三方试图注册之前已在全国有关公众中获得声誉。在中国，第一个提交申请的情况被商标流氓（中国公司和个人）所利用，他们识别、申请和注册属于竞争对手的商标，而无论出于何种原因，这些竞争对手没

❶ 2012 U. S. Dist. LEXIS 63350 (E. D. Cal. 2012).

❷ In re Leo Stoller (No. 07 - cv - 01435 (N. D. Ill. Mar. 8, 2007).

❸ 译者不认可这种观点。——译者注

有对商标注册。一位评论人士指出，外国投资者在华投资带来的商业不确定性，令他们更加担心，诉讼可能会以有利于商标流氓的方式解决：

> 在某些情况下，知识产权可以以机会主义和不公平的动机对外国投资者强制执行，就像今年欧洲葡萄酒生产商 Castel Freres SAS 因商标“被抢注”而遭到中国竞争对手的伏击，造成灾难性后果一样。2012 年 4 月，Castel 被要求支付超过 500 万美元的赔偿金，这是中国知识产权侵权案件中金额最大的赔偿金之一。[1]

上述案例说明了一种独特的商标流氓策略，例如，阻止竞争对手进入一个蓬勃发展的市场。

国际评估标准

我们在前几章中描述的评估标准和最佳做法主要是在美国使用的标准和最佳做法，正如我们使用的术语一样。它们是由评估基金会（Appraisal Foundation）、评估研究所（Appraisal Institute）、美国注册会计师协会（AICPA）以及美国评估师协会（American Society of Appraisers）等组织已颁布的标准[2]。美国的评估标准一般是在全国范围内通用，虽然在术语上可能有细微的差别，但很少有（如果有的话）实质性的原则差异。这不仅适用于道德和报告标准，而且适用于估值方法。

这些标准在国际上也是适用的。尽管可能存在术语上的差异和技术上的细微差别，但我们认为世界各地的基本估值原则仍然是基本一致的。

国际标准化组织

国际标准化组织（ISO）发布了国际标准《品牌评估—品牌货币价值评估

---

[1] “$5M Case Highlights Risk from Chinese Trademark Trolls,” Law 360, October 17, 2012, available at http://www.law360.com/articles/386205/5mcase-highlights-risk-from-chinese-trademark-trolls.

[2] The Appraisal Foundation, 1155 15th Street, NW, Suite 1111, Washington, DC 20005 (www.appraisalfoundation.org); Appraisal Institute, 200 W. Madison, Suite 1500, Chicago, IL 60606 (www.appraisalinstitute.orgwww.appraisalinstitute.org); American Institute of CPAs, 1455 Pennsylvania Ave., NW, Washington, DC 20004-1081 (www.aicpa.org); American Society of Appraisers, 11107 Sunset Hills Rd, Suite 310, Reston, VA 20190 (www.appraisers.org).

要求》[ISO 10668：2010（E）][1]。其提供了与商标评估有关的术语和定义，并讨论了一般评估要求、与商标有关的具体要求、评估路径和方法、必要的评估输入以及报告评估结果的标准。

它对品牌和商标的描述与我们在第 1 章的讨论非常相似。所引用的评估方法包括成本法、市场法和收益法。在收益法中，ISO 10668 讨论了溢价法、溢量法、收益分成法（归属于品牌的经济利润的现值）、多周期超额收益法（扣除其他资产收益后的剩余现值）、增量现金流量法和许可使用费节省法。这些在我们的第 5 章中作为评估经济效益的方法进行了讨论。

ISO 10668 在讨论品牌“行为方面”，以及它们作为成本法、市场法或收益法应用的一部分的必要性时，变得有些模糊。该部分强调根据利益相关者的看法，分析一个品牌的情况、实力和相关性是有必要的。有一些有用的想法，但是具体的很少。

国际评估准则理事会

国际评估准则理事会（IVSC）是一个独立的非营利性组织，总部设在伦敦[2]。它按会员类型提供资金，并由专业评估团体、评估提供方以及评估用户赞助。目前有来自 54 个国家的 74 个会员小组支持。

国际评估准则理事会公布适用于各类资产的评估标准。有关无形资产的规定见标准 301.02。本标准将无形资产分为四类：与营销相关的无形资产、与客户或供应商相关的无形资产、与技术相关的无形资产和与艺术相关的无形资产。商标属于与营销相关的无形资产的范畴，包括：

- 商标、商号、服务标志、集体商标和证明商标
- 商业外观，如独特的颜色形状或包装设计
- 互联网域名
- 非竞争协议

在估值方法方面，ID ASC 标准包括：

- 直接市场比较法
- 成本法
- 收益法

[1] International Organization for Standardization, ISO Central Secretariat, 1, ch. de la Voie - Creuse CP 56, CH - 1211 Geneva 20, Switzerland (www. iso. org).

[2] International Valuation Standards Board, 41 Moorgate, London EC2R 6PP, United Kingdom (www. ivsc. org).

在收益法中，IVSC标准推荐了三种主要的估值方法：许可费节省法、溢价法和超额收益法。

结论

在基本评估方法学或作为其基础的财务原则方面没有实质性的差别。如果有差异，那么差异主要在于为基本方法取得必要的输入所使用的一些技术。我们在第3章中描述的国际财务报告准则（IFRs）的出现进一步将评估标准结合在一起，甚至在术语上也是如此。

我们相信，本书所介绍的评估方法和技术的使用在世界任何地方都能被理解。

全球蔓延的假冒

“假冒商标”的广义定义是故意侵犯商标，并导致非法贩运假冒品或假冒品牌商品。假冒品曾经主要集中在奢侈品或高档商品市场，现在几乎已经扩展到每一个细分市场。在谈到加强对假冒保护的必要性时，已故的参议员阿伦·斯佩克特（Arlen Specter）评论道：“几乎所有在美国合法生产和销售的产品都有一个平行的假冒品正在出售，其价格不超过正品的一半。”[1]

广泛存在的假冒产品对消费者的健康和安全构成严重威胁，破坏了经济市场的活力和稳定。这些危险加上生产高质量复制品的低成本制造技术的发展，货物及其零部件跨越边界的便利性和速度，以及假冒产品的高利润性，共同造成了一种引起全球各国政府关注的危机。世界知识产权组织（WIPO）在其网站上精炼地总结了由此产生的经济和社会问题，现将该摘要转载于此：

> 盗版和假冒活动不仅影响知识产权权利人的（私）权及其伴随的经济和道德利益，而且损害国家经济和社会结构。很难测算全球范围内影响的确切数字；然而，某些趋势和后果是可以评估的。
>
> 盗版和假冒给权利人带来的经济后果是显而易见的。然而，在一个国家，广泛的盗版和假冒行为的经济后果可能要更加严重。受影响产品的制造商销售收入直接亏损；这往往与税收损失直接相关，也可能导致失业。从社会的角度来看，违法的假冒和盗版带来了非法用工的所有负面影响。
>
> 此外，在受假冒和盗版影响严重的地区，市场也出现了一定的不稳

---

[1] 152 Cong. Rec. 1367, 1368 (2006).

> 定。无论是国内还是国外的制造商，如果意识到他们的知识产权得不到尊重，也无法有效执行，他们就会对市场失去信心。这已被证明会导致投资下降。在一项经典的研究（Mansfield 1995）中，接受调查的大部分化学、药物、机械和电气设备公司报告说，任何一个国家的知识产权保护的强弱是它们决定是否在该国直接投资的一个重要方面。
>
> 此外，不健全的发明和文化创造环境也会成为参与创造性工作和研究的障碍。这将反过来影响一个国家的文化、经济活力和发展。
>
> 另一个消极影响是非法盗版和假冒活动发生的违法和犯罪环境以及由此对公共秩序造成的消极影响。由于高利润和相对较低的风险，假冒和盗版活动在很多情况下与有组织犯罪有关。从非法活动中获得的利润可以用来资助其他犯罪活动。商业规模的侵犯知识产权行为与犯罪基础建设之间的这种相互关系提高了全世界决策者和执法机构的认识。
>
> 最后，消费者的安全和健康所面临的具体风险正成为越来越大的威胁。近年来，假冒药品、化妆品、手术器械、食品、香烟、酒精饮料、汽车和飞机零部件等对消费者的危害日益受到政策制定者的关注。世界卫生组织（World Health Organization）保存着一份各类假药的清单，其中一些假药效果很差，甚至不含任何有效成分。在最坏的情况下，这些药品甚至含有有毒成分，给消费者带来了灾难性的影响。❶

各国政府采取了一系列立法和执法作为回应，从加大对严重侵犯商标的民事责任、旨在缉获边境假冒商品的行政措施，到加强对假冒商品的刑事处罚，不一而足。意大利和法国的经济以奢侈品的设计和制造为中心，两国政府跨出了前所未有的一步，对假冒商品的最终消费者实施刑事惩罚❷。尽管有这些法律上的反应，但这个问题仍未停止，并已促使多国作出努力，协调一致地对付假冒产品。

最近，国际协调产生了《反假冒贸易协定》（ACTA），这是一项在国际法律框架下实施知识产权执法的多边贸易协定❸。特别是，ACTA 为民事诉讼、边境措施、刑事执法和数字环境下的执法制定了一般标准。ACTA 要求其签署

---

❶ World Intellectual Property Organization, "Enforcement of IP Rights— Frequently Asked Questions," WIPO Program Activities, http://www.wipo.int/enforcement/en/faq/.

❷ Lisa Lynn Cunningham, "Trademark Counterfeiting and Individual Purchaser Liability," *National Law Review*, 2011, http://www.natlawreview.com/print/article/trademark-counterfeiting-andindividual-purchaser-liability.

❸ Ministry of Foreign Affairs of Japan, Anti-Counterfeiting Trade Agreement, May 2011, http://www.mofa.go.jp/policy/economy/i_property/pdfs/acta1105_en.pdf.

国的国内法和政策符合协定的规定。该协定因在少数国家间进行的半秘密谈判而受到广泛批评❶。11 个签署国中大多数尚未批准《反假冒贸易协定》，因此评估其在解决假冒问题方面的效果还为时过早。

政治和投资风险

在第 1 章中，我们讨论了全球背景下的品牌，在第 3 章中，我们注意到了国际税收的一些复杂性。跨国公司已经适应了跨国经营。然而今天，每一个企业都必须从国际的角度思考，并准备好利用国际机会。当我们关注于品牌时，我们必须考虑一个品牌的转移效果，我们必须考虑将一个品牌暴露在一个新的国家环境所涉及的风险。图表 7.8❷ 给出了一个估值模型，该模型聚合了多个不同品牌扩展的估值。这也可以作为测算一个品牌在全球不同国家或地区的价值的模型。读者会记得，在图表 7.8❸ 中，我们对不同潜在品牌运用的净现金流量进行了多次预测，并通过不同的折现率反映了我们对这些品牌扩展的相对风险的看法。

作为一个现实世界的例子，我们正在见证三星和苹果在智能手机市场上的一场商业大战。尽管最大的战场可能在美国，但这是一场全球性的冲突。很明显，按国家或地区划分，这两家公司的相对地位及其财务状况将会有很大的不同。那么，我们不应该试图反映出这些地区或国家对苹果或三星品牌估值的差异吗?

回想一下收益法所需要的要素——未来经济效益的“量”、未来经济效益的“经济寿命”、我们将以何种“模式”获得它，以及按计划获得它的“风险”。然后考虑评估这四项基本要素所需的所有输入，例如市场规模、市场份额、价格、文化、基础设施的可用性以及地方和区域经济，等等。这些因素在美国、越南、葡萄牙和韩国也一样吗?

如果我们对三星品牌进行估值，可以假定三星在这些国家都有业务。因此我们预计，三星品牌在每个国家都有一定的净现金流量。但这与三星的销售收

❶ 参见，例如，comments by the Electronic Frontier Foundation（EFF）：Carolina Rossini，Maria Sutton，and Gwen Hinze. “Anti – Counterfeiting Trade Agreement，” EFF，https：//www. eff. org/issues/acta; and Maria Sutton，“US Trade Office Calls ACTA Back From the Dead and Canada Complies，” EFF，March 1，2013，https：//www. eff. org/deeplinks/2013/03/us – trade – office – callsacta – back – dead – and – canada – complies.

❷ 原书是图表 7.7，实际应为图表 7.8。——译者注

❸ 原书是图表 7.7，实际应为图表 7.8。——译者注

入成正比吗？我们不这么认为，但即使三星品牌的收入与每个国家的业务水平成正比，该品牌的市场价值也会成正比吗？同样，我们也认为不是，因为国家环境不一样。每个国家的经济寿命、增长（或衰退）模式和风险肯定都是独一无二的。因此，三星品牌的全球市场价值是国家或地区市场价值的集合，每一个市场价值都反映了当地文化、政治和经济差异的影响。

有些人试图以国家风险测算来概括广泛的国家或区域差异。有一些国家的风险测算标准正在公布（见下文）。我们从政治和投资风险的角度讨论这些考虑。

政治风险

政治风险通常指的是企业因政治决策而产生的经营难度加大。它通常关注的是政府行为或条件对一个国家或地区所有外国企业的影响。政治风险的一个例子是政策可能会限制员工自由进出该国，或影响招聘实践、工资或福利。例如，贸易限制、投资类型或货币进出该国的限制，以及政局不稳可能导致恐怖主义、骚乱或暴动。一些人会说，法规和政策是什么并不重要，重要的是它们保持稳定。也许一个稳定但不友好的政权比一个友好但不稳定的政权更可取。这似乎也适用于政府本身的构成。

政治风险也可以集中于单个公司，特定类型的产品，或者同一行业中的多个企业。其结果可能导致偏袒当地企业、国有化的威胁或根深蒂固的腐败所产生的影响。

有大量的公司和研究资源分析各种形式的国家和地区风险[1]，一些公司甚至发布风险评级或风险指数。

投资风险

在第 7 章中，我们讨论了将风险应用于品牌时的情况，并向读者介绍了附录 C 及其关于估算 DCF 计算的适当折现率的讨论。附录 C 中提到的评估方法之一是所谓的“累加法”，据此，我们从无风险回报率开始，再加上反映市场历史、特定公司或行业风险的风险溢价，或者，可能是由于 DCF 模型中产生净现金流量的资产类型而产生的特殊风险溢价。把这些组成部分加在一起，就可以得到一

---

[1] 参见，例如，Fitch Ratings（http：//www. fitchratings. com/），Moody's（http：//www. moodys. com/cust/default. asp），Euromoney magazine（http：//www. euromoney. com/），Standard & Poor's（http：//www. standardandpoors. com/），Economist Intelligence Unit（http：//store. eiu. com/），and Eurasia Group（http：//www. eurasiagroup. net/）.

个适当的回报率估计值。

在撰写本章时，我们可以观察到一些关于各国政府债券收益率的金融信息，正如金融媒体每天报道的那样。例如，根据2013年4月底的《华尔街日报》，两年期政府债券的收益率从0.023%（德国）到1.953%（西班牙）不等。10年期美国国债的收益率区间为1.235%至4.501%，德国和西班牙也是如此❶。显然，各国金融市场存在显著差异。

纽约大学（New York University）斯特恩商学院（Stern School of Business）金融学教授阿斯瓦特·达莫达兰（Aswath Damodaran）定期公布他对118个国家股票风险溢价的估计。❷ 他的名单还附有穆迪对当地货币评级的时间表。截至2013年1月，最低溢价为5.80%，由澳大利亚、美国、新加坡和几个北欧国家分享。溢价最高的是伯利兹，为20.80%，还有一些较不发达国家在百分之十几，其余的介于最高和最低之间。

小　结

我们的结论是，在制定加权平均资本成本或股票收益率时，应该考虑诸如此类的投资溢价，以反映各国资本成本明显的甚至显著的差异。

---

❶ 参见 Wall Street Journal，April 23，2013，C7.

❷ 参见 http：//pages. stern. nyu. edu/ ~ adamodr/New_Home – Page/datafile/ctryprem. html.

附录 A
基本投资原则

本附录旨在成为基本投资原则的入门读物，这些基本投资原则是收益法估值过程的核心内容。为什么是投资原则？因为当我们的自愿买家同意用美元交换某些产权时，其正在进行投资，并希望由这些投资获得经济效益。

投资者既要寻求投资回报同时又要收回投资，这是一个被广泛接受的原则。图表 A.1 中对此进行了说明。需要注意的是，我们需要明确投资者是在寻求收回投资和获得投资回报的机会。在这个世界上没有什么是确定的，尤其是对商业资产的投资，无论是有形资产还是无形资产，因此风险这一概念悄然潜伏在投资理论中的某个地方（见图表 A.1）。

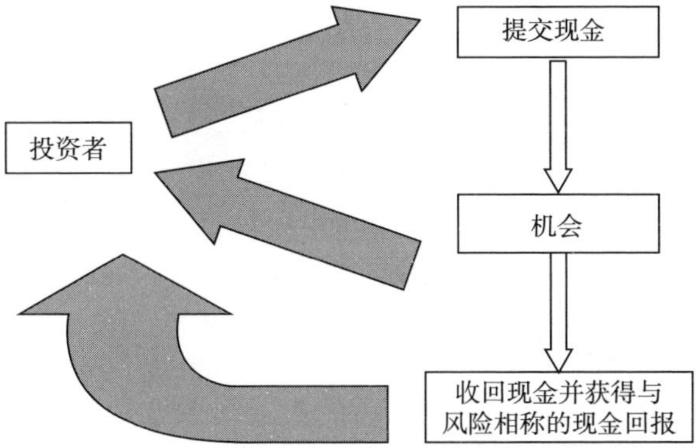

图表 A.1 投资交易

我们对市场价值的定义之一就是它等于“所有权未来经济效益的现值”。要充分了解市场价值及其估算方法，我们必须理解现值概念的基础。

存款单示例

为了说明这个概念，我们将使用存款单（CD）的例子。存款单在美国非常普遍，但在其他地方可能不那么常见，或者仅仅是被冠以其他名称被简单了解而已。原则并不复杂，存款单是个人投资者与银行之间的合同。投资者掏出现金从银行购买存款单。投资者和银行达成一项合同，银行同意在一段特定的时间（例如，一年、两年或五年）之后，按照约定的复合汇率返还投资者的原始金额加利息。考虑到银行的预期稳定性及其履行合同的财务能力，投资者将此视为风险相当低的投资。因此，存款单的利率倾向于处于可能投资范围的低端，反映出这种低风险的认知。

在图表 A. 2 中，我们通过购买个人投资者的 1000 美元存款来说明这一交易。在该例中，投资者将在五年结束时收到 1000 美元。根据合同条款，银行已同意以 4% 的比率支付复利，相当于 216. 65 美元，因此，投资者将在五年内获得 1216. 65 美元。

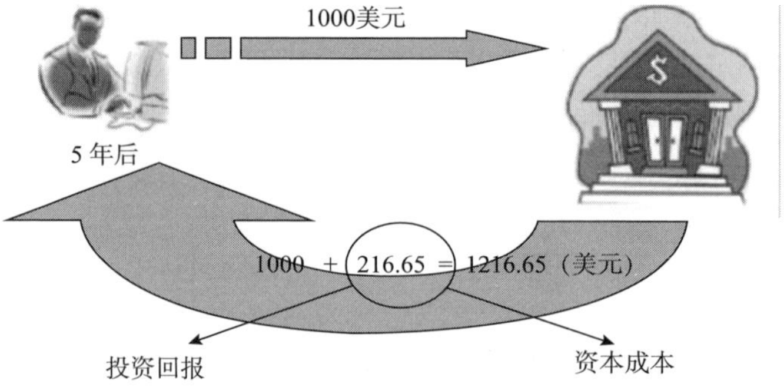

图表 A. 2　存款单示例

此示例还说明了读者在我们的估值讨论中将在其他地方遇到的两个术语。请注意 216. 65 美元的利息金额是投资者的投资回报也是银行的资本成本。也就是说，银行进行这项交易的目的是获得 1000 美元，这笔资金成为其资本的一部分，它可以以高于支付给投资者的利率借给其他人用于其他目的。利差代表银行的收入。在这种情况下，我们可以将该利息金额称为银行的资本成本。对于投资者而言，216. 65 美元代表他的投资回报，也就是他在五年内放弃对 1000 美元资本的控制而获得的补偿。

本例中的复利计算如图表 A. 3 所示。

存款单复利		
利率 = 4%		
原则		$1000.00
利息（4.00%）	第1年	40.00
		$1040.00
原则		$1040.00
利息（4.00%）	第2年	41.60
		$1081.60
原则		$1081.60
利息（4.00%）	第3年	43.26
		$1124.86
原则		$1124.86
利息（4.00%）	第4年	44.99
		$1169.86
原则		$1169.86
利息（4.00%）	第5年	46.79
		$1216.65

图表 A. 3 复利的计算（$：美元）

在“单利”计算中，投资者每年将获得 40 美元的利息。对于“复利”，每年的利息都是基于前几年的累计利息计算的。

现在，我们在这一基本示例中引入一定的复杂性。假设我们的原始投资者在一或两个月之后认为其需要这 1000 美元，并决定从银行中收回他的钱。还假设与银行的存款合同排除了这种可能性，或者至少需要对这种行为进行罚款。投资者的另一种可能选择是出售他与银行的存款合约。他有一个朋友有兴趣进行这样的存款单投资，于是他和她讨论了这种可能性。

作为潜在买家，她对情况的看法如下：作为一笔金额的回报，她将在原先签约的五年期间收到合同金额 1216. 65 美元。这些合同条款无法更改。但是，她愿意为这项权利支付的金额现在由她决定。这在图表 A. 4 中说明。

该银行同意的利率为 4%。该利率将产生她作为潜在买家获得的1216. 65美元。她唯一能控制的是她愿意为这项合同权利支付的金额。如果她支付低于 1000 美元，她实际上将获得比原合同更高的利率。如果她要支付超过 1000 美元，她将同意收到低于合同中所含利率的利息。让我们暂时假设她认为一般利率和存款利率都会上升。这将使她不太愿意进入这一投资合同，当她预计利率会上升时，该合约的收益率为 4%。因此，预计她会向我们的原始投资者提供低于 1000

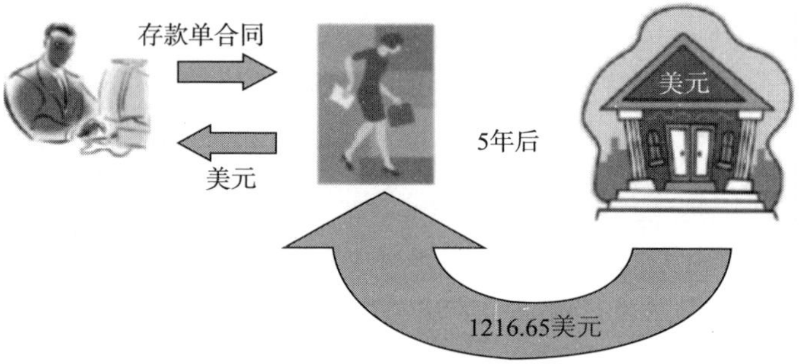

图表 A.4　存款单合同出售

美元的资金。例如，如果我们的原始投资者愿意接受 953.28 美元，那么她将获得 5% 的投资回报而不是合同的 4%（见图表 A.5）。

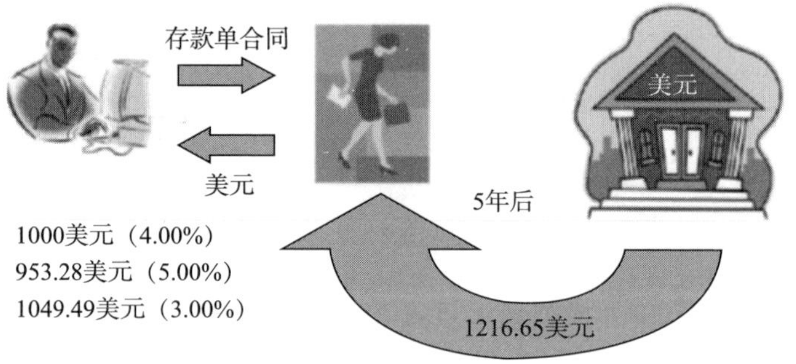

图表 A.5　重新定价合同

虽然这是个非常简单的例子，我们仍然可以从这个简单例子中发现一些基本的要素：

- 投资回报的延迟时间
- 投资回报金额以及何时收到
- 交易最终按预期条款完成，且合同期间经济状况保持稳定的风险率

在我们的例子中，买方认为经济条件会不同，并因此使 4% 的合同利率缺乏吸引力。因此，她上调了自己的风险评估，并根据她的预测提出了利率为 5% 的价格。

运算基础

下面讨论单利和复利。

单利

以下计算摘自66年前出版的题为《投资数学》（*Mathematics of Investment*）一书。在其第1章中，我们发现以下本金（P）利息计算的讨论。我们将这个小小的数学练习收录在此以表明收益法的基础不是一些新发明的概念，只是将经过验证的原则应用于新的情境而已。

假设P按照单利利率r投资t年。I是利息，F是t年末的最终金额。那么一年的利息是Pr，根据定义，t年的单利利息是t（Pr）或Prt。即

（1）$I = Prt$

由于金额等于本金加利息，即

（2）$F = P + I$

将等式（1）代入，$P + I = P + Prt = P(1 + rt)$，因此

$$F = P(1 + rt)$$

然后，我们可以把这个非常基本和公认的金融讨论向前推进一步。假设我们知道F，即在t年结束时收到的最终金额，并且我们知道利率r，然后我们可以计算P，即为了获得F而需要投资的金额：

$$P = F/(1 + rt)$$[1]

这种易于理解的数学是收益法的核心。难点在于估计F、r和t。F是目标知识产权经合理预期可以产生的未来经济效益的数额——这将是多少？F出现需要多长时间（t）？F完全不会出现或者不是我们预期的量的风险（r）有多大？

复利

金融世界依靠复利原则运行，而不是前面的单利计算。这里我们不再进行基础数学计算，前述公式的复利公式是

$$F = P(1 + i)^n$$

其中i =未来每期的利率；

n =期数。

转换为现值形式：

$$P = F/(1 + i)^n$$

只要利率（风险率）与它所适用的时间段（期）保持一致，按每个周期表示i和n，我们就可以按月、季度或年度计算现值。

---

[1] William R. Hart, *The Mathematics of Investment* (Boston: D. C. Heath and Company, 1934).

现值公式

图表 A.6、图表 A.7 和图表 A.8 列出了我们使用的现值公式，适用于收益法的所有讨论和说明。

$$\text{现值}=\frac{\text{收益（美元）}}{\text{折现率（\%）}}$$

图表 A.6　直接量化

当投资者在每个周期收到不变的金额直到永久时使用。

$$\text{现值}=\frac{\text{收益}\times(1+\text{增长率})}{\text{折现率}-\text{增长率}}$$

图表 A.7　伴有增长时的直接量化

当投资者每个周期获得不断增长的金额并直到永久时使用。

$$\text{现值}=\frac{\text{收益 1}}{(1+\text{折现率})}+\frac{\text{收益 2}}{(1+\text{折现率})^{2}}+\frac{\text{收益 3}}{(1+\text{折现率})^{3}}+\cdots$$

图表 A.8　折现

当投资者在有限的周期中每个周期收到不同数量金额时使用。

附录 B
确定知识产权合理回报率的理论基础

John A. Del Roccili 博士

确定特定资产的合理许可使用费率的基础可以从第 1 章讨论的企业估值公式中推导出来。这表明每个企业都包含一个资产组合，包括货币资产、有形资产、无形资产和知识产权。这意味着企业的市场价值等于构成企业的资产总和。以公式表示：

$$BEV = MA + TA + IA + IP$$

其中 BEV = 企业价值；

MA = 货币资产；

TA = 有形资产；

IA = 无形资产；

IP = 知识产权。

这一资产组合预期会产生一个总体回报率 r_{bev}，简单地说就是公司中单个资产的加权平均预期回报率，其权重为企业价值投资于该资产的比例。

$$r_{bev} = w_{ma}r_{ma} + w_{ta}r_{ta} + w_{ia}r_{ia} + w_{ip}r_{ip}$$

在这里，r_i（其中 $i = bev$，ma，ta，ia 和 ip）是各个资产的预期回报率，而 w_i 是权重。请注意，w_i 是投资于该资产的投资组合的钱款价值的比例，并且 w_i 总和必须为 1.0。

乘以 BEV 并假设公司将投资于一项资产直至预期收益等于资产的边际产品，产生以下预期利润等式：

$$\pi = \partial\pi/\partial maMA + \partial\pi/\partial taTA + \partial\pi/\partial iaIA + \partial ip/\partial ipIP$$

这表明预期的利润函数是 1 阶的齐次，因为根据欧拉定理，我们知道线性齐次函数的值总是可以表示为项的和，每个项都是一个自变量和该自变量的一阶偏导数的乘积。[1] 该属性意味着如果对每项资产都支付其边际产品的金额，那么企业的总利润将完全被构成企业的所有资产的分配份额所耗尽。

这意味着知识产权的合理回报率可以通过在公司的企业资产中分配预期收益或加权平均资本成本来估算。第5章中描述了这一方法。知识产权和无形资产的价值评估，通常先通过市场法或收益法确定整个企业的价值，然后将该价值分配给所有其他资产类别，剩下的为可归因于知识产权的剩余价值。如果首先评估各资产类别，则其汇总值必须与整个企业的价值相一致。

欧拉定理的重要性在于，明确了归属于特定资产的价值与其对利润的边际贡献相关联，而这反过来又反映了其相对风险。此外，它指出每个因素的边际产品乘以该因子的使用水平，再相加的总和，精确且一致地等于总利润。这表明赋予单个资产的价值受企业关系和企业的其他资产的回报率的限制。

因此，虽然这种关系无法提供确定知识产权合理回报率的精确公式，但它确实提供了一种具有合理界限来确定公允价值的方法。首先，我们必须做一个隐含假设，即企业倾向于有效地利用其资产，并且资产的边际产品等于其预期收益。其次，我们假设企业可以获得与其加权平均资本成本相等的合理回报率。再次，我们必须使用第4章、第5章和第6章中描述的方法估算企业价值和构成企业的资产的价值。因为我们知道如何确定加权平均资本成本以及不同类型资产的适当回报率，使用欧拉定理，我们可以解决知识产权的合理回报率。这是通过确定企业的预期利润并用除知识产权之外的每种资产的适当回报率以及每种资产的估计值来实现的。最后，通过求解以下方程可以获得知识产权的回报率：

$$\partial\pi/\partial ip = (\pi - (\partial\pi/\partial maMA + \partial\pi/\partial taTA + \partial\pi/\partial iaIA)/IP)$$

[1] 关于欧拉定理的讨论，参见 Eugene Silberberg, *The Structure of Economics: A Mathematical Analysis* (New York: McGraw-Hill Book Company, 1978) pp. 90-91.

附录 C
投资回报率要求

商标是一种投资形式，应该使用将风险动态和投资回报率纳入估值决策的同一框架来判断。本附录概述了可以在商标评估中推导和应用适当的投资回报率的一些方法。

价值的基础是所分析的资产或投资的剩余经济寿命内预期的经济效益流的现值。为了获得价值，我们必须首先预测一系列的经济回报，并确定与被估值的特定资产相关联的要求回报率。这适用于普通股、房地产和商标等知识产权投资的估值。在确定经济效益时，必须考虑下列因素：

- 获益的金额
- 其被提供的形式
- 获益的时间安排
- 预期收益的趋势
- 经济效益的持续时间

对现代投资理论的全面讨论超出了本书的范围。完整的书籍和职业致力于研究风险和回报之间的关系。事实上，学术界对正确的风险度量和正确的回报度量存在着显著的分歧。为了让读者了解风险和收益的基本概念，我们在附录中加入了这个内容，附录末尾的参考文献提供了一系列的书籍和文章，读者可以研究这些书籍和文章，以进一步理解风险和收益之间的关系。

我们的目标是确保在对商标进行估值时，适当考虑到与商标使用有关的风险。这些风险应转化为适当的回报率。回报率考虑引入了与实际获得经济效益流相关的不确定性。要求回报率是补偿投资者接受不同风险水平的必要金额。恰当确定风险和收益在确定许可使用费时同样重要。与商标有关的许可使用费必须达到一定水平，以确保获得与其价值相称的公平回报率。

投资风险

商标应被视为投资资产，并根据现行的投资风险和收益理论进行估值。无论是股票投资组合还是知识产权投资，投资风险都由四大部分组成：

- 购买力风险
- 业务风险
- 利率风险
- 市场风险

投资者期望所有投资都能获得回报，并要求对风险的各个组成部分进行补偿。

购买力风险

即使可以绝对肯定地确定一项投资的预期经济效益流，预期将收到的未来美元的购买力仍然存在风险。通货膨胀的风险总是存在的，通货膨胀将加剧和消耗任何可能从投资业绩中实现的收益。消费者价格指数（CPI）显示，1946—1986年，通货膨胀率平均为4.4%。如果可以预期这一比率今后将继续保持在这一水平，那么投资规划可以在要求的回报率中包括一个因素，以确保将这一通货膨胀数额纳入预期的投资回报。从某种意义上说，购买力风险将被消除。不幸的是，在1946—1986年的40年间，通货膨胀的波动幅度之大，出乎意料。正是这些意料之外的变化带来了投资风险。图表C.1❶提供了选定时期内通货膨胀水平的样本。

图表C.1　选定时期内通货膨胀水平的样本

时期/年	通货膨胀率
1980—1986	6.1%
1987—1993	4.0%
1994—2000	2.6%
2001—2007	2.7%
2008—2012	2.1%

通货膨胀等意外事件会极大地影响实际实现的投资回报率。这代表了风险，

❶ 原书很多图表未编号，这里已补充图表编号和图表名称，后面很多此问题，不再一一加注。——译者注

所有类型投资的投资回报率的一部分必须包含一个补偿该风险成分的因子。

利率风险

这种风险因素表现出与购买力风险类似的不确定性。替代形式的投资，如公司债券、国债和市政债券，提供了知识产权投资必须与之竞争的另一个投资机会。如果未来能带来更高的回报，而这些回报可以从风险较小的投资中获得，那么知识产权投资的价值可能会降低。

业务风险

对于正在研究的公司或商标来说，这种风险因素是非常特殊的。它涉及公司保持客户忠诚度的能力，获得足够的利润来满足运营和债务开支，来应对竞争对手的挑战，以及最终与股票投资者实现投资回报相关的风险；也包括与特定行业、产品责任义务和员工和谐相关的商业周期风险。

这种风险可以认为是除通货膨胀外，所有导致收益波动的风险因素中的决定性因素。在所有的风险因素中，业务风险是投资者（通过管理人员的选择）能够积极应对的唯一因素。可以采取行动来预防和限制多种业务风险的爆发，但其仍然存在。总回报的一部分必然是作为承受这种风险的补偿。几乎所有的投资，债券、公寓楼和机械设备，都有一个有限的剩余生命期，在此之后，将不再享受经济获益。大多数情况下，这种生命期都有明确的定义。就商标而言，影响经济生命期的因素有很多。在第 6 章对此进行了讨论。

市场风险

在很大程度上，一种独特且通常不友善的风险因素与市场心理有关。不管一项投资的预期表现有什么根本性的变化，市场风险反映了对特定类型投资需求的波动。2000 年 4 月 14 日，道琼斯工业平均指数暴跌 600 多点。经济前景没有什么根本改变，也没有宣布发生世界大战。然而，所有投资的价值都遭受暴跌。这是市场风险的一个很好的例子。

市场风险的另一个组成部分是与投资市场性相关的风险。在其他条件相同的情况下，一项存在活跃市场的投资比一项不存在活跃市场的投资更有价值。虽然购买力、利率和业务风险因素很容易概念化，但市场性风险不那么明显。因此，市场风险包括市场心理风险和非流动性风险；将投资转换成现金的能力。

要求回报率的组成要素

要求回报率中整合了三个基本的组成要素：

- 无风险回报率
- 预期通货膨胀率
- 风险溢价

无风险回报率是货币的基本价值，假设本金没有违约风险，预期收益流得到保证。在这种情况下，投资者只是在一段时间内牺牲了对资金的使用。通常情况下，长期国债利率是无风险回报率的基准。

由于投资者对实际回报率感兴趣，因此要求回报率中必须包含足以抵消通胀影响的部分。因此，长期国债交易回报率代表了要求回报率的两个组成部分：实际无风险回报率和预期通胀率。2013 年 3 月 28 日，美联储发布的统计数据显示，长期国债提供的平均利率为 3.10%。假设长期通胀率预期为 2.25%，那么目前投资者要求的实际无风险回报率约为 0.85%。

然而，大多数投资都不是无风险的，必须提供额外的回报来补偿与业务相关的风险。这通常被称为“风险溢价”。它代表了实际回报在可能偏离预期情况下的补偿。发现这样的证据很容易，当风险水平较高时，投资者需要更高的回报率。通过关注不同固定收益证券提供的收益率，可以证明这一原理。图表 C.2 为美国联邦储备银行 2013 年 3 月 28 日发布的统计数据，比较了部分证券投资的收益率。

图表 C.2　美国联邦储备银行部分证券投资的收益率

投资	收益率
国库券（6 个月）	0.11%
国库券（1 年）	0.14%
存单（90 天）	0.21%
长期国库券	3.10%
公司债券 Aaa 级	3.90%
公司债券 Baa 级	4.83%

6 个月和 1 年期美国国债的收益率差代表着与购买力损失相关的风险，因为这两种情况下本金和利息的安全都由美国政府担保。90 天存单的存续期较短，对意外通胀变化的风险较小，但就本金和利息而言，它们不如政府证券那么安全。长期固定收益证券以美国国债和两种评级不同的公司债券为代表。虽然它们

在很大程度上都受制于相同的购买力风险，但本金和利息的安全性是不同的。风险越大，投资者期望的回报率就越高。

回报率模型

我们将简要描述五种不同方法，这些方法通常用来作为计算要求回报率的工具。它们是：

- 股息增长模型
- 累加法
- 资本资产定价模型
- 套利定价理论
- 风险投资

股息增长模型

优先股的估值公式是股息增长模型的一个简单版本：

$$价值=\frac{股息}{要求回报率}$$

股息流是可以确定的，因为它是合同规定的。它承诺在既定的水平上永远持续。这使得试图确定股息增长速度的任务变得非常简单。增长率为零。

如果优先股的价值是已知的，可能是因为它在公开市场上交易过，而且股息是已知的，那么这个方程就很容易解出未知的价值，并提供要求回报率的指示。

$$要求回报率=\frac{股息}{价值}$$

由此产生的回报率是投资者要求的回报率，这些投资者所要求的投资具有与被估值的特定债券类似的风险特征，能够将固定股息转为永久股息。

优先股并非没有风险。股息只有在债务清偿后才支付。如果承诺一个固定的现金流量到永久，并且拥有相同的风险特征和程度（这个模型还假定了优先股被发行公司认购的风险不存在），那么所指示的回报率可以作为任何投资的基准。

股息增长模型在普通股上的应用更为复杂，但如果应用得当，可以为具有一定风险特征的股票投资提供一个有意义的回报率指标。

以普通股为例，现金流量的未来水平及其增长速度尚不确定。对优先股估值模型的扩展如下：

$$V = \frac{D_1}{1+i} + \frac{D_2}{(1+i)^2} + \frac{D_2}{(1+i)^3} + \cdots$$

其中 V = 普通股的价值；

D = 每个连续期间的股息额；

i = 股票的要求回报率。

股票的价值以未来所有股息的折现来表示。人们通常对当前股息的增长速度做出假设，而不是试图确定未来每一年将支付多少股息。将这一因子引入模型并进行代数处理，为股息增长模型提供了一种有用的形式：

$$V = \frac{D_o(i+g)}{i-g}$$

股票的价值与当前股息（D_o）的增长相关，g 为增长率，i 为量化的要求回报率。如果 V、D_o 和 g 可以确定，那么可以推导出具有类似风险特征的股权投资的要求回报率。

一个重要的假设是，所选择的增长率将在未来保持不变。此外，增长率必须小于要求回报率。这最后一项要求似乎过于严格。

一个发展速度惊人的公司会怎样呢？如果增长率确实会无限期地以惊人的速度持续下去，那么股息增长模型就没有用了。然而，重要的是要考虑能够永远维持异常高速增长的现实可能性。在许多情况下，如果可以对投资的价值和现金流量的增长率做出合理的估计，就可以计算出要求回报率。

股息增长模型在对接近其经济寿命成熟期且已被证明具有商业可行性的知识产权进行适当回报率定义时最为有用。在生命周期的这一阶段，未来的增长率更加可预测，并且与该资产相关的产品或服务的整体市场很好定义。对于加速期的知识产权另一种回报率模型可能更适合。

累加法

这种方法非常主观，但它可以用来直接反映与所讨论的主要风险因素相关的风险量。该方法列出了风险的每个组成部分，并为每个风险组成部分分配了一定的回报。对一家市值为 2.75 亿美元的电子工业公司的股权成本的假设估计见图表 C.3。

图表 C.3　某电子工业公司的股权成本的假设估计

风险构成要素	要求回报率
无风险回报率	2.4%
股票风险溢价	6.7%

续表

风险构成要素	要求回报率
行业风险溢价	1.8%
小型企业风险溢价	3.8%
总要求回报率	14.7%

资料来源：2013 年 Ibbotson ® SBBI ®估值年鉴。

这种方法很有吸引力，因为它单独处理每一个风险组成部分，并能反映投资者自己对每个组成部分所呈现的相对风险程度的看法。不幸的是，对补偿每个风险成分所需的确切回报率的具体量化并不容易。在设定利率时过于保守，可能会让原本可行的投资显得风险太大。乐观的前景可以鼓励对一个项目的投资，其回报率相对于承受的风险而言过低。由于设置特定回报率的不可靠性，累加法很少使用。

资本资产定价模型

"资本资产定价模型"（CAPM）是几种因素模型中的一种。这些模型将适当的回报率与各种投资因素联系起来。在 CAPM 的情况下，适当的回报率被认为是由一个因素决定的：回报率的波动性与一个广泛的市场投资组合所能实现的回报率相关。这里给出了其中一种描述这一模型的方程：

$$R_e = R_f + B(R_m - R_f)$$

其中 R_e = 股票回报率；

R_f = 无风险回报率；

R_m = 由整体市场投资组合提供的回报率；

B = beta，测算特定投资相对于市场投资组合的波动性。

CAPM 的应用传统上与评估投资者持有的特定股票仓位的风险和回报有关。某只股票的风险和回报与它的资产基础、行业地位、竞争对手的攻击，以及通货膨胀和其他经济力量的变化有关。

资本资产定价模型（CAPM）可以通过分析投资者对与知识产权所处行业相同的特定股票的要求回报率，来估算特定知识产权（如商标）的要求回报率。对正在研究的知识产权类型占主导地位的公司股票的分析，将更直接地反映特定行业知识产权的要求回报率。

CAPM 和 Beta

贝塔系数（Beta）是一种测算公司对变化环境的敏感性的指标。这些变化包括通货膨胀率趋势、货币政策、世界石油价格以及其他影响整个市场回报率的因素。贝塔系数是一个宽泛的指标，它测算的是与一个广泛的市场投资组合的多样化风险相比，某项特定投资所拥有的风险程度。

如果一家公司的股票波动幅度大于整体市场投资组合的价格，那么该公司的股票和基础业务资产比整体市场投资组合更容易受到宏观经济变化的影响。如果该股过去的价格比大盘更稳定，那么该股就被认为风险较小。贝塔系数为1.0的普通股与大盘走势完全一致。如果市场上涨10%，那么贝塔系数等于1.0的特定股票也会上涨10%。这只股票和大盘一样波动不大。当贝塔系数小于1.0时，标的股票的走势与市场相同，但幅度较小，波动性较小，风险也低于整体市场。当贝塔系数大于1.0时，标的股票的走势与市场一致，但程度更大，风险更大，波动性更大。贝塔系数是由许多投资咨询服务公司和经纪公司为特定股票计算的，如美林（Merrill Lynch）、Value Line、标准普尔（Standard & Poors）和Zack's投资服务（Zack's Investment Service）。

可以通过研究高度依赖于相同类型商标的上市公司的贝塔系数来确定用于评估诸如商标的知识产权的风险度量。如果同一行业内的可比公司和上市公司的风险与影响标的知识产权的风险相同，那么对其贝塔系数的研究可以作为风险基准。

CAPM和lbbotson Associates公司

该公司每年会对包括股息、利息支付和资本增值在内的长期总回报进行调查研究。其研究包括所有纽约证券交易所（NYSE）的股票、公司债券和美国国债，如债券、票据和票据在内的所有投资。利用这些研究，可以确定广泛市场投资组合的投资回报率 R_m，并将其纳入CAPM模型。关于回报分析的周期和将数据转化为对未来预期有用基础的适当方法，存在着大量争议。

CAPM的批评者指出，要使模型有用，必须接受以下几个假设：

- 广泛市场的回报率（R_m）必须建立在一个有效的市场基础上，在这个市场中，所有可用信息都恰当地反映在金融证券的价格中。
- 广泛的市场组合可以被准确地定义和衡量。
- 系统风险的所有要素都可以用贝塔系数来表示。

套利定价理论

该理论认为，资产的风险不仅仅与投资风险的类型有关。APT将总回报归因于投资回报对以下五个意外因素的敏感性：

- 违约风险

- 利率期限结构
- 通货膨胀
- 经济利润的长期预期增长率
- 剩余的市场风险

套利定价理论可以表示为：

$$R = E + (B_1)(F_1) + (B_2)(F_2) + (B_3)(F_3) + (B_4)(F_4) + e$$

其中 R = 资产的实际收益；

E = 资产的预期回报；

B_n = 资产对 F_n 变化的敏感性；

F_n = 一个特定的经济因素；

e = 资产特有的特殊因素带来的回报。

确定资产回报率对每个经济因素的敏感性并非易事。将股票价格变动归因于某一特定因素是很难的，因为有许多不同的经济和特殊的力量影响着股票价格的变动。CAPM 之所以吸引人，是因为敏感性因子贝塔可以很容易地确定。然而，这种模型否认了特定投资的特定因素对回报率的敏感性。

目前，APT 理论推论的实现可以通过要求投资的溢价率来实现，在这种情况下，预期收益可能会受到已确定的经济因素中未预料到的变化的显著影响。支持这一模型的 APT 研究的重要教训是，认识到某些投资对特定经济因素的意外变化比其他投资更敏感。

意外的通货膨胀可能只会对某些消费品行业的利润产生轻微的影响，因为在这些行业，以较高的产品定价形式转嫁通货膨胀成本相对容易。在其他产品定价非常缺乏弹性的行业，可能会受到通胀的显著影响。对使用高杠杆率的公司和行业的投资对未预料到的利息变化非常敏感，因此对违约风险也非常敏感：原则风险或利息费用违约风险。

许多行业都没有多元化，对整体经济总体繁荣中未预料到的变化非常敏感。在考虑估值和许可使用费率决策时，知识产权投资对这些因素中许多未预料到的变化的敏感性是一个重要的考虑因素。

风险投资

到目前为止，我们已经讨论了对于可以通过比较分析来量化风险的股票投资如何确定适当的回报率。通常在投资的商业可行性已经被证明或极有可能被证明时使用 CAPM 和 APT。具有类似风险特征的投资的回报率是制定适当回报率的基础。

新兴技术的投资风险要高得多，初始投资完全亏损的可能性相当大。除了前面讨论过的风险，如通货膨胀、竞争、不断变化的经济气候等，新兴技术还带来了额外的其他风险。

其他风险包括实验室规模的成功可能无法成功过渡到中试工厂的生产过程中，或者中试工厂规模的成功可能无法在全面商业生产的水平上取得经济上的成功。当实验室规模的成功都不能保证时，对萌芽技术的投资甚至不能定义为超过了纸面阶段。

这些类型的知识产权投资涉及巨大的风险，如果商业可行性得以实现，投资者预计将有可观的“发薪日”。这种风险投资的种子资金越来越多地由风险投资家提供。有时，“风险”一词会被“秃鹫”所取代，因为这些投资者要求回报率似乎非常高。但是，考虑到在这些情况下完全损失数百万美元的种子资金的巨大隐患，期望的投资回报并不出格。

在开发的不同阶段，风险投资要求回报率随着每个阶段所感知的风险的大小而变化。图表 C. 4 提出的是对不同发展阶段要求回报率的估计。

图表 C. 4　不同发展阶段要求回报率的估计

发展阶段	要求回报率
初创阶段	50%
第一阶段	40%
第二阶段	30%
第三阶段	25%

风险投资的各个层次可以表示为：

- 初创阶段的公司是一家除了创意别无其他的公司。这是处于萌芽阶段的知识产权投资风险最高的水平，需要的回报也最大。这些资金用于基础研究和原型机的开发。在这个阶段，收入甚至不是管理目标的一部分。
- 第一阶段的公司可能有一个已经证明了其能力的原型机，但是在达到商业生产规模之前还需要进一步的开发。正的净现金流量可能还需要几年时间。
- 第二阶段的公司可能在产品或服务的商业生产方面取得了成功，但市场渗透的扩张需要大量的资金，而银行可能不愿提供这些资金。在这一点上，盈利的能力可能已经得到了证明，但快速扩张所需超过了现有业务所能提供的。
- 第三阶段融资开始变得模糊起来，因为快速增长的公司可以从公开发行中获得有限的银行贷款或额外资金。强劲的利润水平可能会持续实现，但在国内或全球扩张需要更多资金。

风险投资公司不是长期投资者。他们通常试图在 5 ~7 年内退出投资，使原始投资增加 3 ~ 10 倍。这通常是通过将已开发公司的权益出售给更大的公司或将已开发公司上市来实现。

加权平均资本成本

到目前为止，在本文的讨论中已经提出了各种概念和方法来帮助定义股权投资的回报率。然而，投资的资金来源通常是股权和借入资金的组合。

企业投资通常必须通过最低门槛率才能被视为是可行的机会。由于债务和股权基金为这些投资提供资金，因此所提供的回报必须足以支付到期的债务利息，并为股票基金提供合理的回报率。最低门槛率必须是资本的加权平均成本。在复杂的金融结构中，最低预期回报率必须考虑普通成本、优先股、有担保的长期负债、无抵押应付票据、可转换债务和其他融资工具。

一个由债务和股权共同融资的公司，其资本结构可能由 25% 的债务和 75% 的股权组成。良好的债券评级可能使该公司能够以 4.5% 的回报率为债务融资。根据前述模型之一确定的合适的股权收益率可能是 14.0%。

图表 C.5 显示了一个加权平均资本成本计算的简单例子。利息支出的税收减免使得债务的税后成本仅为支付 40% 的州和联邦所得税合并的公司的规定利率的 60%。股票收益是不可以减税的。当这些资本组成部分的成本按其占总资本结构的百分比加权时，其加权平均资本成本为 11.2%。这是该公司在购买固定设备、收购竞争对手或知识产权方面的投资至少必须获得的回报。

图表 C.5　企业加权平均资本成本

投入资本构成	量（百万美元）	投入资本百分比	资本成本	税后资本成本	加权平均资本成本
股权	75.0	75.0%	14.0%	14.0%	10.5%
债务	25.0	25.0%	4.5%	2.7%	0.7%
合计	100.0	100.0%			11.2%

一家跨国公司的加权平均资本成本为 11.2% 是合适的，它很可能是一个非常多样化的资产“篮子”。其中一些资产的风险比其他资产高。总的来说，这些资产的回报率必须是 11.2%。如果我们将这一概念应用于小公司或跨国公司的独立子公司，则加权平均要求回报率也可以在所定义的企业中使用的资产之间进行分配。分配是针对每个组件对企业所代表的投资风险量进行的。

小公司或子公司的加权平均资本成本将包括股权和债务利率，它反映了特定企业所特有的风险和回报动态。正如前面几章所讨论的，企业是投资资本

（债务和权益）的公平市场价值的总和。这也由净营运资金（货币资产）、有形资产和无形资产的总和表示。正如加权平均资本成本（WACC）在投资资本的债务和权益部分之间分配一样，也可以将 WACC 的一部分分配给资产组成部分。

图表 C.6 显示了在企业资产之间分配的企业加权平均资本成本的分配。分配给每种资产的不同回报率反映了它们的相对风险。还指出了每个资产类别提供的相对回报率。

图表 C.6　资产之间的要求回报率

资产类别	量（百万美元）	投入资本百分比	要求回报率	加权平均资本成本	总回报率百分比
净营运资金	20.0	20.0%	2.5%	0.5%	4.5%
有形资产	30.0	30.0%	4.5%	1.4%	12.1%
无形资产	50.0	50.0%	18.6%	9.3%	83.4%
总计	100.0	100.0%		11.2%	100.0%

货币资产的适当回报率

企业的货币资产是其净营运资金。这是流动资产减去流动负债的总和。流动资产包括应收账款、存货、现金和短期证券投资。与此相抵的是企业的流动负债，如应付账款、应计工资和应计费用。

营运资金被认为是企业最具流动性的资产。应收账款通常在 60 天内收回，存货通常在 90 天内结转，现金部分立即可用，持有的证券可以通过与公司经纪人的一个电话转换为现金。流动性的进一步证据是使用应收账款和/或存货作为贷款抵押品。此外，应收账款可以以账面价值的折扣价立即出售给保理公司。考虑到营运资金的相对流动性，投资风险天生较低。与企业营运资金部分相关联投资的适当回报率是投资于低风险水平的短期证券所获得的回报率。90 天存单或货币市场基金的利率是一个合适的基准。

有形资产的适当回报率

企业的有形或固定资产包括生产机械、仓储设备、运输车队、办公楼、办公设备、租赁改造和制造工厂。这些资产所提供的回报率指标，可以与商业银行以固定资产作为抵押发放贷款的利率挂钩。虽然这些资产不像营运资金那样具有流动性，但它们往往可以出售给其他公司。如果企业倒闭，这种可销售性能够保证部分返还固定资产投资。相对降低风险的另一个方面与固定资产的战略性重新部署有关。可以被重新定向用于公司其他方面的资产具有一定的通用性，即使不是出于最初的预期目的，这些资产仍然可以从使用中获得经济贡献。

虽然这些资产的风险大于营运资金投资，但它们具有良好的特性，必须在加权平均资本分配成本中加以考虑。具有非常专业化的固定资产必须反映更高的风险水平，当然就要求更高的回报率。专门资产是那些不容易重新部署用于其他商业开发或清算为其他业务用于其他用途的资产。

无形资产和知识产权的适当回报率

无形资产被认为是整个企业中风险最大的资产组成部分。这些资产可能基本上没有流动性，哪怕有也非常少，而且在业务的其他方面进行重新部署的通用性也很差。这增加了他们的风险。请记住，这种典型情况并不总是适用于商标。商标可以位于多功能性的任一极端。一般来说，这些资产的高回报率是合适的。

由于企业的总收益是作为资本的加权平均成本来确定的，而且货币和有形资产的合理收益是可以估计的，因此，我们就能够得出从无形资产中获得的适当回报率。

下式给出了我们例子中无形资产 18.6% 的回报率推导方法：

$$WACC = \frac{V_m}{V_{bev}}(R_m) + \frac{V_t}{V_{bev}}(R_t) + \frac{V_i}{V_{bev}}(R_i)$$

其中 $WACC$ = 整个企业的加权平均资本成本；

V_m，V_t，V_i = 货币、有形资产和无形资产的公平市场价值；

R_m、R_t、R_i = 与企业资产组件相关联的相对回报率；

V_{bev} = 企业的公平市场价值，即 V_m、V_t、V_i之和。

再做一点代数运算，我们就可以解出这个方程，得到相应的无形资产回报率：

$$R_i = \frac{WACC(V_{bev}) - R_m(V_m) - V_t(R_t)}{V_{bev}}$$

如果 WACC 是为一家多元化的跨国公司所做的，那么与特定的知识产权投资相结合使用的适当回报率可能要高得多。WACC 代表企业多元化投资或资产基础的总体回报。归属于特定知识产权的回报率必须反映与使用该特定产权的部门相关的各种风险。

量化知识产权投资风险的过程可能首先需要为整个业务确定合适的 WACC。然后确定每个运营部门的 WACC，进而致力于确定包含特定知识产权的业务部门的 WACC。

所给出的示例产生了 11.2% 的 WACC。这是基于 14% 的股权回报率得出的。这将意味着该业务在商业上是可行的，而且相关的知识产权也已得到证明。萌芽和新兴的知识产权具有更多的风险，因此最有可能使用风险资本回报率来分析。

总的来说，企业由不同类型的资产组成，每一种资产都具有不同程度的投资风险，这些投资风险与加权平均资本成本相关。知识产权和无形资产的风险量化可以通过研究企业资产组成部分的相对投资风险来实现。

参考文献

Berry, Michael A., Edwin Burmeister and Marjorie B. McElroy. 1988. "Sorting Out Risks Using Known Apt Factors." *Financial Analysts Journal* 44 (March – April): 29.

Cohen, Jerome B., Edward D. Zinbarg, and Arthur Zeikel. 1982. *Investment Analysis and Portfolio Management*, 4th ed. Homewood, IL: Richard D, Irwin, Inc.

Copeland, Tom, Tim Koller, and Jack Murrin of McKinsey & Company, Inc. 1990. *Valuation—Measuring and Managing the Value of Companies.* New York: John Wiley & Sons.

Gray, William S. III. 1985. *The Historical Record—Insights for Forecasting Expected Return and Risk.* Homewood, IL: The Institute of Chartered Financial Analysts/Dow Jones – Irwin.

Harrington, Diana R. 1983. "Stock Prices, Beta, and Strategic Planning." *Harvard Business Review* 61, no 3 (May – June): 157.

Jereski, Laura. 1988. "Too Much Money, Too Few Deals." *Forbes*, March 7, 144.

Levine, Sumner N., ed. 1975. *Financial Analyst's Handbook*, *Portfolio Management.* Homewood, IL: Dow Jones – Irwin.

Maginn, John L., and Donald L. Tuttle, eds. 1983. *Managing Investment Portfolios*, *A Dynamic Process.* Boston: Warren, Gorham and Lamont.

Morningstar, Inc. 2013. *Ibbotson* ® *SBBI* ® 2013 *Valuation Yearbook*, *Market Results For Stocks*, *Bonds*, *Bills*, *And Inflation* 1926 – 2012. Chicago.

Parr, Russell L. 1991. *Investing in Intangible Assets—Finding and Profiting from Hidden Corporate Value.* New York: John Wiley & Sons, New York.

Reilly, Frank K. 1985. *Investment Analysis and Portfolio Management*, 2nd ed. Chicago: The Dryden Press.

Roll, Richard, and Stephen A. Ross. 1984. "The Arbitrage Pricing Theory Approach to Strategic Portfolio Planning." *Financial Analysts Journal* 40 (May – June): 14 – 26.

Smith, Gordon V., and Russell L. Parr. 2005. *Intellectual Property Valuation*, *Exploitation and Infringement Damages.* Hoboken, NJ: John Wiley & Sons, Inc.

附录 D
用扩散模型预测新企业的销售额和收入

Richard A. Michelfelder 博士，罗格斯大学商学院，卡姆登
Maureen Morrin 博士，坦普尔大学福克斯商学院，费城

新产品的收入和销售预测方法可以很简单，就是“猜测”某一特定产品第一年的销售情况，然后将其按年增长率递增，直至达到特定的饱和水平。这个简单的方法假设销售将在整个产品生命周期中持续增长。假设销售将以这样一种模式增长，而不是使用一种廉价且易于应用的预测工具，这种假设是合理的吗？虽然从简单的增长升级到用计量经济学估计的需求函数进行预测，对新产品销售预测存在无数的定性和定量方法，但是市场研究学术文献中是否真的存在可以为新产品销售的方法提供指导的理论是存在疑问的。在进行“路演”以筹集风险资本和说服自己相信预测的可信度时，这一点具有实际意义。我们讨论了一个由数百篇学术和行业文章所支持的直观的、常识性的方法来预测销售和收入。这种方法的使用向潜在投资者和企业家表明，预测体现了由专业营销人员创建的新产品销售和收入增长的一般模式，并通过在许多不同行业和市场的应用得到了加强。

本文的目的是对有关预测新产品销售的市场研究文献进行简要概述，其指导意义超出了预测工具的临时选择。多年的市场研究提供的指导将导致推荐一个预测模型，该模型是从产品采用理论发展而来的，并对其执行能力进行了严格测试。因此，在商业计划中选择这样一个模型结构的理由和证据是基于市场研究理论和坚实的经验测试的。

新产品销售预测模型：产品扩散

市场营销研究的大量文献强有力地证明，产品销售生命周期遵循销售曲线

（S曲线）模式。S曲线意味着新产品销售开始时增长迅速，然后增长速度逐渐放缓，最后随着时间的推移而下降。对新产品销售曲线的历史分析表明，这即使不是新产品销售随时间变化最常见的模式，也是最常见的模式之一。

我们推荐的新产品销售模型基于扩散理论解释了这种S曲线形状。扩散理论实际上是一种关于信息如何随时间在社会系统中扩散的传播理论。由于人们对新想法和信息在多大程度上依赖于媒体和人际沟通有着不同的重视程度，所以他们“采用”新产品既可能在产品生命周期的早期也可能在晚期。基于消费品的相对采用时间将消费者分为创新者、早期采用者、早期多数、晚期多数和落后者。图表D.1显示初次购买新产品的潜在市场（即首次购买新产品的用户总数）的累计百分比。当随着S曲线逐渐从左至右向上，就是说，观察首次购买者随着时间的推移采用新产品的速度，最初创新者购买该产品，然后是早期采用者，沿着S曲线向上移动，直到达到市场饱和点，最后一批首次买家被称为落后者。

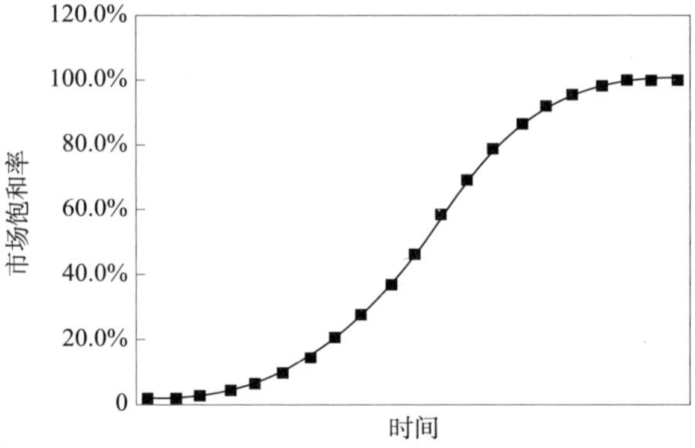

图表D.1　S曲线示例

资料来源：John Wiley & Sons，Inc.。经允许转载。

图表D.2显示了买方采用该产品的时间。如果购买者的购买时间落在垂直线的左边，则他们是创新者、早期采用者或早期多数的一部分，如果落在右边，则他们是晚期多数或落后者。

图表D.3显示了由不同类型的产品销售预测模型发展而来的不同类型的S曲线。它们将在本附录的后面部分详细讨论。

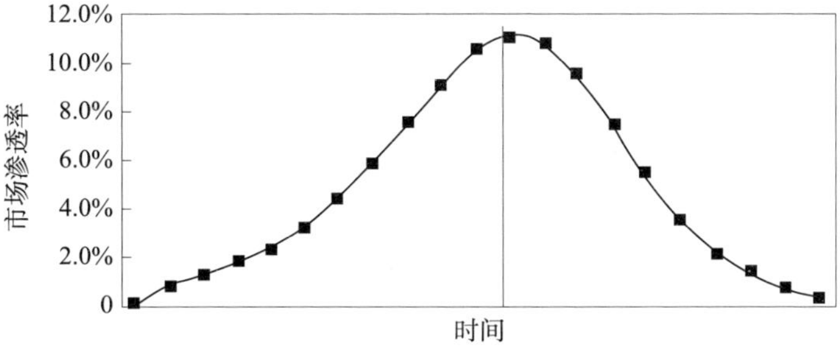

图表 D.2 采用创新的时间

资料来源：John Wiley & Sons，Inc.。经允许转载。

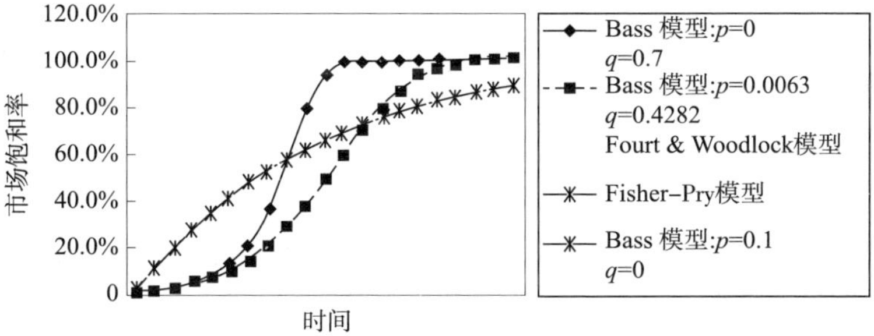

图表 D.3 创新扩散的 S 曲线

资料来源：John Wiley & Sons，Inc.。经允许转载。

S 曲线模型被称为单次购买模型，因为它预测的是通常只购买一次或不经常购买的产品（如耐用消费品或大型计算机等工业产品）的销售。此外，该模型可用于预测重复购买的零食和洗涤剂等商品的试用或首次购买，但它不提供重复购买水平的预测。为了估计重复购买销售并将其与试销相区别，企业通常需要进行测试市场或模拟测试市场，并应用不同的预测方法来提供稳态市场份额估算，而不是基于时间的采用曲线由扩散模型提供。然而，所有产品，无论购买的频率如何，都具有首次购买销售量曲线（Mahajan 和 Wind，1986）。

扩散模型依赖于许多假设，在实施这些模型之前，应该考虑每一个假设。这些假设包括：

1. 该模型所预测的销售产品是一种注定会成功推出新产品的产品。对新产品失败率的估计从 33%（Booz，Allen & Hamilton，Inc.，1982）到 60%（Silk 和 Urban，1978）不等，甚至更高。目前的模型只适用于成功的新产品条目。目前的模型无法预测哪些新产品将会成功推出；相反，它的设计目的是为那些成功推出的产品预测销量。

2. 潜在的市场规模。该模型要求用户输入对产品类别中特定品牌的总市场规模的估计（即，品牌产品的用户总数）。如果这个估计不准确，新的销售预测也将不准确。用户公司可以选择使用历史销售数据，但是需要估算潜在的市场规模，然后估算品牌在市场中的份额。

3. 竞争的本质。当用户估计其品牌在产品类别中的市场份额时，许多关于竞争反应的基本假设构成了这种估计的基础。竞争性的反应（例如模仿竞争性替代品或较重的推广响应），可能会对新产品的销售份额产生不利影响。同样，如果市场份额估计不准确，那么新产品的销售估计也将不准确。

这里推荐的模型是从扩散过程和客户新产品采用过程领域的理论工作中发展起来的。扩散过程模型试图预测创新产品（空调、手机、互联网、混合动力/电动汽车、新品牌咖啡等）的市场渗透率。客户采用过程是指客户之间在尝新上的差异，决定了愿意尝试新产品的差异。有些顾客很有尝新精神，他们是第一个尝试新产品的人，而另一些顾客则不那么有尝新精神，他们通常会等到许多已经购买了新产品的邻居，或诸如此类的人之后才会尝试新产品。采用新产品的速度被证明是几个因素的函数，包括（Rogers，1983，2003）：

- 该产品相对于现有产品的相对优势
- 新产品与现有操作和看法的兼容程度
- 新产品的简单程度（而不是复杂程度）
- 新产品在有限的基础上可以尝试的程度
- 产品可观察的程度

只要一种新产品具备上述每一个特征，它在市场上成功的可能性就会提高。前两个因素，相对优势和兼容性尤其重要（Rogers，2003）。然而，试图利用管理者对这些因素的输入的模型并没有取得特别好的效果。

产品扩散模型的类型

至少有三种主要的模型用于预测新产品的首次购买销售（模型将在本附录的后面进行讨论）：

1. 纯粹创新模型（如 Fourt 和 Woodlock，1960）
2. 纯粹模仿模型（如 Fisher 和 Pry，1971；Mansfield，1961）
3. 组合模型（如 Bass，1969）

本附录中的研究重点是首次购买产品模型，用于预测新产品的初始产品销售。图表 D.4 展示了扩散模型的类型，包括被广泛采用的 Bass（1969）模型，该模型将创新和模仿属性结合成一个日益普遍化的模型。

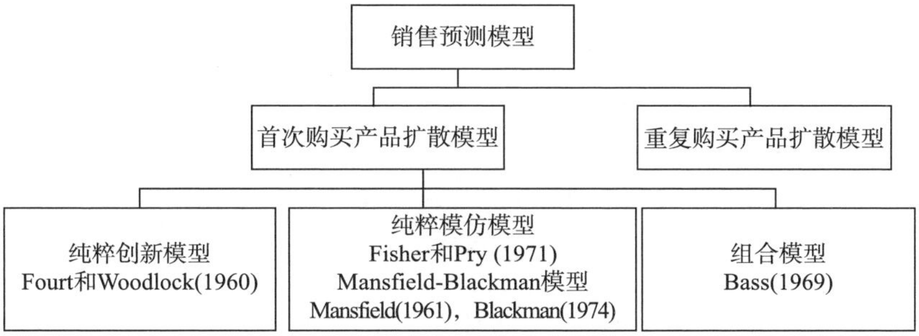

图表 D.4　产品销售预测扩散模型

资料来源：John Wiley & Sons，Inc.。经允许转载。

Fourt 和 Woodlock（1960）的创新模型是在分析了一系列新产品的市场渗透曲线后，回溯性地发展起来的市场渗透曲线。纯粹创新模型假设累计销售额呈指数曲线形状，而客户使用是基于个人对外部信息源的接触，如大众媒体的营销支出，而不是口碑或其他模仿效应。他们发现这些产品曲线的合理近似公式为（见图表 D.3）：

$$f_t = rM(1-r)^{t-1}$$

其中 f_t = （t 时刻累计销售额的变化）/（潜在销售额）；

r = 潜在销售渗透率；

M = （潜在总销售额）/（所有买方）或市场饱和度百分比。

所有这些变量都是假定整个产品销售生命周期保持不变，除了时间、t 和 f_t。作为一个例子，假设一个新的豪华耐用消费品的市场饱和度为所有家庭的 50% 和 r = 10%，因此每年的新买家普及率是：

第一年：$f_t = rM\ (1-r)^{1-1} = 0.2 \times 0.1 = 0.02$ 或 2%

第二年：$f_t = rM\ (1-r)^{2-1} = 0.2 \times 0.1 \times 0.8 = 0.016$ 或 1.6%

第三年：$f_t = rM\ (1-r)^{3-1} = 0.2 \times 0.1 \times 0.8^2 = 0.0128$ 或 1.28%

第二十年：$f_t = rM\ (1-r)^{20-1} = 0.2 \times 0.1 \times 0.8^{19} \approx 0$

请注意，增量累计销售额作为潜在销售额的一部分，从最初的产品引入年开始，在每个时间段内都呈指数级下降，当达到 50% 的市场饱和水平时，曲线趋于平缓。

Fisher 和 Pry（1971）的模仿模型包含了这样一个概念：新产品替代了旧产品，新产品的使用率取决于仍在使用的旧产品的百分比。Fisher 和 Pry

（1971）模型是经典的 logistic S 曲线：

$$f=\frac{1}{1+e^{-b(t-t_0)}}$$

其中 f = 采用新产品的市场份额；

b = 增长到潜在的常数；

t = 自引入以来的时间。

上式可改写为对数线性形式：

$$\left(\frac{f}{1-f}\right)=e^{b_0+b_t}$$

曼斯菲尔德 - 布莱克曼模型（Mansfield - Blackman 模型）（Blackman, Seligman 和 Solgliero，1973；Blackman，1974；Manfield，1961，1968）对 Fisher 和 Pry（1971）模型进行了修改，使其包含了新产品的市场份额上限或饱和水平：

$$\left(\frac{f}{L-f}\right)=e^{b_0+b_t}$$

其中 L = 市场饱和百分比。

这种修改限制了新产品所能达到的最大市场份额。

Bass 模型

两种基本类型的模型，即纯创新模型和纯模仿模型，已经被合并成一个更通用的模型——Bass 模型，其考虑了产品使用过程的创新和模仿两方面的特点。Bass 模型以系数 p 代表创新特性，以系数 q 代表模仿特性（后面将详细描述）。在 Bass 模型中，当 $p=0$ 时，模型默认为 Mansfield（1961）模型，当 $q=0$ 时，模型默认为 Fourt 和 Woodlock（1960）模型。

Bass 模型是一种总需求模型，它代表了一种经验概括或“在不同情况下重复出现的模式或规律性，可以简单地用数学、图形或符号方法来描述”（Bass，1993，1995）。它被设计用来作为一个上市前预测模型，在新产品推出之前，也就是在获得初步销售数字之前进行估计。Bass 模型的公式已经被柯达、IBM、RCA、Sears 和 AT&T 等公司使用（Rogers，1983，2003）。

Bass 模型在某些方面与传染病模型或传染模型相似，因为它试图估计随着新产品获得越来越多的接受度，会有多少客户购买新产品。该模型并不代表一种疾病的传播，而是关于一种新产品的传播努力的影响，无论这些努力是外在的，如大规模广告，还是更为非正式的，如口头传播或观察和模仿。该模型假设，不同的客户由于尝新性不同因此采用新产品的倾向上存在差异，以及在采用新产品之前，关于新产品的哪种类型的信息最有说服力也存在差异。当一个新产品被引入时，潜在的采用者对于新产品相对于现有替代产品的优越性存在不确定性。个人试图通过获取新产品的信息来减少这种不确定性。更多的尝新客户倾向于通过大众媒体和其他外部渠道获取这些信息。更多的模仿者倾向于通过人际渠道获得信息，如口碑传播和观察。Bass 模型捕捉到了这两种基本类型客户的相对影响。

Bass 模型因此假设新产品采用者是受到两种类型通信的影响，即大众媒体和人际沟通。大众媒体对创新客户产生更大的影响，其效应在产品发布之初更大，而在扩散过程的后期，人际交往效应对更多的模仿客户产生了更大的影响（Rogers，2003）。

1990 年进行的一篇综述（Mahajan 等，1990）发现，基于这一模型已经出版了 150 多种扩展模型。最近对在线数据库的搜索表明，自 1990 年以来，至少有 30 篇已发表的论文使用了某种形式的 Bass 模型。最近的应用涵盖的领域包括互联网宽带使用（Konstantinos 和 Vasilios，2011），公共政策创新（Boushey，2012），医生采用新药（Dunn、Braithwaite、Gallego、Day、Runciman 和 Coiera，2012），基于网络的教学（Soffer、Nachmias 和 Ram 2010），风力发电（Usha Rao 和 Kishore，2008），以及社交媒体的传播（Hu 和 Wang，2009）等多个领域。这些扩展模型中通常会被更改或添加一个或多个变量，但是基本的 S 形 Bass 模型仍旧被证明是预测现实世界中新产品销售的可靠方法（Mahajan、Sharma 和 Bettes，1988）。例如，Jeuland（1994）将基本模型与 35 个不同的数据集进行了不同时间段和不同国家的拟合，发现 r^2 通常大于 0.9，说明拟合非常好（r^2 用于衡量回归模型与数据的拟合程度，$r^2=1$ 代表完美拟合）。

包括市场营销、农业、社会学和人类学在内的许多学科的大量研究表明，尽管曲线的斜率各不相同，大多数成功创新的采用率都呈现 S 曲线（Rogers，2003）。Bass 模型根据 p 和 q 两个主要参数，即创新系数和模仿系数来调整 S 曲线的斜率。由于大多数创新扩散过程往往具有很强的社会性，因此模仿系数在决定采用率方面通常要重要得多。一些创新，如录像机和手机，只需要几年就能达到其最大或接近最大的渗透水平，显示出一个相对陡峭的 S 曲线，而另一些创新则需要几十年，如美国使用公制（罗杰斯，2003）。

Bass 模型的公式要求业务经理或业务经理团队对第一年的销售和整个产品生命周期的销量（即，第一年的采用者及总采用者）提供单一预测。由于很少有新产品享有垄断地位或长期享有垄断地位，管理者需要根据竞争的替代品和反应来估计产品类别的总采用者。然后根据 p 和 q 的参数估计值，得到如下方程：

$$Q_t = p(M - A) + q\left(\frac{A}{M}\right)(M - A)$$

上面的公式可以简化为

$$Q_t = \left[p + q\left(\frac{A}{M}\right)\right](M - A)$$

式中 Q_t = t 时刻采用者数量或单位销售量；

p = 创新系数，即“由于大众媒体报道或其他外部因素，尚未使用该产品的人开始使用该产品的可能性”（Van den Bulte，2002）；

q = 模仿系数，即“由于‘口碑’或已经使用该产品的人的其他影响，尚未使用该产品的人开始使用该产品的可能性”（Van den Bulte，2002）；

M = 市场规模，或最终采用者数量或单位销售额；

A = 到目前为止用户的累计数量或单位销售额。

创新系数（p）反映了尝新客户对新产品销售的相对重要性。模仿系数（q）反映了模仿客户在为新产品创造销量方面的相对重要性。该模型的运行原理是，无论 p 和 q 值如何，随着越来越多的客户采用或购买新产品，模仿客户购买的相对影响在确定销售曲线（S 曲线）时变得更加重要。然后生成的 S 曲线表示到目前为止的累计销售额。基于元分析的算法可以为每个时间段的销售额提供一个点或精确的数值预测，也可以提供一个预计销售额将下降的误差带❶。因此，可以为经理预测新产品销售提供一个“可行性空间”（Mahajan、Muller 和 Bass，1995）。对于更严格的市场预测风险分析，蒙特卡罗分析可以通过包括对 p、q、A 和 M 的不同估计，并结合它们的发生概率，来提供销售的情景分析和市场环境的不同状态。历史类比估算往往是用于估计必要参数的更精确的方法，因为先前基于仅仅几个早期销售期（例如，三到四个周期）拟合曲线的努力已经获得有限的成功和准确性（Pae 和 Lehmann，2003）和通常没有足够的数据点来表示 p 和 q 估计的统计显著性。研究还表明，在给定的行业内，系数 p 和 q 随着时间的变化是相对恒定的（Norton 和 Bass，1987；Pae 和 Lehmann，2003）。来自学术出版物的 p 和 q 系数通常是事后估计的，也就是说，在一个特定的产品创新被整个市场完全或几乎完全采用之后。

可以使用估计参数进行的其他两个关键估计包括以下内容。通过针对 Bass 模型求一阶导数，解得最优的峰值销售时间和峰值销售规模，得到这些表

---

❶ 可以用其他方式获得误差带。例如，它们可以通过使用 Bass 模型中的市场规模和第一年销售的不同假设，蒙特卡罗模拟或来自 Bass 模型的回归推断来获得。不同方法的可用性取决于数据的可用性。

达式：

$$\text{峰值销售时间}: t^* = \frac{1}{p+q}\ln\left(\frac{q}{p}\right)$$

$$\text{峰值销售规模}: s^* = M\frac{(p+q)^2}{4q}$$

Pae 和 Lehmann（2003）的 Bass 模型均值为 $p=0.0063$ 和 $q=0.4282$，得到如图表 D.3 所示的 Bass 曲线。注意，当 $q=0$ 时，即没有模仿，扩散曲线默认为 Fourt 和 Woodlock（1960）的纯创新曲线，即下降增长指数模型。如图表 D.3 所示，Bass 曲线的 p 值和 q 值不同，注意 q 值越高，Bass 曲线的增速越快，市场饱和的速度越快。随着销售过程的持续，模仿者的数量会随着时间的推移而增加，而创新者的数量则会随着时间的推移而减少。

同样，当 $p=0$ 时，模型默认为纯模仿模型。图表 D.3 表明，在这种情况下，Bass 曲线的形状与 Fisher－Pry 模拟模型相似。注意，当 p 和 q 都不等于 0 时，Bass 曲线中体现出创新和模仿的特性，也就是说，当 p 和 q 都不等于 0 时，Bass 曲线反映了影响市场销售预测的两种力量。

本附录中的研究发现，Bass 模型是基于其理论特性、商业销售预测者的广泛使用以及详尽的学术文献（涉及许多测试、应用、理论基础的有效性和预测性能）而选择的模型。最后，讨论一下 Bass 模型注意事项以及结论。

Bass 模型的注意事项

在使用 Bass 模型之前和过程中，应该考虑一些基本的假设。这些假设包括（Mahajan 和 Wind，1986）：

- 总采用者的潜在市场规模随着时间的推移保持不变。例如，如果新产品的受欢迎程度超过预期，或者产生了更多的竞争对手，那么情况可能就不一样了。
- 每个新用户只购买一个产品。对于频繁重复购买的产品，或者那些在产品生命周期结束前可能出现故障或需要更换的产品，情况显然并非如此。
- 创新和模仿的系数随着时间的推移保持不变。例如，如果在产品生命周期的中途突然增加了对产品的需求或愿望，则可能不是这样。
- 新产品创新本身不会在其生命周期中发生变化。如果公司在新产品推出的早期阶段对产品进行了更新或改进，情况就不是这样了。
- 创新产品的销售仅限于一个地理区域。例如，如果由于该产品的成功，该公司决定在海外推出相同的产品，情况就不一样了。

• 模型的参数充分反映了创新者营销策略的影响。历史类比是模型预测的基础，但如果公司推出的新产品获得了非比寻常的大规模推广支持，或者采用了激进的定价策略，这种类比可能就不适用了。

• 新产品的销售没有季节性。

• 模型的应用假定用于开发 p 和 q 的模型的统计估计参数（涉及三个回归系数的估计）具有统计学意义。否则，p 和 q 可能不能代表真实的模型，并可能导致更大的销售预测误差。当历史销售数据可用时，项目的第二阶段将讨论 Bass 曲线的统计估计。

小　结

本附录中的研究包括对主要的 S 曲线模型（有时称为扩散曲线）的分析和研究，以建议使用哪个或哪些模型来进行产品销售和收入预测。由于许多模型已在销售预测文献中大量涌现，这些模型都解决（或声称要解决）产品销售预测的某些独特属性，因此没有对每一种 S 曲线或 logistical 模型进行研究。在本附录的研究中，寻找的是在研究、测试、应用以及理解和应用能力方面最受关注的模型。“最佳”模型的选择取决于许多特性，其中许多特性在本报告中没有讨论。虽然重点被缩小到 Bass 曲线，但是选择最合适的 p 和 q 值有很多维度。影响 p 和 q 值的一个例子是公司的产品目标国家的类型。新兴经济体与成熟经济体的情况肯定会有所不同。在没有销售数据的情况下，市场规模和第一年的销售额也必须作为模型输入进行估计。关注 S 曲线的目的是获得一个基于市场营销、经济和统计理论、分析、研究和实践的系统的销售预测方法。有许多简单和复杂的预测方法是临时的，它们都不是基于任何系统的方法来理解和建模市场结构。虽然扩散曲线文献不是销售和收入预测问题的万灵药，但它基于健全的营销、数学、经济学和统计原则。此外，它还经受住了时间和应用的考验，因为它在预测 20 世纪 60 年代以来许多产品的新产品销售模式方面表现良好。最好有更多的信息和完善的、系统的方法来获得尽可能准确的预测。

参考文献

Bass, Frank M. 1969. “A New Product Growth Model for Consumer Durables.” *Management Science* 15 (January): 215 – 227.

Bass, Frank M. 1993. “The Future of Research in Marketing: Marketing Science.” *Journal of Marketing Research* 30 (February): 1 – 6.

Bass, Frank M. 1995. “Empirical Generalizations and Marketing Science: A Personal View.”

Marketing Science 14 (3): G6 – G19.

Blackman, A. Wade Jr. 1974. "The Market Dynamics of Technological Substitutions." *Technological Forecasting and Social Change* 6 (1): 41 – 63.

Blackman, A. Wade, Jr., E. J. Seligman, and G. C. Solgliero. 1973. "An Innovation Index Based Upon Factor Analysis." *Technological Forecasting and Social Change* 4: 301 – 316.

Booz, Allen & Hamilton, Inc. 1982. *New Products Management for the* 1980*s*. New York: Booz, Allen & Hamilton, Inc.

Boushey, Graeme. 2012. "Punctuated Equilibrium Theory and the Diffusion of Innovations." *Policy Studies Journal* 40 (1): 127 – 146.

Dunn, Adam G., Jeffrey Braithwaite, Bianca Gallego, Richard O. Day, William Runciman, and Enrico Colera. 2012. "Nation – scale Adoption of New Medicines by Doctors: An Application of the Bass Diffusion Model." *BMC Health Services Research* 12 (1): 248 – 256.

Fisher, J. C., and R. H. Pry. 1971. "A Simple Substitution Model for Technological Change." *Technological Forecasting and Social Change* 2: 75 – 88.

Fourt, Louis A., and Josepd W. Woodlock. 1960. "Early Prediction of Market Success for New Grocery Products." *Journal of Marketing* 25 (October): 31 – 38.

Hu, Haibo, and Xiaofan Wang. 2009. "Evolution of a Large Online Social Network." *Physics Letters A*373 (12/13): 1105 – 1110.

Konstantinos, Salpasaranis, and Stylianakis Vasilios. 2011. "A New Empirical Model for Short – Term Forecasting of the Broadband Penetration: A Short Research in Greece." *Modelling & Simulation in Engineering* 2011: 1 – 10.

Mahajan, Vijay, Eitan Muller, and Frank M. Bass. 1990. "New Product Diffusion Models in Marketing: A Review and Directions for Research." *Journal of Marketing* 54 (January): 1 – 26.

——. 1995. "Diffusion of New Products: Empirical Generalizations and Managerial Uses." *Marketing Science* 14 (3): G79 – G88.

Mahajan, Vijay, and Yoram Wind. 1986. *Innovation Diffusion Models of New Product Acceptance.* Cambridge, MA: Ballinger Publishing Company.

Mansfield, E. 1961. "Technical Change and the Rate of Imitation." *Econometrica* 29 (October): 741 – 766.

——. 1968. *The Economics of Technological Change*, New York: W. W. Norton & Company.

Norton, John A., and Frank Bass. 1987. "A Diffusion Theory Model of Adoption and Substitution for Successive Generations of High – Technology Products." *Management Science* 33 (September): 1069 – 1086.

Pae, Jae H., and Donald R. Lehmann. 2003. "Multigeneration Innovation Diffusion: The Impact of Intergeneration Time." *Journal of the Academy of Marketing Science* 31 (1): 36 – 45.

Rogers, Everett M. 1983. *Diffusion of Innovations*, 3rd ed. New York: Free Press.

——. 2003. *Diffusion of Innovations*, 5th ed. New York: Free Press.

Silk, A. J., and G. L. Urban. 1978. "Pre – Test Market Evaluation of New Packaged Goods: A Model and Measurement Methodology." *Journal of Marketing Research* 15: 171 – 191.

Soffer, Tal, Rafi Nachmias, and Judith Ram. 2010. "Diffusion of Web Supported Instruction in Higher Education – The Case of Tel – Aviv University." *Journal of Educational Technology & Society* 13 (3): 212 – 223.

Sultan, Fareena, J. U. Farley, and D. Lehmann. 1990. "A Meta – Analysis of Applications of Diffusion Models," *Journal of Marketing Research*, 27 (Feb): 70 – 77.

Usha Rao, K. and V. V. N. Kishore. 2009. "Wind Power Technology Diffusion Analysis in Selected States of India," *Renewable Energy: An International Journal*, 34 (4): 983 – 988.

Van den Bulte, Christophe. 2002. "Want to Know How Diffusion Speed Varies Across Countries and Products? Try Using a Bass Model," *PDMA*.

附录 *E*

商标资产估值中的不确定性和不可估量性的处理

威廉·J. 墨菲（William J. Murphy）

如果没有不确定因素，如果与某一特定商标有关的所有重要因素都易于衡量，估值工作将是一项微不足道的工作。它会产出评估人认为几乎确定无疑的结果。如果评估人拥有如此完美的信息，估值分析将不会产生什么挑战。完美的信息将被插入一个合理的估值方法，由此产生一个易于解释的估值结果。毫不奇怪，在现实世界中，完美的信息要么是一只白虎（一种非常、非常罕见的生物），要么是一只独角兽（一种不存在的神话兽）。

即便某人的商标拥有确定的有保证的未来许可使用费收入流，并可以使用适当的收益法估值，但还是会出现各种各样的情况，一些可能但不确定（会发生），另外一些不太可能（发生），这可能带来重大的上行或下行效应。商标可能与有缺陷或致命的产品、声名狼藉的名人有灾难性的联系。另一方面，在即时通信和社交媒体发达的现代世界，一个商标可能会突然在共同文化中“流行”起来，并“病毒式传播”，产生实质性的积极效果。在评价一个商标时如何考虑这些可能性呢？有什么方法可以帮助我们以一种逻辑的方式捕捉这些可能性、这些信息的不完美，防止其破坏或扭曲我们的估值任务？

在本附录中，我们进行两方面的估值练习：①处理可能影响商标价值的未来不确定性；②如何衡量难以或不可能直接测量的因素，这些因素是特定估值技术所需的。

估值分析要素

任何估值分析都有三个要素：

1. 信息输入
2. 将信息输入转化为价值结果的估值技术
3. 解释价值结果

许多试图改进估值分析的学术文献都关注于第二个要素——改进估值技术。这并不奇怪，因为开发更多的定量模型，应用复杂的数学方法，可以给出严格的分析和数值确定性。

实际上，估值技术的优势（无论技术多么复杂）仍然严重依赖于其他两个要素的质量，尤其是第一个要素——信息输入。例如，未来经济收益折现法估值通常被视为确定经济资产（如商标）价值的最佳方法。与此方法相关的计算并不具有太大的挑战性或争议性。具有挑战性的是开发足够精确的输入，使折现后的未来经济效益计算有意义，在输入信息不那么可靠或确定的情况下，要确保对估值结果进行解释时将这些因素考虑在内。

与最重要的第一个要素相关的信息输入的评估可以通过两层透镜来查看——一个用于确定我们对特定输入的确定程度，另一个用于确定我们是否可以直接测量所需的输入，或者必须使用某种替代或替代度量。

确定未来的效益

虽然对收益法至关重要，但确定所有权的未来效益是所有三种评估方法的核心——成本法❶、市场法❷和收益法❸。正如读者很容易想象的那样，每种方法下的估值问题都变成了展望未来，以确定这些未来的效益可能是什么。由于没有人有足够清晰的水晶球来精确计算这一效益，因此寻找有助于预测过程的方法引起了广泛的关注。

将未来风险纳入收益估值计算的标准方法是通过折现率❹。主要的缺点是信息的丢失，因为折现率是将未来的风险和不确定性估算和预测聚合成一个数字❺。这种聚合的结果是，重要的区别可能会丢失，洞察力可能会被概括所

---

❶ 见第4章。

❷ 见第4章。

❸ 见第5、6、7章。

❹ 见第6章。

❺ 折现率由五个部分组成，每个部分代表需要考虑的不同因素：（1）享受延迟，（2）机会成本，（3）未来期间的通货膨胀率，（4）不确定性（或风险），和（5）非流动性调整。确定适当折现率的首选方法是分别评估这五个组成部分的每一个，然后重新组合这五个评估得出折现率，但并不经常这样处理。对于大多数评估工作来说，第四个要素——不确定性——占了最大的比重。有关这个主题的更多信息，参见 William J. Murphy，John L. Orcutt，and Paul C. Remus，*Patent Valuation：Improving Decision Making through Analysis*（Hoboken，NJ：John Wiley & Sons，2012），151－159.

掩盖。

计算机的普及，特别是协助预测过程的专门软件，加上以统计和概率为基础的程序，为商标估值过程增加了许多复杂的技术，使我们能够超越折现率。本附录介绍了一系列流行的现代方法，这些方法在帮助将不确定性和风险纳入估值过程中非常有用。

首先，探讨与商标资产估值相关的不确定性、概率和风险的概念是有用的。这些在第6章中介绍过，在估值中起着重要的作用。商标资产尤其如此，因为未来的事件或发展可能对资产的价值产生重大影响，而这些未来的事件或发展具有高度的不确定性。

风险 vs. 不确定性

在过去的86年里，关于风险和不确定性到底是什么意思的辩论从未停歇[1]。对一些人来说，这两者是分离的和不同的概念，对另一些人来说，这两者是可以互换的。虽然对本附录中提出的技术来说，一个确定的答案并不重要，但是对辩论的欣赏可以提供有用的见解。

对于那些认为存在重要区别的人来说，"风险"一词指的是这样一种情况：与这些结果相关的后果和相对概率是已知的，但究竟哪种可能的结果会发生却不知道[2]。从洗牌中随机选择一张牌就是一个例子。选择红桃A的风险是已知的（1/52），但是否真的会选择出红桃A则不知道。在知识产权评估背景下，一个特定商标申请会被授予还是被驳回是一种风险，然而结果是已知的（是或否），此外，可以通过检查过去的例子和商标局的审查实践对每一个结果分配一个概率。

相应地，那些在术语上坚持精确的人把"不确定性"一词的应用限制在不知道结果和相对发生概率的情况下；它们不能用特定的数学概率来表示[3]。与风险相反，对于那些注意到两者区别的人来说，"不确定性"一词的使用将限于没有任何根据来构成任何可计算的可能性的情况。例如，任何特定商标将

---

❶ 这场争论可以追溯到芝加哥大学经济学家弗兰克·H. 奈特（Frank H. Knight）。他在1921年发表的一篇论文《风险、不确定性和利润》（*Risk, Uncertainty and Profit*）中指出，风险（具有可知概率的随机性）和不确定性（具有不可知概率的随机性）之间是有区别的。

❷ 虽然在通常的用法中，风险一词通常用来表示发生坏事的积极可能性，但不是一定要有消极的结果。

❸ 约翰·梅纳德·凯斯（John Maynard Keyes）赞同风险和不确定性之间的区别，这可以从他1937年发表在《经济学季刊》（*Quarterly Journal of Economics*）上的文章《就业通论》（*the General Theory of Employment*）中看到。

有助于产品商业化的可能性，或由于不幸与一位落马的名人联系而受到伤害的可能性，将被定性为不确定的，因为任何可能性评估多半是猜测。

两个概念之间的差异是由难以置信的有六年历史的长期资本管理公司（Long－Term Capital Management）所阐明的，该对冲基金是由精英集合的金融专家建立，包括诺贝尔奖得主、经济学家马龙·斯科尔斯（Myron Scholes）和罗伯特·C. 默顿（Robert C. Merton），所罗门兄弟（Salomon Brothers）的前副主席约翰·梅里韦瑟（John Meriwether），美联储理事会（Board of Governors of the Federal Reserve System）的前副主席大卫·马林斯（David Mullins）等。长期资本管理公司通过控制和管理投资风险，在一段时间内创造了巨额财富，但最终屈服于一系列政治不确定性，而这些不确定性并不存在于它们复杂的投资模型中。

无论读者对这一辩论持何种观点，都可以从对概念之间细微差别的认识中获得重要的见解[1]。由于本附录中讨论的决策分析方法是建立在将一种情况分解为各种决策、偶然事件和结果的能力之上的，然后使用数学技术逻辑地构建和重组输入以获得结果，因此需要处理概率[2]。然而，可能使用的概率仅仅是主观分配的表示不确定性的信念的表达，而不是像在更精确的风险概念中所知道的真实世界的概率。在本附录中，这些术语将可互换使用，但建议读者注意，有时在一种技术中使用的概率仅仅是最佳猜测。

客观概率 vs. 主观概率

与本附录中的术语风险和不确定性不同，客观概率和主观概率在适当的情况下用于帮助突出技术中使用的概率的差异，并帮助解释估值结果。客观概率，顾名思义，是指基于现实世界的观测结果进行的概率评估。就像风险的定义一样，客观概率也是建立在事实的基础上的。当骰子停止转动时，诚实的六面骰子有六分之一的机会掷出任何特定的数字（1～6）。一个特定的骰子滚出一个5的不确定性可以量化为六分之一的概率或16.66%的概率。这是一个客观概率。

---

[1] 让我解释一下，所谓“不确定的”知识，我的意思并不是要把已经确定的东西和仅仅可能的东西区别开来。从这个意义上说，轮盘赌游戏不受不确定性的支配。我使用这个术语的意思是，欧洲战争的前景是不确定的，或者20年后铜价和利率……关于这些问题，没有科学依据来形成任何可计算的概率。我们根本不知道。（213－214）

[2] 读者可能会认识到与预期效用（expected utility）概念的相似之处，首先由著名数学家丹尼尔·伯努利在“风险度量新理论”（1738）中提出，风险投资的估值可以被认为是可能预期的结果经每个结果的概率加权后的效用的总和。

主观概率，顾名思义，是对在没有观察或逻辑推理基础的情况下发生的事件的概率进行的主观评估。我们每天对要承担的风险所做的大多数评估（例如，“我应该在雷暴期间寻求庇护吗?”）更多的是基于主观而非客观的概率计算。我知道雷暴中被闪电击中有受伤的风险，但我没有对这种可能性进行真实或精确的概率评估❶。同样，人们可能对与评价某一商标有关的不确定性所做的许多概率评估更多是主观的，而不是客观的。

虽然无法得到准确的客观概率常常被作为反对需要概率输入的决策分析技术的致命缺陷而提出，但事实并非如此。通过使用这些技术中最好的概率估算，即使是最好的猜测，甚至仅仅是猜测，也意味着包含了最好的可用信息，即使是不完美的。在评价结果时可以考虑和评价这一不完美，但至少需要包括它。并且，由于获得了反映原始概率估算的附加信息，因此也可以利用贝叶斯定理系统地考虑原始概率估算并将其纳入估值中，本章稍后将对此进行讨论。这种评估工作的正常进展是先进行初步的概率评估，然后根据获得的新信息进行调整。

决策分析和决策树

估值和决策分析不可避免地交织在一起。估值工作，无论是显式的还是隐式的，都是每个决策的核心，每个决策都涉及价值的确定。当做出一种决定而非另一种决定时，决策者有意识或潜意识地把所选择的决定看得比处于竞争地位的另一决定更加重要❷。如果一家公司决定收购资产 A 而不是资产 B，那么该公司已经确定，收购资产 A 的净收益将大于收购资产 B 的净收益。

如果能够认识到可以对决策进行量化、比较和评估，可以显著改进决策以及决策所需要的评估工作❸。如果做决策时小心谨慎并有远见，决策者就可以用可量化的、常用的度量方法（通常是钱）来确定决策的价值，然后根据常用度量方法对备选方案进行逐个的比较。

有很多方法可以用来做决定，有些是理性的，有些不是。在古代，一个重

---

❶ 即使我们知道日常生活中发生这种事情的可能性，我们也常常无法对其做出合理的解释和决定。根据美国国家气象局（National Weather Service）的数据，在2001 年至2010 年的某一年，美国被闪电击中的概率（根据报告的伤亡情况）是百万分之一或0.000001。我们中的许多人不太可能对如此小的概率做出有用的理解。

❷ 见 Murphy，Orcutt 和 Remus，43。

❸ 见 Murphy，Orcutt 和 Remus，ix。

要的决定可能取决于对征兆的解释[1]。即使在今天，很多人还是会根据星座、抛硬币或一个魔力8号球中的塑料二十面体上的信息做出重要的个人决定[2]。虽然有时看起来现代商业世界只不过是一个精致的赌场，其中公司和个人的财富或不幸被留给了运气或命运的变幻莫测，大部分现代的决策是基于过程遵循的逻辑后果和偏好。决策分析是一种方法，以确保结果是逻辑的和经过明确考虑的，并合理地理解和纳入偏好[3]。另一个好处是它留下了可验证的决策记录。这种增加的决策清晰度和透明度可以为随后的决策者提供有用的知识，并允许在开发新信息时更容易地进行修改和调整。

决策分析技术的本质是分解，将复杂的情况分类（分解）为各个组成部分，以便于理解和评估。将任何调查分离为关键要素，然后分别对这些要素进行评估，再以合理和一致的方式重新组合，这是一种公认的强有力的评估技术。

用于分解、分析和重新组装商标估值问题的最强大工具之一是决策树。决策树的名称来自其一侧类似于树的技术的图形表示，它使用图表强制评估人员分解被评估的项（或决策），并仔细分析每个组件。

一旦对单独的组件进行了评估，就需要将它们重新构建为一个连贯的解决方案，该解决方案适用于经过详细审查的原始决策。决策分析为我们提供了通过使用决策树来完成分解和重构过程的工具。

应该记住，在估值过程中使用数字本身就是一个简化的过程。数字用于将复杂的现实提炼成更易于管理的形式，并提供一种方便的方法来表示和操作输入以及评估结果输出。还应该记住，在任何简化过程中都会丢失一些信息。目标是采用简化的方法，尽可能多地保留关键信息，而不受多余的或分散注意力的信息的影响。由于在决策分析过程中总有一些重要信息丢失的可能性，因此了解决策分析过程中可用的各种简化方法将极大地帮助选择最佳方法和最终解释结果。

决策树组件和惯例

决策分析的关键工具是决策树，通常用左边的一个主干和右边的分支来描述。现代决策树技术是由数学家约翰·冯·诺依曼（John von Neumann）和经济学家奥斯卡·摩根（Oskar Morgenstern）在其著名的博弈论专著中首次被正

---

❶ 在古希腊，没有咨询德尔斐的神谕，哪位有自尊的领导人会做出重要决定？

❷ 经典的魔术8球玩具自1946年发明以来一直很受欢迎。该商标目前归美泰公司所有。

❸ 这甚至包括处理可能是“非理性的”偏好的方法，下面将讨论感知和偏见对决策的影响。

式引入，该论文是在第二次世界大战期间在普林斯顿大学研究的[1]。多年来，这种技术已经扩展成为全球商学院课程的主要内容[2]。

在构建决策树时，有三个基本组件或节点：决策（在决策者的控制之下）、偶然事件（不在决策者的控制之下）和结果（根据详细说明的偶然事件做出某些决策会发生什么）。虽然不同的作者或软件包可能为这些组件提供不同的标签，例如决策的选择或挑选、偶然事件的不确定性或后果、结果节点的终端或成果，但是图形表示有一个共同的惯例。决策节点用正方形表示，后果、机会或不确定性节点用圆圈表示，结果节点用三角形表示（见图表E.1）[3]。

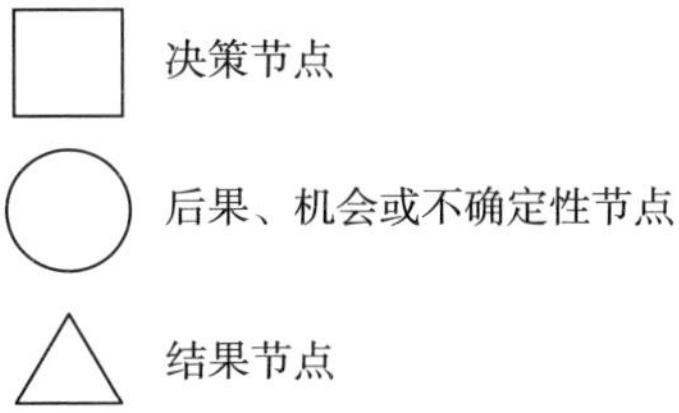

图表 E.1　决策树的标准图例

资料来源：William J. Murphy。

为了构建一个决策树，决策者在心里遍历所涉及的事件序列。通常这个过程从要做的决定开始。例如，一家公司被提供一笔钱来授权使用其拥有的商标。公司应该接受这个提议吗？从根本上说，这是一个估值问题。接受这一邀约是否比不接受更有价值？

顾名思义，决策分析的重点是在可能的备选方案中做出合理的决策。因此，构造决策树的第一步是指定所有的决策备选项。为了帮助澄清这一过程，让我们假设必须就是否接受商标侵权诉讼中提出的100万美元和解金做出决定。在这个简单的例子中，有两种可替代的决定可以选择，接受和解或拒绝和解并继续诉讼。在通用的图形化决策表示中，此决策将如图表E.2所示。决策树中有三种基本类型的“节点”：决策节点、后果或不确定性节点和结果节点。决策节点通常用决策树中的正方形表示。

---

[1] John von Neumann and Oskar Morgenstern, *Theory of Games and Economic Behavior* (Princeton, NJ: Princeton University Press, 1944).

[2] 这项技术已经越来越多地被纳入政府和公共政策项目、医学院甚至法学院的课程中，尤其是在评估替代治疗方案时。

[3] 当然，有些软件程序或出版的材料可能无法生成这些精确的形状，并且可能会发生替换。

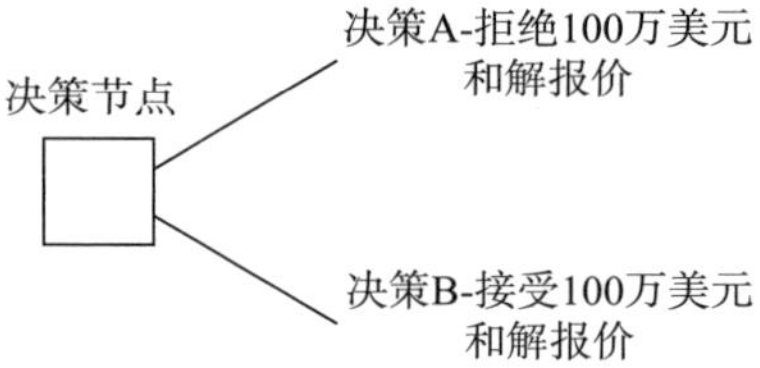

图表 E.2　列出决策备选方案

资料来源：William J. Murphy。

下一步是预测决策选择的所有可能结果。在我们的示例中，如果所提供的解决方案被接受，则不存在进一步的不确定性或风险，这就结束了决策树的分支。对于另一个拒绝和解的分支，则会产生不确定的后果。诉讼将继续进行，有赢或输的可能。由于已经在我们的简化示例中确定了两个可能的结果，即在诉讼中获胜或失败，因此决策分析技术现在要求我们为这两个结果中的每个分配一个概率估计。让我们假设诉讼中获胜的概率为75%❶。因为两个结果分支的总和必须是100%，所以失败的概率为25%。将这些结果添加到示例中，就得到了如图表E.3所示的决策树。通常的惯例是将后果或不确定性节点描述为决策树中的圆圈。

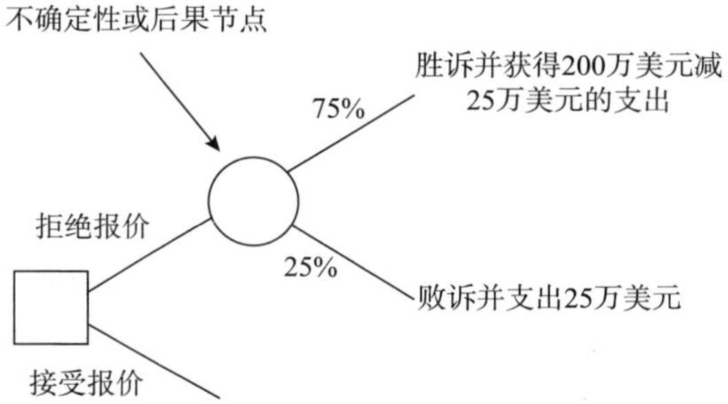

图表 E.3　添加了不确定性或后果节点

资料来源：William J. Murphy。

当然，为实际的诉讼或和解决策建模的决策树要复杂得多，需要包含多个

❶ 有许多方法可以评估这种可能性。有些可能具有可测量的基础，例如查看过去具有类似情况的案例，然后确定它们的赢/输比例（客观概率）。有时，只能通过直觉（主观概率）来估计。检查这些估计的来源对于了解计算结果的可靠性非常重要。对不确定的估计进行敏感性分析是帮助决策者评估来自决策树的结果的一种方法。

决策和大量的结果，但基本元素是相同的❶。同样，决策树过程的功能是将复杂的情况分解为更小、更容易管理的部分，这些部分稍后可以以逻辑的方式重新组合，这就是决策树的力量。

在我们简单的起诉或和解示例中，下一步是确定与树的每个分支相关联的结果。我们的示例树只有三个分支，但是无论树有三个还是三百个分支，其技术都是相同的❷。对于与接受和解决定有关的一个分支，其结果是众所周知的，即提出的100万美元的和解。我们现在必须评估另外相关的两个分支的结果。出于示例的目的，让我们假设如果打赢了这场官司，将获得200万美元并减去25万美元的成本。如果输了，我们付出25万美元的成本。这些结果显示在不断生长的树（图表E.4）中。结果节点通常被描述为三角形，但是由于许多决策分析计算机程序在生成三角形方面有困难（尤其是早期的那些），用三角形作为结果没有用正方形和圆形来分别表示决策和不确定性节点用得那么普遍。

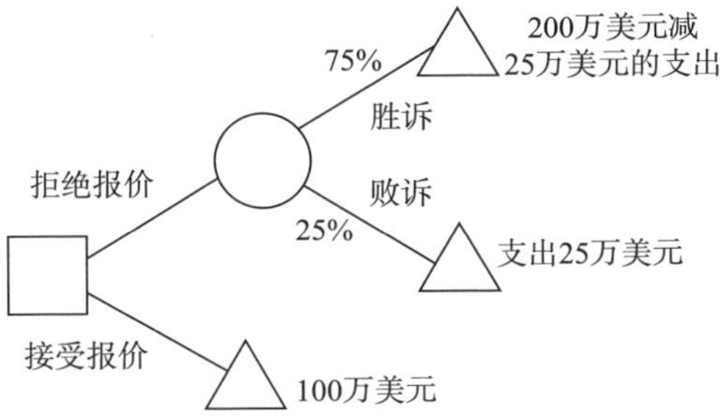

图表E.4　计算拒绝和解报价并出庭的“价值”

资料来源：William J. Murphy。

最后一步是执行必要的计算，以便做出原始决策。用决策树的话说，这被称为“回滚树”。程序（或者个人用笔和纸，如果不借助科技的话）是从结果开始，并回到原始的决策（通常从右到左），根据所需的标准评估每个结果或

---

❶ 有关决策树在这方面的应用的更详细的例子，请读者阅读Marc B. Victor的著作，他是使用决策分析技术帮助在诉讼环境中做出决策的早期支持者之一。对于那些对知识产权特别感兴趣的人，请参阅Marc B. Victor, Chapter 50, ‘Risk Evaluation in Intellectual Property Litigation,’ in *Intellectual Property Counseling And Litigation* (New York: Matthew Bender & Company, 2002)。对于两个交互演示（一个涉及人身伤害和产品责任诉讼，另一个涉及医疗事故案例），读者可以参考‘For Evaluating Frequently Arising Claims,’ *Litigation Risk Analysis Software Models*, 2010, http://www.litigationrisk.com/frame-sw-models.htm。

❷ 当然，正是在这一点上，计算机和适用软件的广泛可用性，使原本枯燥乏味、耗费时间的杂务变成了一种可访问的、相对友好的估值工具。

不确定性节点（在我们的示例中，可以最大化或最小化预期的结果，取决于是原告还是被告）。

数学方法是将分配给每个不确定分支的评估概率与进入该分支的数值相结合❶。这个技术在我们的示例树中的应用如图表 E. 5 所示。

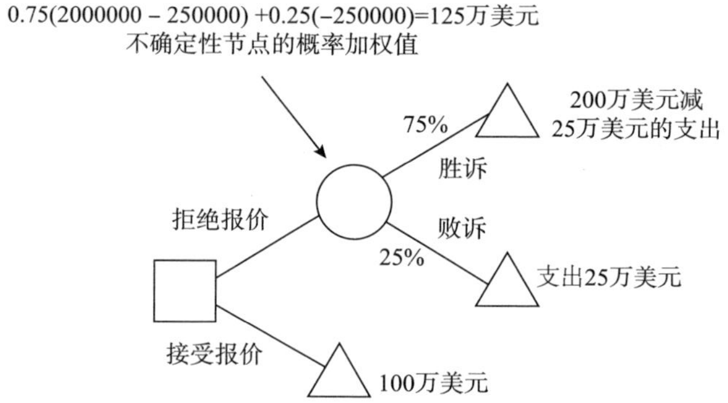

图表 E. 5　计算不确定性节点的值——回滚树

资料来源：William J. Murphy。

决策者现在只需要比较拒绝报价分支（125 万美元）和接受报价分支（100 万美元）的概率加权值，就可以决定做出哪个决策。在这种情况下，拒绝这一出价预计将比接受报价的价值高出 25 万美元。

决策树过程还使得对分配给任何特定不确定性节点的评估概率进行敏感性分析变得相对容易。例如，我们说，我们对有 75% 的概率打赢这场官司有所担心。可以通过插入一个变量（p）来测试我们的决定对我们的概率估计有多敏感，这个变量表示我们赢得官司的概率，（$1-p$）表示我们输掉官司的概率❷。将这些变量代入我们的示例树中，得到了图表 E. 6 中的树。

现在我们需要解出 p。为此，我们将不确定性节点的概率加权值设为 100 万美元，与 100 万美元的报价相等。这将给我们一个不关心两种决策的 p 值。换句话说，在这个 p 的计算值下，两个决策是对等的。完成此步骤的过程如图表 E. 7 所示。

❶ 在我们的例子中，结果是用现金表示的，但是任何可以用数值表示的东西都可以使用——比如在刑事案件中入狱年数，或者在将一种治疗方案的生存期与另一种治疗方案的生存期进行比较时。

❷ 假设我们已经阐明了所有可能的结果，不确定性节点的分支必须等于 100%。因此，如果上面的分支被定义为 p，那么下面的分支就是 100% $-p$，换言之也就是 $1-p$。

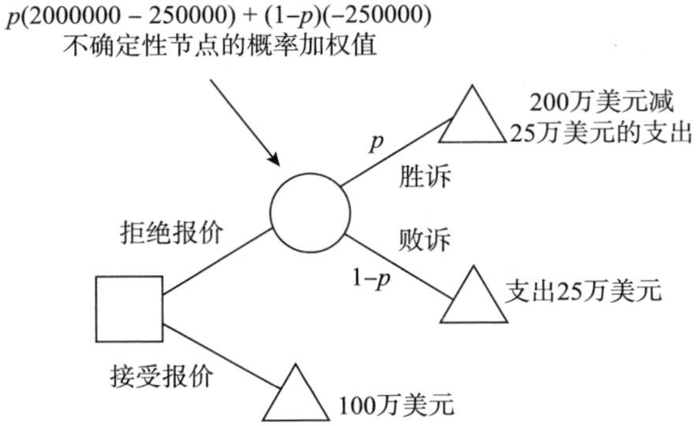

图表 E.6　对概率估计进行敏感性分析

资料来源：William J. Murphy。

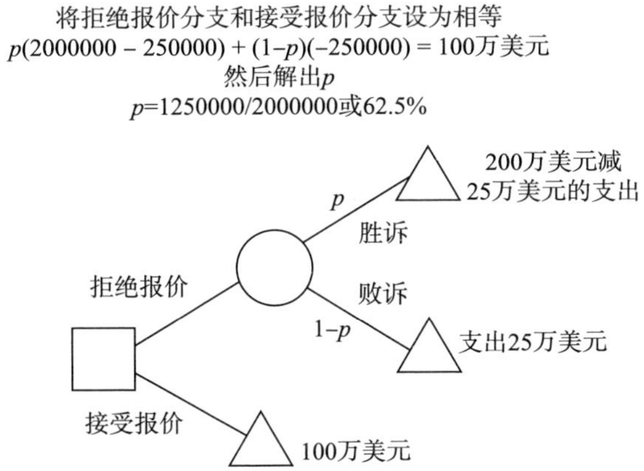

图表 E.7　敏感性分析——求解 *p*

资料来源：William J. Murphy。

这告诉我们，如果我们对庭审获胜概率的估计低于 62.5%，我们应该改变决定，接受 100 万美元的和解报价。进行敏感性分析有助于确定那些最好进行额外仔细检查和审查的概率评估[1]。

通过使用这些基本组件，可以构造出包含大量决策、不确定性和结果节点的复杂决策树[2]。分析的优势在于，通过仔细考虑各种子元素，并将这些子元素适当地链接到完整的决策树中，可能对一个极其复杂的问题产生其他方法无法获得的或不明显的见解。正是通过这种软件辅助的分解和随后的重新聚合过

---

[1] 许多决策树软件程序都具有内置的敏感性分析功能。有些，如 TreeAge Pro，允许以这种方式同时检查两个或三个变量。

[2] 一些更复杂的决策树的优秀例子可以在 Tree Age 软件的 "Resources" 中找到，网址是 http://treeage.com/resources/example.html。

程，决策分析已经成为处理不确定性和风险的越来越有用的工具，或者至少明确地将不确定性和风险包括到决策或评估活动中。

即使您可以通过使用具有指定概率的多个场景来考虑大量风险，您仍然可能需要考虑一些额外的不确定性。所有的情况都预料到了吗？分配的概率正确吗？对于商标资产，通常不可能预测未来所有可能发生的事情。在评估过程中使用决策分析技术的目的是在逻辑上尽可能多地解释未来的不确定性。这种技术的一个好处是，通过收集更多的信息或进行额外的检查，人们可以把模糊的不确定性转化为可量化的风险❶。

标准决策树分析有一个重要的局限，即它需要对离散的可能结果进行清晰表达，并为每个产生的分支分配概率。有时，作为一个实际问题，结果是重叠的❷。在其他情况下，列举可能结果的绝对数量甚至会压倒最坚定的分析师，并对运行软件程序的最先进的计算机产生沉重负担。在这些情况下，蒙特卡罗模拟技术是最有帮助的。

蒙特卡罗方法❸

在未来有大量随机配置的情况下，开发决策树模型可能是非常笨拙和过于复杂的❹。这种情况时，蒙特卡罗方法是有效的。蒙特卡罗方法使用随机数和概率统计来研究复杂系统。这种技术基本上是用统计抽样来计算定量问题的近似解❺。

同样，一个说明性的例子可能会有帮助。假设一家公司为一系列药品开发了一个商标。在对未来进行建模以确定商标价值时，为了说明起见，假设已经确定了四个与商标价值相关的顺序变量：

1. 商标的法律效力；

---

❶ 接下来关于贝叶斯分析的部分讨论了一种方法，将随后获得的概率信息纳入决策过程。

❷ 在这些重叠的结果情况下，提倡使用模糊逻辑，人们可能期望将其纳入未来的决策树软件程序中。有关这方面的更多信息，请参见 C. Z. Janikow，“Fuzzy Decision Trees：Issues and Methods，” IEEE Transactions on Systems，Man，and Cybernetics，Part B，*Cybernetics* 28，issue 1（February 1998）：1－14。

❸ 蒙特卡罗方法在第 12.2（e）章简要提到。

❹ 出生于波兰的数学家斯坦尼斯瓦夫·乌拉姆（Stanislaw Ulam）于 1946 年发明了现代蒙特卡罗技术。使用这个术语发表的第一篇论文是由 Nicolas Metropolis 和 Stanislaw Ulam 合著的《蒙特卡罗方法》（*The Monte Carlo Method*），发表于《美国统计学会》（*American Statistical Association*）第 44 期，247（1949）：335－341。据报道，Nicolas Metropolis 为这种方法创造了“蒙特卡罗”一词。

❺ Ulam 并不是第一个认识到抽样统计可以帮助解决数量问题的人，但他确实认识到第二次世界大战期间计算机的发展可以使这一过程变得不那么困难。为此，他开发了抽样统计计算机算法。

2. 药品在市场上的有效性；
3. 商标产品的市场规模；
4. 药品监督管理部门对药品的批准准入和后续供应客户。

顺序变量如图表 E. 8 所示。

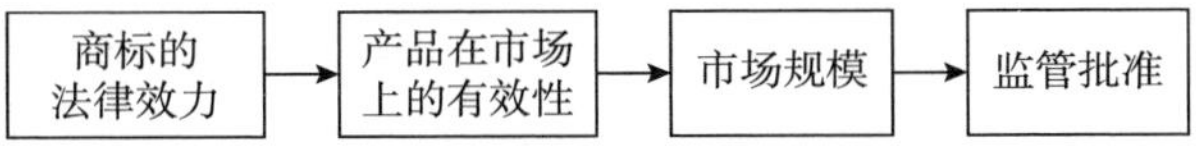

图表 E. 8　变量示例

资料来源：William J. Murphy。

可以用离散分支表示决策树分析中的变量，这些分支表示每个变量的各种可能结果。让我们用两个离散的分支来表示这四个变量。描述这种情况的决策树如图表 E. 9 所示。

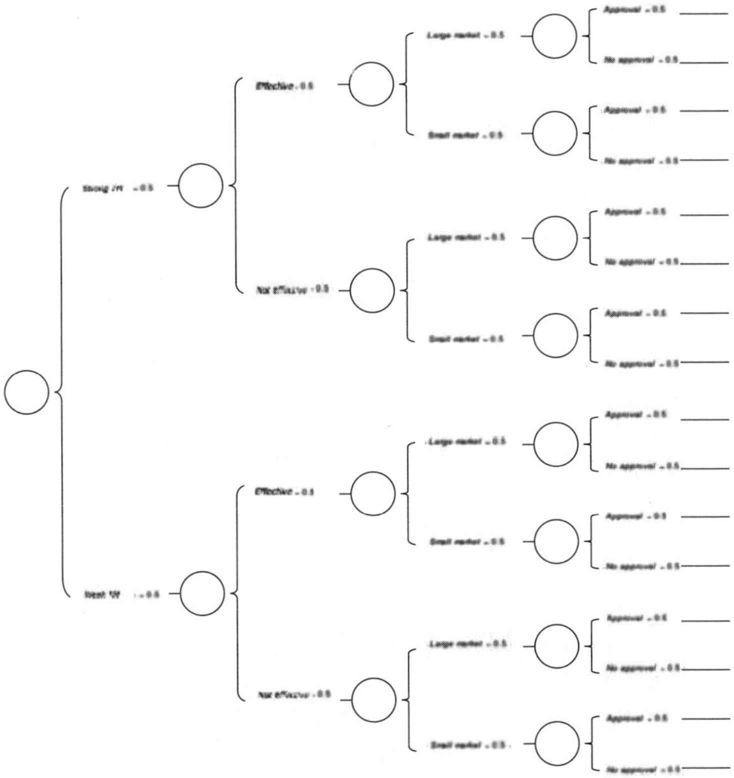

图表 E. 9　四个变量中每个变量只有两个结果的决策树[1]

资料来源：William J. Murphy。

---

[1] 原书中此图不清，但结构本身已经说明了正文想要表达的问题。——译者注

正如您所看到的，即使只有四个变量，而且每个变量只有两个可能的离散结果，决策树也已经有16个分支需要评估。很容易看出，一个强大的决策树如何快速地发展出如此多的分支，以至于多到实际上将毫无用处。通过使用蒙特卡罗模拟技术，四个变量的结果将在概率加权的基础上选择。这构成了一次模拟“运行”。以这种方式计算运行数千次，每次选择一个潜在的未来场景，对不确定事件的结果作不同的假设。这些运行随后被组合在一起，并且通常以频率分布的形式呈现，所描绘的未来图景比使用单个（即使最有可能）未来图景更为完整。

没有计算机的帮助，使用蒙特卡罗方法是不切实际的。但是，低成本的计算能力和相对容易使用的软件程序使它成为一个可以帮助决策者的广泛可用的工具[1]。蒙特卡罗方法的准确性同样也受到分配的概率和对可能场景分布的估计的限制[2]。

贝叶斯分析

在很多情况下，获得的新的信息或证据必须与现有的知识或信念相结合。当这些新数据涉及的概率必须与现有的概率知识或信念相结合时，人类的平均智商在正确执行任务方面是出了名的差[3]。在这种情况下，有300年历史的贝叶斯定理（Bayes theorem）或贝叶斯修正公式，可以区分合理判断和代价高昂的错误[4]。

贝叶斯定理是一种广泛使用的数学公式，在原始概率估计后根据所获得的信息，利用先验概率估计来修正不确定事件的估计[5]。以18世纪的业余数学家牧师托马斯·贝叶斯命名，该技术在多种现代决策环境中得到了应用，从确

---

[1] 有时候蒙特卡罗模拟软件是决策树程序的一部分，有时候它作为一个独立的产品提供［比如来自Palisade公司的@Risk（http://www.palisade.com/），它是Microsoft Excel电子表格的一个插件］。

[2] 虽然许多分布应该是正态分布，但在某些情况下对数正态分布或三角分布可能更准确。

[3] 作为一个例子，请读者考虑本节后面讨论的蒙蒂·霍尔（Monty Hall）问题。

[4] 贝叶斯定理是在获得新信息时逻辑地更新我们的信念的一种方法。贝叶斯概率观是关于我们的信念或信心的陈述，它以一种定量的方式衡量我们信念的强度。将此与概率的频率论观点进行对比，后者认为概率来自对事件发生相对频率的观察。当决策分析中的概率基于信念而不是观察到的发生频率时，结果分析明显依赖于这些信念的有效性。

[5] 数学上的贝叶斯定理是$P[B] \times P[A|B] = P[A] \times P[B|A]$，这意味着$B$的概率乘以$A$给定$B$的概率等于$A$的概率乘以$B$给定$A$的概率。

决策。

再举一个例子，说明贝叶斯定理如何根据后来获得的新信息来修正概率信念[1]。你去看家庭医生，抱怨一些疼痛。在此基础上初步咨询和检查，医生估计，你有50%的可能性是病症A，40%的可能性是病症B，10%的可能性是病症C。每种病症需要不同的治疗方案，而且这些病症是排他的，这意味着您的医生不能同时治疗超过一种病症，这会发生严重药物相互作用。你的医生很担心，因为B和C两种情况都非常严重，如果不迅速治疗，往往会致命，所以她给你做了一项C种情况的测试，该测试的准确率为"80%"。

几天后，你回到医生办公室，发现病症C的检测结果呈阳性。从多年来成千上万患者的病症C检验的长期历史可知，以下概率与阳性检验结果相关：如果检验结果为阳性，则患病症A的概率仅为10%，患病症B的概率为30%，患病症C的概率为80%。该信息是"80%准确"描述的来源。现在的问题是，在您收到这个阳性检测结果后，您实际上患有病症C的概率是多少，并且启动病症C的治疗方案是正确的决定。

乍一看，反应可能是测试表明你有80%的机会患有病症C并且治疗是正确的方法，但是使用贝叶斯定理修改我们先前的信念会产生一个令人惊讶的概率，你有32%的机会患有病症C，有20%的机会患有病症A，有48%的机会患有病症B。换句话说，基于所有信息，你应该开始的最佳治疗方案是病症B的治疗方案。图表E.10显示了这种情况。

图表E.10　用贝叶斯定理更新我们的假设

待确定的病情	就医后的初始概率评估	单一检查获得的概率	使用贝叶斯定理修订后的概率
A	50%	10%	20%
B	40%	30%	48%
C	10%	80%	32%

资料来源：William J. Murphy。

使用贝叶斯定理来调整概率有时会受到批评，因为它需要一个初始概率评估。在可以很容易地进行或发现初始评估的情况下，贝叶斯定理的应用是一个强大且相对没有争议的工具。即使初始概率是推测性的或试探性的，即使必须注意更新的评估可能会继承一些事先估计概率的缺点并且其也不是能立即将主观概率转化为客观概率的神奇子弹，但从定理的应用程序获得的结果比那些忽

[1] 这个例子和图表出自得克萨斯大学奥斯汀分校的迈克尔·斯塔伯德教授的课程，即他的杰出系列作品 *What Are the Chances? Probability Made Clear*（The Teaching Company，2006）。

能不是目前市场份额最大的品牌。只需要考虑到购车者的忠诚度，就
这一假设在市场上可能是非常普遍的。某些市场份额相对较低的豪华
奔驰或劳斯莱斯，会产生很高的品牌忠诚度，而某些市场份额大得多
牌可能会产生相对较低的品牌忠诚度。

作为评估工作的一部分，当试图预测三品牌市场的不确定未来时
用图表 E. 14 中开发的关于品牌忠诚度的马尔可夫链来预测与我们的
设相一致的市场份额结果如何随着时间的推移而发展。马尔可夫链可
理解和建模不确定的未来，这一点已经被决策树软件供应商所关注到
常在其产品中包含马尔可夫链功能。如果没有马尔可夫链和马尔可夫
个试图用传统方法对我们简单的三品牌市场进行建模的决策树，将在
间段生成 9 个分支，然后在第二个周期为原 9 个分支中的每个分支生
支，以此类推。很容易看出，使用没有马尔可夫链的传统决策树方法
得过于复杂而无法使用，并且计算资源过于密集而无法实现[1]。

马尔可夫链在某一情况下也很有用，在这种情况下，有一个容易
或可测量的状态，可能有助于预测一个隐藏的或未来的感兴趣状态。
预测未来的事件（隐藏的或不可估量的）时，很希望这一事件在当
与可测量或可观察现象之间存在某种已知关系。也许最经典的例子就
格言："傍晚天空红，水手心中喜，早晨天色红，水手要当心。"这
一个矩阵如图表 E. 13 所示，由于这句格言对天空不是红色的含义
所以矩阵的这些部分都是空白的。

图表 E. 13　海员格言矩阵

一天中的时间	天空颜色	未来天气
早晨	红	不好
	不红	—
傍晚	红	好
	不红	—

资料来源：William J. Murphy。

人们会认为天空的颜色和未来的天气并不是完全相关的，但是
空颜色与未来天气的关系可以用概率关系来表示。假设这个关系是
内测量的，并且结果的概率是确定的。根据目前天空颜色与未来天
的概率关系，我们可以推导出这句格言的马尔可夫链，如图表 E.

[1] 评估包含马尔可夫链模型的计算机程序通常使用蒙特卡罗模拟方法进行分析。

称为影子定价。顾名思义，它涉及寻找感兴趣的定价信息的间接信息（影子）。该方法使用一个值判断链，该值判断链中的任何元素的货币化值与要确定的值逻辑地联系在一起。例如，如果有人声称 X 优于 Y，而 Y 的值是 1000 美元，那么从逻辑上说，X 的值大于 1000 美元（Y 的值）。

也许影子定价最好的例子就是给生命定价。我们经常声称生命是无价的，或者超越了任何价值的衡量标准，但实际上，我们每天都被迫为我们面临的决定赋予生命和其他被认为是无价的东西以价值。决定开车或乘飞机去一个遥远的地方，决定在新车中购买某种安全选项，或者决定选择一种医疗方案而不是另一种，这些都包含了决策者对生命价值的判断。

政府监管意味着一定的价值平衡，这往往是影子价格的肥沃来源❶。例如，当一个政府机构决定颁布一项条例时，该条例将对挽救一定数量的生命产生预期的影响，而拯救这些生命的条例的成本是已知的或可以估计的，则可以提取生命的隐含价值。例如，假设政府提出了一项将花费 1 亿美元实施的法规，该法规将减少工作场所中的一种致癌化学物质，众所周知，这种减少将挽救 100 条生命。从这些事实中我们可以看出，这一规定隐含的生命的影子价格是 100 万美元❷。这意味着，根据这一监管决定，一条生命的价值至少为 100 万美元。换句话说，在这个监管例子中隐含的生命价值不低于 100 万美元❸。

影子定价的一种形式在知识产权评估文献中受到了相当多的关注，并在第 3 章中进行了详细的讨论，那就是剩余价值估值法❹。这个方法可以用来确定一个上市公司所持有的知识产权组合中一个占主导地位的知识产权的市场价值，如销售单一药物的制药公司的专利权。在这种情况下，专利权的价值可以

---

❶ W. Kip Viscusi 教授，John F. Cogan，Jr.，法学和经济学教授，现任哈佛法学院实证法律研究项目主任，可能是该领域的主要研究人员。他的研究揭示了生活在各种调节行为中的广泛的隐含价值。这些价值差别很大，但似乎集中在 300 万至 700 万美元之间。W. Kip Viscusi，*Rational Risk Policy*：*The* 1996 *Arne Ryde Memorial Lectures*（Oxford：Oxford University，1998）.

❷ 计算方法如下：法规的总费用（1 亿美元）除以挽救的生命数（100）等于监管行动所隐含的生命的最低价值（100 万美元）。

❸ 当然，可能价值更高。逻辑只告诉我们，根据这个监管例子中的事实，100 万美元是生命的最小隐含价值。

❹ 参见例如，Gordon V. Smith and Russell L. Parr，*Valuation of Intellectual Property and Intangible Assets*（New York：John Wiley & Sons，1989），204 –206；Robert Pitkethly，“The Valuation of Patents：A Review of Patent Valuation Methods with Consideration of Option Based Methods and the Potential for Further Research，” Judge Institute Working Paper WP 21/97 （1997），7 –8；F. Russell Denton and Paul Heald，“Random Walks，Non – Cooperative Games，and the Complex Mathematics of Patent Pricing，” *Rutgers Law Review* 55 （2003）：1175，1185 –1186；and Anne Layne – Farrar and Josh Lerner，“Valuing Patents for Licensing：A Practical Survey of the Literature，” March 2006，8 –9，http：//papers. ssrn. com/sol3/papers. cfm？abstract_id =1440292。

使用DCF方法来确定潜在商标的价值，需要确定并应用适当大的折现率来应用于预期现金流量，以解决这些不确定性。这种类型的估值分析缺少的是一个重要的事实，即有一系列决定能够延伸到未来，其中一些决定将取决于尚未知晓的事实，但需要在做出决定的时候知道这些事实。例如，决定从现在开始的一两年内继续投资于广告和推广可能取决于商业市场的吸引力；这是在评估时可能不容易知道的事情。如果市场火爆，可以在那个时候做出增加投资的决定。如果市场发展失败，可以在晚些时候做出缩减或放弃该商标的决定，这样可以节省大量的成本。使用传统的NPV方法，如何将这些信息合并到评估工作中是困难的，甚至是不可能的。

这正是涉及金融市场期权的投资决策者所面临的情况。期权是一种合同，赋予所有人在未来特定时间以特定价格买卖特定资产的权利，而不是义务。如果合约是卖出，就称为看跌期权；如果是买进，就称为看涨期权。

为了更好地研究期权契约如何提供有用的灵活性，请考虑以下涉及看涨期权的情况。投资者购买从现在起三个月后以特定价格购买资产的期权。如果资产的未来价值超过合同规定的价格，则可以行使合同并以盈利方式购买资产。另一方面，如果未来时间的资产价值低于行使价格，合约持有人可以选择不购买。

如何恰当地评估这些期权合约使分析师感到困惑，直到1972年Fischer Black和Myron Scholes发表了一篇论文，描述了一种方法，该方法成为现代金融理论中最重要的概念之一，如今被广泛称为布莱克－斯科尔斯（Black－Scholes）期权定价模型❶。布莱克－斯科尔斯期权定价模型的杰出之处在于，它能够通过使用动态对冲，将难以衡量的风险因素从估值计算中剔除❷。在计算中去掉风险后，公式的其余五个组成部分就很容易观察到或能够估计出来。

---

❶ Fischer Black and Myron S. Scholes, "The Valuation of Option Contracts and a Test of Market Efficiency," *Journal of Finance* 27, no. 2 (1972): 399－418. 尽管1972年发表在《金融杂志》（*Journal of Finance*）上的这篇论文是他们首次发表其理论，但随后于1973年发表在《政治经济学杂志》（*Journal of Political Economy*）上的一篇论文（引用了在1972年发表的论文）被认为是具有里程碑意义的著作。Fischer Black and Myron S. Scholes, "The Pricing of Options and Corporate Liabilities," *Journal of Political Economy* 81, no. 3 (1973): 637－654.

❷ 动态对冲以消除风险成分是罗伯特·默顿（Robert Merton）对这一概念的重要贡献。参见Robert C. Merton, "Theory of Rational Option Pricing," *Bell Journal of Economics and Management Science* 4, no. 1 (1973): 141－183。

定一封电子邮件是否合法的垃圾邮件过滤器，到医疗测试信息的解释❶❷。它也可以用于决策树中，帮助决策者恰当地合并可能获得的新信息，因此，这种强大的分析技术常常包括在商业上可用的决策分析软件中❸。

用来说明贝叶斯修正的经典决策来自曾经流行的电视游戏节目《Let's Make A Deal》。参赛者在舞台上被展示三扇门，其中一扇门背后隐藏着一个神奇大奖。另外两个隐藏的对象的价值要低得多。参赛者选择其中一扇门，但司仪蒙蒂·霍尔（Monty Hall）没有打开所选的门，而是打开了未选的两扇门中的一扇，以展示其中一件低价值的奖品。然后蒙蒂问参赛者是否愿意将他们最初的选择改为另一扇门。参赛者是否应该换一种选择？换句话说，换到另一扇门的决定比留在原来的门的决定更有价值吗？

贝叶斯定理告诉我们，与直觉相反的是，如果参赛者进行转换，那么赢得剩下的两个未开门之一的神奇大奖的机会就会得到改善。通常的直觉是，这两扇门之间的选择是平等的；也就是说，奖品在两扇门后的概率是 50：50。贝叶斯定理之所以强大，正是因为我们通常对这些概率的直觉是不正确的❹。再一次，现代软件和计算机的便捷使用使得把贝叶斯的修订纳入其中成为一项相对轻松的任务，可以更好地评估估值所涉及的风险和不确定性，并有助于改进

---

❶ SpamBayes 程序就是一个例子，它基于软件程序员 Paul Graham 的工作，Paul Graham 是 Lisp 计算机语言 ARC 方言的开发者，也是《黑客和画家：计算机时代的伟大思想》（Sebastopol，CA：O Reilly Media，2004）一书的作者。

❷ 参见例如，David B. Matchar、David L. Simel、John F. Geweke 和 John R. Feussner，A Bayesian Method for Test operating Characteristics When Some Patients' Conditions Fail to Be by the Reference Standard，*Medical Decision Making* 10，no. 2（1990）：102 – 111.

❸ 一个例子是 Tree Age Pro，这是一个流行的决策树软件程序，包括 Bayes 的修订版。TreeAge Pro 是 TreeAge Software，Inc.，1075 Main Street，Williamstown，MA 01267，的产品。

❹ 在游戏开始时，奖品落在任何一扇门后面的概率是 1/3。假设您选择了 *A* 门，并且主持人打开了 *B* 门。

如果奖品在 *A* 后面，主人打开 *B* 的概率是 50：50 或 1/2。这可以表示为 *P*（主持人打开 *B*｜*A*）= 1/2。如果奖品在 *B* 后面，主人打开 *B* 的概率为零（因为主持人总是打开一扇没有奖品的门，而从来不会打开有奖品的那扇门）。这可以表示为 *P*（主持人打开 *B*｜*B*）=0。

如果奖品在 *C* 门，主持人打开 *B* 的概率是 100%（因为，再一次，主持人总是打开一扇无奖品的门，而从来不会打开有奖品的那扇门）。这可以表示为 *P*（主持人打开 *B*｜*C*）=1。

综合这些，我们发现主持人打开 *B* 门的概率为 *P*（主持人打开 *B*）= *P*（*A*）×*P*（主持人打开 *B*｜*A*）+ *P*（*B*）×*P*（主持人打开 *B*｜*B*）+ *P*（*C*）×*P*（主持人打开 *B*｜*C*），即 1/6 + 0 + 1/3 或 1/2。

根据贝叶斯定理，*P*（*A*｜主持人打开 *B*）= *P*（*A*）×*P*（主持人打开 *B*｜*A*）/*P*（主持人打开 *B*）也就是（1/6）×（1/2）或 1/3，换句话说，奖品在你最初选择的 *A* 门后面的概率是 1/3，就像游戏开始时一样。*P*（*C*｜主持人打开 *B*）= *P*（*C*）×*P*（主持人打开 *B*｜*C*）/*P*（主持人打开 *B*），即（1/3）×（1/2）或 2/3。换句话说，奖品在 *C* 门后面的概率是 2/3，假设主持人打开了 *B* 门。从 *A* 门转到 *C* 门对你有好处。

决策。

再举一个例子，说明贝叶斯定理如何根据后来获得的新信息来修正概率信念❶。你去看家庭医生，抱怨一些疼痛。在此基础上初步咨询和检查，医生估计，你有50%的可能性是病症A，40%的可能性是病症B，10%的可能性是病症C。每种病症需要不同的治疗方案，而且这些病症是排他的，这意味着您的医生不能同时治疗超过一种病症，这会发生严重药物相互作用。你的医生很担心，因为B和C两种情况都非常严重，如果不迅速治疗，往往会致命，所以她给你做了一项C种情况的测试，该测试的准确率为“80%”。

几天后，你回到医生办公室，发现病症C的检测结果呈阳性。从多年来成千上万患者的病症C检验的长期历史可知，以下概率与阳性检验结果相关：如果检验结果为阳性，则患病症A的概率仅为10%，患病症B的概率为30%，患病症C的概率为80%。该信息是“80%准确”描述的来源。现在的问题是，在您收到这个阳性检测结果后，您实际上患有病症C的概率是多少，并且启动病症C的治疗方案是正确的决定。

乍一看，反应可能是测试表明你有80%的机会患有病症C并且治疗是正确的方法，但是使用贝叶斯定理修改我们先前的信念会产生一个令人惊讶的概率，你有32%的机会患有病症C，有20%的机会患有病症A，有48%的机会患有病症B。换句话说，基于所有信息，你应该开始的最佳治疗方案是病症B的治疗方案。图表E.10显示了这种情况。

图表E.10　用贝叶斯定理更新我们的假设

待确定的病情	就医后的初始概率评估	单一检查获得的概率	使用贝叶斯定理修订后的概率
A	50%	10%	20%
B	40%	30%	48%
C	10%	80%	32%

资料来源：William J. Murphy。

使用贝叶斯定理来调整概率有时会受到批评，因为它需要一个初始概率评估。在可以很容易地进行或发现初始评估的情况下，贝叶斯定理的应用是一个强大且相对没有争议的工具。即使初始概率是推测性的或试探性的，即使必须注意更新的评估可能会继承一些事先估计概率的缺点并且其也不是能立即将主观概率转化为客观概率的神奇子弹，但从定理的应用程序获得的结果比那些忽

❶ 这个例子和图表出自得克萨斯大学奥斯汀分校的迈克尔·斯塔伯德教授的课程，即他的杰出系列作品 *What Are the Chances? Probability Made Clear*（The Teaching Company，2006）。

略了新的信息的推测能提供更好的结果。

马尔可夫链

虽然使用决策树来辅助复杂的价值评估在抽象上可能很有吸引力，但是为了构造树而确定所有不同的决策点和结果的实际限制可能是巨大的。在事件时机很重要的情况下，关键事件可能不止发生一次，或者风险随着时间的推移是连续的，使用基于马尔可夫链的技术可能有助于使原本巨大的评估任务更易于管理。

1909 年，俄罗斯数学家安德烈·A. 马尔可夫（Andrei A. Markov）提出了一种随机过程理论，这种过程涉及机会的运作，现在通常被称为马尔可夫链。从技术上讲，马尔可夫链由一系列相互独立的偶然性事件组成，但是关于序列中特定事件的概率的信息依赖于序列中先前事件的值。

在一个可以用马尔可夫链描述的过程中，存在着各种状态，并且状态之间的演化是随机的。这种进化被称为“无记忆”，因为从过程中的一种状态移动到另一种状态的概率完全由当前状态决定。在马尔可夫链中，未来有条件地独立于过去。

金融研究中著名的股价“随机游走理论”就是一个例子。普林斯顿大学经济学家 Burton G. Malkiel 在其 1973 年出版的《华尔街漫步》（*A Random Walk Down Wall Street*）一书中提出了这一理论，称股票价格不可预测但随机波动❶。这意味着股票价格过去的走势或趋势不能用来预测未来的走势。但是，即使第二天股票价格的走向是不可预测的和随机的，价格，无论是上涨、下跌或不变，更有可能是在当前价格附近然后是某个遥远的点，这种关系可以用概率来表示。就像一个四处游荡的醉汉可能会在人行道上跌跌撞撞一样，醉汉下一步的位置（虽然随机）与他当前的位置有关。换句话说，比起人行道上的其他随机位置，醉汉的下一个位置更有可能在他当前位置附近。

另一个涉及商标的例子可能有助于说明这种类型的分析如何有助于确定影响估值的未来收益流。长期以来，马尔可夫链一直能有效地应用于检验和预测顾客的品牌忠诚度的市场调查中（这在帮助估算商标价值方面具有明显的效用）❷。

---

❶ Burton G. Malkiel, *A Random Walk Down Wall Street*, rev. ed. (New York: W. W. Norton, 2003).

❷ Robert J. Thierauf, *An Introductory Approach to Operations Research* (Santa Barbara, CA: John Wiley & Sons, 1978), 269.

考虑一个市场有A、B和C三种品牌的产品。品牌A拥有最强的消费者忠诚度，品牌B和品牌C紧随其后。与许多市场一样，预测消费者下一步将购买什么品牌的最有力指标是消费者最后购买的品牌。但是，也假设在这个市场上有一定数量的消费者会在下次购买时更换品牌。图表E.11图形化地描述了这种情况，其中显示了那些下次购买时会转向其他品牌的消费者的百分比。

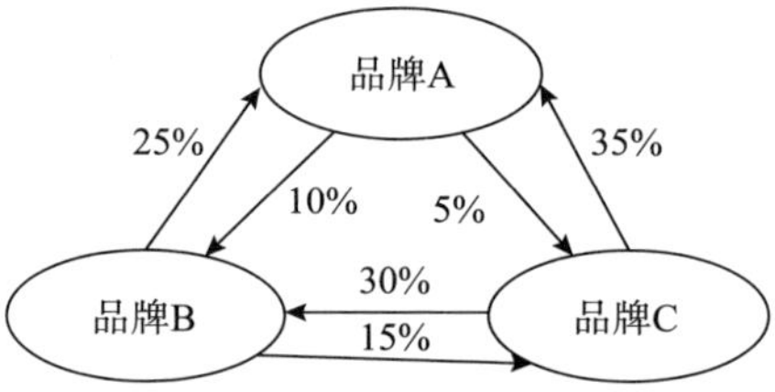

图表E.11　三个品牌的市场，以及转换客户的百分比

资料来源：William J. Murphy。

图表E.11所示的三品牌市场也可以用矩阵表示，如图表E.12所示。图表E.12显示了每个品牌产生的相对品牌忠诚度。从矩阵中我们可以看出，消费者接下来购买的品牌的概率取决于消费者当前的品牌。矩阵显示，虽然85%的品牌A现有客户将再次选择该品牌作为他们的下一个购买的对象，10%将切换到品牌B，5%将转换到品牌C。在一个马尔可夫链中，这些条件概率被称为跃迁概率，正是这些概率使马尔可夫链成为帮助处理不确定性的有力工具。

图表E.12　在三个品牌的市场中的品牌忠诚度

当前品牌	下一个购买的品牌		
	A	B	C
品牌A	0.85	0.10	0.05
品牌B	0.25	0.60	0.15
品牌C	0.35	0.30	0.35❶

资料来源：William J. Murphy。

我们为一个简单的三品牌市场开发的马尔可夫链，结合当前的市场份额数据，可以提供非常丰富的信息，用以绘制可能的市场份额变化和演变。在这方面，我们应该记住，当前的高品牌忠诚度可能与当前的高市场份额没有关联，而且通常是没有关联的。例如，虽然品牌A具有最高的品牌忠诚度，但它可

❶ 原文为0.45，译者更正为0.35。——译者注

能不是目前市场份额最大的品牌。只需要考虑到购车者的忠诚度，就会意识到这一假设在市场上可能是非常普遍的。某些市场份额相对较低的豪华汽车，如奔驰或劳斯莱斯，会产生很高的品牌忠诚度，而某些市场份额大得多的汽车品牌可能会产生相对较低的品牌忠诚度。

作为评估工作的一部分，当试图预测三品牌市场的不确定未来时，可以使用图表 E. 14 中开发的关于品牌忠诚度的马尔可夫链来预测与我们的忠诚度假设相一致的市场份额结果如何随着时间的推移而发展。马尔可夫链可用于帮助理解和建模不确定的未来，这一点已经被决策树软件供应商所关注到，他们通常在其产品中包含马尔可夫链功能。如果没有马尔可夫链和马尔可夫矩阵，一个试图用传统方法对我们简单的三品牌市场进行建模的决策树，将在第一个时间段生成 9 个分支，然后在第二个周期为原 9 个分支中的每个分支生成 9 个分支，以此类推。很容易看出，使用没有马尔可夫链的传统决策树方法将很快变得过于复杂而无法使用，并且计算资源过于密集而无法实现❶。

马尔可夫链在某一情况下也很有用，在这种情况下，有一个容易观察到的或可测量的状态，可能有助于预测一个隐藏的或未来的感兴趣状态。例如，在预测未来的事件（隐藏的或不可估量的）时，很希望这一事件在当前或过去与可测量或可观察现象之间存在某种已知关系。也许最经典的例子就是海员的格言：“傍晚天空红，水手心中喜，早晨天色红，水手要当心。”这句格言的一个矩阵如图表 E. 13 所示，由于这句格言对天空不是红色的含义只字未提，所以矩阵的这些部分都是空白的。

图表 E. 13　海员格言矩阵

一天中的时间	天空颜色	未来天气
早晨	红	不好
	不红	—
傍晚	红	好
	不红	—

资料来源：William J. Murphy。

人们会认为天空的颜色和未来的天气并不是完全相关的，但是观测到的天空颜色与未来天气的关系可以用概率关系来表示。假设这个关系是在一段时间内测量的，并且结果的概率是确定的。根据目前天空颜色与未来天气状况之间的概率关系，我们可以推导出这句格言的马尔可夫链，如图表 E. 14 所示。在

❶ 评估包含马尔可夫链模型的计算机程序通常使用蒙特卡罗模拟方法进行分析。

这个例子中，假设当天空不是红色的时候，好天气和坏天气的概率是相等的(50∶50)。

图表 E. 14　海员格言中的马尔可夫链

一天中的时间	（观察到的状态）天空颜色	未来天气	
		好	不好
早晨	红	0. 35	0. 65
	不红	0. 5	0. 5
傍晚	红	0. 80	0. 20
	不红	0. 5	0. 5

资料来源：William J. Murphy。

从今天日落或日出的颜色能够预测未来的天气是非常有用的。如果我们能确定我们可以测量的可观察状态和我们真正想确定的隐藏状态或未来状态之间的概率关系，那么我们就能利用可测量状态来形成对不可估量状态更好的预测。马尔可夫链是一种通过概率将可观察状态连接到感兴趣的隐藏状态的方法。

从间接观察中获取信息

标准经济学理论解释说，买卖双方的集体行为将导致交易物品的市场价格上涨。如果市场是充分竞争的，市场价格（即供需汇聚点）将代表对交易物品价值的最佳估值❶。不幸的是，对于许多商品来说，可能没有一个有组织的市场可以随时观察到市场价格。商标资产尤其如此。

通常在估值工作中，不仅要关注与未来某一特定版本相关的概率的模糊性，还要关注无法直接衡量的一个或多个所需输入。研究与市场法相关的各种可能性可能有助于说明这一点❷。图表 E. 15 列出了不同类型的市场法，分为两大类：显示偏好法和陈述偏好法。前者方法所涉及的输入由市场直接揭示获得（虽然有时是间接地），后者涉及的输入通过可选设备有目的地提取。陈述偏好法要求参与评估事件的决策者，可能还有其他相关的个人，以一种可以从陈述偏好中提取隐含价值的方式陈述他们的偏好。

❶ 关于市场法的更多信息见第 4 章。

❷ 第 4 章讨论了市场法。

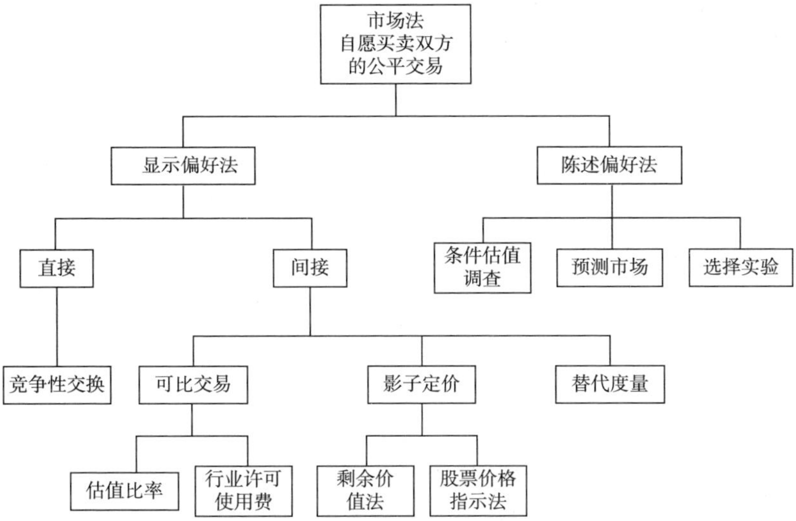

图表 E.15　各种市场法示意图

资料来源：William J. Murphy。

陈述偏好法通常用于对疑难问题进行评估，诸如生命价值或环境退化的影响等。但是，也有可能设计一种用于商标估值的偏好法，特别是在对有关商标和商标可能具有商业用途的市场做出决定方面具有专门知识的组织内。顾名思义，所述偏好法的工作方式如下，请感兴趣的人士说明他们对相关估值数据的偏好。有很多种提出问题的方法，选择实验❶、条件估值调查❷、预测市场❸，都是梳理出所述偏好数据的常用技术。

❶ 参见例如，Francisco Alpizar, Fredrik Carlsson, and Peter Martinsson, "Using Choice Experiments for Non – Market Valuation," *Working Papers in Economics* 52 (2001)。

❷ 参见例如，Peter Diamond and Jerry Hausman, "Contingent Valuation: Is Some Number Better than No Number?" *Journal of Economic Perspectives* 8 (1994): 45。

❸ 预测（或信息）市场的效用一直被推崇为一种提取关于不确定未来事件有用信息的方法。参与者使用一种投注类型的系统，对不同的未来结果下注。下注预测与实际结果最接近的参与者将获得奖励。在标准信息市场中，参与者根据特定事件或结果购买一种期货合约。如果该事件或结果发生，该合同的持有者将获得真实或人为货币的奖励。在某些情况下，这些市场的表现可能超过专家和民意调查。James Surowiecki 在他 2005 年的著作《*The Wisdom of Crowds*》中普及了这一观点。政治选举的结果和体育赛事一直是公共赌博网站的主题，如 Iowa Electronic markets、InTrade 和 Paddy Power 为公众提供机会，对证明是正确的预测进行激励。参见 Bo Cowgill, Justin Wolfers, and Eric Zitzewitz, "Using Prediction Markets to Track Information Flows: Evidence from Google," January 2009, http://www.bocowgill.com/GooglePredictionMarketPaper.pdf; Robert Hahn, "Using Information Markets to Improve Policy," AEI – Brookings Joint Center for Regulatory Studies, Working Paper 04 – 18 (2004); Justin Wolfers and Eric Zitzewitz, "Prediction Markets," *Journal of Economic Perspectives* 18 (2004): 107; and Robin Hanson, "Shall We Vote on Values, but Bet on Beliefs?" October 2007, http://hanson.gmu.edu/futarchy.pdf。

显示偏好法与人们通常认为的市场法更接近。例如，如果商标评估最近受到一个涉及自愿、独立的、知识渊博的买家和类似情况的卖家的公平市场及交易的影响，则该市场价格将是商标价值的极好指示，假设该市场交易的情况与目前正在考虑的交易相似。这将是一个涉及竞争性交换的直接显示偏好。

由于不太可能找到这样的情况，我们经常使用输入来代替那些难以或不可能直接测量的。在图表 E. 15 中，这些被称为间接显示偏好法，主要有三种类型：可比交易、影子定价和替代度量。

可比交易

在这种方法中，资产的价值是通过查看类似资产在过去或当前交易中支付的价格范围来确定的。这种价值源于一个前提，即一个理性的买家不会为资产支付比购买可比替代品更高的价格。此外，如果类似的交易发生在过去，则假定从过去交易中获得的信息仍然与正在审查的交易相关。

使用可比交易最常用的方法之一是机械的比率分析，比率分析包括从过去出售类似资产的价格中确定估值比率，然后将该估值比率应用于被估值的资产。估值比率是通过将出售的类似资产的价格除以该资产的相关经济变量计算得出的倍数。在金融市场上，市盈率（PE）或价格收益比率以这一方式被广泛应用。用类似的比率分析方法也可用于商标估值[1]。

将比率分析应用于商标交易的难点不在于计算，真正难点在于如何提供计算所需的可比数据。由于个别商标交易的公开数据普遍缺乏，而且已有数据存在可比性问题，限制了比率分析在许多情况下用于商标价值分析的适用性。

有时，为了弥补可用的个人交易数据的不足，各方可能采用行业或汇总的许可使用费率。例如，许可交易的各方可以使用行业许可使用费来帮助确定其特定交易的适当许可使用费。使用汇总的行业许可使用费也充满困难，应该谨慎使用。即使有潜在的可比交易数据，个别商标的独特性也会使使用这些数据进行估值分析变得极有挑战。

影子定价

在前面关于马尔可夫链的一节中，我们讨论了如何使用一个容易观察到的或可测量的状态来帮助预测一个隐藏的或不确定的感兴趣状态。另一种用于提取有关可能无法直接测量的感兴趣项目的信息的方法是，通过逻辑地链接对可能可观察或可测量的相关活动或决策做出的价值判断来获得信息。这种方法被

---

[1] 见第3章关于比率分析的讨论。

称为影子定价。顾名思义，它涉及寻找感兴趣的定价信息的间接信息（影子）。该方法使用一个值判断链，该值判断链中的任何元素的货币化值与要确定的值逻辑地联系在一起。例如，如果有人声称 X 优于 Y，而 Y 的值是 1000 美元，那么从逻辑上说，X 的值大于 1000 美元（Y 的值）。

也许影子定价最好的例子就是给生命定价。我们经常声称生命是无价的，或者超越了任何价值的衡量标准，但实际上，我们每天都被迫为我们面临的决定赋予生命和其他被认为是无价的东西以价值。决定开车或乘飞机去一个遥远的地方，决定在新车中购买某种安全选项，或者决定选择一种医疗方案而不是另一种，这些都包含了决策者对生命价值的判断。

政府监管意味着一定的价值平衡，这往往是影子价格的肥沃来源[1]。例如，当一个政府机构决定颁布一项条例时，该条例将对挽救一定数量的生命产生预期的影响，而拯救这些生命的条例的成本是已知的或可以估计的，则可以提取生命的隐含价值。例如，假设政府提出了一项将花费 1 亿美元实施的法规，该法规将减少工作场所中的一种致癌化学物质，众所周知，这种减少将挽救 100 条生命。从这些事实中我们可以看出，这一规定隐含的生命的影子价格是 100 万美元[2]。这意味着，根据这一监管决定，一条生命的价值至少为 100 万美元。换句话说，在这个监管例子中隐含的生命价值不低于 100 万美元[3]。

影子定价的一种形式在知识产权评估文献中受到了相当多的关注，并在第 3 章中进行了详细的讨论，那就是剩余价值估值法[4]。这个方法可以用来确定一个上市公司所持有的知识产权组合中一个占主导地位的知识产权的市场价值，如销售单一药物的制药公司的专利权。在这种情况下，专利权的价值可以

---

[1] W. Kip Viscusi 教授，John F. Cogan，Jr.，法学和经济学教授，现任哈佛法学院实证法律研究项目主任，可能是该领域的主要研究人员。他的研究揭示了生活在各种调节行为中的广泛的隐含价值。这些价值差别很大，但似乎集中在 300 万至 700 万美元之间。W. Kip Viscusi，*Rational Risk Policy*：*The* 1996 *Arne Ryde Memorial Lectures*（Oxford：Oxford University，1998）.

[2] 计算方法如下：法规的总费用（1 亿美元）除以挽救的生命数（100）等于监管行动所隐含的生命的最低价值（100 万美元）。

[3] 当然，可能价值更高。逻辑只告诉我们，根据这个监管例子中的事实，100 万美元是生命的最小隐含价值。

[4] 参见例如，Gordon V. Smith and Russell L. Parr，*Valuation of Intellectual Property and Intangible Assets*（New York：John Wiley & Sons，1989），204 – 206；Robert Pitkethly，"The Valuation of Patents：A Review of Patent Valuation Methods with Consideration of Option Based Methods and the Potential for Further Research，" Judge Institute Working Paper WP 21/97（1997），7 – 8；F. Russell Denton and Paul Heald，"Random Walks，Non – Cooperative Games，and the Complex Mathematics of Patent Pricing，" *Rutgers Law Review* 55（2003）：1175，1185 – 1186；and Anne Layne – Farrar and Josh Lerner，"Valuing Patents for Licensing：A Practical Survey of the Literature，" March 2006，8 – 9，http：//papers. ssrn. com/sol3/papers. cfm? abstract_id = 1440292。

通过从公司的市场价值中减去所有其他资产的价值后的剩余价值来计算。

与剩余价值法类似的是我们所说的股票价格指示法。这种方法的前提是，股票市场可能对上市公司的知识产权价值有一定的发言权。股票价格指示法最简单的例子是公司的股票价格对公司商标的重大新闻做出反应。举个例子，如果一个公司的股票价格因该公司的一个商标被无效的消息而下跌，并假设该公司没有其他新闻而且股票市场比较平静，公司的市值下降（可以在n天后进行衡量，以降低投资者对新闻立即过度反应的风险）可以推断是商标的市场估值。

没有特定商标的新闻事件，股价仍然可以提供有关商标价值的信息。股票价格可以粗略而间接地反映一个公司整体商标组合的价值。假设该公司在一个流动性的和相对有效的股票市场上交易，那么该公司的财务比率可以提供有关市场如何评估其商标投资组合的洞见。当一家公司拥有重要的商标组合和高于平均财务比率（该公司股票的交易价格高于其财务业绩正常情况下的合理水平）时，市场可能表明其对商标投资组合价值的估计。许多实证研究表明，公司的市场价值与其知识产权资产相关❶。

替代度量

在许多评估环境中，使用易于观察或测量的东西来帮助评估难以观察或测量的东西是很方便的。影子定价是通过将估值活动的重点资产与另一项目的公开市场价格联系起来。从市场上所做的决定所揭示的可观察到的非价格数据中提取有用的信息也是可能的。我们将这些有用的非价格数据称为替代估值度量。

一个最有趣的替代估值度量的例子可以追溯到18世纪的英国。1784年，时任英国政府首脑的小威廉·皮特（William Pitt the Younger）需要增税以减少国债。收入所得税因为要求对私人事务进行太多的干涉而被否决，因此有人提议增加财产税。然而，财产税的解决方案也产生了自己的问题。政府如何能够快速而廉价地评估所有需要征税的财产？皮特采用的解决办法在英国有着悠久的历史❷。

皮特的解决方案是采用“窗户税”，并使用窗户作为房地产价值的替代度

---

❶ United Nations Economic Commission for Europe, *Intellectual Assets: Valuation and Capitalization* (2003), 67.

❷ 最初的窗户税是在1696年引入的，并在接下来的一个半世纪里进行了修改。Andrew Glantz, “A Tax on Light and Air: Impact of the Window Duty on Tax Administration and Architecture, 1696 - 1851,” *Pennsylvania History Review* 15 (2008): 18.

量。窗户税是根据建筑物的窗户数量征收的。当时的窗户非常昂贵。因此，有理由认为，价值较高的建筑物比价值较低的建筑物有更多的窗户。窗户的数量和建筑的价值大致相关。窗户税对收税员的好处是窗户很容易计算。毫不奇怪，被征税的公民对皮特增税的反应是用坚固的墙壁填充窗户，以减轻他们的税收负担。这种假窗的例子［被称为“比利 · 皮特的画”（Billy Pitt's Pictures)］仍然可以在苏格兰找到。

在专利估值中，使用更容易获得的替代估值度量被认为是克服专利市场价格信息缺乏的一种可能的技术。许多学者指出，从公开的专利数据来源（如美国专利商标局和欧洲专利局）获得的替代度量可以为专利价值提供有用的见解❶。

不幸的是，尚未对适用于商标的替代度量进行同样的开发力度，但在学术文献中对涉及商标的替代度量又有一些有限的研究❷。在这个大数据时代，我们有理由相信，在商标领域寻找替代度量的努力也会取得丰硕的成果❸。

期权定价模型

使用折现现金流量（DCF）方法计算传统净现值（NPV）的一个局限性是，它们不能捕捉到未来的灵活性和选择❹。要更好地理解这种无法充分处理灵活性影响估值的情况，请考虑下面的示例。

一家公司正在进行一个很有前景的项目，这个项目可能会为一个新兴的商业市场带来一系列的商标。决策者面临着许多不确定性，但可以分为两大类：商标的接受程度和消费者影响的不确定性，以及相关产品的新兴商业市场的不确定性。两者都将对正在开发的潜在商标的估值产生重大影响。

---

❶ Nils Omland, “Economic Approaches to Patent Damages Analysis.” In *The Economic Valuation of Patents: Methods and Applications*, ed. Federico Munari 355 and Raffaele Oriani（Cheltenham, UK: Edward Elgar Publishing Ltd, 2011), 171 – 182.

❷ 有关使用侵权人的利润作为商标侵权行为中商标持有人自身损失利润的替代衡量标准的批判性分析，请参见 Dennis S. Corgill, “Measuring the Gains of Trademark Infringement,” *Fordham Law Review* 65, no. 5 (1997): 1910。

❸ 关于营销指标如何作为企业价值的替代指标的讨论，请参阅 Shigufta Hena Uzma, “Marketing Metrics: A Surrogate of Firm Valuation,” http://dspace.nitrkl.ac.in/dspace/bitstream/2080/1841/3/Marketing+Metrics_Abstract+Uzma.pdf See also Ankur Singla, “Valuation of Intellectual Property,” http://bus6900.alliant.wikispaces.net/file/view/article233.pdf, citing the use of market surrogates in Gordon V Smith, Russel L Parr, *Intellectual Property: Valuation, Exploitation and Infringement Damages* (Hoboken, NJ: John Wiley & Sons, 2005), 164。

❹ 关于净现值和折现现金流量法的讨论见第4、5、6章。

使用DCF方法来确定潜在商标的价值，需要确定并应用适当大的折现率来应用于预期现金流量，以解决这些不确定性。这种类型的估值分析缺少的是一个重要的事实，即有一系列决定能够延伸到未来，其中一些决定将取决于尚未知晓的事实，但需要在做出决定的时候知道这些事实。例如，决定从现在开始的一两年内继续投资于广告和推广可能取决于商业市场的吸引力；这是在评估时可能不容易知道的事情。如果市场火爆，可以在那个时候做出增加投资的决定。如果市场发展失败，可以在晚些时候做出缩减或放弃该商标的决定，这样可以节省大量的成本。使用传统的NPV方法，如何将这些信息合并到评估工作中是困难的，甚至是不可能的。

这正是涉及金融市场期权的投资决策者所面临的情况。期权是一种合同，赋予所有人在未来特定时间以特定价格买卖特定资产的权利，而不是义务。如果合约是卖出，就称为看跌期权；如果是买进，就称为看涨期权。

为了更好地研究期权契约如何提供有用的灵活性，请考虑以下涉及看涨期权的情况。投资者购买从现在起三个月后以特定价格购买资产的期权。如果资产的未来价值超过合同规定的价格，则可以行使合同并以盈利方式购买资产。另一方面，如果未来时间的资产价值低于行使价格，合约持有人可以选择不购买。

如何恰当地评估这些期权合约使分析师感到困惑，直到1972年Fischer Black和Myron Scholes发表了一篇论文，描述了一种方法，该方法成为现代金融理论中最重要的概念之一，如今被广泛称为布莱克-斯科尔斯（Black-Scholes）期权定价模型❶。布莱克-斯科尔斯期权定价模型的杰出之处在于，它能够通过使用动态对冲，将难以衡量的风险因素从估值计算中剔除❷。在计算中去掉风险后，公式的其余五个组成部分就很容易观察到或能够估计出来。

---

❶ Fischer Black and Myron S. Scholes, "The Valuation of Option Contracts and a Test of Market Efficiency," *Journal of Finance* 27, no. 2 (1972): 399-418. 尽管1972年发表在《金融杂志》（*Journal of Finance*）上的这篇论文是他们首次发表其理论，但随后于1973年发表在《政治经济学杂志》（*Journal of Political Economy*）上的一篇论文（引用了在1972年发表的论文）被认为是具有里程碑意义的著作。Fischer Black and Myron S. Scholes, "The Pricing of Options and Corporate Liabilities," *Journal of Political Economy* 81, no. 3 (1973): 637-654.

❷ 动态对冲以消除风险成分是罗伯特·默顿（Robert Merton）对这一概念的重要贡献。参见Robert C. Merton, "Theory of Rational Option Pricing," *Bell Journal of Economics and Management Science* 4, no. 1 (1973): 141-183。

布莱克－斯科尔斯期权定价模型中剩下的关键决定因素之一是未来波动率[1]。由于未来波动率的定义是未知的，历史波动率常被用作一种估计或替代措施。同样，我们看到使用一些更容易观察或估计的东西可以用来帮助澄清未来的不确定性。

期权模型在商标等知识产权资产上的潜在应用已经引起了一些作者和学者的关注，但其实际应用仍存在障碍[2]。期权模型的主要优点是将决策的灵活性包括在模型中。为了更好地说明这一点，考虑一个涉及专利的估值操作。在很多方面，专利就像是一种选择。通过投资获得专利（期权的价格），所有人有权利（但没有义务）在20年内利用专利技术，并在未经许可的情况下禁止他人使用该技术。换句话说，如果专利技术的市场在20年的专利期限内变得足够有吸引力，专利所有人将“行使他们的选择权”来使用或许可该技术。如果市场没有足够的吸引力，专利持有人则没有义务进一步投资。

虽然可能会有一些共识认为，某些类型的知识产权以类似于期权的方式发挥作用，但将金融期权市场的估值工具应用于知识产权领域存在相当大的困难。例如，如前所述，布莱克－斯科尔斯期权定价模型使用动态对冲来消除计算中的风险成分。目前还不清楚是否有适用于知识产权资产的类似技术。即使克服了这一障碍，对适用于知识产权资产的波动率组成部分的衡量——如布莱克－斯科尔斯期权定价模型所要求的——目前仍存在问题。

也许将与知识产权开发相关的延迟决策所固有的灵活性纳入其中的最佳方法是将该未来决策建模为决策树，并使用该技术来推导估值。使用期权定价模型来帮助评估知识产权价值是一个很有前途的思路，在它真正有用之前，需要进行更深入的分析。

足够好的决策

很少有人不同意这样一个原则，即商标决策将受益于估值分析。阻力通常

---

[1] 布莱克－斯科尔斯算法中用于估算股票看涨期权的五个输入是：（1）估计现在和不久的将来的无风险回报率；（2）当前股票价格；（3）期权的行使价格，通常被称为执行价格；（4）期权的到期日截止日期的选择；（5）股票价格波动性的估计。布莱克－斯科尔斯（Black－Scholes）期权定价模型的一个关键观点是，相关资产价值波动性的增加会增加期权的价值。事后看来，这似乎是显而易见的，但它对专利的影响是深远的，因为如果一项专利可以被恰当地描述为参与市场的一种期权类型，那么专利的价值就会随着潜在市场波动性的增加而增加。

[2] 为了总结各种估值方法并探讨期权定价模型对知识产权的潜在效用，请读者阅读 Robert Pitkethly，“The Valuation of Patents：A Review of Patent Valuation Methods with Consideration of Option Based Methods and the Potential for Further Research，” Judge Institute Working Paper WP 21/97，The Judge Institute of Management Studies（1997），http：//www. oiprc. ox. ac. uk/RPWP0599. pdf。

不在于估值的概念，而在于它的实际应用。估值分析在更广泛的决策中可能显得过于烦琐，主要有两个原因：

1. 相信估值分析极其复杂且执行起来很昂贵，并且要求估值专家正确地进行评估；

2. 认识到估值分析可能不准确且有缺陷。

第一个问题虽然被广泛接受，而且是适当的，但在一些有限的情况下（例如财务审计或侵权诉讼），通常是不正确的。虽然专家的指导和帮助是有益的，但是大多数评估技术都是任何人能理解的。第二个问题往往更成问题。由于估值本身就是一项不精确的工作——估值分析从来不会导致对资产价值的单一、绝对正确的确定——许多人会问，花费资源来获得几乎肯定是错误的估值确定有什么意义。第二个关切的问题是，它没有认识到可以用来做出决定的战略的范围，因此没有认识到可以从不精确但仍然有用的估值分析中得到决策改进。

在这方面，我们可以考虑三种一般策略：

1. 最大化策略，决策者或评估人员不关心收集信息的成本，而是尽可能多地获取信息，以便做出最佳决策；

2. 优化策略，决策者继续寻求最佳的可能选择，但理解可能需要依赖更有限的信息量，并且在决定是否扩展估值分析时需要更密切地注意成本效益分析；

3. 满足策略，决策者不去寻找最佳的可能选项，而是设置一个搜索限制，使其满足于第一个令人满意的选项。

将商标估值或决策的重要性与适当的调查水平相匹配，可以产生非凡的效益，节省大量的时间和金钱。虽然最大化策略在某些情况下可能是合适的（例如为商标侵权诉讼评估商标权利），但是最大化策略只适用于极少数商标决策。绝大多数商标决策都是通过令人满意的策略做出的。也就是说，可以通过进行最少但经过深思熟虑的估值分析来改进决策。

结合知识管理投资组合：相对价值技术

如果没有一个适当的过程结构来防止过度简化或有限的关注而忽略了重要的元素，那么具有多个分析维度的复杂决策是很难评估的。防范这些缺点的最佳方法是将问题分解为组件元素，以清晰一致的方式分析这些组件，然后从逻辑上重新组合或重新组装组件，得到易于理解的最终结果。第一步，将评估任务分解为其组成部分的过程，帮助评估人员确定要考虑的各个关键方面。独自承担这项任务可以产生重要的见解，或者至少引发有益的辩论。一旦问题被分解，仍然需要选择一个有用的重新组装和解释过程。

问题是如何考虑并将所有这些因素的评估纳入一项简单和相对低价的估值工作。当估值工作涉及商标资产组合时尤其如此。对于拥有大量商标组合的公司或组织来说，许多最基本的商标决策涉及在组合中优先考虑单个商标，以便那些具有最大潜在价值的公司或组织获得适当水平的组织资源和管理关注。一个公司的商标组合可以为公司创造重要的价值，但几乎可以肯定的是，它需要管理这个组合，以达到积极的结果。

在一个广泛的投资组合中，对每一个商标进行完整的估值，对于大多数公司来说，可能太过繁重、太过耗时，也太过昂贵，难以考虑。对少数商标进行完整的估值是可能的，但要处理整个投资组合，几乎肯定需要一种更低成本的方法（一种令人满意的策略）。

使用相对价值技术进行投资组合评估审计，可使用集群映射的可视化功能来实现这一目标。在接下来的例子中，相对价值技术将商标的各种经济和法律维度简化为 x 和 y 坐标，这些坐标可以绘制在两轴图表上。当重复使用投资组合中的各种商标时，相对价值技术允许评估者将每个商标放在图表上，然后在所有选定的两个维度上轻松地比较各种商标。

此审计并非旨在为各种商标建立确定的价值，而是根据两个不同维度的评估，在投资组合中为商标管理确定三个广泛的类别：

1. 商标的战略或经济重要性
2. 商标的法律关系的强度

商标的价值是商标的商业性质和法律性质的函数，需要对两者进行分析，才能作出合理的估计。不幸的是，大多数公司或者使用律师或者使用业务人员来管理他们的商标组合，这可能导致偏见分析。如果投资组合是由律师管理的，那么任何投资组合分析都有可能过分强调问题的法律方面。具体来说，律师最关心的是商标保护不足或法律效力薄弱，即使这些商标对公司的战略意义不大。如果投资组合是由一位业务人员管理的，则很可能存在相反的偏见。业务人员可能最关心的是具有战略重要性的商标，而没有意识到潜在的法律风险。使用相对价值技术进行投资组合审计使得公司的法务和业务代表都可以很容易地对分析做出贡献，并将他们的集体智慧结合起来。

使用相对价值技术的项目组合审计将与特定商标相关的各种业务和法律维度缩减为 x 和 y 坐标，然后可以在一个两轴图表上绘制它们（见图表 E. 18[1]）。这种技术允许评估师为每一个已识别的商标资产绘制一个点（或气泡，如果

[1] 原文为 E. 16，译者更正为 E. 18。——译者注

添加了另一个测量维度）❶。

图表 E.16　完成的战略或经济重要性评分表示例

战略重要性因素	权重（0~1）	×	分值（0~5）	=	计算的因子值
增强竞争地位	0.4	×	3	=	1.2
更低的成本	0.2	×	4	=	0.8
提高进入门槛	0.1	×	4	=	0.4
提供市场优势	0.2	×	5	=	1.0
用于其他产品	0.1	×	2	=	0.2

所有因素的权重之和必须为1.0

所有因子值相加，即为 x 轴的坐标 → 3.6

资料来源：William J. Murphy。

审计可以简化为四个步骤。首先，识别商标，并对公司的投资组合做出清晰的描述。其次，确定每个商标的战略或经济重要性。再次，确定公司与商标资产的法律关系。最后，将步骤2和步骤3的计算结果作图并对结果进行评估。

步骤2和步骤3涉及类似的方法，但通常由单独的评估人员执行。方法是开发一个统一的评分表，适用于每个商标资产，然后根据该统一的评分表对每个商标进行评分。

对于第2步，首要任务是确定使商标在特定公司中具有战略或经济重要性的因素。图表E.16提供了一个例子。图表E.16所列的因素是说明性的，并不适用于每一家公司。为了从练习中获得更多的信息，我们建议对这些因素的重要性进行加权，而不是将所有因素都平等对待。所有因素的权重之和必须为1（或100%）。统一的评分表将用于所有公司的商标，以便在投资组合中的商标资产之间进行逐项比较。

下一个任务是为每个战略重要性因素按0~5等级对每个商标资产进行评分（见图表E.16）。每个因子得分乘以该因子的权重，得到一个因子值。所有因子值相加，以便为所检查的商标资产产生单一的战略或经济重要性值。该值将是商标组合审计图表中的 x 值。

---

❶ 例如，以绘图点为中心的气泡半径可以是与特定商标相关的现金流量的估计值。这在图表上直观地显示了每个绘制商标在现金流量条款中的重要性。

讨论和确定权重和分值的过程对于一个公司的商标资产，就其本身而言，一个非常有用的努力，坚持积极地参与该过程可以让公司的决策者更深入地理解和评估影响价值的相关因素。如果任务是由脱离最终决策活动的人员或外部专家执行的（尽管他们的协助可能会有帮助），这种理解和评估就不能有效地体现出来。

对于步骤3，所涉及的任务是相似的。制定了适用于所有商标资产的统一评分表（通常在法律顾问的帮助下）。本评分表包括影响公司对每个商标拥有控制权的确定性的法律关系因素（见图表 E. 17）。与战略或经济重要性评分表一样，对法律关系因素进行加权，加权之和为 1（或 100%）。完成此操作后，每个商标的分值为 0 ~ 5（见图表 E. 17）。然后将每个因子得分乘以该因子的权重以产生因子值。将所有因子值相加，以便为要检查的商标资产产生单一的法律关系值，该值将是投资组合审计图表中的 y 值。

图表 E. 17 完成的法律关系评分表示例

法律关系因素	权重（0 ~ 1）	×	分值（0 ~ 5）	=	计算的因子值
强有力的商标	0. 4	×	2	=	0. 8
成功的商标在先防御	0. 2	×	4	=	0. 8
联邦注册	0. 1	×	2	=	0. 2
显著性因素	0. 2	×	3	=	0. 6
广泛的国际注册	0. 1	×	4	=	0. 4

所有因素的权重之和必须为 1. 0

所有因子值相加，即为 y 轴坐标 → 2. 8

资料来源：William J. Murphy。

图表 E. 18 显示了示例商标（图表 E. 16 和图表 E. 17）的计分表值如何组合到投资组合审计图表的 x 和 y 坐标中。

一旦商标资产的组合被绘制在估值图表上，行动和决策的指导就会更加清晰。例如，使用图表 E. 19，很明显，商标资产 7 需要注意（法律或其他方面）来加强公司与资产的关系。相比之下，商标资产 1 相对于其战略价值被过度保护，这表明宝贵的资源被浪费在了商标资产 1 上。利用这张图表，管理层可以快速识别出具有战略重要性的商标资产（这些资产与公司的法律关系不充分），以及由于其重要性而受到法律过度保护的商标资产。

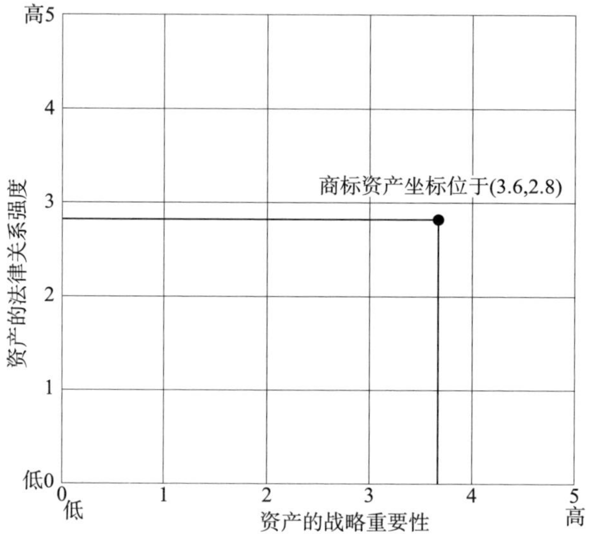

图表 E.18 为示例商标资产绘制 x 和 y 坐标❶

资料来源：William J. Murphy。

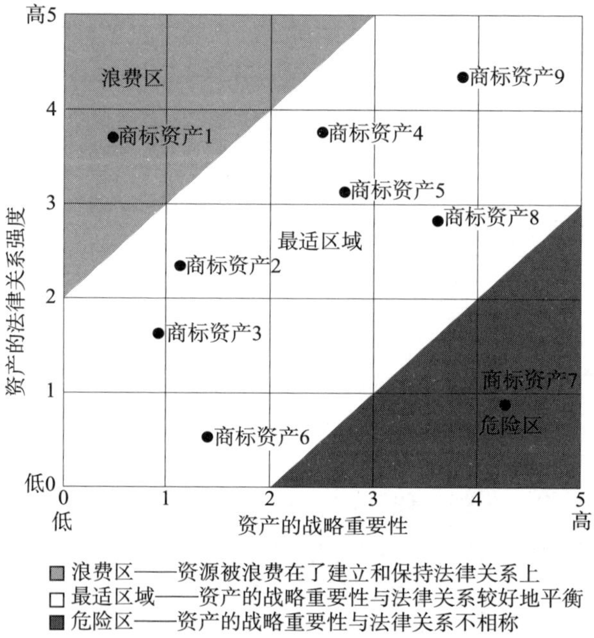

图表 E.19 投资组合审计图表的例子❷

资料来源：William J. Murphy。

---

❶ 原文将 x、y 坐标绘制相反，译者更正。——译者注

❷ 原文未显示商标资产1和商标资产7，译者更正。——译者注

图表E.19中的投资组合审计图表包含两个阴影区域，可以作为管理行动的有用指标。图表右下角的阴影区域代表我们所说的危险区域。任何由投资组合审计工作确定属于该区域的商标资产都需要立即引起管理层的注意；该图告诉我们，商标资产具有与法律关系不相称的战略重要性。投资组合审计图表确定了哪些商标需要关注，以及需要做什么：加强法律关系。

另一方面，图表左上角的阴影区域代表我们所说的浪费区。属于该领域的商标资产具有超过其战略重要性的法律关系，表明资源被用于保障或保护法律关系，超出了该资产预期的经济效益。这种情况给商标管理者提出了一个更加复杂的未来行动方案。浪费区内的一些商标资产应得到较低的优先次序，不应得到额外资源。对浪费区内的其他商标来说，最佳的行动方针可能是投资资源，以改善经评估资产的战略重要性。为该技术开发的因子和评分表为商标经理提供了一份集中精力的因子列表。如果商标资产发展成为供内部使用的重要战略资产的可能性很小，那么商标的外部许可市场可能会提供可观的现金流量。

这种方法的一个更强大的好处是可以轻松地更新或修改。因为每个评估因子和最终得分都表示为数值预测，决策者可以稍后返回并测算预测的准确性。此外，他们可以通过定期重新评估过去决策的准确性来改善他们的表现。

决策合理性的局限性：感知和偏见对决策的影响

在过去的几十年里，认知科学发生了一场革命，它改变了我们对人们在经济环境中的行为方式的看法。在行为经济学、神经经济学或认知经济学等不同的学科中，新的思维论认识到人们往往不是经典经济学曾经假定的理性的、效用最大化的经济决策者❶。

本附录中讨论的大多数模型假设一个理性的决策者，并且理性成为模型的一部分。最近对现实世界的决策者和人类思维的研究表明，人类往往是不理性的，会受到各种偏见的影响，这些偏见来自感知或背景❷。影响估值决策的最

❶ 革命的开始也许可以追溯到赫伯特·西蒙（Herbert Simon）在1955年发表的开创性论文（他因此获得了1978年的诺贝尔经济学奖），该论文引入了有限理性和满足的概念，作为最大化的替代方案。Herbert A. Simon, "A Behavioral Model of Rational Choice," *Quarterly Journal of Economics* 69 (February 1955): 99-118.

❷ 如果你想了解一份有趣的（而且还在不断增长的）认知偏见列表，请阅读（或许还可以投稿）*Wikipedia* article "List of Cognitive Biases," http://en.wikipedia.org/wiki/List_of_cognitive_biases。

著名的偏见之一是风险规避❶。

风险规避是人类公认的一种特征，它显示出一种系统性的偏好，以避免潜在的更大回报的不确定性，而倾向于更确定的回报。当被问及他们是更喜欢有保证的100万美元，还是有75%的机会赢得140万美元时，大多数人的首选是前者，尽管后者的概率加权值更大。幸运的是，一个人规避风险的程度可以包含在决策分析中，而且大多数决策树软件程序都具有这种功能。

似乎风险规避还不足以成为理性决策的一个复杂因素，研究表明，人们系统性地高估了具有显著或“明显”后果的小风险（如死亡），而低估了具有不那么显著后果的大风险（如轻伤）。还有一种被称为风险恐惧的现象，出现在缺乏控制但有严重伤害风险的情况下❷。本书将继续尝试将这些来自真实世界决策过程的认知见解引入决策分析模型和技术。

小　结

《未来及其敌人》（*The Future and Its Enemies*）一书的作者维吉尼亚·波斯特利（Virginia Postrel）认为，不确定性和意外对进步都至关重要❸。她指出，当电被发现的时候，有关于电照明的预测，但没有电吉他的预测。当激光被发现的时候，曾有关于激光武器的预言，但是没有一种激光作为CD和DVD播放器的组成部分出现在每个家庭中的预言。她的观点是，人类对可预测性的迷恋可能会阻碍进步，因为创新依赖于不可预测的东西，也就是惊喜。这就是集中计划的关键谬论——没有人足够聪明来消除所有风险，没有人有一个能完全确定未来的水晶球。复杂的计算机辅助方法能够解决估值的不确定性，同时提高可预测性，这既是它们的吸引力，也正是它们的危险之处❹。

虽然这些技术以数学逻辑为基础，可以提供非常有用的知识，但它们并不能替代最终的价值评估艺术。事实上，由于这些技术本质上是数学的，而且通常是由复杂的计算机程序来执行的，因此存在这样一种危险：我们将相

---

❶ 矛盾的是，研究表明，尽管人们可能倾向于避免风险，但一旦他们经历了损失，他们可能会采取寻求风险的行为，以消除损失。A. Tversky and D. Kahneman, “The Framing of Decisions and Psychology of Choice,” *Science* 211 (1981): 453 -458.

❷ 可能最常见的一种风险恐惧就是害怕坐飞机。

❸ Virginia Postrel, *The Future and Its Enemies: The Growing Conflict Over Creativity, Enterprise, and Progress* (New York: Free Press 1998).

❹ 一个诱惑和危险的例子可以在本附录前面讨论的长期资本公司的成功和随后的垮台中找到。它使用复杂的建模技术，试图从投资组合中消除风险。然而，当一系列意料之外的事件发生时，该公司发现自己在超过1万亿美元的投资赌注中处于错误的一方。

信最终的真理是不可避免的结果。实际上，这些技术只是越来越多的商标评估工具中的一部分。在正确的人手中，通过正确理解他们的优势和局限性，他们可以提供其他无法获得的见解。被误用或误解，他们可以导致误导或做得更糟。

索　　引

B

C

D

G

H

I

J

K

L

M

N

O

P

T

U

W

X

Y

Z